Schneeloch/Meyering/Patek/Frieling
Betriebswirtschaftliche Steuerlehre
Band 5: Investitions-, Finanzierungs- und Standortwahlentscheidungen

Betriebswirtschaftliche Steuerlehre

Band 5: Investitions-, Finanzierungs- und Standortwahlentscheidungen

von

StB Univ.-Prof. Dr. Dieter Schneeloch

Univ.-Prof. Dr. Stephan Meyering

StB Prof. Dr. habil. Guido Patek

StB Dr. Melanie Frieling

4., vollständig überarbeitete Auflage

Verlag Franz Vahlen München

StB Univ.-Prof. Dr. Dieter Schneeloch, Emeritus und Leiter der Abteilung für Betriebswirtschaftliche Steuerlehre des „Centrum für Steuern und Finanzen (CSF)" an der FernUniversität in Hagen;

Univ.-Prof. Dr. Stephan Meyering, Inhaber des Lehrstuhls für Betriebswirtschaftslehre, insb. Betriebswirtschaftliche Steuerlehre an der FernUniversität in Hagen;

StB Prof. Dr. habil. Guido Patek, Professor für Rechnungswesen und Steuern an der Hochschule Osnabrück, Fakultät für Management, Kultur und Technik;

StB Dr. Melanie Frieling, freiberuflich tätige Steuerberaterin in Emstek und Hochschuldozentin.

ISBN Print: 978 3 8006 6312 5
ISBN E-Book: 978 3 8006 6313 2

© 2022 Verlag Franz Vahlen GmbH
Wilhelmstr. 9, 80801 München
Satz: PDF-Datei der Autoren
Druck und Bindung: Beltz Grafische Betriebe GmbH
Am Fliegerhorst 8, 99947 Bad Langensalza
Umschlaggestaltung: Ralph Zimmermann – Bureau Parapluie

vahlen.de/nachhaltig

Gedruckt auf säurefreiem, alterungsbeständigem Papier
(hergestellt aus chlorfrei gebleichtem Zellstoff)

Vorwort

Das vorliegende Buch ist der fünfte Band eines insgesamt sechsbändigen Werkes zur Betriebswirtschaftlichen Steuerlehre. Das Gesamtwerk stellt die grundlegend überarbeitete Fassung des von Dieter Schneeloch begründeten und während der bisherigen Auflagen allein verfassten doppelbändigen Werkes „Betriebswirtschaftliche Steuerlehre" dar. Zur nunmehrigen siebenten (bisheriger Band 1) bzw. vierten (bisheriger Band 2) Auflage haben der Verfasser und der Verlag gemeinsam beschlossen, jedes der beiden bisherigen Bücher im Umfang von jeweils ca. 600 Seiten inhaltlich geringfügig auszuweiten und in drei dünnere Bände mit einem Umfang von jeweils ca. 200 bis 250 Seiten aufzuteilen. Mit der Erstellung dieses fünften Bandes ist Frau StBin Dr. Melanie Frieling in die Autorenschaft des Gesamtwerkes aufgenommen worden.

Adressaten dieses fünften Bandes sind vorrangig Studenten der Betriebswirtschaftslehre mit steuerlicher Schwerpunktsetzung. Darüber hinaus richtet sich das Werk auch an Studenten juristischer Studiengänge, die eine spätere Tätigkeit im steuerlichen Bereich anstreben. Schließlich sind auch Praktiker angesprochen, die Kenntnisse erwerben oder auffrischen wollen.

Der vorliegende Band ist in zwei Teile untergliedert. In Teil I werden Probleme der Integration von Steuern in Investitions- und Finanzierungsentscheidungen behandelt. Hierbei geht es darum zu klären, wie diese Integration methodisch im Rahmen einer entsprechenden Entscheidungsrechnung erfolgen kann. Außerdem wird aufgezeigt, wie die Vorteilhaftigkeit einer Investition und die relative Vorteilhaftigkeit mehrerer Investitionsobjekte zueinander durch die Besteuerung beeinflusst wird. Gleiches gilt hinsichtlich der Beurteilung von Finanzierungsmaßnahmen.

Der Stoff des zweiten Teils dieses Buches ist neu in das Gesamtwerk aufgenommen worden. In ihm wird die Frage untersucht, welchen Einfluss die Besteuerung auf die Vorteilhaftigkeit einer Standortwahl hat. Der Schwerpunkt liegt hierbei auf einer Standortwahl außerhalb Deutschlands. Ausgegangen wird in diesem Zusammenhang regelmäßig von einem in der Bundesrepublik Deutschland ansässigen Entscheidungsträger.

Die Federführung bei der Überarbeitung und Erweiterung des Stoffes dieses Bandes haben Dieter Schneeloch und Melanie Frieling gemeinsam übernommen. Beide danken Frau Katrin Weber für ihren engagierten Einsatz bei der technischen Erfassung der Ausführungen.

Um das Gesamtwerk zum Nutzen unserer Leser auch künftig weiterentwickeln zu können, würden wir uns über Anregungen und Hinweise zur neu konzipierten Fassung freuen. Diese können gerne auch über die E-Mail-Adresse csf.st@fernuni-hagen.de kommuniziert werden.

Hagen, im Oktober 2021

Dieter Schneeloch
Stephan Meyering
Guido Patek
Melanie Frieling

Inhaltsverzeichnis

Vorwort...V
Abbildungsverzeichnis XIII
Abkürzungsverzeichnis XV
Symbolverzeichnis XIX

Teil I Steuern im Rahmen von Investitions- und Finanzierungsentscheidungen..1

1 Einführung 3

2 Besteuerung und Investitionsentscheidungen 5
  2.1 Begriff und Arten der Investition..5
  2.2 Arten der Investitionsrechnung und Vorteilskriterien.......................7
    2.2.1 Endvermögensmaximierung und Kapitalwertmethode.................7
    2.2.2 Methode der äquivalenten Annuitäten......................................12
    2.2.3 Interne Zinsfußmethode, interne Renditen 14
    2.2.4 Herkömmliche Verfahren der Praxis 18
    2.2.5 Vergleich der Methoden miteinander 21
  2.3 Berücksichtigung von Steuern im Rahmen der Investitionsrechnung 23
    2.3.1 Einführung 23
    2.3.2 Steuern in den Zahlungsreihen...23
    2.3.3 Steuern im Kalkulationszinsfuß 26
    2.3.4 Einfluss der Besteuerung auf die Vorteilhaftigkeit von Realinvestitionen 26
      2.3.4.1 Einführung 26
      2.3.4.2 Formulierung des Ausgangsmodells 26
      2.3.4.3 Vorteilhaftigkeit eines Investitionsobjekts vor und nach Steuern im Ausgangsmodell 29
      2.3.4.4 Vorteilsvergleich mehrerer Investitionsobjekte vor und nach Steuern 31
      2.3.4.5 Ergebnisse und deren Verallgemeinerung...................34
    2.3.5 Einflussfaktoren auf die Vorteilhaftigkeit 34
      2.3.5.1 Einflussfaktoren im Ausgangsmodell...........................34
      2.3.5.2 Wirkungen im Falle einer Normalinvestition 35
      2.3.5.3 Mögliche Parametervariationen 37
      2.3.5.4 Variation des Steuersatzes, der steuerlichen Abschreibungen und des Zinssatzes 37
      2.3.5.5 Mehrfacher Vorzeichenwechsel in der saldierten Zahlungsreihe 38
  2.4 Beurteilung der Vorteilhaftigkeit von Finanzinvestitionen.............39
  2.5 Aufgaben 1 und 2 39

3 Besteuerung und Finanzierungsentscheidungen bzw. kombinierte Investitions- und Finanzierungsentscheidungen..........................43
  3.1 Grundlagen..43
    3.1.1 Begriff und Arten der Finanzierung...43
    3.1.2 Entscheidungssituationen...45
    3.1.3 Ziele und Vorteilskriterien 46

3.2 Vergleich zwischen einer Finanzierung durch Steuerverlagerung mit
     einem Verzicht hierauf...46
3.3 Vergleich zwischen Eigen- und langfristiger Fremdfinanzierung bei
     nicht personenbezogenen Kapitalgesellschaften......................................47
     3.3.1 Grundsätzliches..47
     3.3.2 Belastungen und Belastungsdifferenzen..48
     3.3.3 Steuerbelastungsquoten 50
            3.3.3.1 Grundsätzliches 50
            3.3.3.2 Ableitung der Belastungsquote bei Eigenfinanzierung 51
            3.3.3.3 Ableitung der Belastungsquote bei Fremdfinanzierung 51
            3.3.3.4 Steuerbelastungsquoten 52
     3.3.4 Gleiche Zahlungsbelastung unterschiedlicher Finanzierungsarten.......54
            3.3.4.1 Gleichheitsbedingungen 54
            3.3.4.2 Paralleldividenden 56
            3.3.4.3 Erforderlicher Emissionskurs 57
     3.3.5 Zur Aussagefähigkeit der Auszahlungsdifferenzen 60
     3.3.6 Aufgabe 3 61
3.4 Vergleich zwischen Eigen- und Gesellschafterfremdfinanzierung.............61
     3.4.1 Vergleichssituation und Arten des Vergleichs....................................61
     3.4.2 Vergleich bei Personengesellschaften..62
     3.4.3 Belastung bei Kapitalgesellschaften 63
            3.4.3.1 Mögliche Bezugsgrößen für den Vergleich 63
            3.4.3.2 Belastung bei Eigenfinanzierung 64
            3.4.3.3 Belastung bei Gesellschafterfremdfinanzierung....................66
            3.4.3.4 Belastungsdifferenzen 68
                     3.4.3.4.1 Allgemeine Ableitung 68
                     3.4.3.4.2 Berücksichtigung des Solidaritätszuschlags 71
                     3.4.3.4.3 Gleich hohe Einkommensteuersätze 72
                     3.4.3.4.4 Unterschiedliche Einkommensteuersätze 74
            3.4.3.5 Schlussfolgerungen..76
     3.4.4 Vergleich bei Kapitalgesellschaften mit ausländischen
            Gesellschaftern..77
            3.4.4.1 Einführung 77
            3.4.4.2 Belastung der inländischen Gesellschaft ausländischer
                     Gesellschafter 78
            3.4.4.3 Einbeziehung der ausländischen Steuern in die Betrachtung..81
     3.4.5 Umfang der Gesellschafterfremdfinanzierung und Zinsschranke 82
            3.4.5.1 Einführung 82
            3.4.5.2 Grundzüge der Zinsschrankenregulierung............................83
            3.4.5.3 Folgerungen aus der Zinsschrankenregelung für die
                     Steuerplanung 86
     3.4.6 Aufgabe 4..87
3.5 Schütt-aus-Hol-zurück-Verfahren und Thesaurierung...............................88
     3.5.1 Einführung 88
     3.5.2 Rückholung in der Form von Eigenkapital..89
     3.5.3 Hol-zurück durch Darlehensgewährung 91
     3.5.4 Aufgabe 5 91
     3.5.5 Hinausschieben der Ausschüttung 92
     3.5.6 Schütt-aus in Form einer zusätzlichen Gehaltszahlung 93
            3.5.6.1 Problemstellung..93
            3.5.6.2 Vorteilsvergleich 93
            3.5.6.3 Besondere Probleme bei Verlusten......................................95

3.5.6.4 Beschränkungen durch andere Gesellschafter 96
3.5.6.5 Zusammenfassende Würdigung 97
3.6 Leasing oder Investition mit Fremdfinanzierung............................97
3.6.1 Einführung 97
3.6.2 Bilanzielle Behandlung des Leasings 99
    3.6.2.1 Zuordnung des Leasinggegenstandes bei
    Vollamortisationsverträgen 99
    3.6.2.2 Zuordnung des Leasinggegenstandes bei
    Teilamortisationsverträgen 101
3.6.3 Steuerfolgen des Leasings nicht bilanzieller Art 106
3.6.4 Vorteilsvergleich aus Sicht des Leasingnehmers...............107
    3.6.4.1 Einführung 107
    3.6.4.2 Zurechnung des Leasinggegenstandes beim Leasinggeber ...108
    3.6.4.3 Zurechnung des Leasinggegenstandes beim
    Leasingnehmer...110
    3.6.4.4 Indirekte Steuerfolgen des Leasings 110
    3.6.4.5 Arten des Vorteilsvergleichs 111
3.6.5 Aufgabe 6...111

Teil II Steuern im Rahmen der Standortwahl **113**

1 Einführung **115**

2 Einflussfaktoren im nationalen Bereich **117**

2.1 Grundsätzliches 117
2.2 Regionale Einflussfaktoren innerhalb der Bundesrepublik Deutschland......117
2.2.1 Einführung 117
2.2.2 Gewerbesteuer 118
2.2.3 Grundsteuer...119
2.2.4 Grunderwerbsteuer..121

3 Wichtige Einflussfaktoren im internationalen Bereich..........................**123**

3.1 Einführung..123
3.2 Unterschiedliche Systeme der Unternehmensbesteuerung 123
3.2.1 Problemstellung 123
3.2.2 Anzahl der gewinnabhängigen Steuern und ihre Beziehungen
zueinander..124
3.2.3 Höhe der Steuersätze und Umfang der Bemessungsgrundlagen 126
3.2.4 Zeitliche Erfassung von Aufwendungen und Erträgen.....127
3.2.5 Besteuerung ausgeschütteter Gewinne 129
    3.2.5.1 Einführung..129
    3.2.5.2 Belastungswirkungen unterschiedlicher Systeme...........130
    3.2.5.3 Das Problem einer Mehrfachbelastung mit
    Körperschaftsteuer..133
    3.2.5.4 Vergleich der Systeme der Besteuerung von
    Gewinnausschüttungen miteinander...................134
    3.2.5.5 Schlussfolgerungen..134
3.2.6 Aufgabe 7...135

4 Zweiländer-Konstellationen **137**

4.1 Einführung...137
4.2 Entscheidungssituation...137
4.3 Für die Entscheidungssituation relevantes Steuerrecht............................138
    4.3.1 Grundsätzliches...138
    4.3.2 Für die Standortwahl relevante Normen des OECD-MA 139
        4.3.2.1 Einführung...139
        4.3.2.2 Geltungsbereich und Begriffsbestimmungen 139
        4.3.2.3 Grundsätze zur Aufteilung des Besteuerungsrechts auf die
               Vertragsstaaten 141
        4.3.2.4 Methoden zur Vermeidung der Doppelbesteuerung.............142
        4.3.2.5 Sonstige für die Standortwahl relevante Normen des
               OECD-MA..143
    4.3.3 Für die Standortwahl relevantes deutsches Steuerrecht....................144
        4.3.3.1 Einführung...144
        4.3.3.2 Anrechnung und Freistellung ausländischer Steuern 144
        4.3.3.3 Freistellung nach § 8b KStG 145

**5 Steuerwirkungen im Falle einer deutschen Spitzeneinheit und einer
ausländischen Grundeinheit** **147**

5.1 Problemstellung, Fallunterscheidungen und Einschränkung des
    Untersuchungsgegenstandes..147
5.2 Direktgeschäfte 148
5.3 Ausländische Betriebsstätte 150
    5.3.1 Personenunternehmen als Spitzeneinheit......................................150
    5.3.2 Kapitalgesellschaft als Spitzeneinheit..151
5.4 Ausländische Tochter-Kapitalgesellschaft..153
    5.4.1 Zusammensetzung der Steuerbelastung..153
    5.4.2 Konkrete Fallunterscheidungen 154
    5.4.3 Drei Stufen der Belastung...157

**6 Gewinnverlagerungen zwischen einer deutschen Spitzen- und einer
ausländischen Grundeinheit** **161**

6.1 Einführung...161
6.2 Aktionsparameter einer Gewinnverlagerungspolitik 162
    6.2.1 Überblick 162
    6.2.2 Gewinnverlagerung mit Hilfe von Verrechnungspreisen 163
    6.2.3 Gewinnverlagerungen mit Hilfe von Funktionsverlagerungen...........163
6.3 Steuerwirkungen einer Gewinnverlagerung und
    Vorteilhaftigkeitsüberlegungen..164
    6.3.1 Problemstellung 164
    6.3.2 Zur Vorteilhaftigkeit einer Gewinnverlagerung mit Hilfe von
        Verrechnungspreisen 164
        6.3.2.1 Grundsätzliches 164
        6.3.2.2 Gewinnverlagerung von der Mutter- auf eine ausländische
               Tochter-Kapitalgesellschaft..165
        6.3.2.3 Gewinnverlagerung von der deutschen Mutter-Kapital-
               gesellschaft auf eine ausländische Betriebsstätte 166
    6.3.3 Zur Vorteilhaftigkeit einer Gewinnverlagerung mit Hilfe von
        Funktionsverlagerungen...167
        6.3.3.1 Einführung...167

6.3.3.2 Steuerfolgen einer Funktionsverlagerung.............................168
    6.3.3.2.1 Einführung 168
    6.3.3.2.2 Steuerfolgen einer Entstrickung...........................169
    6.3.3.2.3 Steuerfolgen der Veräußerung von Wirtschafts-
             gütern an die ausländische Grundeinheit...............169
    6.3.3.2.4 Steuerfolgen der infolge der Funktionsver-
             lagerung entstehenden Gewinnverlagerungen.......170
    6.3.3.2.5 Art des Vorteilhaftigkeitsvergleichs 172
6.3.4 Grenzen einer Gewinnverlagerungspolitik und Folgen einer
    Überschreitung der Grenzen 172
    6.3.4.1 Einführung...172
    6.3.4.2 Steuerliche Gewinnverlagerungen beschränkende
        Regelungen 173
        6.3.4.2.1 Ermittlung angemessener Verrechnungspreise.....173
        6.3.4.2.2 Besonderheiten im Falle einer
             Funktionsverlagerung 174
    6.3.4.3 Mögliche Folgen des Ansatzes nicht angemessener
        Verrechnungspreise 175
        6.3.4.3.1 Einführung und Überblick 175
        6.3.4.3.2 Gewinn- und Einkünfteerhöhung durch den
             deutschen Fiskus...175
        6.3.4.3.3 Auseinandersetzungen mit den beteiligten Fiski ..177
        6.3.4.3.4 Verzinsung von Steuernachforderungen..............180

Teil III Lösungen zu den Aufgaben **181**

1 Lösungen der Aufgaben zu Teil I...**183**

2 Lösung der Aufgabe zu Teil II...**199**

Teil IV Anhang **201**

Vorbemerkung...203
Anhang 1: Tariffunktionen und Grenzsteuersatzfunktionen für den
    Veranlagungszeitraum 2021 205
Anhang 2: Tabellen 207
Anhang 3: Kurzableitung wichtiger Formeln aus Band 4 219
Literaturverzeichnis..229
Stichwortverzeichnis 237

Abbildungsverzeichnis

Abbildung I/1:   Systematisierung der Finanzierungsarten 45

Abbildung I/2:   Jährliche Steuerbelastung bei Eigen- und Fremdfinanzierung
im Vergleich..54

Abbildung I/3:   Paralleldividendensätze zu vorgegebenen Zinssätzen 57

Abbildung I/4:   Erforderliche Emissionskurse in % des aufgenommenen
Kapitals 60

Abbildung I/5:   Steuerbelastungen bei Eigen- (EF) und Gesellschafterfremdfinanzierung (GFF) und Belastungsdifferenzen zwischen diesen
Finanzierungsarten in % eines Bruttoausgangsbetrages B bei
$s_{ei/a} = 25 \%$, bei $\beta = 0{,}25$ 76

Abbildung I/6:   Belastung einer inländischen Kapitalgesellschaft mit
inländischen Ertragsteuern in € 80

Abbildung II/1: Kombinationen aus inländischen Spitzen- und ausländischen
Grundeinheiten..148

Abbildung II/2: Steuerbelastungen in unterschiedlichen Fällen einer ausländischen Tochter- und einer inländischen Mutter-Kapital-
gesellschaft..155

Abbildung II/3: Steuerbelastungen und kumulierte Steuerbelastungen einer
ausländischen Tochter-Kapitalgesellschaft, deren inländischer
Mutter-Kapitalgesellschaft und deren Gesellschafter in Abhängigkeit von s_{ka} bei $s_q = 25 \%$, $s_k + s_{ge} = 30 \%$, $s_{e§32d} =$
$26{,}375 \%$ in % von G_{aus} 158

Abbildung II/4: Steuerbelastung auf der ersten, zweiten und dritten Stufe bei
$s_q = 25 \%$, $s_k + s_{ge} = 30 \%$ und $s_{e§32d} = 26{,}375 \%$ jeweils in %
des ausländischen Gewinns G_{aus}..160

Abkürzungsverzeichnis

a. F. .... alte Fassung
Abl. .... Amtsblatt
Abs. .... Absatz
AfA .... Absetzung für Abnutzung
AG .... Aktiengesellschaft
AktG .... Aktiengesetz
AO .... Abgabenordnung
Art. .... Artikel
AStG .... Außensteuergesetz

BB .... Betriebs-Berater (Zeitschrift)
BdF .... Bundesminister der Finanzen
bearb. .... bearbeitet
begr. .... begründet
BewG .... Bewertungsgesetz
BFH .... Bundesfinanzhof
BFuP .... Betriebswirtschaftliche Forschung und Praxis (Zeitschrift)
BGBl .... Bundesgesetzblatt
BMF .... Bundesministerium der Finanzen
BStBl .... Bundessteuerblatt
BVerfG .... Bundesverfassungsgericht
bzw. .... beziehungsweise

c. p. .... ceteris paribus

d. h. .... das heißt
DB .... Der Betrieb (Zeitschrift)
DBA .... Doppelbesteuerungsabkommen
DStR .... Deutsches Steuerrecht (Zeitschrift)

€ .... Euro
EF .... Eigenfinanzierung
ESt .... Einkommensteuer
EStG .... Einkommensteuergesetz
EStH .... Einkommensteuer-Hinweise
EU .... Europäische Union
evtl. .... eventuell

f. .... folgende
ff. .... fortfolgende
FR .... Finanz-Rundschau (Zeitschrift)

FZulG .... Forschungszulagengesetz

GE .... Geldeinheiten
gem. .... gemäß
GewSt .... Gewerbesteuer
GewStG .... Gewerbesteuergesetz
GewStR .... Gewerbesteuer-Richtlinien
GFF .... Gesellschafterfremdfinanzierung
GG .... Grundgesetz
ggf. .... gegebenenfalls
GmbH .... Gesellschaft mit beschränkter Haftung
GmbH & CoKG .... Gesellschaft mit beschränkter Haftung und Compagnie
                                            Kommanditgesellschaft
GmbHG .... Gesetz betreffend die Gesellschaften mit beschränkter
                                            Haftung
GrEStG .... Grunderwerbsteuergesetz
GrStG .... Grundsteuergesetz

hrsg. .... herausgegeben

i. d. R. .... in der Regel
i. H. v. .... in Höhe von
i. S. .... im Sinne
i. S. d. .... im Sinne des (der)
i. S. v. .... im Sinne von
i. V. m. .... in Verbindung mit
IFRS .... International Financial Reporting Standards
InvZulG .... Investitionszulagengesetz

KapG .... Kapitalgesellschaft
KiSt .... Kirchensteuer
KSt .... Körperschaftsteuer
KStG .... Körperschaftsteuergesetz

lt. .... laut

mbH .... mit beschränkter Haftung
MA .... Musterabkommen
Mio. .... Million(en)

Nr. .... Nummer
Nrn. .... Nummern

o. a.	oben angegeben
OECD	Organization for Economic Co-Operation and Development, Organisation für wirtschaftliche Zusammenarbeit und Entwicklung
p. a.	per annum
PersU	Personenunternehmen
Pkw	Personenkraftwagen
R	Richtlinie (verwendet vom Richtliniengeber bei bestimmten Steuerrichtlinien, insbesondere den EStR)
rd.	rund
S.	Seite
s.	siehe
SAHZ-Verfahren	Schütt-aus-Hol-zurück-Verfahren
SolZG	Solidaritätszuschlaggesetz
StbJb	Steuerberater-Jahrbuch
StuW	Steuer und Wirtschaft (Zeitschrift)
T€	Tausend Euro
Tz.	Textziffer
u. a.	unter anderem, und andere
u. U.	unter Umständen
UStG	Umsatzsteuergesetz
UStR	Umsatzsteuerrichtlinien
v.	vom
vgl.	vergleiche
z. B.	zum Beispiel
z. T.	zum Teil
Ziff.	Ziffer

Symbolverzeichnis

1. Mit griechischen Buchstaben versehene Symbole

α .... Anrechnungsfaktor der Gewerbesteuer auf die Einkommensteuer nach § 35 EStG

β .... Faktor der Hinzurechnung nach § 8 Nr. 1 GewStG

γ .... Faktor der Kürzung nach § 9 Nr. 1 GewStG (1,2 %) nach Multiplikation mit dem Faktor nach § 121a BewG (140 %)

δ.................... Faktor, mit dem Dividenden (Ausschüttungen) unter Berücksichtigung des § 3 Nr. 40 EStG steuerpflichtig sind

2. Mit lateinischen Buchstaben versehene Symbole

A .... Ausschüttung(en)

A_{aus} .... (Brutto-)Ausschüttung der ausländischen Tochter- an die inländische Muttergesellschaft

A_b .... Abschreibungen

$A_{n/gewst}$ .... nach § 35 EStG auf die Einkommensteuer anrechenbare Gewerbesteuer

A_{nn} .... Annuität

a .... Ausschüttungssatz bezogen auf das Nominalkapital

a^* .... Ausschüttungssatz bezogen auf das Effektivkapital

B .... Bruttobetrag (der Ausschüttung)

$B_{ar/kauf}$ .... Barwert bei Kauf

$B_{ar/leas}$ .... Barwert bei Leasing

B_{gh} .... Belastung im Fall der Gehaltszahlung

B_{mbgr} .... Bemessungsgrundlage der Grundsteuer von Betriebsgrundstücken

B_{mpgr} .... Bemessungsgrundlage der Grundsteuer von Privatgrundstücken

B_s .... Belastung im Fall des Schütt-aus-Hol-zurück-Verfahrens

B_t .... Belastung im Fall der Thesaurierung

E .... Erträge bzw. Aufwendungen unter Ausklammerung der betrieblichen Steuern

E^* .... zu versteuerndes Einkommen

E_e .... Einnahmen und Ausgaben, die das Einkommen, nicht aber den Gewerbeertrag beeinflussen, ohne Abzug der Kirchensteuer

E_{ink} .... Einkommen vor Abzug der Kirchensteuer als Sonderausgabe

E_k .... Einnahmen und Ausgaben, die das körperschaftsteuerliche Einkommen, nicht aber den Gewerbeertrag beeinflussen

E_{st} .... Einkommensteuer

E_V .... Endvermögen

$F_{e\S 20}$ .... Freibeträge, die mit Einkünften aus § 20 EStG im Zusammenhang stehen

G .... Gewinn(bestandteil)
G_{aus} .... ausländischer Gewinn(-anteil)
G_{ewst} .... Gewerbesteuer
G_h .... Gehalt
G_{in} .... inländischer Gewinn(-anteil)
G_{rst} .... Grundsteuer

H_{ge} .... Hinzurechnungen und Kürzungen bei Ermittlung des Gewerbeertrags einschließlich des Freibetrags, aber ohne Kürzung nach
§ 9 Nr. 1 GewStG
h .... Gewerbesteuerhebesatz

I .... Investitionsauszahlung
i .... Zinssatz (Zinsfuß)
i^* .... interner Zinsfuß
i_b .... Bruttozinssatz
i_n .... Nettozinssatz
$i_{n/kap}$ .... Nettozinssatz bei Kapitalgesellschaften
$i_{n/persu}$ .... Nettozinssatz bei Personenunternehmen

j .... Gestaltungsalternativen (Index)

K .... Kapitalwert
K_{ef} .... effektiv aufgenommenes Kapital
$K_{ef/e}$ .... das im Fall der Eigenfinanzierung beschaffte Effektivkapital
$K_{ef/f}$ .... das im Fall der Fremdfinanzierung beschaffte Effektivkapital
K_{ist} .... Kirchensteuer
$K_{n/e}$ .... Nominalkapital bei Eigenfinanzierung
K_o .... Emissionskosten, Transaktionskosten
K_{st} .... Körperschaftsteuer

$Max!$ .... Maximierungsbedingung
M_e .... Gewerbesteuermessbetrag
m .... Anzahl der Gestaltungsalternativen (Index)
m_e .... Gewerbesteuermesszahl

n .... Anzahl der Perioden des Planungszeitraums (Index)

q .... Diskontierungsfaktor (1+i)
q^* .... Diskontierungsfaktor (1+i*)

R .... Restverkaufserlös, Restwert

r .... Rendite des eingesetzten Kapitals

S .... Steuern, Steuerminderung

$S_{aus/Kap/BS}$ ...... Steuern auf den ausländischen Gewinn im Falle einer inländischen Kapitalgesellschaft als Spitzeneinheit und einer ausländischen Betriebsstätte

$S_{aus/Kap/dir}$ .... Steuerbelastung eines im Ausland im Rahmen eines Direktgeschäftes einer deutschen Kapitalgesellschaft erzielten Gewinns

$S_{aus/Kap/dir+Ges}$ Steuerbelastung eines im Ausland im Rahmen eines Direktgeschäfts einer deutschen Kapitalgesellschaft erzielten Gewinns plus Belastung der Gesellschafter bei Ausschüttung des Gewinns

$S_{aus/Kap/Kap}$ ...... Steuerbelastung eines in einer ausländischen Kapitalgesellschaft entstandenen und an die deutsche Mutter-Kapitalgesellschaft ausgeschütteten Gewinns

$S_{aus/PersU/dir}$ ..... Steuerbelastung eines im Ausland im Rahmen eines Direktgeschäfts eines deutschen Personenunternehmens erzielten Gewinns

S_e .... Steuerbelastung für den Fall der Eigenfinanzierung

S_f .... Steuerbelastung für den Fall der Fremdfinanzierung

$S_{ges/a/bv}$ .... Steuerbelastung des Gesellschafters einer Kapitalgesellschaft aufgrund einer Ausschüttung, wenn sich die Gesellschaftsanteile im Betriebsvermögen befinden

$S_{ges/a/kap}$ .... Steuerbelastung einer Kapitalgesellschaft aufgrund der Ausschüttung einer anderen Kapitalgesellschaft

$S_{ges/a/pv}$ .... Steuerbelastung des Gesellschafters einer Kapitalgesellschaft aufgrund einer Ausschüttung, wenn sich die Gesellschaftsanteile im Privatvermögen befinden

$S_{ges/zi}$ .... Steuerbelastung des Gesellschafters im Fall einer Finanzierung mit Zinszahlung

S_{kap} .... Summe der jährlichen Steuerbelastung einer Kapitalgesellschaft

$S_{kap/a}$ .... Steuerbelastung der Kapitalgesellschaft infolge einer Ausschüttung

$S_{kap/zi}$ .... Steuerbelastung einer Kapitalgesellschaft im Falle von Zinserträgen bzw. bei der Verringerung von Zinsaufwendungen, die nicht zu einer Hinzurechnung nach § 8 Nr. 1 GewStG führen

$S_{kap+ges/a}$ .... Gesamtsteuerbelastung der Kapitalgesellschaft und ihres Gesellschafters im Fall der Ausschüttung

$S_{kap+ges/a/bv}$ .... Gesamtsteuerbelastung der Kapitalgesellschaft und des Gesellschafters mit Anteilen der Gesellschaft im Betriebsvermögen

$S_{kap+ges/a/pv}$ .... Gesamtsteuerbelastung der Kapitalgesellschaft und des Gesellschafters mit Anteilen der Gesellschaft im Privatvermögen

$S_{kap+ges/a-zi}$ ..... Steuerbelastungsdifferenz zwischen Eigen- und Fremdfinanzierung der Kapitalgesellschaft und ihres Gesellschafters

$S_{kap+ges/zi}$ .... Gesamtsteuerbelastung der Kapitalgesellschaft und ihres Gesellschafters im Fall der Gesellschafterfremdfinanzierung

S_{nat} .... Summe der jährlichen Steuerbelastung einer natürlichen Person

s .... Steuersatz

s_e .... kombinierter Einkommen-, Kirchensteuer- und Solidaritätszuschlagsatz

$s_{e/a}$ .... kombinierter Einkommen-, Kirchensteuer- und Solidaritätszuschlagsatz im Fall der Ausschüttung

$s_{e/zi}$ .... kombinierter Einkommen-, Kirchensteuer- und Solidaritätszuschlagsatz im Fall der Zinszahlung

s_e' .... Grenzsteuersatz der Einkommensteuer

$s_{e§32a}$ .... sich aus § 32a EStG ergebender kombinierter Einkommen-, Kirchensteuer- und Solidaritätszuschlagsatz

$s_{e§32d}$ .... kombinierter Einkommen-, Kirchensteuer- und Solidaritätszuschlagsatz für Einkünfte i. S. d. § 32d EStG

s_{ei} .... reiner Einkommensteuersatz ohne Kirchensteuer und ohne Solidaritätszuschlag

$s_{ei/a}$ .... reiner Einkommensteuersatz ohne Kirchensteuer und ohne Solidaritätszuschlag im Fall der Ausschüttung

s_{ge} .... Gewerbesteuersatz

s_{gr} .... Grundsteuersatz

s_k .... kombinierter Körperschaftsteuer- und Solidaritätszuschlagsatz

s_{ka} .... ausländischer Körperschaftsteuersatz

s_{kaan} .... Anrechnungssteuersatz, d. h. der Steuersatz, mit dem die ausländische Körperschaftsteuer auf die inländische angerechnet wird

s_{ki} .... Kirchensteuersatz

$s_{kö}$ .... Körperschaftsteuersatz ohne Solidaritätszuschlag

s_{olz} .... Solidaritätszuschlagsatz

s_q .... ausländischer Quellensteuersatz

t .... Zeitindex

u .... Emissionskurs

W_{gf} .... Annuitäten- bzw. Wiedergewinnungsfaktor

Z_a .... Auszahlungen unter Ausklammerung von Supplementinvestitionen

Z_a^* .... Auszahlungen unter Berücksichtigung von Supplementinvestitionen

Z_e .... Einzahlungen unter Ausklammerung von Supplementinvestitionen

Z_e^* .... Einzahlungen unter Berücksichtigung von Supplementinvestitionen

Z_{ef} .... Jahresbelastung aus Dividenden und Steuern bei Eigenfinanzierung

Z_{ff} .... Jahresbelastung aus Zinsen und Steuern bei Fremdfinanzierung

Z_i .... Zinsen

Teil I
Steuern im Rahmen von Investitions- und Finanzierungsentscheidungen

1 Einführung

Dieser Teil des Buches beschäftigt sich mit der Einbeziehung von Steuern in Investitions- und Finanzierungsentscheidungen. Derartige Entscheidungen sind sowohl bei Gründung eines Unternehmens als auch im Rahmen des laufenden Geschäftsbetriebs zu treffen.

Probleme im Zusammenhang mit Investitionen und ihrer Finanzierung werden in der Allgemeinen Betriebswirtschaftslehre üblicherweise im Rahmen der Lehre von den betrieblichen *Funktionen* behandelt. Neben der Investition und neben der Finanzierung werden als betriebliche Funktionen die Beschaffung, die Produktion und der Absatz genannt. Auf diese drei zuletzt genannten Arten betrieblicher Funktionen wird im Rahmen dieses Buches nicht eingegangen, vielmehr erfolgt eine Beschränkung der Ausführungen auf die Funktionen Investition und Finanzierung. Diese Beschränkung beruht auf zwei Gründen. Der erste besteht darin, dass nach unserer Einschätzung die Bedeutung der Besteuerung für Investitions- und Finanzierungsentscheidungen erheblich größer ist als für Entscheidungen im Beschaffungs-, Produktions- und Absatzbereich. Der zweite Grund ist der, dass die Probleme einer Einbeziehung von Steuern in unternehmerische Entscheidungen gleich strukturiert sind, und zwar unabhängig davon, ob es sich um Investitions- und Finanzierungsentscheidungen oder aber um Beschaffungs-, Produktions- oder Absatzentscheidungen handelt. Wenn hier Probleme einer Einbeziehung von Steuern in Investitions- und Finanzierungsentscheidungen behandelt werden, so kann die hierbei angewendete Vorgehensweise als exemplarisch auch für die Einbeziehung von Steuern in andere funktionale Entscheidungen gesehen werden. Probleme, die die Einbeziehung von Steuern in Investitions- und Finanzierungsentscheidungen betreffen, sind typische Probleme einer *integrierten Steuerplanung*. Damit wird nach der Behandlung von wichtigen Themenkomplexen einer autonomen betrieblichen Steuerplanung in Band 4 des Gesamtwerkes nunmehr auf ebenfalls wichtige Fragen einer integrierten betrieblichen Steuerplanung im Rahmen funktionaler Entscheidungen eingegangen.

2 Besteuerung und Investitionsentscheidungen

2.1 Begriff und Arten der Investition

Unter einer **Investition** kann allgemein die Umwandlung liquider Mittel, d. h. von Geldvermögen in dem Betriebszweck dienendes (sonstiges) Unternehmensvermögen, verstanden werden. Miterfasst werden die Folgewirkungen dieser Maßnahme. Investitionen sind demnach Maßnahmen der Zahlungsmittelverwendung für betriebliche Zwecke und deren Folgewirkungen. Die Zahlungsmittel können aus dem Unternehmen selbst, sie können aber auch von außen, insbesondere von den Eigentümern des Unternehmens und von Kreditinstituten, stammen. Außerdem kann als Investition die Einlage von dem Betriebszweck dienenden Vermögen, insbesondere durch die Eigentümer des Unternehmens, angesehen werden. Das dem Betriebszweck dienende Vermögen kann sowohl materieller als auch immaterieller Art sein; es kann sowohl langfristig als auch kurzfristig im Betrieb gebunden sein.

Angemerkt sei, dass die hier gewählte Begriffsabgrenzung recht weitgehend ist. Erfasst wird nicht nur die Umwandlung liquider Mittel in Sachanlagen, sondern auch in Finanzanlagen, in Umlaufvermögen und in den Erwerb von Dienstleistungen. Im Sprachgebrauch der Praxis hingegen wird unter einer Investition häufig nur die Umwandlung liquider Mittel in Sachanlagen verstanden.

Klargestellt sei, dass eine enge oder weite Begriffsabgrenzung nicht richtig oder falsch, sondern nur zweckmäßig oder unzweckmäßig sein kann. Eine weite Begriffsabgrenzung erscheint hier zweckmäßig, weil es so gelingt, einen großen Bereich gleich strukturierter Probleme zu erfassen.

Regelmäßig ist es zweckmäßig, zwischen zwei Arten von Investitionen zu unterscheiden, und zwar zwischen

- *Realinvestitionen* einerseits und
- *Finanzinvestitionen* andererseits.

Bei einer *Realinvestition* fließt der Wertstrom unmittelbar von dem Investor in das Investitionsobjekt. Bei einer *Finanzinvestition* hingegen gelangt der Wertstrom nur mittelbar zu dem Investitionsobjekt.

Beispiel

Eine GmbH erwirbt:

a) eine Maschine,
b) festverzinsliche Wertpapiere.

Im ersten Fall handelt es sich um eine Real-, im zweiten hingegen um eine Finanzinvestition.

Bei einer Finanzinvestition ist der Investor nur an der finanziellen Seite der Investition beteiligt, bei einer Realinvestition hingegen muss er sich auch um die reale Seite seiner Anlage bemühen.

Es kann also definiert werden:

1. Investitionen, deren Wertströme unmittelbar zwischen Investor und Investitionsobjekt fließen, werden **Realinvestitionen** bezeichnet.
2. Investitionen, deren Wertströme nur mittelbar zwischen Investor und Investitionsobjekt fließen, werden **Finanzinvestitionen** genannt.

Zwischen Realinvestitionen einerseits und Finanzinvestitionen andererseits bestehen bedeutsame Unterschiede, die anhand eines Beispiels verdeutlicht werden sollen.

Beispiel

Die X-GmbH tätigt folgende zwei Investitionen:

a) Sie legt 1 Mio € als Festgeld mit einem Zinssatz von 10 % p. a. für zwei Jahre bei einer Bank an; nach Ablauf der zwei Jahre erhält sie also vertragsgemäß 1,21 Mio € von der Bank zurück.
b) Sie kauft ein unbebautes Grundstück für 1 Mio € und verkauft es nach zwei Jahren für 1,21 Mio €.

Für beide Investitionen der X-GmbH kann eine Rendite von 10 % p. a. ermittelt werden, da gilt:

$1 \text{ Mio} \cdot (1 + 0{,}1) + 1 \text{ Mio} \cdot (1 + 0{,}1) \cdot 0{,}1 = 1{,}21 \text{ Mio.}$

Obwohl im Beispiel für beide Investitionen eine Rendite von 10 % p. a. errechnet werden kann, bestehen zwischen ihnen fundamentale Unterschiede. Diese lassen sich wie folgt umreißen:

1. Bei der *Finanzinvestition* (Festgeldvereinbarung) ist die *Verzinsung vorgegeben*; der Rückzahlungsbetrag kann also vorausberechnet werden. Bei der *Realinvestition* (Erwerb des Grundstücks) hingegen besteht *keine Vereinbarung einer Verzinsung*. Vielmehr ist die Frage, welche Verzinsung das Grundstück abwirft, falsch gestellt. Die späteren Einnahmen von 1,21 Mio € ergeben sich nicht aufgrund einer vereinbarten Verzinsung, sondern aufgrund der späteren Wertentwicklung des Grundstücks.
2. Bei der Finanzinvestition investiert nicht die X-GmbH in Sachen oder Dienstleistungen, dies geschieht vielmehr durch eine Geldanlage bei der Bank.

Infolge einer Zinsvereinbarung kann im Falle einer *Finanzinvestition* die Prognose der zu erwartenden Zahlungsströme unzweifelhaft nach den Regeln der *Finanzmathematik* erfolgen. Bei *Realinvestitionen* hingegen bestehen keine derartigen zwangsweisen mathematischen Verknüpfungen zwischen Einzahlungen und Auszahlungen. So ist z. B. nicht einzusehen, warum ein unbebautes Grundstück mit mathematischer Gesetzmäßigkeit eine Verzinsung von 10 % p. a. erwirtschaften sollte. Damit ist die Vermutung naheliegend, dass zur Beurteilung der Vorteilhaftigkeit einer Realinvestition andere Beurteilungsmethoden erforderlich sind als zu der einer Finanzinvestition.

2.2 Arten der Investitionsrechnung und Vorteilskriterien

2.2.1 Endvermögensmaximierung und Kapitalwertmethode

In Band 4 dieses Gesamtwerkes ist die Endvermögensmaximierung als sinnvolle Zielsetzung unternehmerischen Handelns herausgearbeitet worden[1]. Dies gilt (selbstverständlich) auch im Rahmen von Investitionsentscheidungen. Bestehen j Investitionsmöglichkeiten (j = 1, 2, ..., m), so ist im Rahmen eines Vorteilsvergleichs die Alternative zu wählen, die das höchste Endvermögen herbeiführt:

$$EV_j \rightarrow M_{ax}! \qquad (1)$$

Wie ebenfalls bereits in Band 4 dargestellt, lässt sich das Endvermögen am Ende des Planungszeitraums wie folgt definieren:

$$EV = \sum_{t=0}^{n} (Ze^*_t - Za^*_t) + R. \qquad (2)$$

Hierbei gibt Ze^*_t die Einzahlungen und Za^*_t die Auszahlungen des Jahres t an. R gibt den evtl. am Ende des Planungszeitraums noch vorhandenen Restwert des Investitionsobjekts an. Die miteinander zu vergleichenden Einzahlungen und Auszahlungen können mit Hilfe von Finanzplänen dargestellt werden. Sie enthalten dann in expliziter Weise diejenigen Zinseinzahlungen und Zinsauszahlungen, die durch die Finanzierung des jeweiligen Investitionsobjekts hervorgerufen werden.

Führen Zahlungsdifferenzen beim Vergleich von Realinvestitionen ausschließlich zu Finanzinvestitionen, so können die Regeln der Finanzmathematik angewendet werden. Geschieht dies, so werden die aus den Supplementinvestitionen (Differenzinvestitionen) entstehenden Zinseinzahlungen und Zinsauszahlungen nicht explizit in den Einzahlungen und Auszahlungen erfasst. Ihre Berücksichtigung erfolgt dann vielmehr in dem Zinssatz i, mit dem die Supplementinvestitionen verzinst werden. In den Einzahlungen und Auszahlungen sind dann die Einzahlungen und Auszahlungen aus den Supplementinvestitionen nicht mehr erfasst. Zur besseren Unterscheidung werden diese um die auf den Supplementinvestitionen beruhenden Zinszahlungen geminderten Einzahlungen bzw. Auszahlungen nicht mit Ze^* bzw. Za^*, sondern mit Ze bzw. Za bezeichnet. Wird von einem einheitlichen Kalkulationszinsfuß i ausgegangen, so kann das Endvermögen demnach – wie ebenfalls bereits in Band 4 erörtert – wie folgt dargestellt werden[2]:

---

[1] Vgl. Schneeloch/Meyering/Patek, Band 4 (2020), Teil I, Gliederungspunkt 5.

[2] Zur näheren Begründung s. die Herleitung der Gleichung (82) in Schneeloch/Meyering/Patek, Band 4 (2020), Teil I, Gliederungspunkt 5.2.

$$EV = \sum_{t=0}^{n} (Z_{et} - Z_{at}) \cdot (1 + i_t)^{n-t} + R. \tag{3}$$

Bei Anwendung der ebenfalls bereits aus Band 4 bekannten Definition

$$1 + i_t = q_t \tag{4}$$

kann hierfür geschrieben werden:

$$EV = \sum_{t=0}^{n} (Z_{et} - Z_{at}) \cdot q_t^{n-t} + R. \tag{5}$$

In den Gleichungen (3) und (5) werden die sich aus den Realinvestitionen ergebenden Einzahlungen und Auszahlungen also auf das Ende des Planungszeitraums aufgezinst. Hierbei wird unterstellt, dass die Zahlungen eines Jahres jeweils an dessen Ende anfallen. Trifft diese Prämisse nicht zu, so vernachlässigen die Gleichungen unterjährige Verzinsungen.

Bei Anwendung der Regeln der Finanzmathematik kann in der ebenfalls bereits aus Band 4 bekannten Weise anstatt einer Aufzinsung auf das Ende eine Abzinsung auf den Beginn des Planungszeitraums vorgenommen werden.

Der so ermittelte Barwert der abgezinsten Einzahlungen nach Abzug der abgezinsten Auszahlungen wird als **Kapitalwert** (*K*) des Investitionsobjekts bezeichnet[3]. Er kann wie folgt geschrieben werden:

$$K = \sum_{t=0}^{n} (Z_{et} - Z_{at}) \cdot q_t^{-t} + R \cdot q_t^{-n}. \tag{6}$$

q_t^{-t} wird als *Abzinsungs-* oder *Diskontierungsfaktor* bezeichnet. Wird nicht nur von einem einheitlichen, sondern außerdem von einem im Zeitablauf konstanten Kalkulationszinssatz *i* ausgegangen und wird außerdem der jährliche Überschuss der Einzahlungen über die Auszahlungen ($Z_{et} - Z_{at}$) mit Z_t bezeichnet, so vereinfacht sich Gleichung (6) zu:

---

3   Vgl. dazu auch Blohm/Lüder/Schaefer (2012), S. 47 ff.; Bieg/Kußmaul/Waschbusch (2016b),
     S. 100 ff.; Perridon/Steiner/Rathgeber (2017), S. 52 ff.; Bitz/Ewert/Terstege (2018), S. 64 ff.;
     Kruschwitz/Lorenz (2019), S. 50 ff.

$$K = \sum_{t=0}^{n} Z_t \cdot q^{-t} + R \cdot q^{-n}. \tag{7}$$

Vielfach beginnen Investitionen mit einer hohen Investitionsauszahlung (*I*). Wird es für zweckmäßig erachtet, diese gesondert auszuweisen, so kann Gleichung (7) wie folgt geschrieben werden:

$$K = -I + \sum_{t=1}^{n} Z_t \cdot q^{-t} + R \cdot q^{-n}. \tag{8}$$

Hierbei nimmt *I* den Wert von Z_0 aus Gleichung (7) an.

Ist zu entscheiden, ob eine Realinvestition durchgeführt werden soll oder nicht, so gilt bei Anwendung der Kapitalwertmethode die Bedingung:

$$K > 0. \tag{9}$$

Die Durchführung der Realinvestition ist also nur dann vorteilhaft, wenn ihr Kapitalwert positiv ist. Nur in diesem Fall bewirkt die Realinvestition nämlich einen Ertrag, der höher ist als der der alternativen Finanzinvestition, die sich zum Kalkulationszinsfuß verzinst. Bei einem negativen Kapitalwert hingegen ist die „Verzinsung" der Realinvestition geringer als der Zinsertrag der alternativen Finanzinvestition; die Durchführung der Realinvestition ist nachteiliger als die Vornahme der alternativen Finanzinvestition. Die Prüfung der Vorteilhaftigkeit einer einzigen Realinvestition beinhaltet somit bereits einen vollständigen *Vorteilsvergleich*. Verglichen wird die *Vorteilhaftigkeit der Realinvestition* mit der Vorteilhaftigkeit einer *alternativen Finanzinvestition (Unterlassensalternative)*.

Bei einem Vergleich *mehrerer Realinvestitionen* anhand des Kapitalwertkriteriums miteinander ist diejenige die vorteilhafteste, die den *größten Kapitalwert* aufweist. Die Zielfunktion der Gleichung (1) wird somit zu:

$$K_j \rightarrow \text{Max}! \tag{10}$$

Die Durchführung der mit Hilfe dieser Zielfunktion ermittelten Realinvestition ist aber nur dann vorteilhaft, wenn sie einen positiven Kapitalwert aufweist. Auch in diesem Fall muss also die Bedingung der Ungleichung (9) erfüllt sein. Andernfalls ist es vorteilhafter, auf alle miteinander verglichenen Realinvestitionen zu verzichten und stattdessen die Vergleichsfinanzinvestition vorzunehmen. Ein Beispiel soll die Zusammenhänge verdeutlichen:

Beispiel

Für die alternativen Investitionsobjekte A und B sind deren Kapitalwerte zu ermitteln. Der Kalkulationszinsfuß beträgt 8 % p. a.

A und B weisen folgende Einzahlungen (+) und Auszahlungen (–) aus:

Zahlungszeitpunkte	t_0	t_1	t_2	t_3
A:	– 1.000	–	–	+ 1.380
B:	– 700	+ 280	+ 550	–

Die Kapitalwerte der Investitionsobjekte A (K_a) und B (K_b) lassen sich wie folgt berechnen:

$$K_a = -1.000 + 1.380 \cdot 1{,}08^{-3},$$

$$K_a = +95{,}49,$$

$$K_b = -700 + 280 \cdot 1{,}08^{-1} + 550 \cdot 1{,}08^{-2},$$

$$K_b = +30{,}80.$$

Die Kapitalwerte beider Investitionsobjekte sind größer als Null. Damit sind unter Zugrundelegung des Kapitalwertkriteriums beide Realinvestitionen vorteilhafter als eine alternative Finanzinvestition. Letztere verzinst sich annahmegemäß mit 8 % p. a. Kann nur eine der beiden Realinvestitionen durchgeführt werden, so ist die Investition A der Investition B vorzuziehen, da sie den höheren Kapitalwert aufweist.

Problematisch ist die dem Kapitalwertverfahren immanente Prämisse, dass Zahlungsdifferenzen zwischen den Investitionsobjekten zu *Differenzinvestitionen* führen, die sich zum *Kalkulationszinsfuß i verzinsen*. Diese Unterstellung kann bei der Beurteilung der Vorteilhaftigkeit von Realinvestitionen im Einzelfall aus folgenden Gründen realitätsfern sein:

1. Zahlungsdifferenzen müssen nicht zwingend zu Finanzinvestitionen, vielmehr können sie auch zu unterschiedlichen Realinvestitionen verwendet werden.
2. Als Folge einer Realinvestition können positive Finanzanlagen ab- oder aufgebaut, als Folge einer anderen hingegen (teilweise auch) Verbindlichkeiten verändert werden. Positive Finanzanlagen und Verbindlichkeiten dürften i. d. R. unterschiedliche Zinssätze aufweisen.
3. Führen unterschiedliche Realinvestitionen zu Kreditaufnahmen in unterschiedlicher Höhe, können sich unterschiedliche Kreditzinssätze ergeben.

Die grundlegende Prämisse der Kapitalwertmethode, nämlich die Anlage von Zahlungsdifferenzen innerhalb einer Periode zu dem einheitlichen Zinssatz einer Finanzanlage, engt somit den Bereich, innerhalb dessen die Methode unbedenklich angewendet werden kann, ein. Unbedenklich anwendbar ist die Methode nur bei vergleichsweise geringen Zahlungsdifferenzen, die entweder nur auf positive oder nur auf negative Finanzinvestitionen einwirken und deren Zinssätze sich nicht verändern. Wird dieser enge Anwendungsbereich verlassen, so kann die Kapitalwertmethode zu Fehlentscheidungen führen. Will man diese ausschließen, so müssen die tatsächlichen Differenzinvestitionen berücksichtigt werden. Dies setzt die Aufstellung eines *vollständigen Finanzplanes* bis zum Ende des Planungszeitraums voraus. Zielvorstellung ist dann nicht mehr die Kapitalwertmaximierung, sondern die

Endvermögensmaximierung. Bevor man zu dieser aufwendigen Vorgehensweise übergeht, lohnt es sich allerdings im konkreten Einzelfall darüber nachzudenken, ob nicht durch die Schätzung eines Mischkalkulationszinsfußes die Anwendung des Kapitalwertverfahrens doch akzeptabel erscheint. Dies gilt umso mehr, als durch die Besteuerung ein Effekt der Nivellierung der Zinssätze eintritt. Außerdem gilt dies in einer Niedrigzinsphase deutlich mehr als in einer Hochzinsphase. Hierauf ist in Band 4 ausführlich eingegangen worden[4].

Problematisch kann die Kapitalwertmethode auch hinsichtlich der Festlegung der Höhe des Kalkulationszinsfußes sein. Je nach Höhe des Kalkulationszinssatzes kann sich bei einem Vergleich von zwei Investitionsobjekten einmal das eine, das andere Mal das andere Investitionsobjekt als vorteilhafter erweisen. Ein Beispiel soll dies verdeutlichen.

Beispiel

Die miteinander zu vergleichenden Investitionsobjekte A und B verursachen voraussichtlich folgende Einzahlungen (+) und Auszahlungen (−):

Zahlungszeitpunkte	t_0	t_1	t_2	t_3
A:	− 1.000	+ 800	+ 300	+ 200
B:	− 910	+ 400	+ 100	+ 750

Es sollen die Kapitalwerte dieser Investitionsobjekte ermittelt werden. Die Berechnungen sollen sowohl für einen im Zeitablauf gleichbleibenden Kalkulationszinssatz von 8 %, als auch für einen solchen von 2 % vorgenommen werden. Planungshorizont ist der Zeitpunkt t_3.

Wird von einem Kalkulationszinssatz von 8 % ausgegangen, so ergeben sich folgende Kapitalwerte:

$K_a/8\% = -1.000 + 800 \cdot 1,08^{-1} + 300 \cdot 1,08^{-2} + 200 \cdot 1,08^{-3}$,

$K_a/8\% = +156,71$,

$K_b/8\% = -910 + 400 \cdot 1,08^{-1} + 100 \cdot 1,08^{-2} + 750 \cdot 1,08^{-3}$,

$K_b/8\% = +141,48$.

Wird von einem Kalkulationszinssatz von 2 % ausgegangen, so ergeben sich folgende Kapitalwerte:

$K_a/2\% = -1.000 + 800 \cdot 1,02^{-1} + 300 \cdot 1,02^{-2} + 200 \cdot 1,02^{-3}$,

$K_a/2\% = +261,13$,

$K_b/2\% = -910 + 400 \cdot 1,02^{-1} + 100 \cdot 1,02^{-2} + 750 \cdot 1,02^{-3}$,

$K_b/2\% = +285,02$.

Wird von einem Kalkulationszinssatz von 8 % ausgegangen, so erscheint das Investitionsobjekt A vorteilhafter als das Investitionsobjekt B, da der Kapitalwert bei A mit + 156,71 um 15,23 höher ist als bei B mit + 141,48. Wird hingegen von einem Kalkulationszinssatz von 2 % ausgegangen, so ergibt sich das umgekehrte Ergebnis: Nunmehr ist der Kapitalwert des Investitionsobjekts B mit + 285,02 um 23,89 höher als der des Objekts A mit + 261,13.

---

4   Vgl. Schneeloch/Meyering/Patek, Band 4 (2020), Teil I, Gliederungspunkt 6.8.

2.2.2 Methode der äquivalenten Annuitäten

Aus der Kapitalwertmethode lässt sich die Methode der äquivalenten Annuitäten ableiten[5]. Die äquivalente Annuität (*Ann*) eines Investitionsobjekts (Gewinnannuität) ist die dem Kapitalwert zum Zeitpunkt $t = 0$ äquivalente, sich über die Nutzungsdauer des Projekts erstreckende Jahresrente:

$$K = Ann \cdot (1 + i)^{-1} + Ann \cdot (1 + i)^{-2} + ... + Ann \cdot (1 + i)^{-n}, \tag{11}$$

$$K = Ann \cdot [(1 + i)^{-1} + (1 + i)^{-2} + ... + (1 + i)^{-n}]. \tag{12}$$

Werden beide Seiten der Gleichung mit $(1 + i)$ multipliziert, so ergibt sich:

$$K \cdot (1 + i) = Ann \cdot [1 + (1 + i)^{-1} + ... + (1 + i)^{-n+1}]. \tag{13}$$

Wird die letzte Gleichung von der vorletzten subtrahiert, so ergibt sich:

$$-K \cdot i = Ann \cdot [-1 + (1 + i)^{-n}], \tag{14}$$

$$Ann = \frac{-K \cdot i}{-1 + (1 + i)^{-n}}, \tag{15}$$

$$Ann = \frac{K \cdot i}{1 - (1 + i)^{-n}}, \tag{16}$$

$$Ann = K \cdot \frac{i \cdot (1 + i)^n}{(1 + i)^n - (1 + i)^n \cdot (1 + i)^{-n}}. \tag{17}$$

Für *Ann* erhält man letztlich:

$$Ann = K \cdot \frac{i \cdot (1 + i)^n}{(1 + i)^n - 1}. \tag{18}$$

---

[5]   Vgl. dazu auch Blohm/Lüder/Schaefer (2012), S. 66 ff.; Bieg/Kußmaul/Waschbusch (2016b), S. 104 ff.; Bitz/Ewert/Terstege (2018), S. 88 ff.; Kruschwitz/Lorenz (2019), S. 67 ff.

Der Ausdruck $\frac{i \cdot (1 + i)^n}{(1 + i)^n - 1}$ wird als Annuitätenfaktor bzw. als

Wiedergewinnungsfaktor Wgf bezeichnet:

$$W_{gf} = \frac{i \cdot (1 + i)^n}{(1 + i)^n - 1} . \tag{19}$$

Durch Einsetzen von Wgf in Gleichung (18) ergibt sich:

$$A_{nn} = K \cdot W_{gf}. \tag{20}$$

Die Annuität ist also als das Produkt aus Kapitalwert und Wiedergewinnungsfaktor (Annuitätenfaktor) definiert.

Beispiel

Es ist für die Investition, die durch die nachfolgend aufgeführten Einzahlungen (+) und Auszahlungen (–) sowie die ebenfalls genannten Zahlungszeitpunkte gekennzeichnet ist, die Annuität zu ermitteln. Hierbei ist von einem Kalkulationszinssatz i von 8 % p. a. auszugehen. Zahlungszeitpunkte und Zahlungen werden wie folgt angenommen:

Zahlungszeitpunkte	t_0	t_1	t_2	t_3
Zahlungen	– 1.000	–	–	+ 1.380

Der Kapitalwert der Zahlungsreihe ergibt sich wie folgt:

$K = -1.000 + 1.380 \cdot 1{,}08^{-3}$,

$K = +95{,}49$.

Durch Einsetzen dieses Kapitalwerts und des Werts von $i = 8$ % in Gleichung (18) ergibt sich folgende Annuität:

$A_{nn} = 95{,}49 \cdot \dfrac{0{,}08 \cdot 1{,}08^3}{1{,}08^3 - 1}$

$A_{nn} = 37{,}05$.

Der Annuitätenfaktor für unterschiedliche Werte von i kann einschlägigen finanzmathematischen Tabellen entnommen werden[6] bzw. mit Hilfe entsprechender Programme berechnet werden.

Da die Annuitätenmethode lediglich eine Variante der Kapitalwertmethode darstellt, unterliegt ihr Anwendungsbereich den gleichen Einschränkungen wie diese auch. „Wegen des größeren Rechenaufwandes ist die Tatsache ihrer Existenz erstaunlich. Wenn man aber bedenkt, dass die betriebliche Wirtschaftlichkeitsrechnung von der Praxis im allgemeinen als Periodenrechnung durchgeführt wird, so

---

6   Vgl. z. B. den Anhang bei Swoboda (1996), S. 234; Bitz/Ewert/Terstege (2018), S. 448.

darf diese Form der Kapitalwertmethode als Versuch gewertet werden, die Investitionsrechnung der betrieblichen Periodenrechnung anzupassen und sie der Praxis näherzubringen"[7].

Einen weiteren Rechtfertigungsgrund für die Existenz der Annuitätenmethode führt *Swoboda* an[8]: Oft haben Investitionsprojekte nicht dieselbe Nutzungsdauer. Dennoch ist es auch in diesen Fällen erforderlich, eine gemeinsame Planungsperiode zu wählen. Die damit verbundenen Schwierigkeiten glaubt *Swoboda* dadurch vermeiden zu können, dass er die Kapitalwerte in Gewinnannuitäten umrechnet. Dies ist aber nur dann zutreffend, wenn man identische Reinvestitionen annimmt. Ohne diese Annahme können Annuitäten erst dann ermittelt werden, wenn die Kapitalwerte für denselben Planungszeitraum errechnet worden sind. Dann aber benötigt man die Annuitäten nicht zur Beurteilung der Vorteilhaftigkeit.

Auf einen wesentlichen Nachteil der Annuitätenmethode gegenüber der Kapitalwertmethode hat *Schneider*[9] hingewiesen: Die Annuitätenmethode ist nicht bei im Zeitablauf schwankenden Zinssätzen anwendbar.

Zusammenfassend bleibt festzustellen, dass die Annuitätenmethode keine Erkenntnisse zu liefern vermag, die die Kapitalwertmethode nicht auch liefern kann, dass sie aber mit erheblich mehr Rechenaufwand verbunden ist. Sie wird deshalb in der nachfolgenden Analyse nicht weiter berücksichtigt.

2.2.3 Interne Zinsfußmethode, interne Renditen

Als **interner Zinsfuß** einer Zahlungsreihe wird der Kalkulationszinsfuß bezeichnet, bei dessen Verwendung der Kapitalwert im Zeitpunkt unmittelbar vor der ersten Zahlung Null wird:

$$K = 0. \tag{21}$$

Es handelt sich also um die „innere Rendite" einer Investition.

Wird der interne Zinsfuß mit i^* bezeichnet und setzt man $q^* = 1 + i^*$, so ergibt sich der interne Zinsfuß aus Gleichung (6) unter Einsetzung des Werts aus Gleichung (21) wie folgt:

$$\sum_{t=0}^{n} (Z_{et} - Z_{at}) \cdot (1 + i^*)^{-t} = 0. \tag{22}$$

---

[7]   Heister (1962), S. 27.

[8]   Vgl. Swoboda (1996), S. 41 ff.

[9]   Vgl. Schneider (1992), S. 81.

Bei Gleichung (22) handelt es sich um eine Gleichung *n*-ten Grades mit *n* Lösungen. Hierbei wird aus Vereinfachungsgründen angenommen, dass ein nach Gleichung (7) anzusetzender Restwert *R* nicht vorhanden ist ($R = 0$). Exakt lösbar sind derartige Gleichungen nur für $n \leq 4$. Doch sind für Gleichungen höheren Grades hinreichend genaue Schätzverfahren entwickelt worden[10].

Als vorteilhaft wird ein Investitionsprojekt dann angesehen, wenn sein interner Zinsfuß höher ist als der für mindestens erforderlich gehaltene Zinsfuß (Kalkulationszinsfuß), d. h. wenn gilt:

$$i^* > i. \tag{23}$$

Sollen mehrere Investitionsobjekte miteinander verglichen werden, so wird nach der internen Zinsfußmethode dasjenige mit dem höchsten internen Zinsfuß als das vorteilhafteste angesehen.

Gegen die Anwendung der internen Zinsfußmethode werden im Schrifttum schwerwiegende Einwände erhoben[11]. Sie beruhen darauf, dass es Fälle gibt, in denen das interne Zinsfußverfahren zu

1. mehreren Lösungen im positiven Bereich,
2. Lösungen ausschließlich im negativen Bereich und
3. Lösungen ausschließlich außerhalb des Bereichs der reellen Zahlen führt.

Mehrere Lösungen im positiven Bereich ergeben sich, wenn das Vorzeichen der Zahlungsreihe mehr als einmal wechselt. Dies ist insbesondere dann der Fall, wenn nach einer Anfangsinvestitionsauszahlung in $t = 0$ in den darauffolgenden Jahren zunächst Einzahlungsüberschüsse entstehen, anschließend aber eine Generalüberholung vorgenommen wird, die zu einem Auszahlungsüberschuss führt, dem anschließend wieder Einzahlungsüberschüsse folgen. Durch die Gewichtung mit unterschiedlichen Zinssätzen kommen in derartigen Fällen einmal die Einzahlungen und ein anderes Mal die Auszahlungen stärker zur Geltung.

Ein mehr als einmaliger Vorzeichenwechsel kann sich auch in Fällen der langfristigen Auftragsfertigung ergeben. Hier erhält der Hersteller, z. B. ein Kraftwerksbauer, vor Beginn der Herstellung häufig eine Anzahlung, d. h. bei ihm entsteht zunächst ein Einzahlungsüberschuss. Anschließend folgen Perioden mit Auszahlungsüberschüssen, bis nach der Endabnahme des Werks wieder ein Einzahlungsüberschuss entsteht.

Zu welchen grotesken Ergebnissen in derartigen Fällen die Anwendung der internen Zinsfußmethode führen kann, hat *Schneider* eindrucksvoll belegt. Er hat die internen Zinsfüße für folgende Zahlungsreihe ermittelt[12]:

---

10 Vgl. Kruschwitz/Lorenz (2019), S. 87 ff.
11 Vgl. Schneider (1992), S. 86 ff.
12 Vgl. Schneider (1992), S. 87; vgl. dazu auch den grundlegenden Aufsatz von Samuelson (1937), S. 469 ff.

Zahlungszeitpunkte	t_0	t_1	t_2
Zahlungen	-1.000	$+5.000$	-6.000

Die internen Zinsfüße dieser Zahlungsreihe ergeben sich aus folgendem Ansatz:

$$-1.000 + 5.000 \cdot (1 + i^*)^{-1} - 6.000 \cdot (1 + i^*)^{-2} = 0.$$

Diese Gleichung kann wie folgt umgeformt werden:

$$5 \cdot (1 + i^*)^{-1} - 6 \cdot (1 + i^*)^{-2} = 1,$$

$$1 = \frac{5}{(1 + i^*)} - \frac{6}{(1 + i^*)^2}.$$

Durch Multiplikation mit $(1 + i^*)^2$ und einigen Umformungen ergibt sich:

$$0 = i^{*2} - 3\,i^* + 2.$$

Hierfür kann auch geschrieben werden:

$$0 = (i^* - 2) \cdot (i^* - 1).$$

Dies ergibt die beiden Lösungen

$$i^* = +1 \quad \text{und}$$

$$i^* = +2.$$

Es ergeben sich also interne Zinsfüße von $+100\,\%$ und $+200\,\%$.

Interne Zinsfüße von $+100\,\%$ und $+200\,\%$ in einem Fall, in dem die Auszahlungen der Realinvestitionen mit 7.000 deren Einzahlungen von 5.000 bei weitem übersteigen, sind ökonomisch offensichtlicher Unsinn. Sie sind nur zu erklären durch die der internen Zinsfußmethode zugrunde liegende Unterstellung. Diese lautet: Sämtliche Zahlungsdifferenzen zwischen den miteinander zu vergleichenden Realinvestitionen verzinsen sich zum internen Zinsfuß. Im Beispielfall bedeutet dies, dass Einzahlungen und Auszahlungen jeweils eine Verzinsung des eingesetzten Kapitals von $+100\,\%$ bzw. von $+200\,\%$ erwirtschafteten. Dies ist eine Annahme, die an Realitätsferne kaum noch zu überbieten ist.

Aus dieser Kritik an der internen Zinsfußmethode sollte nun allerdings nicht der Schluss gezogen werden, dass auch die Ermittlung interner Renditen in jedem Fall verfehlt sei. Mit Renditen sollen Wachstumsraten des eingesetzten Kapitals, d. h. einer Anfangsauszahlung, ermittelt werden. Dies ist problemlos bei Finanzinvestitionen möglich. Bei Realinvestitionen hingegen sind sinnvolle Annahmen über die zwischenzeitliche Anlage zu treffen. Geschieht dies nicht, so unterstellt die interne Zinsfußmethode die Wiederanlage zum internen Zinsfuß. Dies kann zu den bereits dargestellten unsinnigen Ergebnissen führen. Werden hingegen realitätsnahe Annahmen über die Wiederanlage getroffen, so ist die Ermittlung interner Renditen durchaus sinnvoll. Ein Beispiel soll dies verdeutlichen.

Beispiel

Eine geplante Realinvestition lässt zum Zeitpunkt t_0 eine Anschaffungsauszahlung von 800 Geldeinheiten (GE) erwarten. Diese soll durch Überweisung von einem laufenden betrieblichen Konto erfolgen. Zum Zeitpunkt t_1 erwartet der Betriebsinhaber B als Folge der Investition eine Einzahlung von 600 GE und zum Zeitpunkt t_2 eine Einzahlung von 400 GE. Weitere Einzahlungen und Auszahlungen erwartet B nicht. In den genannten Einzahlungen und Auszahlungen noch nicht berücksichtigt sind die Zinswirkungen der Einzahlungen und Auszahlungen. B geht davon aus, dass alle Ein- und Auszahlungen über das bereits erwähnte laufende betriebliche Konto abgewickelt werden; sie verändern damit dessen jeweiligen Kontostand. B nimmt an, dass das Konto stets einen Sollbestand haben und der Nettozinssatz, d. h. der Zinssatz unter Berücksichtigung der Steuerwirkungen, 5 % p. a. betragen wird.

Werden die konkreten Zinszahlungen der Differenzinvestitionen nicht berücksichtigt, so kann anhand des geschilderten Sachverhalts folgende Zahlungsreihe aufgestellt werden:

Zahlungszeitpunkte	t_0	t_1	t_2
Zahlungen	-800	$+600$	$+400$

Soll in herkömmlicher Weise die interne Rendite dieser Zahlungsreihe ermittelt werden, so ist ihr Kapitalwert mit 0 anzusetzen. Der Kapitalwert beträgt:

$$K = -800 + 600 \cdot (1+i)^{-1} + 400 \cdot (1+i)^{-2}.$$

Die interne Rendite i^* ergibt sich, indem in dieser Gleichung i durch i^* ersetzt und $K = 0$ gesetzt wird:

$$-800 + 600 \cdot (1+i^*)^{-1} + 400 \cdot (1+i^*)^{-2} = 0.$$

Durch Multiplikation mit $(1+i^*)^2$ ergibt sich:

$$-800 \cdot (1+i^*)^2 + 600 \cdot (1+i^*) + 400 = 0.$$

Diese Gleichung kann umgeformt werden zu:

$$800 \cdot i^{*2} + 1.000 \cdot i^* - 200 = 0$$

bzw. bei Kürzung durch 800 zu

$$i^{*2} + 1{,}25 \cdot i^* - 0{,}25 = 0.$$

Aufgelöst nach i^* ergibt dies:

$$i^* = -\frac{1{,}25}{2} \pm \sqrt{\frac{1{,}25^2}{4} + 0{,}25}$$

$$i^* = -0{,}625 \pm \sqrt{0{,}640625}$$

$$i^* = -0{,}625 \pm 0{,}8004$$

$i^*_1 = +0,1754$

$i^*_2 = -1,4254.$

Die interne Rendite beträgt also $+17,54\,\%$ oder $-142,54\,\%$. Während das zweite Ergebnis wirtschaftlich offensichtlich unsinnig ist, ist das erste zwar denkbar, aber doch eher unwahrscheinlich. Es beinhaltet nämlich, dass die Supplementinvestitionen eine Verzinsung von immerhin knapp $18\,\%$ p. a. erwirtschaften. Dies ist eine Größenordnung, die bei Supplementinvestitionen in der Form von Finanzinvestitionen kaum jemals erreichbar sein dürfte.

Ein völlig anderes Ergebnis entsteht, wenn die tatsächlichen Zinszahlungen in die Zahlungsreihe aufgenommen werden. Es ergeben sich dann folgende Zahlungen:

	t_0	t_1	t_2
Zahlungen ohne Zinsen	-800	$+600$	$+400$
Zinszahlungen	$-$	-40	-12
Zahlungen insgesamt	-800	$+560$	$+388$

Die Zinszahlung zum Zeitpunkt t_1 ergibt sich daraus, dass die Erhöhung des Schuldenstandes zum Zeitpunkt t_0 im darauffolgenden Jahr zu einer Zinsbelastung i. H. v. $5\,\%$ dieser zusätzlichen Schulden führt, d. h. i. H. v. $(800 \cdot 5\,\% =)$ 40 GE.

Bis zum Zeitpunkt t_1 hat die Investition dann folgende Wirkungen auf den Kontostand:

Investitionszahlung = Veränderung des Kontostands durch	
Realinvestitionen zum Zeitpunkt t_0	-800
Einzahlungen zum Zeitpunkt t_1	$+600$
Zinsauszahlung zum Zeitpunkt t_1	-40
Veränderung des Kontostandes bis zum Zeitpunkt t_1	-240

In dem auf den Zeitpunkt t_1 folgenden Jahr führen die zusätzlichen Schulden zum Zeitpunkt t_1 zu zusätzlichen Sollzinsen i. H. v. $5\,\%$ des zusätzlichen Schuldenstandes, d. h. i. H. v. $(240 \cdot 5\,\% =)$ 12 GE.

Bis zum Zeitpunkt t_2 hat die Investition dann folgende Wirkungen auf den Kontostand:

Veränderung des Kontostands bis zum Zeitpunkt t_1	-240
Einzahlungen zum Zeitpunkt t_2	$+400$
Zinsauszahlung zum Zeitpunkt t_2	-12
Veränderung des Kontostandes bis zum Zeitpunkt t_2	$+148$

Die o. a. saldierte Zahlungsreihe beinhaltet also, dass ein Kapitaleinsatz von 800 GE bis zum Zeitpunkt t_2 zu Einzahlungen i. H. v. $(560 + 388 =)$ 948 GE führt. Aus Zahlungsmitteln von 800 GE werden also bis zum Ende des Planungszeitraums Zahlungsmittel von 948 GE. Anders ausgedrückt: Aus einem eingesetzten Kapital von 800 GE zum Zeitpunkt t_0 wird bis zum Zeitpunkt t_2 ein Kapital von 948 GE. Hieraus lässt sich die (jährliche) Wachstumsrate des eingesetzten Kapitals, d. h. eine interne Rendite, von $8,857\,\%$ errechnen. Zur Klarstellung sei nochmals ausdrücklich darauf hingewiesen, dass es sich hierbei um eine interne Rendite *nach* Berücksichtigung der tatsächlich zu zahlenden Zinsen handelt.

2.2.4 Herkömmliche Verfahren der Praxis

Praktiker begegnen der Methode der Endvermögensmaximierung, aber auch den finanzmathematischen Methoden der Investitionsrechnung häufig mit Skepsis. Ihr

Haupteinwand besteht darin, diese Methoden seien zu realitätsfern. Außerdem seien die Verfahren wegen ihrer vergleichsweise hohen mathematischen Anforderungen an die Anwender nicht praxisgerecht. In der Praxis sind deshalb sehr frühzeitig – großenteils vor den finanzmathematischen – Verfahren entwickelt worden, die rechnerisch sehr einfach sind. Nachfolgend sollen drei dieser Verfahren kurz erläutert werden, und zwar

- das Kostenvergleichsverfahren,
- das Gewinnvergleichsverfahren und
- das Amortisationsverfahren (Amortisationsrechnung).

Bei Anwendung des *Kostenvergleichsverfahrens* werden schlicht die Kosten der miteinander konkurrierenden Investitionsprojekte miteinander verglichen. Vorzuziehen ist nach der Entscheidungsregel dieses Verfahrens das Investitionsobjekt, das die geringsten Kosten ausweist.

Das Kostenvergleichsverfahren weist folgende Mängel auf:

1. Das Verfahren beruht nicht auf Zahlungs-, sondern auf Kostengrößen. Durch die Verwendung von Kosten und nicht von Einzahlungen und Auszahlungen wird der zeitliche Anfall der Zahlungen willkürlich geglättet. So werden bei Anschaffung einer Maschine die Anschaffungskosten auf die Laufzeit verteilt und nicht berücksichtigt, ob die Anschaffungsauszahlungen z. B. alle zu Beginn oder etwa alle am Ende der Nutzungsdauer geleistet werden.
2. Das Problem der Vergleichbarmachung von Zahlungen, dem eine zentrale Bedeutung beizumessen ist, wird völlig ausgeklammert. Damit wird stillschweigend angenommen, dass Differenzinvestitionen einen Zinssatz von 0 % erwirtschaften.
3. Das Kostenvergleichsverfahren vernachlässigt vollkommen die Einnahmenseite (Ertragsseite). Damit scheidet von vornherein die Möglichkeit aus, zu prüfen, ob überhaupt eines der miteinander zu vergleichenden Investitionsobjekte vorteilhaft ist oder ob es nicht vielleicht vorteilhafter ist, keines der Projekte zu verwirklichen und stattdessen eine Finanzinvestition zu tätigen.

Das Kostenvergleichsverfahren ist damit ein primitives, i. d. R. untaugliches Verfahren des Investitionsvergleichs. Vertretbar ist seine Anwendung allenfalls bei äußerst einfach strukturierten Problemen.

Beispiel

Ein selbständiger Taxifahrer will ein neues Taxi anschaffen. Aus persönlichen Gründen kommen für ihn nur ein Mercedes-Benz E 220d oder ein Audi A6 40 TDI in Betracht. Die Entscheidung will er nach wirtschaftlichen Gesichtspunkten treffen.

Bei einem derart einfach strukturierten Problem mag eine Entscheidung anhand eines reinen Kostenvergleichs der beiden Pkw-Typen vertretbar sein.

Das *Gewinnvergleichsverfahren* unterscheidet sich vom Kostenvergleichsverfahren dadurch, dass auch die Einnahmen berücksichtigt werden. Es werden durchschnittliche Einnahmen während der Planungsperiode angenommen. Ein wichtiger

Einwand, der gegen die Anwendung des Kostenvergleichsverfahrens spricht, entfällt somit beim Gewinnvergleichsverfahren. Die übrigen Bedenken, die gegen das Kostenvergleichsverfahren sprechen, bleiben aber bestehen.

Ein weiteres Praktikerverfahren der Investitionsrechnung ist die *Amortisationsrechnung.* Sie ist auch bekannt unter den Begriffen „Pay-back-", „Pay-off-" und „Pay-out-Rechnung". Bei diesem Verfahren wird eine Investition danach beurteilt, innerhalb welchen Zeitraums sie sich „amortisiert", d. h. innerhalb welcher Zeit das eingesetzte Kapital dem Unternehmen über die Umsatzerlöse wieder zufließt.

Es gilt:

$$I_0 = \sum_{t=1}^{n} (G_t + Ab_t). \tag{24}$$

Hierbei bedeuten:

I_0 = Kapitaleinsatz,
G_t = Gewinn im Jahre *t*,
Ab_t = Abschreibung im Jahre *t*.

Bei der Amortisationsrechnung wird also der Zeitraum ermittelt, innerhalb dessen der Kapitaleinsatz durch Umsatzerlöse wieder in das Unternehmen zurückfließt. Gewinne und Abschreibungen werden hierbei als finanzielle Überschüsse betrachtet, die der Amortisation des Kapitals dienen.

Bei dieser Methode ist bereits die Zielsetzung verfehlt. Vorgezogen wird die Investition, die die kürzeste Amortisationsdauer aufweist. Das gilt auch dann, wenn bei einer anderen Investition eine wesentlich längere Nutzungsdauer der Anlage zu erwarten ist und die gesamten Umsatzerlöse voraussichtlich erheblich höher sein werden. Es ist also keinesfalls gewährleistet, dass die Investition, die den höchsten Vermögenszuwachs verspricht, vorgezogen wird.

Ferner ist zu beachten, dass die Amortisationsrechnung – ebenso wie die Kosten- und die Gewinnvergleichsrechnung – keine Supplementinvestitionen berücksichtigt. Zwischenzeitliche Anlagen, die – wie gezeigt worden ist – erhebliche Bedeutung haben können, werden völlig vernachlässigt. Es wird also auch hier ein Zinssatz von 0 % stillschweigend unterstellt.

Letztlich ist zu kritisieren, dass das Amortisationsverfahren hinsichtlich der tatsächlichen Einzahlungen und Auszahlungen bedenkliche Annahmen trifft. So ist es keinesfalls selbstverständlich, dass den Gewinnen und Abschreibungen tatsächlich Einzahlungen in gleicher Höhe gegenüberstehen. Genau dies aber ist die Unterstellung, die gemacht wird, wenn angenommen wird, die Summe der Gewinne und Abschreibungen „decke" das eingesetzte Kapital.

Einen Mangel der Amortisationsrechnung versucht deren dynamische Form zu vermeiden. Nach *Blohm/Lüder/Schaefer* wird durch die dynamische Amortisationsrechnung der Zeitraum bestimmt, in dem der Kapitaleinsatz eines Investitionsprojekts zuzüglich einer bestimmten Verzinsung in das Unternehmen zurückgeflossen ist[13].

Der Vorteil gegenüber der statischen Amortisationsrechnung besteht darin, dass Zinseffekte berücksichtigt werden. Die übrigen Einwände gegen die Amortisationsrechnung hingegen bleiben erhalten.

Bei allen Vorbehalten gegen die Amortisationsrechnung soll jedoch nicht verkannt werden, dass sie in Zweifelsfällen ein sinnvolles Hilfskriterium sein kann. Werden z. B. mit Hilfe der Kapitalwertmethode alternative Investitionsprojekte als annähernd gleichwertig beurteilt, so dürfte es regelmäßig vorteilhaft sein, das Projekt mit der kürzeren Amortisationsdauer vorzuziehen. Es kann dann i. d. R. angenommen werden, dass so dem Risiko einer Fehleinschätzung der künftigen Einzahlungsüberschüsse besser begegnet werden kann. Regelmäßig dürften nämlich die Zahlungsschätzungen umso zuverlässiger sein, je geringer der zeitliche Abstand von dem Schätzzeitpunkt ist.

2.2.5 Vergleich der Methoden miteinander

Die *Kapitalwertmethode* und damit auch die Annuitätenmethode einerseits sowie die *interne Zinsfußmethode* andererseits implizieren *unterschiedliche Annahmen*. Während die *Kapitalwertmethode* davon ausgeht, dass sämtliche *Zahlungssalden zum Kalkulationszinsfuß i* angelegt bzw. beschafft werden, unterstellt die *interne Zinsfußmethode* eine *Verzinsung* aller Zahlungsdifferenzen zum *internen Zinsfuß i^**.

Bei Anwendung der *Kapitalwertmethode* ist problematisch:

- die Bestimmung der Höhe des Kalkulationszinsfußes,
- die Annahme eines einheitlichen Zinsfußes für alle Supplementinvestitionen.

Nicht nur problematisch, sondern schlicht abwegig ist hingegen die Unterstellung der *internen Zinsfußmethode*, alle Supplementinvestitionen verzinsten sich zum internen Zinsfuß. Es ist gezeigt worden, dass sich aufgrund dieser Unterstellung z. T. vollkommen absurde Rechenergebnisse einstellen.

Vergleicht man die Kapitalwertmethode mit der Annuitätenmethode, so zeigt sich, dass letztere lediglich eine Spielart der ersteren ist, mit allerdings zusätzlichen rechnerischen Komplikationen.

Aus diesem Vergleich aller drei finanzmathematischen Methoden kann nun geschlossen werden, dass zur Beurteilung der Vorteilhaftigkeit geplanter Realinvestitionen die *Kapitalwertmethode* die zugleich *sachgerechteste* und *einfachste* ist. Soweit nachfolgend eine finanzmathematische Methode angewendet wird, soll dies

---

13 Vgl. Blohm/Lüder/Schaefer (2012), S. 68.

deshalb die Kapitalwertmethode sein. Nochmals klargestellt sei aber, dass die *Ermittlung von Renditen durchaus informativ* sein kann. Sollen die *Renditen* geplanter Realinvestitionen ermittelt werden, so sollte dies aber *nicht mit Hilfe der internen Zinsfußmethode* geschehen. Vielmehr sollten vorab realistische Annahmen über die Verzinsung der Supplementinvestitionen getroffen und die Renditen erst nach Berücksichtigung der sich hierdurch ergebenden Zinsen ermittelt werden.

Erscheint im Einzelfall die Annahme eines in einer Periode einheitlichen Kalkulationszinsfußes nicht vertretbar, so sollte von der Kapitalwertmethode zur Methode der Endvermögensmaximierung übergegangen werden. Formal unterscheiden sich die Verfahren dadurch, dass bei der Kapitalwertmethode abgezinst wird, bei der *Endvermögensmaximierung* hingegen die tatsächlichen Ein- und Auszahlungen der Supplementinvestitionen berücksichtigt werden. Bei der Beurteilung geplanter Realinvestitionen läuft dies auf eine Aufzinsung zu den jeweils prognostizierten Zinssätzen der Supplementinvestitionen hinaus.

Im Vergleich zur Kapitalwertmethode weisen *alle Praktikerverfahren*, wie Kostenvergleichs- und Gewinnvergleichsrechnung sowie die Amortisationsmethode *schwerwiegende Mängel* auf. So gehen sowohl das Kosten- als auch das Gewinnvergleichsverfahren implizit von einem Zinssatz der Supplementinvestitionen von 0 % aus. Gleiches gilt für die statische Amortisationsrechnung. Die Annahme einer Verzinsung der Supplementinvestitionen mit einem Zinssatz von 0 % kann aber i. d. R. nicht als realistische Annahme angesehen werden. Die dynamische Amortisationsrechnung berücksichtigt zwar Zinsen, doch werden keine realistischen Annahmen über deren Anfall getroffen. Außerdem bevorzugt das Verfahren systematisch solche Investitionsobjekte, bei denen die Einzahlungen möglichst rasch nach der Investition erfolgen. Hierdurch können insgesamt höher rentierliche Objekte ausgeschieden werden, obwohl sie – gemessen an der Zielsetzung der Endvermögensmaximierung – vorteilhafter sind.

Für die nachfolgende Analyse werden aus diesem Verfahrensvergleich folgende *Schlüsse* gezogen:

1. Grundsätzlich wird die *Kapitalwertmethode* angewendet.
2. Erscheint im Einzelfall die Annahme eines in einer Periode einheitlichen Kalkulationszinsfußes nicht vertretbar, so wird anstelle der Kapitalwertmethode die Methode der *Endvermögensmaximierung* angewendet.

2.3 Berücksichtigung von Steuern im Rahmen der Investitionsrechnung

2.3.1 Einführung

Die Frage, ob Steuern in der Investitionsrechnung berücksichtigt werden sollten, war lange umstritten[14]. Eine *Nichtberücksichtigung* wäre *nur* dann gerechtfertigt, wenn die Besteuerung keinen Einfluss auf die Vorteilhaftigkeit hätte. Es müsste dann *Investitionsneutralität* der Besteuerung gewährleistet sein. Diese beinhaltet:

1. Eine ohne Berücksichtigung von Steuern vorteilhafte (nachteilige) Realinvestition darf unter Berücksichtigung der Besteuerung nicht nachteilig (vorteilhaft) werden.
2. Die Rangfolge der Vorteilhaftigkeit von Realinvestitionen ohne Berücksichtigung von Steuern darf sich bei Berücksichtigung der Besteuerung nicht ändern.

Jeder mit dem deutschen Steuerrecht Vertraute wird vermutlich annehmen, dass diese beiden Voraussetzungen einer *Investitionsneutralität* der Besteuerung *nicht gewährleistet* sind. Damit ist geklärt, dass die Besteuerung bei der Beurteilung von Investitionen berücksichtigt werden muss, wenn Fehlurteile vermieden werden sollen. Diese Erkenntnis hat sich auch im betriebswirtschaftlichen Schrifttum durchgesetzt[15]. Umstritten ist allerdings auch heute noch, in welcher Weise Steuern zu berücksichtigen und welche Steuerarten in die Betrachtung einzubeziehen sind. Diese Fragen sollen nachfolgend näher untersucht werden. Anschließend soll analysiert werden, in welcher Weise die Besteuerung die Ergebnisse der Investitionsrechnung beeinflussen kann. Hierbei wird der Analyse grundsätzlich die *Kapitalwertmethode* zugrunde gelegt.

2.3.2 Steuern in den Zahlungsreihen

Steuern wirken sich zunächst einmal auf die *Auszahlungsreihe* einer Investition aus. Beeinflusst werden insbesondere die Bemessungsgrundlagen der Ertragsteuern.

Infolge der Investition entstehen regelmäßig *zusätzliche Erträge und Aufwendungen*, steuerlich also *zusätzliche Betriebseinnahmen* und *Betriebsausgaben*. Damit ändert sich der *steuerliche Gewinn* der Folgezeit, d. h. *E* i. S. der in Band 4 abgeleiteten und im Anhang 3 zusätzlich wiedergegeben Gesamtbelastungsgleichungen (I) bis (V). Zu beachten ist, dass bei gleicher Gesamthöhe aller zusätzlich zu erwartenden Gewinne deren zeitliche Verteilung erheblich voneinander abweichen kann. Wie aus der steuerlichen Gewinnermittlung bekannt, hängt die *Verteilung* eines To-

---

14 Vgl. Schwarz (1962), S. 135 ff. und S. 199 ff.; Mellwig (1980), S. 16 ff.; Mellwig (1981), S. 53 ff.; Wagner (1981), S. 47 ff.

15 Vgl. Schneider (1992), S. 321; Blohm/Lüder/Schaefer (2012), S. 101 ff.; Bieg/Kußmaul/Waschbusch (2016b), S. 155 ff.; Kruschwitz/Lorenz (2019), S. 107 ff.

talgewinnes und damit auch die Verteilung der Steuerzahlungen von der Ausnutzung von *Bilanzierungs-* und *Bewertungs*wahlrechten sowie von *-ermessensspielräumen* ab.

Beispiel

Der Geschäftsführer G der X-GmbH erwägt die Anschaffung einer zusätzlichen Maschine mit Anschaffungskosten von 1 Mio €. Er geht davon aus, dass die Maschine zu Beginn des Jahres 1 einsatzbereit sein kann. Die Nutzungsdauer der Maschine schätzt G auf 10 Jahre. Es kommen die Standardsteuersätze des Jahres 2021 zur Anwendung, d. h. es gilt $skö = 15\,\%$, $solz = 5,5\,\%$, $h = 400\,\%$ und $\beta = 0$[16]. G nimmt an, dass aufgrund der Investition folgende zusätzliche Erträge und Betriebsausgaben entstehen werden (alle Angaben in T€).

Jahr	1	2	3	4	5	6	7	8	9	10
Betriebseinnahmen	+ 250	+ 300	+ 300	+ 300	+ 300	+ 300	+ 300	+ 300	+ 300	+ 300
Betriebsausgaben ohne AfA	− 80	− 80	− 80	− 150	− 80	− 80	− 80	− 150	− 80	− 80
Bruttogewinn = Zahlungsüberschuss vor Steuern	+ 170	+ 220	+ 220	+ 150	+ 220	+ 220	+ 220	+ 150	+ 220	+ 220
Lineare AfA	− 100	− 100	− 100	− 100	− 100	− 100	− 100	− 100	− 100	− 100
Steuerlicher Gewinn	+ 70	+ 120	+ 120	+ 50	+ 120	+ 120	+ 120	+ 50	+ 120	+ 120
Steuerzahlungen (29,825 % des steuerlichen Gewinns)	− 21	− 36	− 36	− 15	− 36	− 36	− 36	− 15	− 36	− 36
Zahlungsüberschuss nach Steuern	+ 149	+ 184	+ 184	+ 135	+ 184	+ 184	+ 184	+ 135	+ 184	+ 184

Anstelle der mindestens anzusetzenden linearen AfA in der dargestellten Form kann G auch eine 20 %ige geometrisch-degressive AfA geltend machen. Es ergibt sich dann Folgendes:

Jahr	1	2	3	4	5	6	7	8	9	10
Bruttogewinn = Zahlungsüberschuss vor Steuern	+ 170	+ 220	+ 220	+ 150	+ 220	+ 220	+ 220	+ 150	+ 220	+ 220
Degressive AfA	− 200	− 160	− 128	− 102	− 82	− 66	− 66	− 66	− 65	− 65
Steuerlicher Gewinn	− 30	+ 60	+ 92	+ 48	+ 138	+ 154	+ 154	+ 84	+ 155	+ 155
Steuerzahlungen (29,825 % des steuerlichen Gewinns)	+ 9	− 18	− 27	− 14	− 41	− 46	− 46	− 25	− 46	− 46
Zahlungsüberschuss nach Steuern	+ 179	+ 202	+ 193	+ 136	+ 179	+ 174	+ 174	+ 125	+ 174	+ 174
Zahlungsüberschuss nach Steuern bei linearer AfA	+ 149	+ 184	+ 184	+ 135	+ 184	+ 184	+ 184	+ 135	+ 184	+ 184
Differenzen der Zahlungsüberschüsse	+ 30	+ 18	+ 9	+ 1	− 5	− 10	− 10	− 10	− 10	− 10

16　Hinsichtlich der Definition der Standardsteuersätze s. Schneeloch/Meyering/Patek, Band 4 (2020), Teil I, Gliederungspunkte 4.2.4 und 4.3.2.

Bereits aufgrund der Wahl der degressiven anstelle der linearen AfA werden die aus der Investition entstehenden zusätzlichen steuerlichen Gewinne in erheblichem Maße in die Zukunft verlagert. Im Jahr 1 entsteht sogar anstelle eines zusätzlichen Gewinns ein zusätzlicher Verlust. Erzielt die GmbH insgesamt in allen Jahren einen steuerlichen Gewinn, so ist ersichtlich, dass es durch die Inanspruchnahme der degressiven AfA möglich ist, Ertragsteuerzahlungen in die Zukunft zu verlagern, d. h. ein Teil der Auszahlungen in der Auszahlungsreihe der Investition fällt zeitlich später an. Dadurch wird die Vornahme der Investition vorteilhafter.

Das Beispiel zeigt, dass durch die *Ausnutzung von steuerbilanzpolitischen Aktionsparametern* die *Vorteilhaftigkeit von Realinvestitionen erhöht* werden kann.

Umsatzsteuer einschließlich der Vorsteuern braucht regelmäßig nicht in den Zahlungsreihen berücksichtigt zu werden. Der Grund besteht darin, dass die Umsatzsteuer wirtschaftlich als durchlaufender Posten angesehen werden kann. Allerdings steht einer Berücksichtigung der Umsatzsteuer in den Zahlungsreihen auch nichts im Wege. Es muss dann lediglich darauf geachtet werden, dass die Erfassung vollständig erfolgt. Eine nur teilweise Erfassung hingegen kann zu Fehlurteilen führen. Ob die Umsatzsteuer in den Zahlungsreihen erfasst werden soll, ist somit i. d. R. lediglich eine Frage der rechentechnischen Zweckmäßigkeit.

Von dem Grundsatz, dass die Umsatzsteuer nicht in den Zahlungsreihen berücksichtigt zu werden braucht, gibt es Ausnahmen. Eine wichtige besteht dann, wenn der Unternehmer nicht oder nicht vollständig zum Vorsteuerabzug berechtigt ist. In diesem Fall entsteht durch die nicht abzugsfähige Vorsteuer eine Definitivbelastung. Diese muss berücksichtigt werden, wenn Fehlurteile vermieden werden sollen.

Führt ein Unternehmer steuerfreie Ausfuhrlieferungen oder innergemeinschaftliche Lieferungen durch, so führen diese Umsätze nach § 15 Abs. 3 UStG nicht zum Ausschluss vom Vorsteuerabzug. Hier kann es zu einer permanenten Erstattung von Vorsteuern durch das Finanzamt kommen. Werden in derartigen Fällen die gezahlten Vorsteuern in der Auszahlungsreihe berücksichtigt, so ist darauf zu achten, dass die Erstattungen entweder in der Einzahlungsreihe oder aber als Negativbeträge in der Auszahlungsreihe aufgeführt werden.

Viele Faktoreinsatzpreise enthalten als Bestandteil spezielle *Verbrauchsteuern*. Das gilt z. B. hinsichtlich der *Energiesteuer*, die im Benzinpreis enthalten ist. Weitere Beispiele sind die Bier- und Schaumweinsteuer, die insbesondere in den Faktoreinsätzen gastronomischer Betriebe enthalten sind. In derartigen Fällen ist es nicht zweckmäßig, den Steueranteil aus den Faktoreinsätzen herauszurechnen und in den Auszahlungsreihen der Investitionsobjekte gesondert zu berücksichtigen. Zweckmäßiger dürfte es vielmehr regelmäßig sein, die Faktoreinsätze brutto, d. h. einschließlich der Steueranteile zu erfassen.

2.3.3 Steuern im Kalkulationszinsfuß

Im Schrifttum ist es bis zur Gegenwart umstritten, ob und ggf. welche Steuerbelastungen im Kalkulationszinsfuß zu berücksichtigen sind. Wird, wie hier, der *Kalkulationszinsfuß* als *Zinsfuß einer alternativen Finanzanlage* betrachtet, so ist die *Berücksichtigung von Steuern zwingend geboten*. Bei legalem Verhalten müssen dann nämlich die Zinsen der *Ertragsbesteuerung* unterworfen werden.

In Band 4 dieses Gesamtwerkes sind aus Bruttozinssätzen Nettozinssätze abgeleitet worden. Die dort ermittelten *Nettozinssätze* können im Rahmen der Investitionsrechnung als *Kalkulationszinsfüße* verwendet werden. Ein Blick auf die in Band 4, Teil I, Gliederungspunkt 6, ermittelten und hier in Anhang 2 wiedergegebenen Tabellen zeigt, dass die Nettozinssätze bei gleichem Bruttozinssatz je nach Lage des Einzelfalls weit auseinander liegen können. So kann z. B. ein Bruttozinssatz von 4 % zu einem Nettozinssatz von ebenfalls 4 %, er kann aber auch zu einem wesentlich niedrigeren Nettozinssatz führen. So ergibt sich z. B. aus Spalte 4, Zeile 14 der im Tabellenanhang (Anhang 2) befindlichen Tabelle T-11 für einen Bruttozinssatz von 4 % ein Nettozinssatz von lediglich 2,2 %. Dieser Nettozinssatz ergibt sich für den Fall, dass der Einkommensteuersatz im oberen Plafond von 45 % ($sei = 0{,}45$) zur Anwendung kommt, Solidaritätszuschlag ($solz = 0\,\%$) und Kirchensteuer ($ski = 0\,\%$) nicht erhoben und die Zinsen mit einer Gewerbesteuer von 14 % ($h = 400\,\%$) belastet werden. Hierbei führen die Zinsen nicht zu einer Hinzurechnung nach § 8 Nr. 1 GewStG. Der Faktor für die Anrechnung von Gewerbesteuer auf die Einkommensteuer beträgt 4,0 ($\alpha = 4{,}0$).

2.3.4 Einfluss der Besteuerung auf die Vorteilhaftigkeit von Realinvestitionen

2.3.4.1 Einführung

Nachfolgend soll der Einfluss der Besteuerung auf die Vorteilhaftigkeit von Realinvestitionen anhand eines stark vereinfachenden Modells untersucht werden. Dieses Ausgangsmodell dient lediglich dazu, die Wirkungsweise der Besteuerung auf die Vorteilhaftigkeit eines Investitionsobjekts bzw. auf die relative Vorteilhaftigkeit mehrerer Investitionsobjekte zueinander herauszuarbeiten. Anschließend wird untersucht, inwieweit die gewonnenen Ergebnisse verallgemeinert werden können.

2.3.4.2 Formulierung des Ausgangsmodells

Das Ausgangsmodell lässt sich wie folgt kennzeichnen:

1. Am Ende des Jahres $t = 0$ wird eine Investition mit einer Investitionsauszahlung I getätigt.

2. Ab dem Jahre $t = 1$ bis zum Jahre $t = n$ entstehen aus der Investition zusätzliche Einzahlungen und Auszahlungen. Die jährlichen Zahlungsdifferenzen Z_t entsprechen genau den zusätzlichen ertragsteuerlichen Bemessungsgrundlagen vor Abzug der steuerlichen Abschreibungen. Abweichungen zwischen Erträgen und Aufwendungen einerseits und Einzahlungen und Auszahlungen andererseits treten also mit Ausnahme der Abschreibungen nicht auf.

3. Die steuerlichen Gewinne werden sofort versteuert. Zeitliche Verzögerungen zwischen Gewinnentstehung und Steuerzahlungen bestehen also nicht.

4. Entstehen in einzelnen Perioden steuerliche Verluste, so werden diese sofort verrechnet. Außerdem wird die Verlustverrechnung sofort zahlungswirksam.

5. Die Versteuerung der Gewinne findet während des gesamten Planungszeitraums zu einem einheitlichen Steuersatz s statt. Bei diesem Steuersatz handelt es sich um einen Differenzsteuersatz.

6. Außer der Versteuerung der Gewinne zu dem Steuersatz s findet keine Besteuerung statt. Insbesondere gibt es also auch keine Substanzbesteuerung.

7. Alle Supplementinvestitionen unterliegen dem Steuersatz s.

8. Das Investitionsobjekt wird bis zum Ende des Planungszeitraums vollständig abgeschrieben. Die Summe der Abschreibungen $\left(\sum_{t=1}^{n} A_{bt} \right)$ entspricht also I.

9. Am Ende der Nutzungsdauer beträgt der Restverkaufserlös $R_n = 0$ Geldeinheiten bzw. der Restverkaufserlös entspricht genau den mit dem Verkauf entstehenden Veräußerungskosten.

Der Kapitalwert nach Berücksichtigung der Steuern (**Kapitalwert nach Steuern**) kann aus Gleichung (8) abgeleitet werden. Zur Erinnerung sei Gleichung (8) nochmals aufgeführt. Sie lautet:

$$K = -I + \sum_{t=1}^{n} Z_t \cdot q^{-t} + R \cdot q^{-n}. \tag{8}$$

Nach der neunten zur Definition des Ausgangsmodells definierten Bedingung beträgt der Restverkaufserlös $R = 0$. Wird dieser Wert in Gleichung (8) eingesetzt, so ergibt sich:

$$K = -I + \sum_{t=1}^{n} Z_t \cdot q^{-t}. \tag{8a}$$

Durch Einsetzen der bereits bekannten Beziehung

$$q = 1 + i$$

ergibt sich:

$$K = -I + \sum_{t=1}^{n} Z_t \cdot (1 + i)^{-t}. \tag{8b}$$

Die Investitionsauszahlung *I* in Gleichung (8b) führt lediglich über die Abschreibungen Ab_t zu steuerlichem Aufwand. Die jährlichen steuerlichen Gewinne betragen $Z_t - Ab_t$. Hierauf ist der Steuersatz *s* anzuwenden. In dem hier verwendeten einfachen Ausgangsmodell ist es nicht erforderlich, den Nettozinssatz den Ableitungen in Band 4 des Gesamtwerkes zu entnehmen. Der Nettozinssatz *in*, d. h. der Zinssatz nach Steuern, lässt sich vielmehr aus *i* durch den Abzug von $i \cdot s$ ermitteln. Unter den genannten Voraussetzungen kann aus Gleichung (8b) der Kapitalwert nach Steuern K_s wie folgt ermittelt werden:

$$K_s = -I + \sum_{t=1}^{n} Z_t \cdot (1 + i - i \cdot s)^{-t} - \sum_{t=1}^{n} s \cdot (Z_t - Ab_t) \cdot (1 + i - i \cdot s)^{-t} \tag{25}$$

bzw.

$$K_s = -I + \sum_{t=1}^{n} Z_t \cdot [1 + i \cdot (1 - s)]^{-t} - \sum_{t=1}^{n} s \cdot (Z_t - Ab_t) \cdot [1 + i \cdot (1 - s)]^{-t}. \tag{25a}$$

Der Term $i \cdot (1 - s)$ in Gleichung (25a) gibt den Zinssatz nach Berücksichtigung der auf die Zinsen entfallenden Steuern an, d. h. den Nettozinssatz *in*. Es kann also geschrieben werden:

$$i \cdot (1 - s) = in. \tag{26}$$

Unter Berücksichtigung von Gleichung (26) kann Gleichung (25a) wie folgt formuliert werden:

$$K_s = -I + (1 - s) \cdot \sum_{t=1}^{n} Z_t \cdot (1 + in)^{-t} + s \cdot \sum_{t=1}^{n} Ab_t \cdot (1 + in)^{-t}. \tag{27}$$

2.3.4.3 Vorteilhaftigkeit eines Investitionsobjekts vor und nach Steuern im Ausgangsmodell

Es stellt sich die Frage, welche Auswirkungen die Besteuerung auf die Vorteilhaftigkeit einer Realinvestition hat. Diese Frage kann für den Fall des Ausgangsmodells durch einen Vergleich der Gleichungen (8) bzw. (8b) mit den Gleichungen (25) bzw. (27) beantwortet werden.

Soll keine Veränderung der Vorteilhaftigkeit eintreten, so muss gelten:

$$K = K_s. \tag{28}$$

Bei Einsetzen der Werte von *K* bzw. *K_s* aus den Gleichungen (8b) bzw. (27) ergibt sich hieraus:

$$-I + \sum_{t=1}^{n} Z_t \cdot (1 + i)^{-t} = -I + (1 - s) \cdot \sum_{t=1}^{n} Z_t \cdot (1 + i_n)^{-t} \tag{29}$$

$$+ s \cdot \sum_{t=1}^{n} Ab_t \cdot (1 + i_n)^{-t}$$

bzw.

$$\sum_{t=1}^{n} Z_t \cdot (1 + i)^{-t} = (1 - s) \cdot \sum_{t=1}^{n} Z_t \cdot (1 + i_n)^{-t} + s \cdot \sum_{t=1}^{n} Ab_t \cdot (1 + i_n)^{-t} \tag{30}$$

bzw.

$$\sum_{t=1}^{n} Z_t \cdot q^{-t} = (1 - s) \cdot \sum_{t=1}^{n} Z_t \cdot q_n^{-t} + s \cdot \sum_{t=1}^{n} Ab_t \cdot q_n^{-t}. \tag{31}$$

q_n^{-t} bezeichnet dabei den Nettodiskontierungsfaktor $(1 + i_n)^{-t}$.

Die Bedingung der Gleichung (28), dass nämlich die Kapitalwerte vor und nach Steuern gleich groß sind, muss als seltener Grenzfall angesehen werden. Wird der Kapitalwert durch die Besteuerung nicht verändert, so soll hier von dem Fall der *Investitionsneutralität der Besteuerung im engeren Sinne* gesprochen werden.

Wesentlich häufiger als der soeben behandelte dürfte der Fall sein, dass der *Kapitalwert* sich infolge der Besteuerung *verringert*. Es gilt dann also:

$$K > K_s \quad \text{bzw.} \tag{32}$$

$$\sum_{t=1}^{n} Z_t \cdot q^{-t} > (1-s) \cdot \sum_{t=1}^{n} Z_t \cdot qn^{-t} + s \cdot \sum_{t=1}^{n} Ab_t \cdot qn^{-t}. \qquad (33)$$

Die Verringerung des Kapitalwerts durch die Besteuerung kann so weit gehen, dass aus einer *vorteilhaften* Investition eine *nachteilige* wird.

Auf den ersten Blick weniger einleuchtend als der soeben behandelte Fall ist derjenige, dass der Kapitalwert durch die Besteuerung *nicht sinkt, sondern steigt*, dass also gilt:

$$K < K_s \quad \text{bzw.} \qquad (34)$$

$$\sum_{t=1}^{n} Z_t \cdot q^{-t} < (1-s) \cdot \sum_{t=1}^{n} Z_t \cdot qn^{-t} + s \cdot \sum_{t=1}^{n} Ab_t \cdot qn^{-t}. \qquad (35)$$

Dennoch ist dieser Fall durchaus möglich. Er kann durch die unterschiedliche Gewichtung der Ein- und Auszahlungen infolge verschieden hoher Zinssätze vor und nach Steuern zustande kommen. In Einzelfällen kann sogar aus einem negativen Kapitalwert vor Steuern ein positiver Kapitalwert nach Steuern entstehen. Im Schrifttum ist dieser Fall bekannt als das **Steuerparadoxon**.

Beispiel

Die X-GmbH erwägt, zum Zeitpunkt t_0 eine Maschine für 100 T€ anzuschaffen. Die betriebsgewöhnliche Nutzungsdauer beträgt 5 Jahre. Die Investition kann durch die Inanspruchnahme eines der X-GmbH eingeräumten Bankkredits i. H. v. 100 T€ finanziert werden. Der Zinssatz dieses Kredits beträgt 10 % p. a. Die Gewinne der X-GmbH unterliegen einem kombinierten Gewerbe- und Körperschaftsteuersatz von 40 %. Weitere Steuerzahlungen fallen nicht an. Aus der Investition erwartet die X-GmbH die nachfolgend aufgeführten Einzahlungen und Auszahlungen, die zugleich Betriebseinnahmen und Betriebsausgaben in gleicher Höhe darstellen. Es ist von einer sofortigen Versteuerung der Gewinne und einem Sofortausgleich von Verlusten auszugehen.

Es sind folgende Zahlungsreihen zu erwarten.

	t_0	t_1	t_2	t_3	t_4	t_5
Einzahlungen	–	+ 30	+ 30	+ 45	+ 60	+ 85
Auszahlungen	– 100	– 40	– 30	– 20	– 5	– 5
Zahlungssaldo	– 100	– 10	0	+ 25	+ 55	+ 80

$K = -100 - 10 \cdot 1{,}1^{-1} + 0 \cdot 1{,}1^{-2} + 25 \cdot 1{,}1^{-3} + 55 \cdot 1{,}1^{-4} + 80 \cdot 1{,}1^{-5}.$

$K = -3{,}07.$

Ohne Berücksichtigung von Steuern ist diese Investition nicht vorteilhaft. Bezieht man die Steuerwirkungen sowohl in die Auszahlungsreihe als auch in den Diskontierungsfaktor mit ein, so ergibt sich Folgendes:

	t_0	t_1	t_2	t_3	t_4	t_5
Einzahlungen	0	+ 30	+ 30	+ 45	+ 60	+ 85
Auszahlungen	− 100	− 40	− 30	− 20	− 5	− 5
Zahlungssaldo	− 100	− 10	0	+ 25	+ 55	+ 80
Abschreibungen	0	− 20	− 20	− 20	− 20	− 20
Steuerlicher Gewinn	0	− 30	− 20	+ 5	+ 35	+ 60
Steuerzahlungen (−)						
bzw. -erstattungen (+)	0	+ 12	+ 8	− 2	− 14	− 24
Zwischensumme	0	− 18	− 12	+ 3	+ 21	+ 36
Abschreibungen	0	+ 20	+ 20	+ 20	+ 20	+ 20
Zahlungsreihe nach Steuern	− 100	+ 2	+ 8	+ 23	+ 41	+ 56

Der Kalkulationszinsfuß nach Steuern beträgt (10 % − 40 % · 10 % =) 6 %, der Diskontierungsfaktor also $1{,}06^{-t}$. Hieraus ergibt sich ein Kapitalwert von

$$K_S = -100 + 2 \cdot 1{,}06^{-1} + 8 \cdot 1{,}06^{-2} + 23 \cdot 1{,}06^{-3} + 41 \cdot 1{,}06^{-4} + 56 \cdot 1{,}06^{-5},$$

$$K_S = 2{,}64.$$

Ohne Berücksichtigung von Steuern ist der Kapitalwert also negativ, nach Berücksichtigung von Steuern hingegen positiv.

2.3.4.4 Vorteilsvergleich mehrerer Investitionsobjekte vor und nach Steuern

An früherer Stelle ist herausgearbeitet worden, dass das Investitionsobjekt A dann vorteilhafter ist als das Investitionsobjekt B, wenn gilt:

$$K_A > K_B. \tag{36}$$

Es stellt sich die Frage, welche Auswirkungen die Besteuerung auf die relative Vorteilhaftigkeit der Investitionsobjekte zueinander hat. Die Strukturen der Kapitalwertformeln vor und nach Steuern, wie sie sich z. B. aus den Gleichungen (8b) und (25) ergeben, lassen vermuten, dass je nach Lage des Einzelfalls die relative Vorteilhaftigkeit erhalten bleibt, dass sie sich aber auch umkehren kann. Der Beweis für diese Behauptung ist erbracht, wenn sich Beispiele für beide Fallgruppen finden lassen. Dies soll nunmehr geschehen.

Beispiel: Unveränderte Rangfolge

Die Y-AG prüft die beiden alternativen Investitionsobjekte A und B. Sie rechnet mit folgenden Zahlungsüberschüssen.

	t_0	t_1	t_2	t_3	t_4	t_5
A	− 900	+ 500	+ 500	− 100	+ 400	+ 300
B	− 800	+ 350	+ 350	− 50	+ 350	+ 300

Der Finanzvorstand der Y-AG geht davon aus, dass sich alle Supplementinvestitionen mit 8 % p. a. brutto verzinsen. Die Y-AG unterliegt einem Ertragsteuersatz von 40 %. Beide Investitionsobjekte können – abweichend von dem derzeit (2021) geltenden Steuerrecht – lediglich linear-gleichbleibend abgeschrieben werden. Im Übrigen gelten die Voraussetzungen des Ausgangsfalls.

Ohne Berücksichtigung von Steuern ergeben sich folgende Kapitalwerte:

$K_a = -900 + 500 \cdot 1,08^{-1} + 500 \cdot 1,08^{-2} - 100 \cdot 1,08^{-3} + 400 \cdot 1,08^{-4} + 300 \cdot 1,08^{-5}$,

$K_a = 410,44$,

$K_b = -800 + 350 \cdot 1,08^{-1} + 350 \cdot 1,08^{-2} - 50 \cdot 1,08^{-3} + 350 \cdot 1,08^{-4} + 300 \cdot 1,08^{-5}$,

$K_b = 245,89$.

Ohne Berücksichtigung von Steuern sind also beide Realinvestitionen vorteilhafter als die Vergleichsfinanzinvestition. Da $K_a > K_b$, ist die Investition A der Investition B vorzuziehen.

Für die beiden Objekte ergeben sich folgende steuerlichen Gewinne, Steuerzahlungen und Zahlungsüberschüsse nach Steuern:

	t_1	t_2	t_3	t_4	t_5
A: Bruttoüberschuss	+ 500	+ 500	− 100	+ 400	+ 300
AfA	− 180	− 180	− 180	− 180	− 180
Steuerlicher Gewinn	+ 320	+ 320	− 280	+ 220	+ 120
Steuern	− 128	− 128	+ 112	− 88	− 48
Zwischensumme	+ 192	+ 192	− 168	+ 132	+ 72
AfA	+ 180	+ 180	+ 180	+ 180	+ 180
Nettoüberschüsse	+ 372	+ 372	+ 12	+ 312	+ 252
B: Bruttoüberschuss	+ 350	+ 350	− 50	+ 350	+ 300
AfA	− 160	− 160	− 160	− 160	− 160
Steuerlicher Gewinn	+ 190	+ 190	− 210	+ 190	+ 140
Steuern	− 76	− 76	+ 84	− 76	− 56
Zwischensumme	+ 114	+ 114	− 126	+ 114	+ 84
AfA	+ 160	+ 160	+ 160	+ 160	+ 160
Nettoüberschüsse	+ 274	+ 274	+ 34	+ 274	+ 244

Der Kalkulationszinsfuß nach Steuern beträgt (8 % − 40 % · 8 % =) 4,8 %, der Diskontierungsfaktor also $1,048^{-t}$.

Damit sind alle für die Ermittlung der Kapitalwerte nach Steuern erforderlichen Daten bekannt. Die Kapitalwerte betragen:

$K_{a/s} = -900 + 372 \cdot 1,048^{-1} + 372 \cdot 1,048^{-2} + 12 \cdot 1,048^{-3} + 312 \cdot 1,048^{-4} + 252 \cdot 1,048^{-5}$,

$K_{a/s} = 262,08$,

$K_{b/s} = -800 + 274 \cdot 1,048^{-1} + 274 \cdot 1,048^{-2} + 34 \cdot 1,048^{-3} + 274 \cdot 1,048^{-4} + 244 \cdot 1,048^{-5}$,

$K_{b/s} = 160,62$.

Auch unter Berücksichtigung der Besteuerung weisen beide Investitionsobjekte positive Kapitalwerte auf. Damit sind sie beide vorteilhafter als die Vergleichsfinanzinvestition. An der Rangfolge der Vorteilhaftigkeit hat sich nichts geändert. Auch unter Berücksichtigung der Besteuerung ist das Investitionsobjekt A vorteilhafter als das Investitionsobjekt B.

Nach diesem Beispiel für eine unveränderte Rangfolge der Vorteilhaftigkeit von Investitionsobjekten vor und nach Steuern, soll nunmehr ein Beispiel gebildet werden, in dem sich die Vorteilhaftigkeit umkehrt.

Beispiel: Umkehrung der Rangfolge

Die Z-AG prüft die beiden alternativen Investitionsobjekte C und D. Sie rechnet mit folgenden Zahlungsüberschüssen:

	t_0	t_1	t_2	t_3	t_4	t_5
C:	− 1.000	+ 400	+ 350	+ 200	+ 100	+ 200
D:	− 1.000	+ 250	+ 270	+ 300	+ 250	+ 200

Auf das Investitionsobjekt D kann eine 40 %ige erhöhte Absetzung vorgenommen werden. Im Übrigen gelten die gleichen Bedingungen wie im letzten Beispiel.

Ohne Berücksichtigung von Steuern ergeben sich die folgenden Kapitalwerte:

$$K_c = -1.000 + 400 \cdot 1{,}08^{-1} + 350 \cdot 1{,}08^{-2} + 200 \cdot 1{,}08^{-3} + 100 \cdot 1{,}08^{-4} + 200 \cdot 1{,}08^{-5},$$

$$K_c = 38{,}83,$$

$$K_d = -1.000 + 250 \cdot 1{,}08^{-1} + 270 \cdot 1{,}08^{-2} + 300 \cdot 1{,}08^{-3} + 250 \cdot 1{,}08^{-4} + 200 \cdot 1{,}08^{-5},$$

$$K_d = 20{,}99.$$

Auch in diesem Fall sind ohne Berücksichtigung von Steuern beide Realinvestitionen vorteilhafter als die Vergleichsfinanzinvestition. Da $K_c > K_d$, ist die Investition C der Investition D vorzuziehen. Nach Steuern hingegen ergeben sich für beide Objekte die folgenden steuerlichen Gewinne, Steuerzahlungen und Zahlungsüberschüsse:

	t_1	t_2	t_3	t_4	t_5
C: Bruttoüberschuss	+ 400	+ 350	+ 200	+ 100	+ 200
AfA	− 200	− 200	− 200	− 200	− 200
Steuerlicher Gewinn	+ 200	+ 150	0	− 100	0
Steuern	− 80	− 60	0	+ 40	0
Zwischensumme	+ 120	+ 90	0	− 60	0
AfA	+ 200	+ 200	+ 200	+ 200	+ 200
Nettoüberschüsse	+ 320	+ 290	+ 200	+ 140	+ 200

	t_1	t_2	t_3	t_4	t_5
D: Bruttoüberschuss	+ 250	+ 270	+ 300	+ 250	+ 200
AfA	− 400	− 150	− 150	− 150	− 150
Steuerlicher Gewinn	− 150	+ 120	+ 150	+ 100	+ 50
Steuern	+ 60	− 48	− 60	− 40	− 20
Zwischensumme	− 90	+ 72	+ 90	+ 60	+ 30
AfA	+ 400	+ 150	+ 150	+ 150	+ 150
Nettoüberschuss	+ 310	+ 222	+ 240	+ 210	+ 180

$$K_{c/s} = -1.000 + 320 \cdot 1{,}048^{-1} + 290 \cdot 1{,}048^{-2} + 200 \cdot 1{,}048^{-3} + 140 \cdot 1{,}048^{-4} + 200 \cdot 1{,}048^{-5},$$

$$K_{c/s} = 17{,}41,$$

$$K_{d/s} = -1.000 + 310 \cdot 1{,}048^{-1} + 222 \cdot 1{,}048^{-2} + 240 \cdot 1{,}048^{-3} + 210 \cdot 1{,}048^{-4} + 180 \cdot 1{,}048^{-5},$$

$$K_{d/s} = 22{,}92.$$

Unter Berücksichtigung der 40 %igen Abschreibung ist der Kapitalwert nach Steuern des Investitionsobjekts D größer als der des Investitionsobjekts C, bei dem annahmegemäß nur eine lineare AfA zulässig ist. Infolge der erhöhten Absetzung ändert sich somit die Rangfolge der Vorteilhaftigkeit der Investitionsobjekte.

2.3.4.5 Ergebnisse und deren Verallgemeinerung

Die bisherigen Ausführungen haben ergeben:

1. Eine Realinvestition, die ohne Berücksichtigung der Besteuerung vorteilhaft ist, kann unter Berücksichtigung der Besteuerung ebenfalls vorteilhaft sein, sie kann aber auch nachteilig werden.
2. Eine vor Steuern nachteilige Realinvestition kann nach Steuern ebenfalls nachteilig sein, sie kann aber auch vorteilhaft werden.
3. Die relative Vorteilhaftigkeit mehrerer Realinvestitionen zueinander kann vor und nach Steuern gleich sein, sie kann sich aber auch ändern.

Diese Ergebnisse sind unter den Prämissen des Ausgangsmodells ermittelt worden. Sie lassen sich aber *verallgemeinern*, da sie auf Einflussgrößen beruhen, die nicht nur in dem Ausgangsmodell vorkommen. Derartige Einflussfaktoren sind:

1. Die *Zahlungsströme* der Realinvestition werden durch die Besteuerung *verändert*.
2. Die Diskontierung der *Ein- und Auszahlungen vor und nach Steuern* geschieht in *unterschiedlicher Weise*.
3. Können die Investitionsobjekte in *unterschiedlicher Weise abgeschrieben* werden, so führt dies zu einem unterschiedlichen Anfall von Steuerzahlungen.
4. Unterliegen die Gewinne der Investitionsobjekte *unterschiedlichen Steuersätzen*, so führt dies nicht nur zu zeitlichen Verschiebungen von Steuerzahlungen, sondern auch zu unterschiedlichen Zahlungshöhen.

Neben diesen genannten gibt es, sofern das Ausgangsmodell verlassen wird, noch weitere steuerliche Einflussfaktoren, die die Vorteilhaftigkeit von Investitionen beeinflussen können. Genannt werden sollen nur beispielhaft

*   unterschiedliche *Bilanzierungs-* und *Bewertungswahlrechte* sowie *-ermessensspielräume* und
*   unterschiedliche Möglichkeiten des *Verlustausgleichs*, des *Verlustabzugs* und der *Verlustverrechnung*.

2.3.5 Einflussfaktoren auf die Vorteilhaftigkeit

2.3.5.1 Einflussfaktoren im Ausgangsmodell

Wird von den Annahmen des Ausgangsmodells ausgegangen, so lassen sich die Einflussfaktoren auf den Kapitalwert vor Steuern Gleichung (8b) und auf den Kapitalwert nach Steuern den Gleichungen (25) bzw. (25a) oder (27) entnehmen.

Nach Gleichung (8b) wird der *Kapitalwert vor Steuern* durch folgende Einflussfaktoren bestimmt:

*   die Investitionsauszahlung I zum Zeitpunkt $t = 0$,
*   die laufenden Einzahlungs-Auszahlungsdifferenzen Z_t,
*   den Zinssatz vor Steuern i und

- die Länge des Planungszeitraums *n*.

Alle diese Einflussfaktoren wirken sich auch – und zwar in gleicher Weise – auf den *Kapitalwert nach Steuern* aus. Die durch die Besteuerung *zusätzlich verursachten Einflussfaktoren* sind am besten aus Gleichung (25a) ersichtlich. Es handelt sich um Folgende:

- die jährlichen steuerlichen Gewinne Z_t, die im Ausgangsmodell annahmegemäß den jährlichen Einzahlungs-Auszahlungsdifferenzen entsprechen,
- den Steuersatz *s* und
- die jährlichen steuerlichen Abschreibungen Ab_t, deren Summe nach den Prämissen des Ausgangsmodells der Investitionsauszahlung I entspricht.

Die Steuerwirkungen lassen sich zu zwei unterschiedlichen Arten zusammenfassen, und zwar:
- Wirkungen, die sich aus den jährlichen Produkten aus den ertragsteuerlichen Bemessungsgrundlagen und dem hierauf anzuwendenden Steuersatz *s* ergeben und
- Steuern auf die Supplementzinsen.

Im Kapitalwertmodell werden beide Arten von Steuerwirkungen auf den Planungszeitpunkt *t* = 0 abgezinst. Die erste der beiden genannten Wirkungen wird im Schrifttum üblicherweise als *Volumeneffekt*, die zweite als *Zinseffekt* bezeichnet[17].

Der Volumeneffekt setzt sich aus den beiden bereits herausgearbeiteten Einzeleffekten zusammen, und zwar

- den Wirkungen der Besteuerung der jährlichen den Einzahlungsüberschüssen Z_t entsprechenden Bruttogewinnen und
- den Wirkungen der steuerlichen Abschreibungen auf die Investitionsauszahlung I.

2.3.5.2 Wirkungen im Falle einer Normalinvestition

Nunmehr sollen die Wirkungen, die Steuern im Falle einer Normalinvestition verursachen, näher untersucht werden. Eine **Normalinvestition** soll nach dem hier angewendeten Begriffsverständnis dann vorliegen, wenn folgende Voraussetzungen kumulativ erfüllt sind:

1. Es handelt sich um eine Real- und nicht um eine Finanzinvestition.
2. Die Investition wird zu dem Zeitpunkt *t* = 0 getätigt. Sie führt zu diesem Zeitpunkt zu einer Investitionsauszahlung i. H. v. *I*. Dieser Betrag entspricht auch den steuerlichen Anschaffungskosten des investierten Wirtschaftsgutes. Das Wirtschaftsgut wird bis zum Ende seiner Nutzungsdauer steuerlich vollständig abgeschrieben.
3. Während der Jahre *t* = 1 bis *n*, d. h. in allen Jahren nach dem Jahr der Investition, sind die laufenden Einzahlungsüberschüsse Z_t stets größer als die steuerlichen Abschreibungen Ab_t. Das bedeutet auch, dass sich das Unternehmen in allen

---

17 Vgl. z. B. Japes (2011), S. 61 ff. und Bitz/Ewert/Terstege (2018), S. 171 ff.

diesen Jahren steuerlich – nach Berücksichtigung der steuerlichen Abschreibung Ab_t – im Gewinnbereich befindet.

4. Im Übrigen gelten alle hier nicht genannten Bedingungen des Ausgangsmodells[18].

Unter den hier definierten Voraussetzungen ergeben sich ab dem Jahr $t = 1$ – ohne Berücksichtigung der Besteuerung – also stets positive Einzahlungsüberschüsse, d. h. es gilt stets $Z_t > 0$. Diese Brutto-Zahlungsüberschüsse werden jeweils um die auf Z_t entfallenden Steuern gekürzt. Die Bemessungsgrundlage der jährlichen Ertragsteuern beträgt annahmegemäß $Z_t - Ab_t$. Hieraus ergibt sich eine jährliche Ertragsteuerbelastung S_t i. H. v.

$$S_t = (Z_t - Ab_t) \cdot s. \tag{37}$$

Die Steuerbelastung ist also in allen Jahren $t = 1$ bis n positiv. Die Summe dieser Steuerbelastungen stellt den Volumeneffekt der Besteuerung dar. Dieser beträgt:

$$\sum_{t=1}^{n} S_t = \sum_{t=1}^{n} (Z_t - Ab_t) \cdot s. \tag{38}$$

Um den sich aus Gleichung (38) ergebenden Volumeneffekt verringert sich also der Kapitalwert nach Steuern gegenüber dem Kapitalwert vor Steuern. Er bleibt aber unter den Prämissen der Normalinvestition stets größer Null, da annahmegemäß gilt:

$$Z_t > Ab_t. \tag{39}$$

Hieraus folgt, dass auch gilt:

$$\sum_{t=1}^{n} (Z_t - Ab_t) \cdot s > 0. \tag{40}$$

Die Veränderung des Kapitalwerts aufgrund der Besteuerung wird nicht nur durch den Volumen-, sondern auch durch den Zinseffekt bestimmt. Er entsteht dadurch, dass nicht nur die sich aus den Zahlungsreihen ergebenden Gewinne, sondern auch die Differenz-Zinserträge bzw. Aufwendungen (Supplementerträge der Zahlungsdifferenzen) der Besteuerung unterliegen. Wird davon ausgegangen, dass der Steuersatz der Supplementerträge s beträgt und damit demjenigen entspricht, mit dem die sich aus den Einzahlungsüberschüssen entstehenden Gewinne belastet werden, so verringert sich der Bruttozinssatz i zu dem Nettozinssatz i_n. Dieser Zusammenhang wurde mit Gleichung (26) aufgezeigt:

$$i_n = i - s. \tag{26}$$

---

18   Siehe Gliederungspunkt 2.3.4.2.

Die Verringerung des Zinssatzes um den Steuersatz *s* hat zur Folge, dass die Zahlungsüberschüsse aller Jahre mit einem geringeren Zinssatz abgezinst werden als dies ohne eine Besteuerung der Zinsen der Fall wäre. Hierdurch *steigt* der Kapitalwert der Investition.

Zusammenfassend kann *unter den Prämissen der Normalinvestition* also Folgendes festgestellt werden: Der *Volumeneffekt mindert* und der *Zinseffekt erhöht* den Kapitalwert einer Realinvestition.

Es ergeben sich also zwei gegenläufige Effekte, wobei unter den Prämissen der Normalinvestition davon ausgegangen werden kann, dass der Volumen- den Zinseffekt überwiegt[19]. Dies hat per Saldo eine Verringerung des Kapitalwerts zur Folge.

2.3.5.3 Mögliche Parametervariationen

Die konkrete Höhe des Kapitalwerts einer Investition wird durch eine Vielzahl von Parametern bestimmt. Dies gilt für den Kapitalwert nach Steuern in noch höherem Maße als für denjenigen vor Steuern. Durch Parametervariationen können sich unterschiedliche Kapitalwerte ergeben. Parameter ergeben sich sowohl innerhalb als auch außerhalb des Modells der Normalinvestition. Innerhalb des Modells dürften insbesondere folgende Parametervariationen von Bedeutung sein:
* Erhöhung oder Verringerung des Steuersatzes *s*,
* Variation der steuerlichen Abschreibungen Ab_t,
* Erhöhung oder Verringerung des Zinssatzes vor Steuern *i*.

Auf diese genannten Variationen wird im nächsten Gliederungspunkt in knapper Form eingegangen. Hierbei erfolgt eine Beschränkung auf eine rein verbale Darstellung.

Unter Aufhebung der Modellannahmen der Normalinvestition dürfte insbesondere der Fall eines mehrfachen Vorzeichenwechsels in der saldierten Zahlungsreihe Z_t von Bedeutung sein. Auf diesen Fall wird im übernächsten Gliederungspunkt – ebenfalls in äußerst knapper Form – eingegangen werden.

2.3.5.4 Variation des Steuersatzes, der steuerlichen Abschreibungen und des Zinssatzes

Eine *Erhöhung des Steuersatzes s* zeitigt vergleichbare Wirkungen wie die erstmalige Erhebung einer Steuer. Es ergeben sich also folgende Wirkungen:
* Die Zahlungsüberschüsse Z_t sinken und
* der Zinssatz nach Steuern *in* sinkt.

---

19 Zur Begründung sei insbesondere auf Japes (2011), S. 61 ff. verwiesen. Vgl. auch Bitz/Ewert/Terstege (2018), S. 171 ff.

Der erste der beiden Effekte bewirkt eine *Verringerung*, der zweite eine *Erhöhung* des *Kapitalwerts*. Per Saldo dürfte sich regelmäßig eine Verringerung des Kapitalwerts ergeben[20].

Bei einer *Verringerung des Steuersatzes* ergeben sich die beiden genannten Effekte mit umgekehrtem Vorzeichen. Per Saldo dürfte sich regelmäßig eine Erhöhung des Kapitalwerts ergeben.

Wird hinsichtlich der *steuerlichen Abschreibungen Ab_t* der Fall linear-gleichbleibender Abschreibungen als Normalfall angesehen, so ergibt sich in folgenden Fällen ein zeitliches Vorziehen eines Teils der Abschreibungen:

- Ersatz der linear-gleichbleibenden durch eine degressive Abschreibung,
- Inanspruchnahme einer erhöhten Absetzung oder einer Sonderabschreibung,
- Sofortabschreibung geringwertiger Wirtschafsgüter.

In allen Fällen bleibt – zumindest nach deutschem Recht – die Summe der Abschreibungen gleich.

Ein *zeitliches Vorziehen* von steuerlichen Abschreibungen hat eine Verringerung der Steuerzahlungen und damit der Auszahlungen in den ersten Jahren zur Folge. Zugleich erhöhen sich die Steuerzahlungen in späteren Jahren. Da spätere Steuerzahlungen insgesamt stärker abgezinst werden als frühere, *erhöht* sich der *Kapitalwert* der Investition nach Steuern.

Eine *Erhöhung des Kalkulationszinssatzes* vor Steuern hat zugleich eine Erhöhung des Zinssatzes nach Steuern zur Folge. Allerdings ist letztere um den Steuersatz *s* geringer als die Erhöhung des Zinssatzes vor Steuern. In beiden Fällen hat die Erhöhung des Zinssatzes eine Verringerung des Kapitalwerts zur Folge. Diese ist allerdings bei dem Kapitalwert nach Steuern geringer als bei dem vor Steuern.

Bei einer *Verringerung des Zinssatzes* ergibt sich der herausgearbeitete Effekt mit umgekehrtem Vorzeichen.

2.3.5.5 Mehrfacher Vorzeichenwechsel in der saldierten Zahlungsreihe

Eine der Prämissen, die die Normalinvestition definieren, besteht darin, dass die saldierten Einzahlungen und Auszahlungen Z_t nur einen einmaligen Vorzeichenwechsel aufweisen: Nach der anfänglichen Investitionsauszahlung *I* folgen in allen weiteren Perioden Zahlungsüberschüsse ($Z_t > 0$). Diese Prämisse dürfte hinsichtlich vieler Investitionen realistisch sein. Bei langlebigen und teuren Investitionsobjekten allerdings dürfte häufig ein mehrfacher Vorzeichenwechsel eintreten. So kann z. B. bei der Anschaffung eines Flugzeugs davon ausgegangen werden, dass dieses eine Nutzungsdauer von mehreren Jahrzehnten haben wird. Während dieses langen Zeitraums ist mit mehreren Generalüberholungen zu rechnen. Während der entsprechenden Jahre ist aufgrund eines Rückgangs der Einzahlungen und einer deutlichen Erhöhung der Auszahlungen damit zu rechnen, dass nicht die Einzahlungen die

---

20   Vertiefend s. insbesondere Japes (2011), S. 127 ff.

Auszahlungen, sondern die Auszahlungen die Einzahlungen übersteigen. Auf mehrere Jahre eines Einzahlungsüberschusses folgt ein Jahr eines Auszahlungsüberschusses, dem wiederum mehrere Jahre eines Einzahlungsüberschusses folgen. Ein derartiger Wechsel von Einzahlungs- und Auszahlungsüberschüssen kann bei der erwarteten langen Nutzungsdauer eines Flugzeugs mehrfach erfolgen.

In den geschilderten Fällen wird die Gesamtwirkung aller Einflussfaktoren auf den Kapitalwert in hohem Maße unübersichtlich. Dies gilt hinsichtlich des Kapitalwerts nach Steuern in noch stärkerem Maße als hinsichtlich desjenigen vor Steuern. Hinzu kommt, dass die Prognose aller Einflussfaktoren mit zunehmendem zeitlichem Abstand zum Planungszeitpunkt unsicherer wird. So ist die Prognose der in 40 Jahren anfallenden Ein- und Auszahlungen sowie des für dieses Jahr relevanten Zins- und Steuersatzes mit einem sehr hohen Maß an Unsicherheit behaftet. Allerdings werden die finanziellen Auswirkungen einer Fehlprognose nicht steuerlicher Einflussfaktoren durch die Besteuerung (leicht) gedämpft.

2.4 Beurteilung der Vorteilhaftigkeit von Finanzinvestitionen

Wie bereits mehrfach ausgeführt, lassen sich bei der Beurteilung von Finanzinvestitionen ohne Bedenken die Regeln der *Finanzmathematik* anwenden. Dies hat u. a. zur Folge, dass *interne Renditen* ermittelt und diese miteinander verglichen werden können. Diese entsprechen – ohne Berücksichtigung der Besteuerung – dann den Nominalzinssätzen, wenn keine Abweichungen zwischen Auszahlungs- und Rückzahlungskurs bestehen und wenn außerdem keine unterjährigen Zins- oder Tilgungsleistungen zu entrichten sind. Bci einem Vorteilsvergleich von Finanzinvestitionen sind die Steuerbelastungen der Alternativen zu berücksichtigen. Dies kann in der gleichen Weise erfolgen, wie dies in Band 4 dieses Gesamtwerkes bereits bei Ermittlung der Nettozinssätze von Supplementinvestitionen geschehen ist[21].

2.5 Aufgaben 1 und 2

Aufgabe 1

Gesellschaftszweck der Z-AG ist das Betreiben von Einzelhandelsgeschäften. Der Vorstand der AG erwägt die Errichtung eines neuen Filialbetriebes. Zur Auswahl stehen die Standorte A und B. Am Standort A kann die AG ein Geschäftsgebäude für 8 Jahre anmieten. Der jährliche Mietzins beträgt 400 T€. Am Standort B kann die Gesellschaft ein vergleichbares Objekt käuflich für 6 Mio € erwerben. Von dem Kaufpreis entfallen 2 Mio € auf den Grund und Boden und 4 Mio € auf das Gebäude. Es ist eine AfA von 3 % p. a. zulässig. Der Einheitswert des Grundstücks beträgt 500 T€, der Grundsteuerhebesatz 400 %. Der Finanzvorstand F der Z-AG rechnet damit, dass das Grundstück einschließlich des Gebäudes nach Ablauf von 8 Jahren einen Wert von 8 Mio € haben wird. An eine spätere Veräußerung des Grundstücks ist nicht gedacht. Für die Ladeneinrichtung rechnet F mit Investitionskosten von 3 Mio €, und zwar unabhängig davon, ob der Standort A oder B gewählt

---

21   Siehe Schneeloch/Meyering/Patek, Band 4 (2020), Teil I, Gliederungspunkt 6.

wird. In Übereinstimmung mit den vom BMF herausgegebenen AfA-Tabellen[22] geht F von einer betriebsgewöhnlichen Nutzungsdauer der Ladeneinrichtung von 8 Jahren aus.

Während der Jahre t_1 bis t_8 rechnet F mit folgenden laufenden Zahlungsüberschüssen, wobei weder Mietzinsen noch Finanzierungskosten berücksichtigt sind (Angaben in T€):

	t_1	t_2	t_3	t_4	t_5	t_6	t_7	t_8
A	2.220	2.320	2.320	2.320	1.820	2.320	2.320	2.320
B	2.200	2.300	2.300	2.300	1.800	2.300	2.300	2.300

Diese Zahlungsüberschüsse sind zugleich Überschüsse der Betriebseinnahmen über die Betriebsausgaben.

F geht in seinen Berechnungen davon aus, dass die Ausgaben am Standort A deshalb um 20 T€ niedriger sein werden als am Standort B, weil mit dem Grundstück im Zusammenhang stehende Kosten im Mietfall nicht entstehen, die bei Erwerb anfallen.

F nimmt an, dass sämtliche Ein- und Auszahlungen über ein Bankkonto abgewickelt werden, das ständig einen Sollsaldo aufweisen wird. Er schätzt den Zinssatz auf durchschnittlich 10 % p. a. F nimmt aus Vereinfachungsgründen an, dass sämtliche Ein- und Auszahlungen jeweils am Jahresende anfallen werden. Zinsaufwendungen führen voraussichtlich während des gesamten Planungszeitraums zu einer Hinzurechnung nach § 8 Nr. 1 GewStG.

Der Vorstand geht davon aus, dass die Ausschüttungen durch die Investition nicht verändert werden. Soweit private Steuern der insgesamt rd. 1.000 Aktionäre durch die Investition berührt werden, sollen diese nicht berücksichtigt werden.

Es ist von einem Gewerbesteuerhebesatz von 400 % auszugehen.

Führen Sie mit Hilfe der Endwert- und der Kapitalwertmethode einen Vorteilsvergleich beider Investitionsobjekte durch und nehmen Sie auch zu der Frage Stellung, ob diese Investitionen überhaupt vorteilhaft sind oder ob es vorteilhafter wäre, auf beide zu verzichten. Es ist von dem für das Jahr 2021 geltenden Steuerrecht auszugehen. Der Vorstand geht davon aus, dass dieser Rechtsstand während des gesamten Planungszeitraums erhalten bleibt. Das gilt auch hinsichtlich des im Jahre 2021 erhobenen 5,5 %igen Solidaritätszuschlags sowie hinsichtlich der nach § 7 EStG zulässigen AfA auf bewegliche abnutzbare Wirtschaftsgüter des Anlagevermögens sowie hinsichtlich der Ermittlung der Grundsteuer auf der Grundlage des Einheitswertes[23].

Aufgabe 2

Zur Sicherung des Wirtschaftsstandorts Deutschland hat die Bundesregierung im Jahre 2008 dem Gesetzgeber vorgeschlagen, den Körperschaftsteuersatz von damals 25 % auf 15 % zu senken. Um die hieraus entstehenden Steuerausfälle gegenüber der bisherigen

---

22   BMF-Schreiben vom 15.12.2000, IV D 2 - S 1551 - 188/00, BStBl I 2000, S. 1532.

23   Nach der in 2021 geltenden Gesetzeslage darf ab 2025 der Einheitswert eines Grundstücks nicht mehr der Besteuerung zugrunde gelegt werden. Allerdings ist die ab 2025 geltende Rechtslage noch weitgehend unklar. Aus diesem Grunde wird hier davon ausgegangen, dass die bisherige Rechtslage während des gesamten Planungszeitraums weiter gilt. Vertiefend zu der Rechtslage ab 2025 s. Schneeloch/Meyering/Patek, Band 4 (2020), Teil I, Gliederungspunkt 4.2.1.

Haushaltsplanung auszugleichen, hat die Regierung in ihrem Gesetzentwurf folgende flankierenden Maßnahmen vorgeschlagen:

- Abschaffung der bisher zulässigen degressiven steuerlichen Abschreibung von maximal 30 % der (fortgeschriebenen) Anschaffungs- oder Herstellungskosten,
- Abschaffung mehrerer Arten von Sonderabschreibungen und erhöhten Absetzungen,
- Erhöhung des Umsatzsteuersatzes von bisher 16 % auf 19 %[24].

Beurteilen Sie bitte aus modelltheoretischer Sicht die von der Regierung dem Gesetzgeber vorgeschlagenen Maßnahmen.

---

24 Das hier beschriebene Maßnahmenbündel ist letztlich von dem deutschen Gesetzgeber verabschiedet worden. Vgl. Haushaltsbegleitgesetz 2006, BGBl I 2006, S. 1402 und Unternehmensteuerreformgesetz 2008, BGBl I 2007, S. 1912.

3 Besteuerung und Finanzierungsentscheidungen bzw. kombinierte Investitions- und Finanzierungsentscheidungen

3.1 Grundlagen

3.1.1 Begriff und Arten der Finanzierung

Ebenso wie der Investitions- wird auch der Finanzierungsbegriff unterschiedlich weit gefasst. Die Fülle der Begriffsabgrenzungen ist inzwischen unübersehbar. Hier sollen unter **Finanzierung** alle Maßnahmen

- zur *Erzeugung von Einzahlungen* sowie
- zur *Verhinderung* bzw. zur *zeitlichen Verschiebung von Auszahlungen*

verstanden werden. Miterfasst unter dem Begriff der Finanzierung werden auch alle Folgewirkungen derartiger Maßnahmen, wie etwa Zins- oder Dividendenzahlungen. Finanzierungsmaßnahmen sind demnach alle Maßnahmen der *Zahlungsmittelbeschaffung* für betriebliche Zwecke und deren Folgewirkungen.

Vergleicht man den Begriff der Finanzierung mit dem bereits an früherer Stelle definierten der Investition, so stellt man fest:

- *Finanzierungen* sind Maßnahmen der Zahlungsmittel*beschaffung* für betriebliche Zwecke und deren Folgewirkungen,
- *Investitionen* sind Maßnahmen der Zahlungsmittel*verwendung* für betriebliche Zwecke und deren Folgewirkungen.

Werden nicht Zahlungsmittel, sondern Sachen anstelle von Zahlungsmitteln zwischen Finanzier und Investor transferiert, so fallen (Sach-)Finanzierung und (Sach-)Investition bei dem die Sache künftig nutzenden Unternehmen zusammen. Ein typischer Fall hierfür ist der des Leasings.

Im Schrifttum gibt es unterschiedliche systematische Einteilungen der Finanzierungsarten[25]. Die Systematisierungen lassen sich in zwei große Gruppen zusammenfassen. Die Grobgliederungen sind hierbei Unterscheidungen

1. zwischen Innen- und Außenfinanzierung
   und
2. zwischen Eigen- und Fremdfinanzierung.

---

[25] Vgl. u. a. Eilenberger/Ernst/Toebe (2013), S. 267 ff.; Wöhe/Bilstein/Ernst/Häcker (2013), S. 13 ff.; Drukarczyk/Lobe (2014), S. 31 ff.; Bieg/Kußmaul/Waschbusch (2016a), S. 27 ff.; Perridon/Steiner/Rathgeber (2017), S. 419 ff.

Bei der ersten Einteilung wird danach untergliedert, ob die Zahlungsmittel im Betrieb erwirtschaftet (Innenfinanzierung) oder von außen dem Betrieb zugeführt (Außenfinanzierung) werden. Bei der zweiten Gliederungsart hingegen wird danach unterschieden, wer Kapitalgeber ist. Hier soll vorrangig zwischen Innen- und Außenfinanzierung unterschieden werden. Innerhalb der Außenfinanzierung wird dann zwischen Eigen- und Fremdfinanzierung gegliedert.

Der Begriff der **Innenfinanzierung**, oft auch Selbstfinanzierung genannt, ist außerordentlich schillernd. Allen in sich schlüssigen Definitionen ist aber gemeinsam, dass es sich entweder ausschließlich oder doch zumindest in erster Linie um eine Beschaffung von Mitteln aus dem Umsatzprozess handelt. Häufig wird allerdings der irrige Eindruck erweckt, als würden die Mittel aus Abschreibungen oder aus der Bildung von Rückstellungen gewonnen. Es wird dann z. B. von einer „Finanzierung aus Abschreibungen" oder von einer „Finanzierung aus Rückstellungen" gesprochen. Sinnvollerweise kann nur gemeint sein, dass die Mittel aus den Abschreibungsgegenwerten oder aus den Gegenwerten der Rückstellungen gewonnen worden sind. Gegenwerte sind dann Umsatzerlöse, die in Höhe der Abschreibungen bzw. der Rückstellungen nicht für Ausschüttungen zur Verfügung stehen, wenn die Substanz des Unternehmens erhalten werden soll.

Innerhalb der Innenfinanzierung wird neben der Finanzierung aus Abschreibungsgegenwerten zwischen offener und stiller Selbstfinanzierung unterschieden. Bei der offenen Selbstfinanzierung handelt es sich um eine Finanzierung aus offen ausgewiesenen und versteuerten Gewinnen. Bei der stillen Selbstfinanzierung hingegen erfolgt die Finanzierung aus Gewinnen, die nicht offen ausgewiesen werden, sondern „still" sind. Dies bedeutet, dass sie bilanziell „versteckt" werden, dass es sich um „stille Reserven" handelt. Auch durch die Begriffsbildung der offenen und stillen Selbstfinanzierung kann ein irriger Eindruck hervorgerufen werden. Nicht der Ausweis bzw. Nichtausweis von Gewinnen stellt einen Finanzierungsvorgang dar; dieser besteht vielmehr darin, dass Auszahlungen durch die Bildung offener oder stiller Rücklagen verhindert oder zeitlich hinausgeschoben werden. Bei den Auszahlungen, die zeitlich verschoben oder endgültig verhindert werden, kann es sich sowohl um Steuerzahlungen als auch um Auszahlungen, die nicht Steuerzahlungen sind, handeln. Zur letzteren Gruppe können insbesondere Ausschüttungen an Aktionäre gehören.

Hinsichtlich der Abgrenzung zwischen *Eigen-* und *Fremdfinanzierung* voneinander findet sich im Schrifttum eine Vielzahl von Abgrenzungskriterien. Auf diese soll hier nicht eingegangen und lediglich dasjenige genannt werden, das für die weitere Darstellung von Bedeutung ist. Unterschieden werden soll danach, ob der *Kapitalgeber* in Bezug auf das Finanzierungsgeschäft die *Stellung eines Eigentümers oder eines Gläubigers* annimmt. Gewährt der Kapitalgeber „seinem" Unternehmen das Kapital in seiner Stellung als *Gesellschafter (Eigentümer),* so wird nachfolgend von **Eigenfinanzierung** gesprochen. Erlangt er mit der Mittelhingabe hingegen die Stellung eines *Gläubigers,* so wird der Vorgang als **Fremdfinanzierung** bezeichnet. Diese Unterscheidung knüpft zwar nicht an typische betriebswirtschaftliche, sondern an zivilrechtliche Kriterien an, sie ist aber dennoch zweckmäßig, da sie auch für das Steuerrecht und damit für die steuerlichen Folgen von Bedeutung ist.

Innerhalb der Fremdfinanzierung wird häufig zwischen lang- und kurzfristiger Fremdfinanzierung unterschieden. Vielfach wird auch noch weiter in lang-, mittel- und kurzfristige Fremdfinanzierung untergliedert. Hier wird eine andere Unterscheidung vorgenommen, und zwar eine Unterscheidung, die hinsichtlich der an sie geknüpften Steuerfolgen von erheblicher Bedeutung ist. Unterschieden wird hier zwischen einer Finanzierung, die zu einer Hinzurechnung nach § 8 Nr. 1 GewStG führt und einer solchen, bei der dies nicht der Fall ist.

Zusammenfassend lassen sich die Finanzierungsarten in der nachfolgend dargestellten Weise systematisieren.

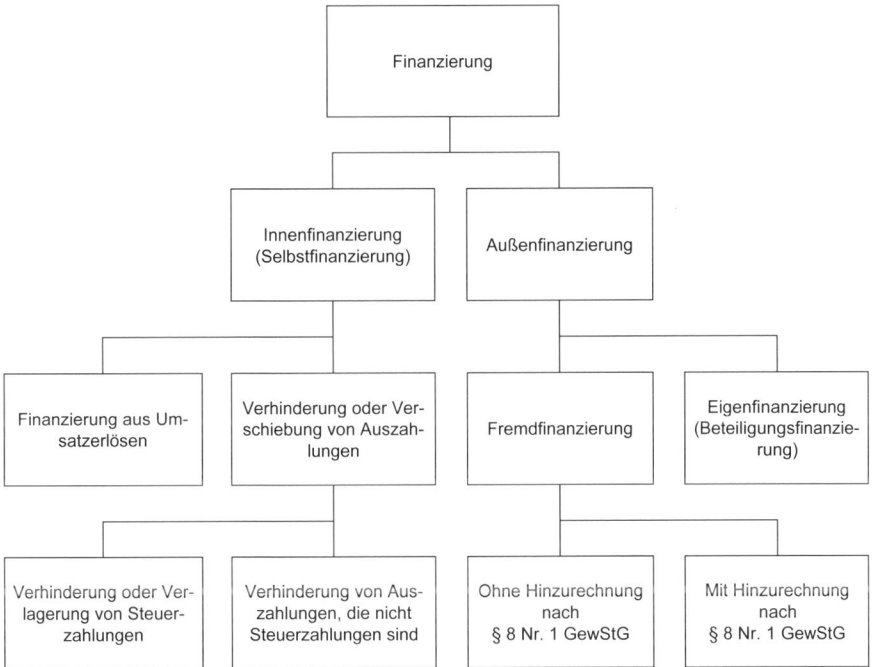

Abbildung I/1:   Systematisierung der Finanzierungsarten

3.1.2 Entscheidungssituationen

In den nachfolgenden Gliederungspunkten sollen einige Finanzierungsarten unter Einbeziehung der Besteuerung miteinander verglichen werden. Hierbei erfolgt eine Beschränkung auf solche Fälle, für die ein Vergleich zur Vorbereitung betrieblicher Entscheidungen sinnvoll erscheint.

Innerhalb der Arten der Innenfinanzierung ist ein Vergleich der Finanzierung durch Steuerverlagerung mit einem Verzicht auf eine derartige Steuerverlagerung sinnvoll. Andere Arten der Innenfinanzierung spielen im Rahmen der betrieblichen Steuerpolitik i. d. R. keine Rolle.

Bei einem Vergleich der beiden Formen der Außenfinanzierung miteinander, d. h. der Eigen- mit der Fremdfinanzierung, ist es von herausragender Bedeutung, ob die Fremdfinanzierung durch Gesellschafter oder durch Dritte erfolgt. In beiden Fällen ist dann – wie in *Abbildung I/1* bereits dargestellt – weiter danach zu differenzieren, ob es zu einer Hinzurechnung der Zinsen nach § 8 Nr. 1 GewStG kommt oder nicht.

Auch ein Vergleich zwischen bestimmten Formen der Verhinderung von Auszahlungen einerseits und unterschiedlichen Arten der Außenfinanzierung andererseits erscheint sinnvoll. So ist es in bestimmten Entscheidungssituationen möglich, Gewinne entweder zu thesaurieren oder aber sie zwar auszuschütten, die ausgeschütteten Mittel aber anschließend im Wege einer Eigenkapitalerhöhung oder durch die Aufnahme eines Gesellschafterdarlehens wieder zurückzuholen. Auch hierauf soll nachfolgend eingegangen werden.

Letztlich ist ein Vergleich des Leasings mit einer fremdfinanzierten Investition sinnvoll. Auf die hiermit im Zusammenhang stehenden Probleme soll am Ende dieses Teils des Buches eingegangen werden.

3.1.3 Ziele und Vorteilskriterien

Ebenso wie bei allen anderen betrieblichen Entscheidungen quantitativer Art kann auch als Ziel der Finanzierungspolitik die Endvermögensmaximierung angesehen werden. Da Finanzierungsentscheidungen üblicherweise nur solche Zahlungsströme auslösen, auf die die Regeln der Finanzmathematik anwendbar sind, kann das Ziel der Endvermögensmaximierung unbedenklich in das Ziel der Kapitalwertmaximierung transferiert werden.

Für Endvermögens- bzw. Kapitalwertvergleiche ist es auch hier zweckmäßig, Jahresbelastungen bzw. Jahresbelastungsdifferenzen zu bilden. Hierbei stellt sich jeweils die Frage, ob deren Kenntnis zur Bestimmung der Endvermögens- bzw. der Kapitalwertmaximierung ausreichend ist oder ob explizit ein Endvermögens- oder Kapitalwertvergleich durchgeführt werden muss. Dieser Frage ist im Rahmen der einzelnen noch durchzuführenden Vergleiche jeweils nachzugehen.

3.2   Vergleich zwischen einer Finanzierung durch Steuerverlagerung mit einem Verzicht hierauf

Eine Finanzierung durch Steuerverlagerung kann durch eine Politik der *zeitlichen Einkommensnachverlagerung* bewirkt werden. In erster Linie ist in diesem Zusammenhang an die *Steuerbilanzpolitik* zu denken. *Aktionsparameter* der Steuerbilanzpolitik und einer sonstigen zeitlichen Einkommensverlagerungspolitik sind in

Band 4 des Gesamtwerkes herausgearbeitet worden. Auf diese Ausführungen kann hier verwiesen werden[26].

Ebenfalls in Band 4 sind die *abgeleiteten Ziele* sowie die *Vorteilskriterien* der Steuerbilanzpolitik erörtert worden[27]. Die wichtigsten Ergebnisse der dort vorgenommenen Analyse lassen sich wie folgt zusammenfassen:

1. Vorteilhaft ist eine Gewinnverlagerung stets dann, wenn hierdurch der *Steuerbarwert verringert* wird (Ziel der *Steuerbarwertminimierung*).
2. Bei *linearen* und im Zeitablauf *gleichbleibenden* Steuersätzen ist regelmäßig eine *maximale Gewinnnachverlagerung* die vorteilhafteste Maßnahme.
3. Bei *linearen*, aber im Zeitablauf sinkenden Steuersätzen ist ebenfalls eine *maximale* Gewinnnachverlagerung die vorteilhafteste Maßnahme. Der Vorteil ist hierbei größer als in der unter 2. skizzierten Situation.
4. Bei natürlichen Personen mit Einkommen im *Progressionsbereich* der Einkommensteuer und bei im Zeitablauf *gleichbleibenden Tariffunktionen* ist die Gewinnverteilung am vorteilhaftesten, die die beste Anpassung an *gleichwertige Einkommen* ermöglicht. Vereinfachend ist es sinnvoll, eine Politik der Nivellierung der zu versteuernden Einkommen zu betreiben.

Außer einer Veränderung der Steuerzahlungen kann eine Gewinnverlagerung auch eine Veränderung sonstiger von der Gewinnhöhe abhängiger Zahlungen zur Folge haben. Dies kann insbesondere hinsichtlich der Gewinnausschüttungen gelten. Auch kommt eine Veränderung der Bezüge von Mitgliedern der Geschäftsleitung oder von sonstigen leitenden Angestellten in Betracht.

3.3 Vergleich zwischen Eigen- und langfristiger Fremdfinanzierung bei nicht personenbezogenen Kapitalgesellschaften

3.3.1 Grundsätzliches

Nachfolgend soll ein Vergleich zwischen der Eigen- und der Fremdfinanzierung für den Fall durchgeführt werden, dass es sich bei dem zu finanzierenden Unternehmen um eine *nicht personenbezogene* Gesellschaft handelt. Hierunter soll eine Gesellschaft verstanden werden, bei der kein enger persönlicher Kontakt zwischen der Gesellschaft und ihren Gesellschaftern besteht. Insbesondere kennt der Vorstand nicht oder allenfalls ungenügend die persönlichen steuerlichen Verhältnisse der Gesellschafter. Er berücksichtigt diese deshalb nicht – auch nicht schätzungsweise – in seinem Kalkül.

Die geschilderte Situation kann als typisch für *Publikumsaktiengesellschaften* angesehen werden. Hierbei handelt es sich um große börsennotierte Aktiengesellschaften, deren Aktien breit gestreut sind. Weiteres Charakteristikum ist, dass an

---

26 Vgl. Schneeloch/Meyering/Patek, Band 4 (2020), Teil II, Gliederungspunkt 3.
27 Vgl. Schneeloch/Meyering/Patek, Band 4 (2020), Teil II, Gliederungspunkt 2.

ihnen kein Gesellschafter mehrheitlich oder auch nur mit einer Sperrminorität (mehr als 25 %ige Beteiligung) beteiligt ist. Untypisch dürfte die geschilderte Situation hingegen für Personengesellschaften sein. Die nachfolgenden Vergleiche werden deshalb auf *Kapitalgesellschaften* beschränkt.

3.3.2 Belastungen und Belastungsdifferenzen

Eigen- und Fremdfinanzierung führen im Zeitpunkt der Kapitalbeschaffung zu keinen unterschiedlichen Steuerfolgen. Während der Vorgang der Kapitalzufuhr selbst erfolgsneutral erfolgt, handelt es sich bei den Kapitalbeschaffungskosten bei beiden Finanzierungsarten um abzugsfähige Betriebsausgaben. Als Kapitalbeschaffungskosten kommen insbesondere Bank- und Börsenspesen, Kosten für Zeitungsinserate sowie Notar- und Gerichtskosten in Betracht. Im konkreten Einzelfall ist zu beachten, dass diese Kosten bei beiden Finanzierungsarten betragsmäßig voneinander abweichen können. Unterschiede in der Höhe der Belastung mit Kapitalbeschaffungskosten sollen hier nicht berücksichtigt werden.

Nach der Kapitalbeschaffung werden die zusätzlichen liquiden Mittel für eine Investition verwendet. Dies führt in der Folgezeit jährlich zu einem zusätzlichen Ertrag E i. S. v. Gleichung (IV) bzw. (V)[28]. Die Gleichungen sind in Band 4, Teil I, Gliederungspunkt 4.3 abgeleitet worden. Die Ableitung ist in Anhang 3, Gliederungspunkt 4 dieses Buches noch einmal in Kurzform wiedergegeben. Als E soll hier der zusätzliche steuerliche Gewinn vor Abzug der Zinsen als Betriebsausgaben im Fall der Fremdfinanzierung bezeichnet werden. E ist also bei den miteinander zu vergleichenden Finanzierungsarten gleich groß.

Im Falle der Eigenfinanzierung muss regelmäßig das zusätzlich aufgenommene Kapital mit Dividenden „bedient" werden. Es entstehen also zusätzliche Ausschüttungen A. Diese führen bei der ausschüttenden Kapitalgesellschaft zu keinen weiteren Steuerfolgen, wohl aber bei deren Gesellschaftern. Letztere werden aber – wie weiter oben ausgeführt – bei den hier betrachteten nicht personenbezogenen Kapitalgesellschaften ausdrücklich nicht berücksichtigt.

Im Falle der Fremdfinanzierung entstehen keine zusätzlichen Dividenden, sondern zusätzliche Zinsen (Zi). Diese verringern den steuerlichen Gewinn, d. h. sie vermindern E i. S. v. Gleichung (IV). Da auf Grund ihrer Größe bei nicht personenbezogenen Kapitalgesellschaften der in § 8 Nr. 1 GewStG festgelegte Freibetrag von 200 T€ überschritten sein dürfte, haben die Zinsen in Höhe des sich aus § 8 Nr. 1 Buchstabe a) GewStG ergebenden Hinzurechnungsfaktors β die Wirkung von Hge i. S. v. Gleichung (IV) bzw. (V). Der Hinzurechnungsfaktor beträgt derzeit (im Erhebungszeitraum 2021) 25 %.

Ist im Falle der Fremdfinanzierung der Rückzahlungsbetrag des Darlehens höher als der Auszahlungsbetrag, so ist die Differenz steuerlich bekanntlich als aktiver

---

28   Hinsichtlich dieser Gleichungen s. Schneeloch/Meyering/Patek, Band 4 (2020), Teil I, Gliederungspunkt 4.3 und den Anhang 3. Nachfolgend wird regelmäßig nur Gleichung (IV) erwähnt, sofern nicht ausnahmsweise ausdrücklich auf Gleichung (V) zurückgegriffen werden muss.

Rechnungsabgrenzungsposten zu verbuchen. Die jährliche Auflösung dieses Postens mindert den steuerlichen Gewinn, d. h. *E* i. S. v. Gleichung (IV). Gleichzeitig ist dieser aufgelöste Teil des Damnums (Abgelts) aber bei der Gewerbesteuer wie Zinsen zu behandeln[29]. *Hge* ist also um ein Viertel (*β*) des Betrages zu erhöhen. Damit entspricht die Behandlung des jährlich aufzulösenden Teils des Damnums genau derjenigen der Zinsen. Damit ist es vertretbar, den jährlichen Auflösungsbetrag nicht gesondert zu erfassen, sondern in die Zinsen einzurechnen. In dieser Weise soll hier vorgegangen werden.

Erfolgt ein Teil der Investitionen im Immobilienbereich, so verändert sich zusätzlich zu *E* auch *Bmbgr* i. S. v. Gleichung (IV). Die Wirkung ist in den Vergleichsfällen allerdings gleich groß. Sie wird hier deshalb aus Vereinfachungsgründen nicht berücksichtigt.

Anhand der aufgezeigten Wirkungen können die Steuerbelastungen der Investition und ihrer Finanzierung ermittelt werden. Die Steuerbelastung für den Fall der Eigenfinanzierung (*Se*) beträgt:

$$Se = E \cdot (sk + sge). \qquad (41)$$

Die Steuerbelastung für den Fall der Fremdfinanzierung (*Sf*) beträgt:

$$Sf = E \cdot (sk + sge) - Zi \cdot (sk + sge) + \beta \cdot Zi \cdot sge. \qquad (42)$$

Aus den Gleichungen (41) und (42) kann die Steuerbelastungsdifferenz (*Se – Sf*) der beiden Finanzierungsarten ermittelt werden. Sie beträgt unter der Voraussetzung, dass der Bruttoertrag *E* bei beiden Finanzierungsarten gleich groß ist:

$$Se - Sf = Zi \cdot (sk + sge) - \beta \cdot Zi \cdot sge. \qquad (43)$$

Gleichung (43) kann auch wie folgt geschrieben werden:

$$Se - Sf = Zi \cdot [sk + sge \cdot (1 - \beta)]. \qquad (43a)$$

Ob es sinnvoller ist, Gleichung (43) oder Gleichung (43a) anzuwenden, hängt von den Verhältnissen des Einzelfalls ab. Handelt es sich um einen Fall, für den die kombinierten Steuersätze bekannt sind, so ist es einfacher, Gleichung (43) anzuwenden. Ist diese Voraussetzung nicht erfüllt, so führt die Anwendung von Gleichung (43a) schneller zum Ergebnis.

---

29   Vgl. R 8.1 Abs. 1 Satz 4 GewStR.

Ausdrücklich sei nochmals auf Folgendes hingewiesen: Sowohl Gleichung (43) als auch Gleichung (43a) gelten nur unter der *Voraussetzung,* dass bei den miteinander zu vergleichenden Finanzierungsarten ein *gleich hoher Bruttoertrag E* entsteht. Wie bereits ausgeführt, handelt es sich bei dem Bruttoertrag um den auf die Investition zusätzlich entfallenden Gewinn vor Abzug der auf die Finanzierung entfallenden zusätzlichen Zinsen bzw. Dividenden sowie vor Abzug der zusätzlich anfallenden Steuern.

Werden die seit dem Jahre 2008 geltenden Standardsteuersätze (*sge* = 14 % und *sk* = 15,825 %)[30] eingesetzt und wird von β = 0,25 ausgegangen, so ergibt sich aus Gleichung (43):

$$\text{Se} - \text{Sf} = 0,29825 \cdot \text{Zi} - 0,035 \cdot \text{Zi}. \qquad (44)$$

Dies kann zusammengefasst werden zu:

$$\text{Se} - \text{Sf} = 0,26325 \cdot \text{Zi}. \qquad (45)$$

Die Eigenfinanzierung ist in dieser konkreten Situation also um 26,33 % der Zinsen höher belastet als die Fremdfinanzierung.

3.3.3 Steuerbelastungsquoten

3.3.3.1 Grundsätzliches

Nunmehr sollen sowohl für den Fall der Eigen- als auch für den der Fremdfinanzierung Steuerbelastungsquoten ermittelt und diese miteinander verglichen werden. Hierbei erfolgt eine Beschränkung auf die behandelten nicht personenbezogenen Kapitalgesellschaften. Wie bereits erörtert, wird davon ausgegangen, dass diese Gesellschaften die persönliche Steuerbelastung ihrer Gesellschafter (Aktionäre) nicht berücksichtigen.

Ermittelt werden sollen die *Steuerbelastungen* einer Investition und ihrer Finanzierung *in Abhängigkeit von der Höhe des erwarteten Bruttogewinns E.* Wie bereits ausgeführt, wird hierunter der *zusätzliche Gewinn vor Abzug von Zinsen und Steuern* verstanden. Im Falle der Eigenfinanzierung mindern (selbstverständlich) auch die infolge der Kapitalaufnahme zu erwartenden zusätzlichen Dividenden nicht den Bruttogewinn.

Eine einheitliche Bezugsgröße ist erforderlich, um die unterschiedlichen Steuerbelastungen miteinander vergleichbar zu machen. Als Bezugsgröße wird der Gewinn vor Zinsen und Steuern deshalb gewählt, weil so veranschaulicht wird, in welchem Umfang ein aus einer Investition zu erwartender Bruttogewinn an das Finanzamt

---

30   Sge = me · h = 3,5 % · 400 %; Sk = Skö · (1 + Solz) = 15 % · (1 + 5,5 %).

gezahlt werden muss und welcher Betrag für Dividenden, Zinsen und Thesaurierung verbleibt. Die Steuerbelastungen im Falle der Eigenfinanzierung werden aus Gleichung (41), diejenigen bei Fremdfinanzierung werden aus Gleichung (42) ermittelt. Die Differenzbelastungen werden hier durch Subtraktion der Werte gem. Gleichung (42) von denen nach Gleichung (41) ermittelt; sie stimmen überein mit den Werten, die sich unmittelbar aus Gleichung (43) ermitteln lassen.

3.3.3.2 Ableitung der Belastungsquote bei Eigenfinanzierung

Die Steuerbelastung in Fällen der Eigenfinanzierung ergibt sich aus der bereits abgeleiteten Gleichung (41). In dieser Gleichung ist die Wirkung der Bemessungsgrundlage der Grundsteuer (B_{mbgr}) nicht berücksichtigt, da sie und die auf i_b beruhenden Steuerwirkungen in den Vergleichsfällen gleich groß sind. Die Steuerbelastung im Falle der Eigenfinanzierung beträgt also:

$$S_e = E \cdot (s_k + s_{ge}). \tag{41}$$

Wird Gleichung (41) durch E dividiert, so ergibt sich:

$$\frac{S_e}{E} = s_k + s_{ge}. \tag{46}$$

Der Quotient aus S_e und E soll hier als Steuerbelastungsquote des Bruttogewinns E bei Eigenfinanzierung bezeichnet werden. Wie die Struktur der Gleichung (46) zeigt, ist diese ausschließlich von dem Körperschaftsteuer- und Solidaritätszuschlagsatz sowie von dem Gewerbesteuersatz abhängig.

3.3.3.3 Ableitung der Belastungsquote bei Fremdfinanzierung

Zur Ableitung der Steuerbelastungsquote bei Fremdfinanzierung wird auf die bereits bekannte Gleichung (42) zurückgegriffen:

$$S_f = E \cdot (s_k + s_{ge}) - Z_i \cdot (s_k + s_{ge}) + \beta \cdot Z_i \cdot s_{ge}. \tag{42}$$

Diese lässt sich umformen zu

$$S_f = E \cdot (s_k + s_{ge}) - Z_i \cdot (s_k + s_{ge} - \beta \cdot s_{ge}). \tag{47}$$

Es kann definiert werden:

$$Z_i = i \cdot K_{ef}. \tag{48}$$

Hierbei gibt i den Zinssatz, bezogen auf das effektiv eingesetzte Fremdkapital (K_{ef}) an. Unter Berücksichtigung von Gleichung (48) kann S_f in Gleichung (47) wie folgt geschrieben werden:

$$S_f = E \cdot (s_k + s_{ge}) - i \cdot K_{ef} \cdot (s_k + s_{ge} - \beta \cdot s_{ge}). \tag{49}$$

Wird der Bruttogewinn E als Funktion des eingesetzten Effektivkapitals K_{ef} angesehen, so kann definiert werden:

$$E = r \cdot K_{ef}. \tag{50}$$

r kann hierbei als die Rendite des eingesetzten Kapitals angesehen werden. Aufgelöst nach K_{ef} ergibt sich aus Gleichung (50):

$$K_{ef} = r^{-1} \cdot E. \tag{51}$$

Durch Einsetzen des Werts von K_{ef} aus Gleichung (51) in Gleichung (49) ergibt sich:

$$S_f = E \cdot (s_k + s_{ge}) - i \cdot r^{-1} \cdot E \cdot (s_k + s_{ge} - \beta \cdot s_{ge}). \tag{52}$$

Hieraus ergibt sich die Steuerbelastungsquote des Bruttogewinns im Falle der Fremdfinanzierung mit:

$$\frac{S_f}{E} = s_k + s_{ge} - i \cdot r^{-1} \cdot (s_k + s_{ge} - \beta \cdot s_{ge}). \tag{53}$$

3.3.3.4 Steuerbelastungsquoten

Abbildung I/2 auf der übernächsten Seite enthält jährliche Steuerbelastungen bei Eigen- und bei Fremdfinanzierung sowie Steuerbelastungsdifferenzen, die sich zwischen beiden Finanzierungsarten ergeben. Alle in der Tabelle wiedergegebenen Werte beruhen auf dem im Jahr 2021 geltenden Recht unter Zugrundelegung eines Gewerbesteuerhebesatzes von 400 %. Dies bedeutet, dass folgende Steuersätze berücksichtigt sind: $s_k = 15{,}825\ \%$ und $s_{ge} = 14\ \%$. Außerdem wird davon ausgegangen, dass der in § 8 Nr. 1 GewStG enthaltene Freibetrag von 200 T€ bereits ausgeschöpft ist. Damit gilt $\beta = 0{,}25$.

Spalte 1 der *Abbildung I/2* enthält unterschiedliche Werte für die Rentabilität des eingesetzten Effektivkapitals K_{ef}. Diese Rentabilität r ergibt sich durch Umformung von Gleichung (50) mit:

$$r = \frac{E}{K_{ef}}.\qquad(54)$$

Berücksichtigt sind Bruttorentabilitäten, die zwischen 1 % (Zeile 1) und 40 % (Zeile 6) des eingesetzten Effektivkapitals liegen. Sie decken also ein sehr breites Spektrum ab.

Die Spalten 2 bis 4 enthalten Steuerbelastungen in % des Bruttogewinns *E*, d. h. Steuerbelastungsquoten, und zwar in der Spalte 2 für den Fall der Eigen- und in den Spalten 3 und 4 für den Fall der Fremdfinanzierung. Die Werte der Spalte 2 sind aus Gleichung (46), die der Spalten 3 und 4 aus Gleichung (53) ermittelt worden.

Im Falle der Eigenfinanzierung beträgt die Steuerbelastung bei dem hier angewendeten Hebesatz von 400 % unabhängig von der Höhe des Bruttogewinns stets 29,83 % (exakt 29,825 %) des Bruttogewinns *E* (Spalte 2).

Die Spalten 3 und 4 enthalten Steuerbelastungen für den Fall der Fremdfinanzierung (*Sf*), wiederum in % des Bruttogewinns *E*. Die Werte sind aus Gleichung (53) ermittelt worden. Die Werte der Spalte 3 beruhen auf einem effektiven Zinssatz von 5 %, die der Spalte 4 auf einem Zinssatz von 10 %. Hier zeigt sich eine sehr hohe Abhängigkeit der Steuerbelastungsquoten von den in Spalte 1 angegebenen Bruttorentabilitäten. Die Steuerbelastungen reichen von Werten zwischen rd. - 233 % (Zeile 1, Spalte 4) bis zu + 27 % (Zeile 6, Spalte 3) des Bruttogewinns *E*. Klargestellt sei, dass negative Steuerbelastungsquoten nur unter der Voraussetzung möglich sind, dass negative Bemessungsgrundlagen mit positiven ausgeglichen bzw. von diesen im Rahmen eines Verlustrück- oder Verlustvortrags abgezogen werden können.

Die Spalten 5 und 6 enthalten Differenzen der Steuerbelastungen zwischen den vorher ermittelten Steuerbelastungsquoten im Falle der Eigen- und denen der Fremdfinanzierung.

Alle Werte der Spalten 5 und 6 weisen positive Werte auf, d. h. die Steuerbelastungsquoten sind im Falle der Eigen- stets höher als in dem der Fremdfinanzierung. Allerdings wirkt sich der Unterschied bei einer geringen Bruttorentabilität des eingesetzten Kapitals erheblich stärker aus als bei einer hohen Bruttorentabilität. Dies zeigt ein Vergleich der Werte der Zeile 1 mit denen der Zeile 6 besonders auffällig.

Zeile	Bruttorentabili-tät des einge-setzten Kapitals $r = \dfrac{E}{K_{ef}}$	Steuerbelastung S_e bzw. S_f in % des Bruttogewinns E			Differenzen der Steuerbelastungen in % des Bruttogewinns E	
		Eigenfinan-zierung	Fremdfinanzierung effektiver Zinssatz i		Bei einem effektiven Zinssatz i von	
			5 %	10 %	5 % (Spalte 2 ./. 3)	10 % (Spalte 2 ./. 4)
	Spalte 1	Spalte 2	Spalte 3	Spalte 4	Spalte 5	Spalte 6
1	1 %	+ 29,83	– 101,8**	– 233,43**	+ 131,63	+ 263,26
2	5 %	+ 29,83	+ 3,5	– 22,83**	+ 26,33	+ 52,66
3	10 %	+ 29,83	+ 16,66	+ 3,5	+ 13,17	+ 26,33
4	20 %	+ 29,83	+ 23,24	+ 16,66	+ 6,59	+ 13,17
5	30 %	+ 29,83	+ 25,44	+ 21,05	+ 4,39	+ 8,78
6	40 %	+ 29,83	+ 26,53	+ 23,24	+ 3,3	+ 6,59

* Allen Belastungswerten liegt ein Körperschaftsteuersatz von 15 % ($s_{kö}$ = 15 %) und ein Solidaritätszuschlag von 5,5 % (s_{olz} = 5,5 %) zugrunde. Demnach ergibt sich für s_k einen Wert von (15 % · 1,055 =) 15,825 %. In allen Fällen wird von einem Gewerbesteuerhebesatz von 400 % ausgegangen. Der Gewerbesteuersatz s_{ge} beträgt also 14 %. Außerdem gilt β = 0,25.

** Negative Steuerbelastungen sind nur unter der Voraussetzung möglich, dass negative Bemessungsgrundlagen mit positiven ausgeglichen bzw. von diesen im Rahmen eines Verlustrück- oder Verlustvortrags abgezogen werden können.

Abbildung I/2:   *Jährliche Steuerbelastung bei Eigen- und Fremdfinanzierung im Vergleich**

3.3.4 Gleiche Zahlungsbelastung unterschiedlicher Finanzierungsarten

3.3.4.1 Gleichheitsbedingungen

In allgemeiner Form ergibt sich die Differenz zwischen der Steuerbelastung im Falle der Eigen- und in dem der Fremdfinanzierung aus der bereits an früherer Stelle abgeleiteten Gleichung (43)[31].

$$S_e - S_f = Z_i \cdot (s_k + s_{ge}) - \beta \cdot Z_i \cdot s_{ge}. \tag{43}$$

---

31   Vgl. Gliederungspunkt 3.3.2.

Da *sge* ≥ 0 und *β* < 1, gilt stets

$$\text{Se} - \text{Sf} \geq \text{Zi} \cdot \text{sk} \tag{55}$$

und hiermit

$$\text{Se} > \text{Sf}. \tag{56}$$

Die jährliche Steuerbelastung ist somit im Falle der Eigenfinanzierung stets höher als in dem der Fremdfinanzierung.

Damit stellt sich die Frage, ob bei niedrigeren Dividenden als Zinsen unter Einbeziehung dieser Dividenden bzw. Zinsen in die Betrachtung eine gleich hohe jährliche Belastung bei Eigen- und Fremdfinanzierung erreichbar ist. Die jährliche Zahlungsdifferenz (*Zef* – *Zff*) ergibt sich aus Gleichung (43) durch Addition der Ausschüttungen (*A*) und Subtraktion der Zinsen:

$$\text{Zef} - \text{Zff} = \text{A} - \text{Zi} + \text{Zi} \cdot (\text{sk} + \text{sge}) - \beta \cdot \text{Zi} \cdot \text{sge}. \tag{57}$$

Hierbei gibt *Zef* die Jahresbelastung aus Dividenden und Steuern bei Eigen- und *Zff* die entsprechende Belastung aus Zinsen und Steuern bei Fremdfinanzierung an. Für den Fall, dass die Jahresbelastung beider Finanzierungsarten gleich groß ist, d. h. für

$$\text{Zef} = \text{Zff}, \tag{58}$$

ergibt sich

$$\text{A} = \text{Zi} - \text{Zi} \cdot (\text{sk} + \text{sge}) + \text{Zi} \cdot \beta \cdot \text{sge}. \tag{59}$$

Hierfür kann geschrieben werden:

$$\text{A} = \text{Zi} \cdot (1 - \text{sk} - \text{sge} + \beta \cdot \text{sge}). \tag{60}$$

Werden in Gleichung (60) die Standardsteuersätze für Kapitalgesellschaften (*sk* = 0,15825, *sge* = 0,14) angesetzt und wird von einer 25 %igen Hinzurechnung der Zinsen nach § 8 Nr. 1 GewStG ausgegangen (*β* = 0,25), so nimmt *A* in Gleichung (60) folgenden Wert an:

$$\text{A} = 0{,}73675 \cdot \text{Zi}. \tag{60a}$$

Dies bedeutet, dass bei Ansatz der Standardsteuersätze die Ausschüttungen nur rd. 74 % der Zinsen betragen dürfen, damit die Belastung der Kapitalgesellschaft im Falle der Eigenfinanzierung nicht größer ist als in dem der Fremdfinanzierung.

3.3.4.2 Paralleldividenden

Gewinnausschüttungen können als das Produkt aus dem im Falle der Eigenfinanzierung beschafften Effektivkapital (Kef/e) und dem auf dieses Effektivkapital bezogenen Ausschüttungssatz (a^*) definiert werden:

$$A = Kef/e \cdot a^*. \tag{61}$$

Entsprechend können die Zinsen als das Produkt aus dem im Falle der Fremdfinanzierung beschafften Effektivkapital (Kef/f) und dem auf dieses Effektivkapital bezogenen Zinssatz (i) definiert werden:

$$Zi = Kef/f \cdot i. \tag{62}$$

Durch Einsetzen der Werte der Gleichungen (61) und (62) in Gleichung (60) ergibt sich:

$$Kef/e \cdot a^* = Kef/f \cdot i \cdot (1 - sk - sge + \beta \cdot sge). \tag{63}$$

Wird bei beiden Finanzierungsarten das gleiche Effektivkapital beschafft, d. h. gilt

$$Kef/e = Kef/f, \tag{64}$$

so wird aus Gleichung (63):

$$a^* = i \cdot (1 - sk - sge + \beta \cdot sge). \tag{65}$$

Werden auch hier die Standardsteuersätze für Kapitalgesellschaften ($sk = 15{,}825$ %, $sge = 14$ %) angesetzt und wird wiederum von einer 25 %igen Hinzurechnung der Zinsen nach § 8 Nr. 1 GewStG ($\beta = 0{,}25$) ausgegangen, so ergibt sich:

$$a^* = 0{,}73675 \cdot i. \tag{65a}$$

Aus Gleichung (65) lassen sich für unterschiedliche Steuersätze zu vorgegebenen Zinssätzen *Paralleldividenden* ermitteln. Hierbei handelt es sich um Ausschüttungssätze, die zur gleichen Jahresbelastung führen wie die angegebenen Zinssätze. Zur Klarstellung sei nochmals ausdrücklich darauf hingewiesen, dass die Zins-

bzw. Dividendensätze hier jeweils auf das aufgenommene Effektiv- und nicht auf das Nominalkapital bezogen werden. Nicht berücksichtigt sind die Geldbeschaffungskosten, die bei den miteinander zu vergleichenden Finanzierungsarten in unterschiedlicher Höhe anfallen können.

Abbildung I/3 enthält in den Spalten 2 bis 4 Paralleldividendensätze zu den in Spalte 1 aufgeführten Zinssätzen. Die Werte beruhen auf Gleichung (65).

Zinssatz *i* in %	Paralleldividendensatz *a`* in %		
	$S_{kö}$ = 15 % S_{ge} = 14 %	$S_{kö}$ = 15 % S_{ge} = 17,5 %	$S_{kö}$ = 10 % S_{ge} = 14 %
Spalte 1	Spalte 2	Spalte 3	Spalte 4
0,5	0,37	0,36	0,39
1,0	0,74	0,71	0,79
2,0	1,47	1,42	1,58
3,0	2,21	2,13	2,37
4,0	2,95	2,84	3,16
10,0	7,37	7,11	7,90

Allen in der Tabelle enthaltenen Werten liegt die Voraussetzung zugrunde, dass die Zinsen zu 25 % nach § 8 Nr. 1 GewStG dem Gewinn aus Gewerbebetrieb zur Ermittlung des Gewerbeertrags hinzugerechnet werden, d. h. es gilt β = 0,25. Ein Gewerbesteuersatz von 14 % (S_{ge} = 0,14) entspricht einem Hebesatz von 400 %, ein Gewerbesteuersatz von 17,5 % (S_{ge} = 0,175) einem Hebesatz von 500 %. Der derzeitige (im Herbst 2021) Körperschaftsteuersatz von 15 % wurde in den Spalten 2 und 3 zugrunde gelegt. Spalte 4 berücksichtigt eine mögliche Absenkung des Körperschaftsteuersatzes auf 10 %.

Abbildung I/3: *Paralleldividendensätze zu vorgegebenen Zinssätzen*

3.3.4.3 Erforderlicher Emissionskurs

Weichen im Falle einer Aktienfinanzierung die Erhöhung des Nominalkapitals ($K_{n/e}$) und das tatsächlich erzielte Effektivkapital ($K_{ef/e}$) voneinander ab, so kann folgende Beziehung formuliert werden:

$$K_{ef/e} = K_{n/e} \cdot u. \tag{66}$$

u gibt hierbei den Emissionskurs an, zu dem die „jungen" Aktien emittiert werden. Einen Emissionskurs gibt es nur bei Nennwertaktien, nicht hingegen bei Stückaktien. Handelt es sich bei den Aktien um nennwertlose Stückaktien, so gibt *u* das Verhältnis der effektiven Kapitalzufuhr aufgrund einer Aktienfinanzierung und der im Rahmen dieser Finanzierung von der Hauptversammlung beschlossenen Erhöhung des Nennkapitals (Grundkapitals) an. Die Definition von *u* gibt somit nicht nur in dem Fall Sinn, in dem die Aktien einen Nennwert haben, sondern auch in dem Fall, in dem es sich bei den Aktien um nennwertlose Stückaktien handelt. Ebenso wie über die Ermittlung von Paralleldividendensätzen zu vorgegebenen

Zinssätzen kann auch über die Festsetzung des Emissionskurses *u* versucht werden, in Fällen der Aktienfinanzierung keine höhere Auszahlungsbelastung der Kapitalgesellschaft entstehen zu lassen als im Falle der Fremdfinanzierung. Zur Einfügung des Emissionskurses *u* in die Bedingung gleicher Auszahlungsbelastung ist es zweckmäßig, auf Gleichung (60) zurückzugreifen. Zur Erinnerung sei Gleichung (60) nochmals dargestellt. Sie lautet:

$$A = Z_i \cdot (1 - s_k - s_{ge} + \beta \cdot s_{ge}). \tag{60}$$

Um den Emissionskurs *u* berücksichtigen zu können, soll die Ausschüttung in Gleichung (60) in Relation zur Erhöhung des Aktiennominalkapitals ($K_{n/e}$) gesetzt werden. Die Ausschüttung ist dann das Produkt aus $K_{n/e}$ und dem Ausschüttungssatz bezogen auf dieses Nominalkapital (*a*):

$$A = K_{n/e} \cdot a. \tag{67}$$

Gleichung (62) entsprechend sollen die Zinsen unverändert als das Produkt aus dem effektiv aufgenommenen Fremdkapital ($K_{ef/f}$) und dem auf dieses bezogenen Zinssatz *i* definiert werden:

$$Z_i = K_{ef/f} \cdot i. \tag{62}$$

Durch Einsetzen der Werte der Gleichungen (67) und (62) in Gleichung (60) ergibt sich:

$$K_{n/e} \cdot a = K_{ef/f} \cdot i \cdot (1 - s_k - s_{ge} + \beta \cdot s_{ge}). \tag{68}$$

Durch Auflösung der bereits abgeleiteten Gleichung

$$K_{ef/e} = K_{n/e} \cdot u \tag{66}$$

nach $K_{n/e}$ ergibt sich

$$K_{n/e} = \frac{K_{ef/e}}{u}. \tag{69}$$

Wird der Wert von Gleichung (69) in Gleichung (68) eingesetzt, so ergibt sich:

$$\frac{K_{ef/e} \cdot a}{u} = K_{ef/f} \cdot i \cdot (1 - s_k - s_{ge} + \beta \cdot s_{ge}). \tag{70}$$

Für den Fall, dass die effektive Kapitalzufuhr in den miteinander zu vergleichenden Fällen der Aktien- und der Fremdfinanzierung gleich groß ist, dass also

$$K_{ef/e} = K_{ef/f} \tag{71}$$

gilt, vereinfacht sich Gleichung (70) zu

$$\frac{a}{u} = i \cdot (1 - s_k - s_{ge} + \beta \cdot s_{ge}). \tag{72}$$

Aus Gleichung (72) kann für beliebige Kombinationen der Ausschüttungs-, Zins- und Steuersätze zueinander der *mindest erforderliche Emissionskurs u* ermittelt werden. Hierunter soll der Emissionskurs bei Aktienemission verstanden werden, den die emittierende Gesellschaft mindestens erzielen muss, damit die Aktienfinanzierung nicht zu einer höheren Jahresbelastung führt als eine alternative Fremdfinanzierung.

Nach *u* aufgelöst, ergibt sich aus Gleichung (72):

$$u = \frac{a}{i \cdot (1 - s_k - s_{ge} + \beta \cdot s_{ge})}. \tag{73}$$

Werden in Gleichung (73) $s_k = 0{,}15825$, $s_{ge} = 0{,}14$ und $\beta = 0{,}25$ eingesetzt, so ergibt sich

$$u = 1{,}3573 \cdot \frac{a}{i}. \tag{73a}$$

Für den Fall, dass Dividenden- und Zinssatz gleich groß sind ($a = i$), gilt:

$$u = 1{,}3573. \tag{73b}$$

Der Emissionskurs muss bei Ansatz der Standardsteuersätze und einer 25 %igen Hinzurechnung der Zinsen und gleich großem Zins- und Dividendensatz also mindestens 135,73 % betragen, damit die Aktienfinanzierung nicht nachteiliger ist als die Fremdfinanzierung.

Abbildung I/4 enthält in den Spalten 2 bis 4 für unterschiedliche Kombinationen von *sk* und *sge* zueinander die erforderlichen Emissionskurse. Sie beruhen außerdem auf unterschiedlichen Verhältnissen von *a* und *i* zueinander. Die unterschiedlichen Verhältnisse von *a* und *i* zueinander ergeben sich aus Spalte 1. In Zeile 2 dieser Spalte wird von *a = i* ausgegangen, d. h. der Ausschüttungssatz entspricht dem Zinssatz. Die Werte sind aus Gleichung (73) ermittelt worden. Klargestellt sei, dass eine Emission von Aktien unter pari nach § 9 AktG gesellschaftsrechtlich unzulässig ist.

Verhältnis Dividenden- zu Zinssatz $\frac{a}{i}$	Erforderlicher Emissionskurs *u* zu Zins- bzw. Dividendensätzen der Spalte 1 in %		
	$S_{kö} = 15\ \%$ $S_{ge} = 14\ \%$	$S_{kö} = 15\ \ \%$ $S_{ge} = 17,5\ \%$	$S_{kö} = 10\ \%$ $S_{ge} = 14\ \%$
Spalte 1	Spalte 2	Spalte 3	Spalte 4
50 %	67,87	70,37	63,33
100 %	135,73	140,75	126,66
150 %	203,60	211,12	189,99
200 %	271,46	281,49	253,32

*   Allen in der Tabelle enthaltenen Werten liegt die Voraussetzung zugrunde, dass die Zinsen nach § 8 Nr. 1 GewStG dem Gewinn aus Gewerbebetrieb zur Ermittlung des Gewerbeertrags zu 25 % hinzugerechnet werden. Ein Gewerbesteuersatz von 14 % ($S_{ge} = 0,14$) entspricht einem Hebesatz von 400 %, ein Gewerbesteuersatz von 17,5 % ($S_{ge} = 0,175$) einem Hebesatz von 500 %. Der derzeitige (im Herbst 2021) Körperschaftsteuersatz von 15 % wurde in den Spalten 2 und 3 zugrunde gelegt. Spalte 4 berücksichtigt eine mögliche Absenkung des Körperschaftsteuersatzes auf 10 %

Abbildung I/4:   Erforderliche Emissionskurse in % des aufgenommenen Kapitals*

3.3.5 Zur Aussagefähigkeit der Auszahlungsdifferenzen

Die in diesem Abschnitt durchgeführten Vergleiche *berücksichtigen nicht* die durch unterschiedliche Höhe und unterschiedlichen zeitlichen Anfall von Zahlungen entstehenden *Supplementinvestitionen*. Dennoch sind sie nicht ohne Wert. Sie können zum einen als Grundlage für evtl. erforderlich gehaltene Endvermögens- oder Kapitalwertvergleiche dienen. Sie besitzen zum anderen in den meisten Fällen eine eigene Aussagefähigkeit hinsichtlich der Vorteilhaftigkeit miteinander zu vergleichender Finanzierungsmaßnahmen. Grundsätzlich kann nämlich davon ausgegangen werden, dass eine Maßnahme der Außenfinanzierung dann vorteilhafter ist als eine andere, wenn sie bei gleicher effektiver Kapitalzufuhr sowohl im Jahre der Kapitalaufnahme als auch in allen späteren Jahren des Vergleichszeitraums die geringeren Finanzierungsauszahlungen verursacht. Das gilt zumindest dann, wenn Geldbeschaffungskosten in etwa gleicher Höhe und zum etwa gleichen Zeitpunkt anfallen. Die *Höhe der Finanzierungsauszahlungen* kann dann als *Ersatzkriterium des Vorteilsvergleichs* angesehen werden. Soll in derartigen Fällen lediglich festgestellt werden, welche von zwei Finanzierungsmaßnahmen die vorteilhaftere ist, so ist die Ermittlung der Differenzen der Finanzierungsauszahlungen ausreichend. Geht in derartigen Fällen die Neugier weiter und soll ermittelt werden, wie hoch der Vorteil ist, so ist allerdings auch dann die Ermittlung von End- bzw. Kapitalwerten unvermeidlich. Für die zu treffende Wahlentscheidung hingegen sind *Endwert-* oder *Kapitalwertvergleiche* in diesen Fällen *nicht erforderlich*.

3.3.6 Aufgabe 3

Die P-AG ist eine Publikumsaktiengesellschaft. Ihr Vorstand plant zur Errichtung eines Zweigwerks die Beschaffung von effektiv 100 Mio € liquider Mittel über die Börse. Gedacht ist entweder an die Aufnahme von nominal 100 Mio € Industrieobligationen mit einem Zinssatz von 6,0 % oder an eine ordentliche Kapitalerhöhung i. S. d. § 182 AktG. Die P-AG hat während der letzten Jahre stets 1 € Dividende je 5 € -Aktie ausgeschüttet. Der Vorstand glaubt, dass er diesen Dividendensatz auch in Zukunft beibehalten muss, um zu verhindern, dass das Ansehen der Gesellschaft leidet. Zur Zeit der Planung beträgt der Börsenwert einer 5 € -Aktie 15,30 €. Vor einer Entscheidung über die Art der Kapitalaufnahme will der Vorstand folgende zwei Fragen beantwortet haben:

1. Wie hoch ist die jährliche Steuerbelastungs- und die Kostenbelastungsdifferenz der Finanzierungsalternativen für den Fall, dass die Aktiememission zu pari erfolgt?
2. Lässt sich eine gleich hohe Kostenbelastung durch eine entsprechende Festsetzung des Emissionskurses erreichen?

Der Vorstand beauftragt Sie mit der Beantwortung dieser Fragen. Bei Ihren Recherchen erfahren Sie, dass der Vorstand unter den jährlichen Kostenbelastungen die durch die beabsichtigte Investition und ihre Finanzierung zusätzlich anfallenden Dividenden bzw. Zinsen und die zusätzlich anfallenden oder fortfallenden Steuern versteht. Ferner stellen Sie fest, dass die P-AG den Standardsteuersätzen der Gewerbe- und Körperschaftsteuer des Jahres 2021 (s_{ge} = 0,14, s_k = 0,15825) unterliegt und der Vorstand von dem Fortbestand dieser Steuersätze während des von ihm vorgegebenen fünfjährigen Planungszeitraums ausgeht.

Der Vorstand ist damit einverstanden, dass Sie die Emissionskosten aus Vereinfachungsgründen nicht berücksichtigen.

3.4 Vergleich zwischen Eigen- und Gesellschafterfremdfinanzierung

3.4.1 Vergleichssituation und Arten des Vergleichs

Nunmehr sollen Fälle betrachtet werden, in denen enge persönliche Beziehungen zwischen einer Gesellschaft und ihren Gesellschaftern bestehen. Sie sind dadurch gekennzeichnet, dass der Gesellschafterkreis eng begrenzt ist und häufig nur aus Mitgliedern einer Familie oder einiger weniger Familien besteht. Der Extremfall ist der der Einpersonen-GmbH. Derartige Gesellschaften werden üblicherweise als **personenbezogene Gesellschaften** oder auch als **Familiengesellschaften** bezeichnet[32].

Für personenbezogene Gesellschaften kann ein Vergleich zwischen Eigen- und Fremdfinanzierung in zwei Entscheidungssituationen sinnvoll sein. Sie sind beide dadurch gekennzeichnet, dass die Gesellschaft Mittel zur Finanzierung von Investitionen benötigt, und die Gesellschafter oder auch potentielle neue Gesellschafter über derartige Mittel verfügen. Sie unterscheiden sich durch Folgendes:

---

32 Vgl. Beinert (1979), S. 270; Brönner (2007), S. 824 ff.; Jacobs/Scheffler/Spengel (2015), S. 356 ff.

- Im ersten Fall stehen die Gesellschafter vor der Frage, ihre eigenen Mittel entweder dem Unternehmen zur Verfügung zu stellen oder sie für eine Alternativinvestition außerhalb des Unternehmens zu verwenden bei gleichzeitiger Kreditaufnahme für die betriebliche Investition.
- Im zweiten Fall steht eine außerbetriebliche Anlage der Mittel nicht zur Debatte. Hier geht es nur darum, ob die Gesellschafter ihre Mittel dem Betrieb als Eigenkapital oder als Gesellschafterdarlehen zur Verfügung stellen.

Im *ersten Fall* handelt es sich um eine *kombinierte Investitions- und Finanzierungsentscheidung,* im *zweiten ausschließlich* um eine *Finanzierungsentscheidung.* In beiden Fällen müssen die privaten Steuern der Gesellschafter mit in den Kalkül *einbezogen* werden. Insoweit besteht ein fundamentaler Unterschied gegenüber Entscheidungssituationen bei nicht personenbezogenen Kapitalgesellschaften.

Im *ersten* der beiden genannten *Fälle* kann dann, wenn es sich bei der Gesellschaft um eine Kapitalgesellschaft handelt, auf die unter Gliederungspunkt 3.3.2 abgeleiteten Belastungsgleichungen (41) und (42) zurückgegriffen werden. Wie dort ersichtlich, kann Gleichung (41) bei Eigen- und Gleichung (42) bei Fremdfinanzierung angewendet werden. Die dort ermittelten Belastungswirkungen berücksichtigen lediglich die Steuerfolgen der Kapitalgesellschaft, nicht hingegen diejenigen ihrer Gesellschafter. Für die hier angesprochenen Vergleiche müssen die Steuerfolgen der Ausschüttungen bzw. Zinszahlungen bei den Gesellschaftern zusätzlich berücksichtigt werden. In diesem Zusammenhang ist es von Bedeutung, dass die Ausschüttungen nach § 32d Abs. 1 EStG i. V. m. § 43 Abs. 5 Satz 1 EStG der Abgeltungsteuer, Zinsen aus Darlehen der Gesellschafter an die Gesellschaft hingegen nach § 32d Abs. 2 EStG i. d. R. dem vollen Steuersatz unterliegen. Nachfolgend soll auf eine explizite Erfassung der genannten Steuerwirkungen des ersten Falles verzichtet werden.

Näher eingegangen werden soll hier lediglich *auf die zweite der* weiter oben aufgezeigten *Entscheidungssituationen.* Eine außerbetriebliche Anlage der den Gesellschaftern zur Verfügung stehenden Mittel soll also nicht zur Debatte stehen. Es soll also lediglich um die Frage gehen, ob die Gesellschafter ihre Mittel dem Betrieb als Eigenkapital oder als Gesellschafterdarlehen zur Verfügung stellen sollen.

Nachfolgend sollen also miteinander verglichen werden

- die *Eigenfinanzierung* und
- die *Gesellschafterfremdfinanzierung.*

Hierbei wird zwischen Personen- und Kapitalgesellschaften unterschieden.

3.4.2 Vergleich bei Personengesellschaften

Eigenfinanzierung und Gesellschafterfremdfinanzierung werden im Falle von *Personengesellschaften* (Mitunternehmerschaften) steuerlich grundsätzlich gleich behandelt. Ertragsteuerlich liegt das daran, dass an Gesellschafter zu zahlende Zinsen als Vorabgewinne und nicht als Betriebsausgaben behandelt werden. Damit kann die Gesellschafterfremdfinanzierung lediglich zu einer anderen steuerlichen Gewinnverteilung führen als dies bei Eigenfinanzierung der Fall wäre. Eine Gewerbesteuerersparnis hingegen ist nicht erzielbar.

Eine *Ausnahme* von dem Grundsatz, dass bei Personengesellschaften durch die Hingabe von Gesellschafterdarlehen keine steuerlichen Effekte entstehen, kann sich in den Fällen der Anwendung des *§ 15a EStG* ergeben. Diese Vorschrift gilt nur für Kommanditisten und diesen gleichgestellte beschränkt haftende Mitunternehmer. Nachfolgend werden explizit nur die Kommanditisten genannt.

Nach § 15a Abs. 1 EStG sind Verlustanteile eines Kommanditisten nur insoweit ausgleichs- und abzugsfähig, als das Kapitalkonto des Kommanditisten positiv ist. Nicht ausgleichs- und abzugsfähige Verluste sind lediglich in späteren Wirtschaftsjahren mit Gewinnen aus derselben Beteiligung verrechenbar (verrechenbare Verluste). Dies kann im Einzelfall zu einer erheblichen zeitlichen Verzögerung der Berücksichtigung steuerlicher Verluste führen.

Stehen bei Vorliegen negativer Kapitalkonten Kommanditisten vor der Wahl, ihrer Gesellschaft entweder Eigenkapital (Erhöhung der Kommanditeinlage) oder Gesellschafterdarlehen zur Verfügung zu stellen, so können durch die Eigenfinanzierung Verluste, die sonst nur verrechenbar wären, u. U. in ausgleichsfähige Verluste umgewandelt werden. Ob dies vorteilhaft ist, muss im Einzelfall überprüft werden[33]. Hierbei dürfte häufig die Ermittlung von Steuerbarwerten unvermeidbar sein.

3.4.3 Belastung bei Kapitalgesellschaften

3.4.3.1 Mögliche Bezugsgrößen für den Vergleich

Sollen die Steuerbelastungen der Eigen- und der Gesellschafterfremdfinanzierung miteinander verglichen werden, so bedarf es einer gemeinsamen Bezugsgröße, anhand derer die Steuerbelastungsquoten gemessen werden können. Als derartige *gemeinsame Bezugsgrößen* kommen in Betracht:

1. Ein *gleich großer Bruttobetrag B*, der von der Kapitalgesellschaft für Ausschüttungen bzw. Zinszahlungen sowie für auf B entfallende Steuerbelastungen zur Verfügung gestellt wird,
2. die Höhe der Zinsen oder auch die der geplanten Ausschüttungen,
3. *ein gleich großer Nettozufluss bei dem Gesellschafter* infolge (unterschiedlich hoher) Ausschüttungen bzw. Zinsen.

Jede dieser drei Bezugsgrößen kann im Einzelfall sinnvoll sein. Keine von ihnen kann als allgemein „richtig" oder „falsch" angesehen werden. Welche gewählt wer-

---

33 Vertiefend hierzu s. Schneeloch/Meyering/Patek, Band 2 (2017a), Gliederungspunkt 4.5.7.3 und Schneeloch/Meyering/Patek, Band 4 (2020), Gliederungspunkt 5.3.3.

den sollte, hängt vielmehr von der konkreten Fragestellung ab. Will die Geschäftsleitung z. B. wissen, welcher Betrag von einem vorgegebenen Bruttobetrag letztlich
netto den Gesellschaftern zufließt, so muss die unter 1. genannte Bezugsgröße gewählt werden. Geben die Gesellschafter hingegen vor, welcher Betrag ihnen letztlich zufließen soll, so muss eine der an dritter Stelle genannten Bezugsgrößen gewählt werden.

Nachfolgend soll *von der an erster Stelle aufgeführten Bezugsgröße* ausgegangen
werden. Auf die beiden anderen möglichen Bezugsgrößen soll hier nicht weiter eingegangen werden. Angemerkt sei lediglich, dass die Wahl der an dritter Stelle aufgeführten Bezugsgröße, nämlich die Wahl eines gleich großen Nettozuflusses beim
Gesellschafter, auf der Grundlage des derzeitigen Rechts mit erheblichen Komplikationen verbunden ist. Ein Grund liegt darin, dass der Nettozufluss u. a. von der
Höhe des Differenzeinkommensteuersatzes abhängt. Dieser aber kann in den Vergleichsfällen durchaus unterschiedlich sein. Dies liegt daran, dass Ausschüttungen
dem Abgeltungsteuersatz oder dem Teileinkünfteverfahren unterliegen, Zinsen hingegen in vollem Umfang zur Besteuerung bei den Gesellschaftern herangezogen
werden. Hierdurch kann im Progressionsbereich der Einkommensteuer ein unterschiedlicher Differenzeinkommensteuersatz entstehen. Selbstverständlich kann
trotz dieser Probleme im Einzelfall ein gleich großer Nettozufluss bei dem Gesellschafter zur Bezugsgröße gewählt werden. Bei Kenntnis der konkreten Besteue-
rungssituation lassen sich die übrigen Größen, nämlich Steuerbelastungen, Ausschüttungen bzw. Zinsen und die für die Ausschüttungen bzw. Zinsen erforderlichen Bruttobeträge ermitteln. Auf entsprechende Ausführungen soll hier aber
verzichtet werden.

3.4.3.2 Belastung bei Eigenfinanzierung

Ausgegangen wird nachfolgend von einem *Bruttobetrag B*, der *alternativ für Ausschüttungen A oder für Zinszahlungen Zi* zur Verfügung stehen soll.

Im Falle der *Eigenfinanzierung* mit Ausschüttung hat *B* die Wirkung von *E* i. S. d.
in Band 4 abgeleiteten Gleichungen (IV) bzw. (V)[34]. Die Steuerbelastung der Kapitalgesellschaft im Ausschüttungsfall ($S_{kap/a}$) beträgt demnach

$$S_{kap/a} = (s_k + s_{ge}) \cdot B. \tag{74}$$

Für die Ausschüttung *A* steht nicht der Bruttobetrag *B* zur Verfügung, sondern der
um die bei der Kapitalgesellschaft anfallenden Steuern $S_{kap/a}$ geminderte Betrag:

$$A = B - S_{kap/a}. \tag{75}$$

---

34   Die Gleichungen (I) bis (VI) sind sowohl in Band 4 als auch – in verkürzter Form – in Anhang
     3 dieses Bandes abgeleitet.

Durch Einsetzen des Wertes von Gleichung (74) in (75) ergibt sich nach Umformung

$$A = B \cdot (1 - sk - sge). \tag{76}$$

Bei dem Gesellschafter unterliegen die Ausschüttungen der Einkommensteuer. Hält er die Anteile in seinem Privatvermögen, so hat A die Wirkung von Ee i. S. v. Gleichung (I) bzw. (II)[34]. Die Steuerbelastung des Gesellschafters kann dann durch Einsetzen des Wertes von A aus Gleichung (76) in die in Band 4 abgeleitete Gleichung (VI) ermittelt werden[34]. Sie beträgt

$$S_{ges/a/pv} = [B \cdot (1 - sk - sge) - F_{e\S20}] \cdot s_{e/a}. \tag{77}$$

Hierbei ist der in Gleichung (VI) verwendete spezielle Einkommensteuersatz $s_{e\S32d}$ durch den allgemeinen kombinierten Einkommen-, Kirchensteuer- und Solidaritätszuschlagsatz im Fall der Ausschüttung $s_{e/a}$ ersetzt worden. $s_{e\S32d}$ stellt einen (wichtigen) Spezialfall von $s_{e/a}$ dar.

Wie bereits in Band 4 definiert, gibt $F_{e\S20}$ den ohne die Ausschüttung nicht ausgenutzten Teil des Sparer-Pauschbetrags an. In den meisten Fällen dürfte dieser 0 € betragen, d. h. es gilt dann $F_{e\S20} = 0$.

Die Gesamtbelastung der Kapitalgesellschaft und ihres Gesellschafters im Falle der Ausschüttung ($S_{kap+ges/a}$) ergibt sich aus der Summe von $S_{kap/a}$ und $S_{ges/a/pv}$:

$$S_{kap+ges/a/pv} = S_{kap/a} + S_{ges/a/pv}. \tag{78}$$

Durch Einsetzen der Werte der Gleichungen (74) und (77) in Gleichung (78) ergibt sich:

$$S_{kap+ges/a/pv} = B \cdot (sk + sge) + B \cdot (1 - sk - sge) \cdot s_{e/a} - F_{e\S20} \cdot s_{e/a}. \tag{79}$$

Hält der Gesellschafter die Anteile an der Kapitalgesellschaft nicht in seinem Privatvermögen, sondern in dem Betriebsvermögen eines Personenunternehmens, so können die Steuerfolgen bei ihm nicht Gleichung (VI), sondern Gleichung (VII) entnommen werden. Bei dem Gesellschafter kommt es dann nicht zur Anwendung des besonderen Steuersatzes des § 32d EStG, sondern des mit dem Faktor δ allgemeinen kombinierten Einkommen-, Kirchensteuer- und (ggf.) Solidaritätszuschlagsatzes auf der Grundlage des § 32a EStG ($s_{e\S32a}$). Außerdem entfällt der Freibetrag $F_{e\S20}$. Weitere Änderungen gegenüber der Darstellung in Gleichung (79) ergeben sich nicht. Die Gesamtbelastung der Gesellschaft und des Gesellschafters in diesem Falle ($S_{kap+ges/a/bv}$) kann dann wie folgt geschrieben werden:

$$S_{kap+ges/a/bv} = B \cdot (sk + sge) + \delta \cdot B \cdot (1 - sk - sge) \cdot s_{e\S32a}. \tag{80}$$

Die Anwendung des in Gleichung (80) integrierten Teileinkünfteverfahrens für die Ausschüttungsbesteuerung kann der Gesellschafter nach § 32d Abs. 2 Nr. 3 EStG auch für im Privatvermögen gehaltene Anteile beantragen. Diese Option gilt unter der Voraussetzung, dass die Beteiligung mind. 25 % beträgt oder dass der Gesellschafter eine geschäftsführende Tätigkeit für die Gesellschaft übernimmt und an dieser zu mind. 1 % beteiligt ist.

Hinsichtlich des Einkommensteuersatzes $s_{e\S32a}$ ist zu beachten, dass dieser seit dem Veranlagungszeitraum 2021 vielfach keinen Solidaritätszuschlag mehr enthält. Hierauf wird unter Gliederungspunkt 3.4.3.4.3 näher eingegangen.

3.4.3.3 Belastung bei Gesellschafterfremdfinanzierung

Im Falle einer Gesellschafterfremdfinanzierung hat der Bruttobetrag B die Wirkung von E i. S. d. in Anhang 3, Gliederungspunkt 4 abgeleiteten Gleichung (IV). Die aus B zu zahlenden Zinsen Z_i stellen abzugsfähige Betriebsausgaben dar. Sie haben also die Wirkung von $-E$ i. S. d. Gleichung (IV). Die Zinsen selbst haben, mit dem bereits vielfach verwendeten Faktor β (derzeit $\beta = 0{,}25$) multiplikativ verknüpft, die Wirkung einer Hinzurechnung i. S. d. § 8 Nr. 1 GewStG. In diesem Umfang stellen sie H_{ge} i. S. d. Gleichung (IV) dar. Insgesamt ergeben sich bei der Kapitalgesellschaft im Falle der Finanzierung mit Zinszahlung folgende Steuerwirkungen ($S_{kap/zi}$):

$$S_{kap/zi} = (s_k + s_{ge}) \cdot B - (s_k + s_{ge}) \cdot Z_i + \beta \cdot s_{ge} \cdot Z_i. \tag{81}$$

Zinsen Z_i werden annahmegemäß in Höhe des Differenzbetrages zwischen dem Bruttobetrag B und den bei der Kapitalgesellschaft auf den Bruttobetrag im Falle der Zinszahlung zu entrichtenden Steuern $S_{kap/zi}$ gezahlt:

$$Z_i = B - S_{kap/zi}. \tag{82}$$

Durch Einsetzen des Werts von Z_i aus Gleichung (82) in Gleichung (81) ergibt sich:

$$S_{kap/zi} = (s_k + s_{ge}) \cdot B - (s_k + s_{ge}) \cdot B + (s_k + s_{ge}) \cdot S_{kap/zi} \tag{83}$$

$$+ \beta \cdot s_{ge} \cdot B - \beta \cdot s_{ge} \cdot S_{kap/zi}.$$

Gleichung (83) kann vereinfacht und umgeformt werden zu

$$S_{kap/zi} - (s_k + s_{ge}) \cdot S_{kap/zi} + \beta \cdot s_{ge} \cdot S_{kap/zi} = \beta \cdot s_{ge} \cdot B \tag{84}$$

bzw.

$$S_{kap/zi} \cdot (1 - s_k - s_{ge} + \beta \cdot s_{ge}) = \beta \cdot s_{ge} \cdot B. \tag{85}$$

Nach $S_{kap/zi}$ aufgelöst, kann hierfür geschrieben werden:

$$S_{kap/zi} = \frac{\beta \cdot s_{ge}}{1 - s_k - s_{ge} + \beta \cdot s_{ge}} \cdot B. \tag{86}$$

Aus Gleichung (86) lässt sich also die Steuerbelastung der Kapitalgesellschaft ermitteln. Bei Ansatz der Standardsteuersätze ($s_{ge} = 0,14$, $s_k = 0,15825$ und $\beta = 0,25$) beträgt sie 4,751 % des Bruttogewinns B. Hinzu kommt die Steuerbelastung der Gesellschafter ($S_{ges/zi}$).

Bei den Gesellschaftern unterliegen die Zinsen Z_i als Einnahmen aus Kapitalvermögen der Einkommensteuer. Z_i stellt also E_e i. S. v. Gleichung (I) bzw. (II) dar. Zu unterscheiden ist hierbei zwischen dem Fall, dass der gesonderte Steuersatz des § 32d Abs. 1 EStG ($s_{e\S32d}$) zur Anwendung kommt und dem, dass dies nach § 32d Abs. 2 EStG nicht der Fall ist und somit der „normale" Steuersatz des § 32a EStG ($s_{e\S32a}$) anzuwenden ist. In der nachfolgenden allgemeinen formelmäßigen Darstellung der Steuerbelastung der Zinsen bei dem Gesellschafter ($S_{ges/zi}$) wird nicht zwischen den beiden genannten Fällen unterschieden. Dies geschieht vielmehr lediglich bei der Berechnung konkreter Steuerbelastungen. Diese Vorgehensweise ermöglicht es, den Steuersatz, mit denen die Zinsen belastet werden, generell mit $s_{e/zi}$ zu bezeichnen.

Im Einzelfall kann es bei dem Gesellschafter durch den Bezug der Zinsen zur Ausnutzung eines ohne diese Zinsen nicht ausnutzbaren Teils des Sparer-Pauschbetrags $F_{e\S20}$ kommen. In den meisten Fällen dürfte dieser Teilbetrag aber auch bei der Gesellschafterfremdfinanzierung 0 € betragen. Es kann davon ausgegangen werden, dass die Höhe des durch den Bezug der Zinsen ausnutzbaren Freibetrags unabhängig davon ist, ob die Zinsen dem besonderen Steuersatz des § 32d Abs. 1 EStG oder aber dem „normalen" Steuersatz des § 32a EStG unterliegen.

Nach den bisherigen Ausführungen lässt sich die auf die Zinsen entfallende Steuerbelastung des Gesellschafters ($S_{ges/zi}$) wie folgt erfassen:

$$S_{ges/zi} = s_{e/zi} \cdot Z_i - s_{e/zi} \cdot F_{e\S20}. \tag{87}$$

Hinsichtlich des Einkommensteuersatzes $s_{e/zi}$ ist zu beachten, dass dieser seit dem Veranlagungszeitraum 2021 in vielen Fällen keinen Solidaritätszuschlag mehr enthält. Näheres hierzu wird unter Gliederungspunkt 3.4.3.4.3 ausgeführt.

Die Höhe der Zinsen, die der Gesellschafter erhält, ergibt sich durch Einsetzen des Werts von $S_{kap/Zi}$ aus Gleichung (86) in Gleichung (82). Sie betragen

$$Z_i = B - \frac{\beta \cdot s_{ge}}{1 - s_k - s_{ge} + \beta \cdot s_{ge}} \cdot B. \tag{88}$$

Gleichung (88) kann umformuliert werden zu

$$Zi = \frac{1 - sk - Sge}{1 - sk - Sge + \beta \cdot Sge} \cdot B. \tag{89}$$

Durch Einsetzen dieses Werts in Gleichung (87) ergibt sich die Steuerbelastung des Gesellschafters mit

$$Sges/zi = \frac{Se/zi \cdot (1 - sk - Sge)}{1 - sk - Sge + \beta \cdot Sge} \cdot B - Se/zi \cdot Fe\S20. \tag{90}$$

Die Gesamtsteuerbelastung der Kapitalgesellschaft und ihres Gesellschafters im Falle der Gesellschafterfremdfinanzierung (*Skap+ges/zi*) ergibt sich aus der Summe der Steuerbelastung der Gesellschaft *Skap/zi* und ihres Gesellschafters *Sges/zi*:

$$Skap+ges/zi = Skap/zi + Sges/zi. \tag{91}$$

Die Steuerbelastung der Gesellschaft kann aus Gleichung (86), die des Gesellschafters aus Gleichung (90) ermittelt werden. Durch Einsetzen der Werte dieser Gleichungen in Gleichung (91) ergibt sich die Gesamtsteuerbelastung mit

$$Skap+ges/zi = \frac{\beta \cdot Sge}{1 - sk - Sge + \beta \cdot Sge} \cdot B \tag{92}$$

$$+ \frac{Se/zi \cdot (1 - sk - Sge)}{1 - sk - Sge + \beta \cdot Sge} \cdot B - Se/zi \cdot Fe\S20.$$

Gleichung (92) kann umformuliert werden zu

$$Skap+ges/zi = \frac{\beta \cdot Sge + Se/zi \cdot (1 - sk - Sge)}{1 - sk - Sge + \beta \cdot Sge} \cdot B - Se/zi \cdot Fe\S20. \tag{93}$$

3.4.3.4 Belastungsdifferenzen

3.4.3.4.1 Allgemeine Ableitung

Nunmehr soll die Belastungsdifferenz zwischen den Steuerbelastungen im Falle der Eigenfinanzierung und denen im Falle der Gesellschafterfremdfinanzierung gebildet werden. Es handelt sich also um die Differenz zwischen *Skap+ges/a* und *Skap+ges/zi*. Hierbei sind im Falle der Ausschüttung die bereits aus dem letzten Gliederungspunkt bekannten und durch die Gleichungen (79) und (80) gekennzeichneten Fälle zu unterscheiden. Gleichung (79) bezieht sich auf den Fall, dass sich die Anteile an der Kapitalgesellschaft im Privatvermögen befinden und ein etwaiges Optionsrecht nach § 32d Abs. 2 Nr. 3 EStG nicht ausgeübt wird[35]. In Gleichung (80) wird hingegen davon ausgegangen, dass die Anteile zu einem Betriebsvermögen des Gesellschafters gehören. Nachfolgend wird nur der durch Gleichung (79) erfasste Fall betrachtet, der Fall also, dass sich die Anteile im Privatvermögen des Gesellschafters befinden. Wird die Differenz zwischen den hier gekennzeichneten Fällen mit $S_{kap+ges/a-zi}$ bezeichnet, so kann geschrieben werden:

$$S_{kap+ges/a-zi} = S_{kap+ges/a/pv} - S_{kap+ges/zi}. \qquad (94)$$

$S_{kap+ges/a/pv}$ kann Gleichung (79), $S_{kap+ges/zi}$ kann Gleichung (93) entnommen werden. Wird davon ausgegangen, dass der Freibetrag $F_{e\S20}$ in den Vergleichsfällen jeweils bereits verbraucht ist, so ergibt sich folgende Belastungsdifferenz:

$$S_{kap+ges/a-zi} = (s_k + s_{ge}) \cdot B + s_{e/a} \cdot (1 - s_k - s_{ge}) \cdot B \qquad (95)$$

$$- \frac{\beta \cdot s_{ge} + s_{e/zi} \cdot (1 - s_k - s_{ge})}{1 - s_k - s_{ge} + \beta \cdot s_{ge}} \cdot B.$$

Von den in Gleichung (95) enthaltenen Einflussfaktoren sind der kombinierte Körperschaftsteuer- und Solidaritätszuschlagsatz *sk* sowie der Steuersatz *se/a* gesetzlich mit einem bestimmten Wert fixiert, letzterer allerdings nur dann, wenn er in der – sehr wichtigen – Spezialform des Abgeltungsteuersatzes *se§32d* auftritt. Der zuerst genannte kombinierte Körperschaftsteuersatz *sk* beträgt nach geltendem Recht (0,15 · 1,055 =) 15,825 %, der an zweiter Stelle genannte kombinierte Abgeltungsteuersatz ohne Kirchensteuer (0,25 · 1,055 =) 26,375 % und mit einer 9 %igen Kirchensteuer 27,995 %. Alle anderen Einflussfaktoren können nach geltendem Recht unterschiedliche Werte annehmen.

β in Gleichung (95) kann nach geltendem Recht die Werte 0,25 oder 0 annehmen. Den Wert von 0,25 hat es dann, wenn die Zinsen nach § 8 Nr. 1 GewStG dem Gewinn aus Gewerbebetrieb zu einem Viertel hinzugerechnet werden, den Wert 0 hingegen dann, wenn es nicht zu einer derartigen Hinzurechnung kommt. Möglich ist auch der Fall, dass ein Teil der Zinsen auf das Gesellschafterdarlehen unter den Freibetrag des § 8 Nr. 1 GewStG i. H. v. derzeit 200 T€ fällt, der andere Teil hingegen zu einem Viertel hinzuzurechnen ist. In diesem Fall ist es zweckmäßig, die

---

35 Für den Fall, dass der Gesellschafter von der Option des § 32d Abs. 2 Nr. 3 EStG Gebrauch macht und damit das Teileinkünfteverfahren für die Ausschüttung zur Anwendung kommt, werden die Steuerwirkungen für $S_{kap+ges/a/pv}$ durch die Gleichung (80) erfasst. Das Einsetzen dieser Gleichung in Formel (94) führt zur gesuchten Belastungsdifferenz bei Inanspruchnahme der Option und zugleich für den Fall, dass die Anteile im Betriebsvermögen gehalten werden.

Zinsen in die genannten Teilbeträge aufzuteilen. Auf den einen Teil ist dann Gleichung (95) in der Weise anzuwenden, dass β = 0 gesetzt wird. Bei dem anderen Teil ist β der Wert 0,25 beizulegen.

Wird in Gleichung (95) *sk* mit dem konkreten Wert von 0,15825 und β mit 0,25 angesetzt, so ergibt sich für die Belastungsdifferenz Folgendes:

$$\text{S}_{kap+ges/a-zi} = [0{,}15825 + \text{s}_{ge} + (0{,}84175 - \text{s}_{ge}) \cdot \text{s}_{e/a}] \cdot \text{B} \qquad (95a)$$

$$- \frac{0{,}25 \cdot \text{s}_{ge} + (0{,}84175 - \text{s}_{ge}) \cdot \text{s}_{e/zi}}{0{,}84175 - 0{,}75 \cdot \text{s}_{ge}} \cdot \text{B}.$$

Nimmt β hingegen den Wert 0 an, d. h. liegen die Schuldzinsen unter dem Freibetrag des § 8 Nr. 1 GewStG, so nimmt die sich aus Gleichung (95) ergebende Steuerbelastungsdifferenz folgenden Wert an:

$$\text{S}_{kap+ges/a-zi} = [0{,}15825 + \text{s}_{ge} + (0{,}84175 - \text{s}_{ge}) \cdot \text{s}_{e/a}] \cdot \text{B} \qquad (95b)$$

$$- \frac{0{,}84175 - \text{s}_{ge}}{0{,}84175 - \text{s}_{ge}} \cdot \text{s}_{e/zi} \cdot \text{B}.$$

Gleichung (95b) kann vereinfacht werden zu

$$\text{S}_{kap+ges/a-zi} = [0{,}15825 + \text{s}_{ge} + (0{,}84175 - \text{s}_{ge}) \cdot \text{s}_{e/a}] \cdot \text{B} - \text{s}_{e/zi} \cdot \text{B}. \quad (95c)$$

Die in Gleichung (95) enthaltenen Einflussfaktoren *s*$_{ge}$, *s*$_{e/a}$ und *s*$_{e/zi}$ können nach geltendem Recht unterschiedliche Werte annehmen. Hierbei gilt stets

$$\text{s}_{e/zi} \geq \text{s}_{e/a}. \qquad (96)$$

Die beiden Einkommensteuersätze sind dann gleich groß, wenn die Zinsen und Ausschüttungen

- entweder beide dem Abgeltungsteuersatz des § 32d Abs. 1 EStG
- oder beide dem „normalen" Steuersatz des § 32a EStG

unterliegen.

Ausschüttungen dürften i. d. R. dem Abgeltungsteuersatz von (25 % · 1,055 =) 26,375 % unterliegen. Dies liegt daran, dass der Steuerpflichtige uneingeschränkt zwischen dem Abgeltungsteuersatz des § 32d Abs. 1 EStG und dem „normalen" Steuersatz des § 32a EStG wählen kann (sog. Günstigerprüfung nach § 32d Abs. 6 EStG). In den hier zu behandelnden Fällen dürfte der Abgeltungsteuersatz in der weit überwiegenden Zahl der Fälle niedriger sein als der Steuersatz nach § 32a EStG, so dass er für den Steuerpflichtigen der vorteilhaftere der beiden Steuersätze ist. Unter den Voraussetzungen des § 32d Abs. 2 Nr. 3 EStG steht dem Gesellschafter ein Wahlrecht zur Anwendung des Teileinkünfteverfahrens nach § 3 Nr. 40 Buchstabe d EStG zu. Die Inanspruchnahme ist – abgesehen von einem erweiterten Werbungskostenabzug – regelmäßig dann vorteilhaft, wenn der tarifliche Grenzeinkommensteuersatz im Plafondbereich belegen ist. Ist in den genannten Fällen der tarifliche Steuersatz des § 32a EStG günstiger, so ist zu berücksichtigen, dass dieser Vorteil durch eine Freigrenzenregelung für die Erhebung des Solidaritätszuschlags verstärkt wird[36].

Zinsen können nur dann dem Abgeltungsteuersatz des § 32d Abs. 1 EStG unterworfen werden, wenn dies nicht nach § 32d Abs. 2 EStG ausgeschlossen ist. Letzteres ist insbesondere dann der Fall, wenn der das Gesellschafterdarlehen gewährende Steuerpflichtige mit mindestens 10 % an der Gesellschaft beteiligt ist. Dies dürfte bei personenbezogenen Kapitalgesellschaften i. d. R. für alle oder doch die meisten Gesellschafter zutreffen. Es kann also davon ausgegangen werden, dass in sehr vielen Fällen der Darlehensgeber einem höheren Steuersatz als dem Abgeltungsteuersatz unterliegt.

Im übernächsten Gliederungspunkt soll zunächst die Fallgruppe behandelt werden, in der der Einkommensteuersatz bei Eigenfinanzierung genauso hoch ist wie in dem der Gesellschafterfremdfinanzierung. Anschließend soll auf die Fallgruppe eingegangen werden, in der der Steuersatz bei Gesellschafterfremdfinanzierung größer ist als bei Eigenfinanzierung. Vorab sollen aber im nächsten Gliederungspunkt Ausführungen zur Einbeziehung des Solidaritätszuschlags in die einzelnen Steuersätze erfolgen.

3.4.3.4.2 Berücksichtigung des Solidaritätszuschlags[37]

Mit Wirkung ab 1.1.2021 sind die §§ 3 Abs. 3 und 4 Satz 2 SolZG geändert worden. Die Neuregelungen betreffen nur Einkommensteuerpflichtige, und zwar nur insoweit als sie dem Einkommensteuertarif des § 32a EStG und nicht dem des § 32d EStG unterliegen. In folgenden Fällen bleibt also die Rechtslage unverändert, d. h. es wird ein 5,5 %iger Solidaritätszuschlag erhoben:
- In allen Fällen, in denen der Steuerpflichtige der Körperschaftsteuer und nicht der Einkommensteuer unterliegt, insbesondere also in Fällen der Besteuerung von Kapitalgesellschaften,
- in allen Fällen, in denen die Einkünfte aus Kapitalvermögen eines Einkommensteuerpflichtigen dem gesonderten Steuertarif des § 32d EStG i. H. v. 25 % unterliegen.

Für die hier verwendete Symbolik der Steuersätze hat dies zur Folge, dass auch für den Veranlagungszeitraum 2021 gilt:
- $sk = 0{,}15 + 0{,}055 \cdot 0{,}15 = 0{,}15825$ und

---

36 Siehe Gliederungspunkt 3.4.3.4.2.
37 Vertiefend s. Schneeloch/Meyering/Patek, Band 4 (2020), Teil I, Gliederungspunkt 3.2.3.2 sowie Schneeloch/Frieling (2021).

- $se_{\S 32d} = 0{,}25 + 0{,}055 \cdot 0{,}25 = 0{,}26375$.

Nach § 3 Abs. 3 SolZG in der für 2021 geltenden Fassung ist Solidaritätszuschlag von einkommensteuerpflichtigen Personen nur zu erheben, wenn die Einkommensteuer 16.956 € (bei Anwendung des Grundtarifs) bzw. 33.912 € (bei Anwendung des Splittingtarifs) übersteigt. Nach dem für 2021 geltenden Tarif des § 32a EStG entspricht dies einem zu versteuernden Einkommen von 62.127 € (Grundtarif) bzw. 124.254 € (Splittingtarif). Bis zu diesen Grenzen des zu versteuernden Einkommens wird also in 2021 kein Solidaritätszuschlag erhoben. Es handelt sich um eine Freigrenzenregelung. Es ist zu erwarten, dass sich die Freigrenze infolge einer Anpassung des Tarifs des § 32a EStG in jedem der Folgejahre leicht erhöhen wird.

An die Freigrenze des § 3 Abs. 3 SolZG schließt sich nach § 4 Satz 2 SolZG eine Milderungszone an, in der noch nicht der volle, sondern ein gemilderter Solidaritätszuschlagsatz erhoben wird. Dieser steigt in dieser Zone von 0 % auf 5,5 % der Einkommensteuerschuld[38]. Die Milderungszone endet in 2021 bei einem zu versteuernden Einkommen von 96.819 € (Grundtarif) bzw. 193.638 € (Splittingtarif). Es ist anzunehmen, dass sich auch diese Grenzen in den folgenden Jahren infolge von Änderungen des § 32a EStG leicht nach oben verschieben werden.

Oberhalb der Milderungszone kommt nach § 4 Satz 1 SolZG der volle Solidaritätszuschlag von 5,5 % zur Anwendung. Hier gilt also stets: *solz* = 0,055.

Es ist denkbar, dass der Gesetzgeber in der neuen Legislaturperiode den Solidaritätszuschlag vollständig abschaffen wird. Geschieht dies nicht, so ist zu erwarten, dass in einer nicht vorhersehbaren Zukunft das Bundesverfassungsgericht die weitere Erhebung des Solidaritätszuschlags für verfassungswidrig erklären wird. Zu beachten ist in diesem Zusammenhang, dass der Gesetzgeber vor knapp drei Jahrzehnten die Einführung des Solidaritätszuschlags mit der Notwendigkeit der Finanzierung der deutschen Einheit begründet hat[39]. Es ist nicht anzunehmen, dass die Richter des Bundesverfassungsgerichts in einigen Jahren diese Begründung noch akzeptieren werden.

Wenn eines Tages der Solidaritätszuschlag abgeschafft sein wird, nehmen – bei im Übrigen unverändertem Rechtsstand – die Steuersätze *sk* und *se*$_{\S 32d}$ die Werte *sk* = 0,15 und *se*$_{\S 32d}$ = 0,25 an. Denkbar ist, dass auch der Körperschaftsteuersatz gesenkt werden wird, evtl. auf 10 %. Sollte dies geschehen, so wird dann gelten: *sk* = 0,1. Für die tarifliche Einkommensteuer wird dann – ohne Berücksichtigung von Kirchensteuer – stets gelten: *se* = *sei*.

3.4.3.4.3 Gleich hohe Einkommensteuersätze

Sind die Einkommensteuersätze bei Eigen- und bei Gesellschafterfremdfinanzierung gleich groß, so braucht nicht zwischen *se/a* und *se/zi* unterschieden, vielmehr

---

38   Näheres hierzu s. Schneeloch/Frieling (2021), S. 3 f.

39   Vgl. BT-Drucksache 12/220 vom 11.3.1991: Entwurf eines Gesetzes zur Einführung eines befristeten Solidaritätszuschlags und zur Änderung von Verbrauchsteuer- und anderen Gesetzen (Solidaritätsgesetz), S. 6.

können beide Symbole durch se ersetzt werden. Gleichung (95) vereinfacht sich dann zu

$$S_{kap+ges/a-zi} = (sk + sge) \cdot B + se \cdot (1 - sk - sge) \cdot B \qquad (95d)$$

$$- \frac{\beta \cdot sge + se \cdot (1 - sk - sge)}{1 - sk - sge + \beta \cdot sge} \cdot B.$$

Wie bereits im vorletzten Gliederungspunkt erläutert, kann der Hinzurechnungsfaktor nach § 8 Nr. 1 GewStG, d. h. der Faktor β, entweder den Wert 0 oder 0,25 annehmen. Ist β der Wert 0 zuzuordnen, so vereinfacht sich Gleichung (95d) weiter zu

$$S_{kap+ges/a-zi} = (sk + sge) \cdot B + se \cdot (1 - sk - sge) \cdot B - se \cdot B. \qquad (95e)$$

Wird für den kombinierten Körperschaftsteuer- und Solidaritätszuschlagsatz der derzeit geltenden konkrete Wert von $(0,15 \cdot 1,055 =)$ 0,15825 angesetzt, so wird Gleichung (95e) zu

$$S_{kap+ges/a-zi} = (0,15825 + sge) \cdot B + se \cdot (0,84175 - sge) \cdot B - se \cdot B. \qquad (95f)$$

Für den Hauptanwendungsfall gleich hoher Einkommensteuersätze, nämlich den, dass sowohl bei der Eigen- als auch bei der Gesellschafterfremdfinanzierung der Abgeltungsteuersatz zur Anwendung kommt, nimmt – ohne Berücksichtigung von Kirchensteuer – se den Wert $(0,25 \cdot 1,055 =)$ 0,26375 an. In diesem Fall hängt die Belastungsdifferenz ausschließlich von dem Gewerbesteuerhebesatz ab. Beträgt dieser 300 % und damit sge $(3,5 \% \cdot 300 \% =)$ 10,5 %, so beläuft sich die Belastungsdifferenz auf 19,38 %, bei einem Hebesatz von 400 % $(sge = 14 \%)$ auf 21,96 % und bei einem Hebesatz von 500 % $(sge = 17,5 \%)$ auf 24,54 %. Die Gesellschafterfremdfinanzierung ist somit in allen Fällen, in denen bei beiden Finanzierungsarten der Abgeltungsteuersatz zur Anwendung kommt, deutlich vorteilhafter als die Eigenfinanzierung. Gleiches gilt in allen anderen Fällen, in denen die beiden Finanzierungsalternativen der Eigen- und der Gesellschafterfremdfinanzierung mit einem gleich hohen Einkommensteuersatz belastet werden. Dies können nur Einkommensteuersätze sein, die kleiner sind als der Abgeltungsteuersatz, da letzterer bei der Eigenfinanzierung auf Grund des § 32d Abs. 1 EStG der – rationales Wahlverhalten der Steuerpflichtigen vorausgesetzt – höchstmögliche Steuersatz ist.

Werden im Falle der Gesellschafterfremdfinanzierung die Zinsen nach § 8 Nr. 1 GewStG dem Gewerbeertrag zu einem Viertel hinzugerechnet, d. h. gilt $\beta = 0,25$, so nimmt nach dem derzeitigen Recht, d. h. bei $sk = 15,825 \%$, Gleichung (95) folgende konkrete Gestalt an:

$$S_{kap+ges/a-zi} = (0{,}15825 + sge) \cdot B + se/a \cdot (1 - 0{,}15825 - sge) \cdot B \quad (95g)$$

$$- \frac{0{,}25 \cdot sge + se/zi \cdot (1 - 0{,}15825 - sge)}{1 - 0{,}15825 - sge + 0{,}25 \cdot sge} \cdot B.$$

Bei Ansatz von *se/a* = *se/zi* = 0,26375 ergibt sich hieraus

$$S_{kap+ges/a-zi} = (0{,}15825 + sge) \cdot B + 0{,}26375 \cdot (0{,}84175 - sge) \cdot B \quad (95h)$$

$$- \frac{0{,}25 \cdot sge + 0{,}26375 \cdot (0{,}84175 - sge)}{0{,}84175 - sge + 0{,}25 \cdot sge} \cdot B.$$

Hieraus ergibt sich eine Mehrbelastung der Eigen- gegenüber der Gesellschafter-fremdfinanzierung von 16,85 % bei einem Hebesatz von 300 % (*sge* = 0,105), 18,46 % bei einem Hebesatz von 400 % (*sge* = 0,14) und 20,00 % bei einem Hebesatz von 500 % (*sge* = 0,175).

Derzeit liegen die von den Gemeinden festgesetzten Hebesätze ganz überwiegend zwischen 300 % und 500 %[40]. Innerhalb dieses Spektrums ist also auch bei Hinzurechnung der Zinsen zum Gewerbeertrag nach § 8 Nr. 1 GewStG die Gesellschafterfremdfinanzierung deutlich vorteilhafter als die Eigenfinanzierung. Es lässt sich zeigen, dass dies nicht nur für den hier näher behandelten Fall gilt, dass bei beiden Finanzierungsarten der besondere Steuersatz des § 32d EStG zur Anwendung kommt. Vielmehr trifft die Behauptung auch in allen anderen Fällen zu, in denen die Einkommensteuersätze gleich hoch sind. Wie bereits ausgeführt, kann es sich hierbei nur um Steuersätze handeln, die kleiner als der sich aus § 32d Abs. 1 EStG ergebende Steuersatz sind.

3.4.3.4.4 Unterschiedliche Einkommensteuersätze

Nunmehr sollen Fälle behandelt werden, in denen Eigen- und Gesellschafterfremd-finanzierung zu Belastungen mit unterschiedlich hohen Einkommensteuersätzen führen. Diese Situation kann nach dem derzeit geltenden Steuerrecht nur dann entstehen, wenn der sich nach § 32a EStG ergebende „normale" Einkommensteuersatz größer ist als derjenige nach § 32d Abs. 1 EStG. In derartigen Fällen beträgt der „reine" Einkommensteuersatz bei Gesellschafterfremdfinanzierung mehr als 25 %, bei Eigenfinanzierung hingegen 25 %. Voraussetzung für diese Konstellation der Steuersätze ist, dass der Gesellschafter zu mindestens 10 % an der Gesellschaft beteiligt ist, mithin § 32d Abs. 2 EStG und nicht Absatz 1 dieser Rechtsnorm zur Anwendung kommt. Unter Berücksichtigung des Solidaritätszuschlags von 5,5 %, der definitiv nur beim gesonderten Steuertarif des § 32d Abs. 1 EStG und damit im Falle der Eigenfinanzierung zur Anwendung gelangt, gilt in allen hier betrachteten Fällen

---

40   Vgl. Statistische Ämter des Bundes und der Länder (2021).

$$se/a = 26,375 \text{ \% und}$$

$$Se/zi > 25,00 \text{ \%.}$$

Zur Ermittlung der Steuerbelastungsdifferenzen zwischen den Alternativen kann auch hier wiederum von Gleichung (95) ausgegangen werden.

Wird in Gleichung (95) für *sk* der sich nach derzeit geltendem Recht ergebende Wert von $(0,15 \cdot 1,055 =) 0,15825$ angesetzt, so entsteht folgende Belastungsdifferenz:

$$S_{kap+ges/a-zi} = (0,15825 + s_{ge}) \cdot B + 0,26375 \cdot (0,84175 - s_{ge}) \cdot B \qquad (95i)$$

$$- \frac{\beta \cdot s_{ge} + se/zi \cdot (0,84175 - s_{ge})}{0,84175 - s_{ge} + \beta \cdot s_{ge}} \cdot B.$$

β kann bekanntlich alternativ die Werte 0 oder 0,25 annehmen. Bei *β* = 0 vereinfacht sich Gleichung (95i) zu

$$S_{kap+ges/a-zi} = (0,15825 + s_{ge}) \cdot B + 0,26375 \cdot (0,84175 - s_{ge}) \cdot B \qquad (95j)$$

$$- se/zi \cdot B.$$

Bei *β* = 0,25 wird Gleichung (95i) zu

$$S_{kap+ges/a-zi} = (0,15825 + s_{ge}) \cdot B + 0,26375 \cdot (0,84175 - s_{ge}) \cdot B \qquad (95k)$$

$$- \frac{0,25 \cdot s_{ge} + se/zi \cdot (0,84175 - s_{ge})}{0,84175 - s_{ge} + 0,25 \cdot s_{ge}} \cdot B.$$

Abbildung I/5 enthält Steuerbelastungen bei Eigen- und bei einer alternativen Gesellschafterfremdfinanzierung sowie die Steuerbelastungsdifferenzen zwischen diesen Finanzierungsarten. Alle Angaben erfolgen in Prozent eines Bruttoausgangsbetrages *B*. Ermittelt worden sind die Werte in Abhängigkeit von der Höhe des Einkommensteuer- sowie des Gewerbesteuer-Hebesatzes. Die Steuerbelastungen im Falle der Eigenfinanzierung sind in den Spalten 2, 5 und 8 der Tabelle, die entsprechenden Belastungen bei Gesellschafterfremdfinanzierung sind in den Spalten 3, 6 und 9 angegeben. Die Spalten 4, 7 und 10 enthalten die Differenzbelastungen zwischen den beiden Finanzierungsarten. Die Steuerbelastungen bei Eigenfinanzierung sind aus Gleichung (79), diejenigen bei Gesellschafterfremdfinanzierung sind aus Gleichung (93) ermittelt worden. Die Belastungsdifferenzen ergeben sich durch Abzug der Werte bei Gesellschafterfremdfinanzierung von denjenigen bei Eigenfinanzierung. Sie entsprechen denjenigen, die unmittelbar aus Gleichung (95) ermittelt werden können.

Abbildung I/5 zeigt, dass – mit drei Ausnahmen – die Eigenfinanzierung stets steuerlich höher belastet ist als die Gesellschafterfremdfinanzierung. Die Mehrbelastung ist umso größer, je geringer der Einkommensteuersatz bei Gesellschafterfremdfinanzierung und je höher der Hebesatz der Gewerbesteuer ist. Als Einkommensteuersatz bei Eigenfinanzierung wird in der Tabelle stets der besondere Steuersatz des § 32d Abs. 1 EStG zugrunde gelegt. Dieser beträgt – unter Einbeziehung des Solidaritätszuschlags – 26,375 %. Im Falle der Gesellschafterfremdfinanzierung ist im Einkommensteuersatz der Solidaritätszuschlag unter Berücksichtigung der Freigrenzen- und Milderungsregelung einbezogen.

Zeile	Sei/zi in %	Hebesatz h = 300 %			Hebesatz h = 400 %			Hebesatz h = 500 %		
		EF	GFF	Diffe-renz	EF	GFF	Diffe-renz	EF	GFF	Diffe-renz
		Spalte 1	Spalte 2	Spalte 3	Spalte 4	Spalte 5	Spalte 6	Spalte 7	Spalte 8	Spalte 9	Spalte 10
1	25	45,76	27,58	18,18	48,33	28,56	19,77	50,91	29,62	21,29
2	30	45,76	33,30	12,46	48,33	34,20	14,13	50,91	35,17	15,74
3	35	45,76	39,10	6,66	48,33	39,92	8,41	50,91	40,81	10,10
4	40	45,76	44,19	1,57	48,33	44,95	3,39	50,91	45,76	5,15
5	42	45,76	46,23	-0,47	48,33	46,96	1,38	50,91	47,74	3,17
6	45	45,76	49,28	-3,53	48,33	49,97	-1,64	50,91	50,71	0,20

Abbildung I/5:   Steuerbelastungen bei Eigen- (EF) und Gesellschafterfremdfinanzierung (GFF) und Belastungsdifferenzen zwischen diesen Finanzierungsarten in % eines Bruttoausgangsbetrages B bei sei/a = 25 %, bei β = 0,25

Lediglich in den Fällen, in denen der Einkommensteuersatz des oberen Plafonds (*sei* = 45 %) zur Anwendung kommt und der Hebesatz 300 % bzw. 400 % beträgt, ergibt sich in Abbildung I/5 ein geringfügiger Vorteil der Eigen- gegenüber der Gesellschafterfremdfinanzierung. Gleiches gilt für den Fall eines 42 %igen Einkommensteuersatzes (*sei* = 42 %), aber nur dann, wenn der Hebesatz lediglich 300 % beträgt.

3.4.3.5 Schlussfolgerungen

Die bisherigen Ausführungen lassen für den steuerlichen Vorteilsvergleich zwischen der Eigen- und einer alternativen Gesellschafterfremdfinanzierung einer personenbezogenen Kapitalgesellschaft folgende Schlüsse zu:

1. Bei niedrigen Einkommensteuersätzen entsteht ein hoher prozentualer Vorteil der Gesellschafterfremdfinanzierung. Hier wirkt sich die hohe Definitivbelastung mit der vollen Gewerbesteuer und zusätzlich der Körperschaftsteuer im Falle der Eigenfinanzierung sehr zum Nachteil der Eigen- und damit zum Vorteil der Gesellschafterfremdfinanzierung aus.

2. Mit steigenden Einkommensteuersätzen sinkt der steuerliche Vorteil der Gesellschafterfremdfinanzierung im Vergleich zur Eigenfinanzierung.

3. Bewegen sich die Einkommen der Gesellschafter im unteren Plafond (*sei* = 42 %), so ergibt sich bei Hebesätzen im mittleren (*h* = 400 %) und im oberen Bereich (*h* = 500 %) ein Vorteil der Gesellschafterfremdfinanzierung gegenüber der Eigenfinanzierung. Lediglich bei einem geringen Hebesatz (*h* = 300 %) schlägt der Vorteil in einen geringfügigen Nachteil um. Bewegt sich das Einkommen im oberen Plafond (*sei* = 45 %), so ergibt sich bereits bei einem Hebesatz im mittleren Bereich ein geringfügiger Nachteil der Gesellschafterfremdfinanzierung. Lediglich bei einem hohen Hebesatz (500 %) ist auch bei Einkommen im oberen Plafond die Gesellschafterfremdfinanzierung leicht vorteilhafter als die Eigenfinanzierung.

Anzumerken ist, dass das Wahlrecht nach § 32d Abs. 2 Nr. 3 EStG und damit die Anwendung des Teileinkünfteverfahrens im Falle der Eigenfinanzierung nicht Gegenstand des Vorteilsvergleichs war. Wird diese Option berücksichtigt, so verringert sich die Steuerbelastung bei Eigenfinanzierung in weiten Teilen. Der überwiegende Vorteil der Gesellschafterfremd- gegenüber der Eigenfinanzierung bleibt bei Ausübung der Option weiterhin bestehen, nimmt jedoch in der Höhe ab[41].

Zu beachten ist, dass es sich bei den Einkommensteuersätzen im hier behandelten Zusammenhang stets um Differenzsteuersätze handelt.

3.4.4 Vergleich bei Kapitalgesellschaften mit ausländischen Gesellschaftern

3.4.4.1 Einführung

In Gliederungspunkt 3.4.3 ist implizit stets davon ausgegangen worden, dass es sich bei den Gesellschaftern der Kapitalgesellschaft um Steuerinländer handelt. Nunmehr sollen ausländische Gesellschafter in die Betrachtung einbezogen werden. Bei der Kapitalgesellschaft soll es sich aber unverändert um eine inländische Gesellschaft handeln, um eine Gesellschaft also, die der unbeschränkten Körperschaftsteuer sowie der Gewerbesteuer in der Bundesrepublik Deutschland unterliegt. Bei den ausländischen Gesellschaftern kann es sich sowohl um natürliche Personen als auch um Handelsgesellschaften oder sonstige Körperschaften handeln.

Bei den hier in die Untersuchung einzubeziehenden im Ausland ansässigen Gesellschaftern fallen zusätzlich zu den inländischen auch ausländische Steuern an. Diese betreffen dann die ausländischen Gesellschafter. Nachfolgend soll zunächst die Steuerbelastung der inländischen Kapitalgesellschaft betrachtet werden. Anschließend wird in äußerst knapper Form auf Modifikationen des Ergebnisses durch die Besteuerung der Gesellschafter im Ausland eingegangen. Bei den ausländischen Gesellschaftern kann es sich sowohl um natürliche als auch um juristische Personen handeln.

---

41   Zur Ermittlung des Vorteils s. Fußnote 35.

3.4.4.2 Belastung der inländischen Gesellschaft ausländischer Gesellschafter

Werden in Fällen ausländischer Gesellschafter ausschließlich die *inländischen Steuerfolgen* berücksichtigt, so ist die *Gesellschafterfremdfinanzierung erheblich vorteilhafter als die Eigenfinanzierung*, soweit nicht nach § 8a KStG die Zinsschranke des § 4h EStG greift. Die Höhe der möglichen Vorteile lässt *Abbildung I/6* erkennen. In dieser sind die Ertragsteuerwirkungen unter Ausklammerung des Solidaritätszuschlags der alternativen Finanzierungsarten berücksichtigt.

In allen Fällen der *Abbildung I/6* auf der übernächsten Seite wird in *Zeile 1* von einem Ausgangsbetrag von 100 € ausgegangen. Hierbei handelt es sich um einen *Bruttogewinn*, der vollständig an die Gesellschafter ausgezahlt werden soll, allerdings nur insoweit, als er nicht für Steuerzahlungen, die bei diesem Ausgangsbetrag entstehen, benötigt wird. Bei beiden Finanzierungsarten wird in der Tabelle zwischen fünf Fällen unterschieden. Die Unterschiede liegen lediglich in der Höhe des Kapitalertragsteuersatzes. Berücksichtigt werden jeweils Kapitalertragsteuersätze von 0 %, 5 %, 10 %, 15 % und 20 %. Angemerkt sei, dass nach dem OECD-Musterabkommen der Kapitalertragsteuersatz bei Eigenfinanzierung maximal 15 % und bei Gesellschafterfremdfinanzierung maximal 10 % betragen kann[42]. In allen Fällen der Eigenfinanzierung wird von der sich aus § 23 Abs. 1 KStG ergebenden Körperschaftsteuerbelastung ausgegangen.

Zeile 2 der *Abbildung I/6* enthält in allen Vergleichsfällen die Gewerbesteuer, die auf einen Bruttogewinn von 100 € (= Ausgangsbetrag gem. Zeile 1) anfällt. Sie beträgt in allen Fällen der Eigenfinanzierung 14 € und in den Fällen der Gesellschafterfremdfinanzierung 3,50 €. Hierbei wird in allen Fällen von einem Hebesatz von 400 % ausgegangen. Im Falle der Fremdfinanzierung sind die Zinsen abzugsfähige Betriebsausgaben. Sie sind aber nach § 8 Nr. 1 GewStG dem Gewerbeertrag zu einem Viertel hinzuzurechnen, sofern der Freibetrag von 200 T€ überschritten ist. Hiervon wird in *Abbildung I/6* stets ausgegangen. Es ergibt sich hier also in allen Fällen der Eigenfinanzierung eine Gewerbesteuer von (3,5 % · 400 % =) 14 % und in den Fällen der Fremdfinanzierung von (25 % · 3,5 % · 400 % =) 3,5 % des Ausgangsbetrags von 100 €.

Der aus Zeile 1 ersichtliche Bruttobetrag stellt in den Fällen der *Eigenfinanzierung* zusätzliches zu versteuerndes Einkommen dar. Dieses beträgt also jeweils 100 €. Es unterliegt dem Körperschaftsteuersatz von 15 %. Damit ergibt sich eine Körperschaftsteuer von jeweils 15 €. Dieser Betrag wird in den Spalten 1 bis 5 der Zeile 4 jeweils abgezogen.

Im Falle der Gesellschafterfremdfinanzierung fällt keine Körperschaftsteuer an, da annahmegemäß die nicht für Steuerzahlungen benötigten Beträge für Zinszahlungen verwendet werden sollen. Bei dem Gesellschafter unterliegen die Zinsen nicht der inländischen Einkommen- oder Körperschaftsteuer. Voraussetzung ist nach § 49 Abs. 1 Nr. 5c) EStG i. V. m. § 8 Abs. 1 KStG allerdings, dass die Gesellschafterdarlehen nicht durch inländischen Grundbesitz abgesichert werden. Wird diese

---

[42] Näheres s. hierzu bei Schneeloch/Meyering/Patek, Band 1 (2016), Gliederungspunkt 2.7.2.2.

Voraussetzung nicht erfüllt, so ist der ausländische Gesellschafter im Inland beschränkt einkommen- oder körperschaftsteuerpflichtig. Er hat dann auf die Zinsen inländische Einkommen- oder Körperschaftsteuer zu entrichten. Dieser Fall wird hier nicht betrachtet.

Zeile 5 enthält eine Zwischensumme. Sie gibt in den Spalten 1 bis 5 die auszuschüttenden Dividenden und in den Spalten 6 bis 10 die zu zahlenden Zinsen an. Die Dividenden betragen somit jeweils 71 €, die Zinsen jeweils 96,50 €. Die Dividenden bzw. Zinsen stellen die Bemessungsgrundlage der in *Zeile 6* enthaltenen Kapitalertragsteuer dar. Hierbei ergeben sich in den einzelnen Spalten unterschiedliche Höhen der Kapitalertragsteuer. Innerhalb jeder der Finanzierungsarten ergeben sich die Unterschiede aus dem im Kopf der jeweiligen Spalte angegebenen Kapitalertragsteuersatz.

Die Salden aus den Werten der Zeilen 5 und 6 geben die Nettodividenden bzw. die Nettozinsen an. Die entsprechenden Werte sind in *Zeile 7* der Abbildung eingetragen. Diese Nettozuflüsse der Gesellschafter weisen ein breites Spektrum auf. Die Werte reichen von einem Zufluss von lediglich 56,80 € im ungünstigsten Fall der Eigenfinanzierung (Spalte 5), bis zu 96,50 € im günstigsten Fall der Gesellschafterfremdfinanzierung (Spalte 6).

Zeile 8 stellt das Pendant zu Zeile 7 dar. Diese Zeile enthält die inländische Gesamtsteuerbelastung in den Vergleichsfällen. Sie reicht von lediglich 3,50 € in Spalte 6 bis zu 43,20 € in Spalte 5.

Die Abbildung lässt erkennen, dass *bei alleiniger Betrachtung der inländischen Besteuerung* die Gesellschafterfremdfinanzierung einer inländischen Kapitalgesellschaft durch ihre ausländischen Gesellschafter stets erheblich vorteilhafter sein kann als die alternative Eigenfinanzierung. Die Höhe des Vorteils hängt von der Höhe der Gewerbe- und der Kapitalertragsteuersätze ab. Alle Werte der *Abbildung I/6* beruhen auf dem für das Jahr 2021 geltenden Recht.

Zeile		Eigenfinanzierung bei einer Kapitalertragsteuer von					Fremdfinanzierung bei einer Kapitalertragsteuer von				
		0 %	5 %	10 %	15 %	20 %	0 %	5 %	10 %	15 %	20 %
		Spalte 1	Spalte 2	Spalte 3	Spalte 4	Spalte 5	Spalte 6	Spalte 7	Spalte 8	Spalte 9	Spalte 10
1	Ausgangsbetrag	100,00	100,00	100,00	100,00	100,00	100,00	100,00	100,00	100,00	100,00
2	./. Gewerbesteuer	14,00	14,00	14,00	14,00	14,00	3,50	3,50	3,50	3,50	3,50
3	Zwischensumme	86,00	86,00	86,00	86,00	86,00	96,50	96,50	96,50	96,50	96,50
4	./. Körperschaftsteuer (15 % des Betrags aus Zeile 1)	15,00	15,00	15,00	15,00	15,00	–	–	–	–	–
5	Dividenden, Zinsen	71,00	71,00	71,00	71,00	71,00	96,50	96,50	96,50	96,50	96,50
6	./. Kapitalertragsteuer	–	3,55	7,10	10,65	14,20	–	4,83	9,65	14,48	19,30
7	Nettodividenden, Netto-zinsen	71,00	67,45	63,90	60,35	56,80	96,50	91,67	86,85	82,02	77,20
8	Steuerbelastung	29,00	32,55	36,10	39,65	43,20	3,50	8,33	13,15	17,98	22,80

Abbildung I/6:   Belastung einer inländischen Kapitalgesellschaft mit inländischen Ertragsteuern in €

3.4.4.3 Einbeziehung der ausländischen Steuern in die Betrachtung

Werden diejenigen Steuern in die Betrachtung einbezogen, die die ausländischen Gesellschafter an den ausländischen Fiskus zu entrichten haben, so verringert sich der soeben herausgearbeitete Effekt eines steuerlichen Vorteils der Gesellschafterfremdfinanzierung gegenüber der Eigenfinanzierung. Ein Grund liegt darin, dass im Ausland i. d. R. die *deutsche* Kapitalertragsteuer als *Quellensteuer* auf die ausländische Einkommensteuer *angerechnet* werden kann.

Ein weiterer und wohl wichtigerer Grund für eine Verringerung des Nachteils der Eigenfinanzierung im Vergleich zur Gesellschafterfremdfinanzierung bei Einbeziehung der ausländischen Steuern liegt darin, dass im Ausland ein *Nachholeffekt* der Besteuerung im Falle der Gesellschafterfremdfinanzierung eintritt. Dieser ergibt sich daraus, dass – bei gleich hohem Ausgangsbetrag – den Gesellschaftern höhere Zinsen als Dividenden zufließen. Damit haben die Gesellschafter im Ausland im Falle der Gesellschafterfremdfinanzierung einen höheren Betrag zu versteuern als im Falle der alternativen Eigenfinanzierung.

Beispiel

Der ausländische Alleingesellschafter A der inländischen X-GmbH will der X-GmbH 1 Mio € für Investitionszwecke zur Verfügung stellen. Dies kann entweder im Wege einer Erhöhung des Eigenkapitals oder mit Hilfe eines Gesellschafterdarlehens geschehen. A geht davon aus, dass die GmbH in Zukunft jährlich zusätzlich 100 T€ erwirtschaften wird, die sie an ihn auszahlen soll, soweit sie den Betrag nicht für Steuerzahlungen benötigt. Im Falle der Gesellschafterfremdfinanzierung will A mit der Gesellschaft einen Festzinssatz vereinbaren. Der Gewerbesteuerhebesatz beträgt 400 %. Kapitalertragsteuer fällt bei beiden Finanzierungsarten in Höhe von 10 % an. Es soll von dem für das Jahr 2021 geltenden Recht ausgegangen werden.

Der von A geschätzte zusätzliche Bruttogewinn von 100 T€ kann als Ausgangsbetrag i. S. v. Zeile 1 der Abbildung I/6 angesehen werden. Im Falle der Eigenfinanzierung kann die GmbH nach Zeile 5 dieser Abbildung 71 T€ Dividende ausschütten, im Falle der Gesellschafterfremdfinanzierung hingegen 96,50 T€ Zinsen zahlen. Im Ausland hat A diese Beträge der ausländischen Besteuerung zu unterwerfen. Er muss also im Falle der Eigenfinanzierung 71 T€ und im Falle der Gesellschafterfremdfinanzierung 96,50 T€ der ausländischen Besteuerung unterwerfen. Die Besteuerungsgrundlage für die ausländische Besteuerung ist also im Falle der Gesellschafterfremdfinanzierung um (96,5 − 71 =) 25,5 T€ höher als im Falle der Eigenfinanzierung. Damit ergibt sich im Falle der Gesellschafterfremdfinanzierung ein Nachholeffekt der Besteuerung.

Der Nachholeffekt der Besteuerung im Ausland ist – c. p. – umso größer, je höher der ausländische Steuersatz ist. Bei niedrigen ausländischen Steuersätzen kann deshalb von einem hohen Vorteil der Gesellschafterfremdfinanzierung im Vergleich zur Eigenfinanzierung ausgegangen werden. Mit steigenden Steuersätzen verringert sich der Vorteil. Eingehendere Untersuchungen von *Haase* und einem der Verfasser lassen allerdings erkennen, dass die Gesellschafterfremdfinanzierung aber auch bei sehr hohen ausländischen Steuersätzen allenfalls in Ausnahmefällen nachteiliger sein dürfte als eine alternative Eigenfinanzierung[43]. Die Untersuchung beruht zwar

---

43　Vgl. Haase/Schneeloch (1983), S. 66 ff.

auf einem längst überholten Rechtsstand, die grundlegenden Zusammenhänge bestehen aber fort.

3.4.5 Umfang der Gesellschafterfremdfinanzierung und Zinsschranke

3.4.5.1 Einführung

Die bisherigen Ausführungen haben gezeigt, dass die *Gesellschafterfremdfinanzierung regelmäßig steuerlich vorteilhafter* ist *als* eine *vergleichbare Eigenfinanzierung*. Der Vorteil ist im Falle ausländischer Gesellschafter vielfach erheblich größer als im Falle inländischer. In dieser Situation stellt sich die Frage, ob die Gesellschafter einer inländischen Kapitalgesellschaft in beliebig hohem Maße anstelle einer Eigenfinanzierung eine Finanzierung durch Gesellschafterdarlehen durchführen können.

Eine zivilrechtliche Schranke besteht nur insoweit, als die Vorschriften über das Mindestnennkapital sowie – nur bei Aktiengesellschaften – die Zuführung zu den gesetzlichen Rücklagen, eingehalten werden müssen. Für Gesellschaften mbH ergibt sich in diesem Zusammenhang, dass das Stammkapital mindestens 25 T€ betragen muss (§ 5 Abs. 1 GmbHG) und dass hierauf mindestens 12,5 T€ eingezahlt werden müssen (§ 7 Abs. 2 GmbHG). Bei einer Unternehmergesellschaft i. S. d. § 5a GmbHG können sowohl das Mindeststammkapital als auch die Mindesteinzahlung unterschritten werden. Weitere zivilrechtliche Schranken können sich im Einzelfall aus dem Gesellschaftsvertrag ergeben.

Eine Beschränkung der Gesellschafterfremdfinanzierung kann sich zudem im Bereich der Kapitalbeschaffung ergeben. Dies gilt dann, wenn die betrachtete Gesellschaft einen ergänzenden Finanzmittelbedarf hat bzw. erwartet. Soll dieser extern, z. B. durch Kreditinstitute, gestillt werden, so geht eine positive Kreditentscheidung häufig mit einer soliden Eigenkapitalausstattung der Gesellschaft bzw. mit der persönlichen Vermögensausstattung der hinter der Gesellschaft stehenden Personen einher. Der Gesellschafter sollte bei der Entscheidung für die Gesellschafterfremdfinanzierung vor Augen haben, dass bei einem zusätzlichen Fremdmittelbedarf der Gesellschaft das erhöhte Erfordernis nach einer persönlichen Haftungsübernahme des Gesellschafters in Form einer selbstschuldnerischen Bürgschaft bzw. Sicherheitenstellung oder aber eines Rangrücktritts für das Gesellschafterdarlehen bestehen kann.

Bereits diese kurzen Ausführungen lassen erkennen, dass einem weitgehenden Ersatz der Eigenfinanzierung durch eine Gesellschafterfremdfinanzierung in der Praxis keine oder nur sehr weite Grenzen gesetzt sind.

Bereits in den sechziger und siebziger Jahren des zwanzigsten Jahrhunderts hat die Bundesregierung nach eigenen Angaben beobachtet, dass beschränkt steuerpflichtige sowie persönlich von der Einkommen- bzw. Körperschaftsteuerpflicht befreite Gesellschafter unbeschränkt steuerpflichtiger Kapitalgesellschaften in hohem

Maße dazu übergingen, ihren Gesellschaften Gesellschafterdarlehen anstelle von Eigenkapital zur Verfügung zu stellen[44]. Diese Entwicklung scheint mehrere Jahrzehnte angehalten zu haben. Darauf deuten vielfältige Initiativen des Gesetzgebers, der Bundesregierung und der Finanzverwaltung während der letzten Jahrzehnte hin, die darauf gerichtet waren, Steuervorteile der Gesellschafterfremdfinanzierung im Vergleich zur Eigenfinanzierung in derartigen Fällen zu beseitigen. Diese tatsächlichen oder auch nur vermeintlichen Steuervorteile sind aber in der Vergangenheit stets nur mit den inländischen Steuerfolgen der alternativen Finanzierungsformen begründet worden.

Zu den Gesellschaftern, deren Finanzierungsverhalten vom Gesetzgeber und von der Finanzverwaltung in der Vergangenheit mit Argwohn betrachtet worden ist, gehören

- beschränkt steuerpflichtige ausländische Gesellschafter,
- nicht unbeschränkt körperschaftsteuerpflichtige inländische Körperschaften, insbesondere Gebietskörperschaften (Bund, Länder, Gemeinden) und Religionsgemeinschaften,
- steuerbefreite inländische Körperschaften, wie z. B. die Kreditanstalt für Wiederaufbau oder die Gewerkschaften.

Es ist hier nicht der Platz, die vielfältigen und z. T. hektischen Bemühungen des Gesetzgebers zur Beseitigung des tatsächlichen oder auch nur vermeintlichen Missbrauchs der Gesellschafterfremdfinanzierung nachzuzeichnen. Kurze Ausführungen bis zur Entwicklung im Jahre 2004 finden sich in der zweiten Auflage dieses Buches sowie in dem Beiheft hierzu[45]. Nachfolgend soll lediglich auf die Regelung eingegangen werden, die sich in § 8a KStG in der seit August 2007 geltenden Fassung i. V. m. dem damals neu geschaffenen § 4h EStG befindet. Grundlegende Rechtsnorm ist hierbei § 4h EStG; § 8a KStG verweist in weiten Bereichen lediglich auf diese Vorschrift.

3.4.5.2 Grundzüge der Zinsschrankenregulierung[46]

Zinsaufwendungen eines Betriebs sind nur in dem durch § 4h EStG definierten Rahmen als Betriebsausgaben abzugsfähig (**Zinsschranke**). Abzugsfähig sind sie nach Abs. 1 dieser Rechtsnorm in Höhe der von demselben Betrieb erzielten Zinserträge, darüber hinaus nur bis zur Höhe des verrechenbaren EBITDA[47]. Das verrechenbare EBITDA beträgt 30 % des steuerlichen EBITDA. Steuerliches EBITDA ist der um

---

44   Vgl. BT-Drucksache 8/3648 vom 8.2.1980: Entwurf eines Gesetzes zur Änderung des EStG, KStG und anderer Gesetze, S. 8 f. und S. 27.

45   Vgl. Schneeloch (2002), S. 259 ff. sowie das Beiheft hierzu, S. 9 ff. Vgl. auch Welling (2007), S. 736 ff.

46   Ausführungen zur Zinsschranke finden sich auch in Schneeloch/Meyering/Patek, Band 1 (2016), Gliederungspunkt 3.3.3.3.

47   Das Akronym EBITDA steht für Earnings Before Interest, Taxes, Depreciation and Amortisation und bezeichnet das Ergebnis vor Zinsen, Steuern und Abschreibungen auf materielle und immaterielle Vermögenswerte.

bestimmte Beträge erhöhte bzw. verminderte maßgebliche Gewinn i. S. d. § 4h Abs. 3 EStG. Zu erhöhen ist der maßgebliche Gewinn um die AfA-Beträge nach § 7 EStG sowie um die Beträge, die nach § 6 Absätze 2 und 2a EStG als Aufwendungen für die beiden Kategorien geringwertiger Wirtschaftsgüter verbucht worden sind. *Maßgeblicher Gewinn* ist gem. § 4h Abs. 3 EStG der sich nach den Vorschriften des EStG ergebende steuerpflichtige Gewinn. Zur Ermittlung des maßgeblichen Gewinns ist die sich aus § 4h Abs. 1 EStG ergebende *Zinsschranke* nicht zu beachten. Nach dieser Rechtsnorm *nicht abzugsfähige Zinsaufwendungen* sind außerhalb des Rechnungswesens (außerbilanziell) *in einer Nebenrechnung* dem steuerlichen Gewinn *hinzuzurechnen*.

Die *Begrenzung* des Abzugs von Zinsaufwendungen durch § 4h *Abs. 1* EStG greift *nicht* in den Fällen des § 4h *Abs. 2* EStG. Nach dieser Rechtsnorm kommt es in den folgenden Fällen *nicht* zu einer Beschränkung des Zinsabzugs:

a) Der die Zinserträge übersteigende Betrag der Zinsaufwendungen (*negativer Zinssaldo*) *übersteigt nicht 3 Mio €* (Freigrenze).
b) Der Betrieb gehört *nicht* oder nur anteilsmäßig *zu einem Konzern*.
c) Der Betrieb gehört zwar zu einem Konzern, doch ist seine *Eigenkapitalquote* am vorangegangenen Abschlussstichtag *nicht* kleiner als 98 % derjenigen des Konzerns.

Die *Eigenkapitalquote* ist in § 4h Abs. 2 Satz 3 EStG als das Verhältnis des Eigenkapitals zur Bilanzsumme definiert. Der Ermittlung der Eigenkapitalquote sind nach § 4h Abs. 2 Satz 8 EStG Abschlüsse zugrunde zu legen, die nach den International Financial Reporting Standards (IFRS) erstellt worden sind. Hiervon abweichend können nach Satz 9 dieser Rechtsnorm unter engen Voraussetzungen auch Abschlüsse zugrunde gelegt werden, die nach dem Handelsrecht eines Mitgliedstaats der EU erstellt worden sind.

Zinsaufwendungen sind nach § 4h Abs. 3 Satz 2 EStG Vergütungen für Fremdkapital, die den maßgeblichen Gewinn gemindert haben. Zinserträge sind nach § 4h Abs. 3 Satz 3 EStG Erträge aus Kapitalforderungen, die den maßgeblichen Gewinn erhöht haben.

Zinsaufwendungen, die nach § 4h Abs. 1 Satz 1 EStG im Jahr ihrer Entstehung nicht als Betriebsausgaben abgezogen werden dürfen, sind nach Satz 5 dieser Rechtsnorm in die folgenden Wirtschaftsjahre vorzutragen (*Zinsvortrag*). Sie erhöhen nach § 4h Abs. 1 Satz 6 EStG den steuerlich berücksichtigungsfähigen Zinsaufwand i. S. des Satzes 1 dieser Rechtsnorm; sie erhöhen hingegen nicht den maßgeblichen Gewinn. Zu einem (teilweisen) Abzug des vorgetragenen Zinsaufwands kann es somit nur in einem Jahr kommen, in dem der Zinsaufwand dieses Jahres geringer ist als der sich aus § 4h Abs. 1 Satz 1 EStG ergebende Höchstbetrag der steuerlich als Betriebsausgaben abzugsfähigen Zinsen. Kommt es zu keiner Begrenzung des Betriebsausgabenabzugs, da entweder eine Ausnahmeregelung des § 4h Abs. 2 EStG greift oder die Zinsaufwendungen vollständig abziehbar sind, wird das nicht genutzte Abzugspotential, das verrechenbare EBITDA, in die folgenden fünf Wirtschaftsjahre vorgetragen (sog. EBITDA-Vortrag). Der Zins- und der EBITDA-

Vortrag sind nach § 4h Abs. 4 EStG gesondert festzustellen. Das Finanzamt hat also einen entsprechenden Feststellungsbescheid zu erlassen. Abs. 5 sieht vor, dass in bestimmten Fällen, z. B. bei Betriebsaufgabe, ein nicht verbrauchter Zins- und EBITDA-Vortrag verlorengehen. *§ 8a KStG* ergänzt für Körperschaften i. S. d. § 1 KStG die Vorschriften des § 4h EStG. Während § 4h EStG für alle drei Ertragsteuerarten (Einkommen-, Gewerbe- und Körperschaftsteuer) und damit für alle Rechtsformen gilt, enthält § 8a KStG also lediglich ergänzende Vorschriften für Körperschaften i. S. d. KStG.

Nach § 8a Abs. 1 Satz 1 KStG ist § 4h Abs. 1 Satz 1 EStG mit der Maßgabe anzuwenden, dass an die Stelle des maßgeblichen Gewinns das maßgebliche Einkommen tritt. Dies bedeutet, dass zur Klärung der Frage, ob Zinsen nicht als Betriebsausgaben abzugsfähig sind, Bezugsgröße der in § 4h Abs. 1 Satz 1 EStG definierten 30 %-Grenze bei Kapitalgesellschaften nicht der um die dort genannten Größen veränderte steuerliche Gewinn, sondern das in entsprechender Weise geänderte körperschaftsteuerliche Einkommen ist.

Wie bereits ausgeführt, greift nach § 4h Abs. 2 EStG die Zinsschranke dann nicht, wenn das Unternehmen, das die Fremdkapitalzinsen aufwendet, nicht zu einem Konzern gehört. *Grundsätzlich sind von der Zinsschrankenregelung also nur in einem Konzernverbund befindliche Unternehmen betroffen.* Von diesem Grundsatz beinhaltet *§ 8a Abs. 2 KStG* allerdings eine wichtige *Ausnahme.* Nach dieser Rechtsnorm können auch bestimmte konzernfreie Unternehmen von der Zinsschrankenregelung betroffen sein.

Nach § 8a Abs. 2 KStG führen *Vergütungen* für Fremdkapital, die eine Kapitalgesellschaft *an* einen *zu mehr als 25 % beteiligten Gesellschafter (wesentlich beteiligter Anteilseigner)* zahlt, zur Anwendung der Zinsschranke. Dies gilt aber nur dann, wenn diese Vergütungen 10 % des negativen Zinssaldos i. S. d. § 4h Abs. 3 Satz 1 EStG *überschreiten.* Mit dieser Regelung will der Gesetzgeber einer aus seiner Sicht *übermäßig hohen Gesellschafterfremdfinanzierung entgegenwirken* (*schädliche Gesellschafterfremdfinanzierung*)[48]. Vergütungen an eine dem Gesellschafter *nahestehende Person* sind den Vergütungen an den Gesellschafter gleichgestellt.

§ 8a Abs. 3 KStG beinhaltet eine weitere *Ergänzung* zu § 4h Abs. 2 EStG. Nach dieser Rechtsnorm ist § 4h Abs. 2 Satz 1 Buchstabe c EStG nur anzuwenden, wenn die *Vergütungen* für Fremdkapital an *einen zu mehr als 25 % beteiligten Anteilseigner* nicht mehr als 10 % der die Zinserträge übersteigenden Zinsaufwendungen der Körperschaft betragen. Ist diese Voraussetzung nicht erfüllt, so führt eine hinreichend hohe Eigenkapitalquote eines Konzernunternehmens i. S. d. § 4h Abs. 2 EStG nicht zu einer Ausnahme von der Zinsschrankenregelung des § 4h Abs. 1 EStG. Auch mit dieser Regelung will der Gesetzgeber einer aus seiner Sicht unmäßig hohen Gesellschafterfremdfinanzierung entgegenwirken.

---

48 Vgl. BMF-Schreiben vom 4.7.2008, IV C 7 - S 2742 - a/07/10001, BStBl I 2008, S. 718, Tz. 79.

3.4.5.3 Folgerungen aus der Zinsschrankenregelung für die Steuerplanung

Aus den bisherigen Ausführungen lässt sich der Schluss ziehen, dass der Kreis der von der Zinsschranke betroffenen Unternehmen klein ist. Erfasst werden lediglich zwei Gruppen von Unternehmen, und zwar

- in einem *Konzern* miteinander *verbundene Unternehmen* und
- *„einfache" Kapitalgesellschaften*, die in einem aus Sicht des Gesetzgebers *überzogenen Ausmaß* mit Hilfe von *Gesellschafterfremdkapital* (anstatt mit Eigenkapital) ausgestattet werden. Voraussetzung ist, dass der finanzierende Gesellschafter an der Gesellschaft wesentlich beteiligt ist.

Die Zinsschranke kommt aber stets nur dann zur Anwendung, wenn der negative Zinssaldo höher ist als die in § 4h Abs. 2 EStG definierte Freigrenze von 3 Mio € p. a.

Nicht von der *Zinsschrankenregelung* des § 4h Abs. 1 EStG *erfasst* werden demnach insbesondere:

- Einzelunternehmen,
- einfache Personengesellschaften,
- einfache Kapitalgesellschaften, sofern nicht die Ausnahmeregelung des § 8a Abs. 3 KStG zur Anwendung kommt,
- alle anderen Unternehmen, sofern die Freigrenze des § 4h Abs. 2 EStG von 3 Mio € nicht überschritten wird.

Nicht erfasst werden nach den Ausführungen des BMF[49] i. d. R. auch

- die beiden Unternehmen einer Betriebsaufspaltung in der Art der Aufspaltung eines Unternehmens in ein Besitzpersonenunternehmen und in eine Betriebskapitalgesellschaft und
- die GmbH & CoKG, sofern die GmbH keine eigene Geschäftstätigkeit entfaltet[50].

Nach den Ausführungen des BMF gilt ein *Organkreis*[51] i. S. d. KStG als *ein einziger Betrieb* i. S. d. § 4h EStG[52]. Damit wird durch einen Kreis organschaftlich miteinander verbundener Unternehmen kein Konzern i. S. d. § 4h Abs. 2 EStG gebildet.

Drohen im Einzelfall die Wirkungen der Zinsschrankenregelung, so kann versucht werden, diesen Wirkungen durch *Gestaltungsmaßnahmen* entgegenzuwirken. Naheliegend *innerhalb eines Konzerns* sind insbesondere Maßnahmen

---

49 Vgl. BMF-Schreiben vom 4.7.2008, IV C 7 - S 2742 - a/07/10001, BStBl I 2008, S. 718, Tz. 63.
50 Hinsichtlich näherer Ausführungen zur Betriebsaufspaltung und zur GmbH & CoKG s. Schneeloch/Meyering/Patek, Band 6 (2020), Gliederungspunkt 3.
51 Ausführungen zur steuerlichen Organschaft finden sich in Schneeloch/Meyering/Patek, Band 6 (2020), Gliederungspunkt 4.3.
52 Vgl. BMF-Schreiben vom 4.7.2008, IV C 7 - S 2742 - a/07/10001, BStBl I 2008, S. 718, Tz. 65.

- zur *Senkung des Zinssaldos* i. S. d. § 4h Abs. 2 EStG auf einen Betrag von weniger als 3 Mio €,
- zur *Erhöhung der Eigenkapitalquote* auf das in § 4h Abs. 2 EStG festgelegte Mindestmaß von 98 % der Eigenkapitalquote des Konzerns,
- zur Herstellung einer ertragsteuerlichen *Organschaft*[53].

Maßnahmen zur *Senkung des negativen Zinssaldos* i. S. d. § 4h Abs. 1 EStG können bestehen

- in einer Verringerung (oder Verhinderung einer Erhöhung) des Gesellschafterfremdkapitals,
- in einer Verringerung der Vergütung für das eingesetzte Gesellschafterfremdkapital.

Im ersten der genannten beiden Fälle kann z. B. ein Teil des Gesellschafterfremdkapitals durch Eigenkapital ersetzt werden. Auch kann versucht werden, einen Teil des Gesellschafterfremdkapitals durch ein Bankdarlehen zu ersetzen. Im zweiten der genannten Fälle kann evtl. der Zinssatz herabgesetzt oder niedriger als präferiert festgesetzt werden. In einigen Fällen dürfte eine Kompensation von wegfallenden Zinsen durch Gewinnausschüttungen möglich sein.

Maßnahmen zur *Erhöhung der Eigenkapitalquote* können insbesondere bestehen

- in bilanzpolitischen Maßnahmen,
- in einem teilweisen Ersatz von Gesellschafterfremdkapital durch Eigenkapital.

3.4.6 Aufgabe 4

Der Alleingesellschafter G der X-GmbH will „seiner" GmbH für die Errichtung eines Zweigwerkes in B-Stadt aus eigenen Mitteln 10 Mio € zur Verfügung stellen. Das Geld will er durch den Verkauf von Bauland gewinnen, das er vor 30 Jahren als Bauerwartungsland für umgerechnet 5 € /m² erworben hatte und das nunmehr einen Verkehrswert von 250 € /m² hat. Er erwägt, das Geld der GmbH entweder als Eigenkapital oder aber als Gesellschafterdarlehen zur Verfügung zu stellen. G geht davon aus, dass für Ausschüttungen bzw. Zinszahlungen auf das neu aufzunehmende Kapital von der Gesellschaft jährlich 0,8 Mio € zur Verfügung gestellt werden.

G erwartet, dass die Gemeinde ihren derzeitigen Gewerbesteuerhebesatz von 480 % auch in Zukunft beibehält. Er nimmt an, dass der Steuersatz nach § 23 Abs. 1 KStG künftig unverändert 15 % betragen wird.

G ist verheiratet. Die Eheleute G gehören beide der katholischen Kirche an. Ohne die genannten zusätzlichen Einkünfte erwarten die Ehegatten während der kommenden Jahre stets ein zu versteuerndes Einkommen, das höher ist als 800 T€. Sie erwarten, dass der Tarif des Jahres 2021 (nach dem Rechtsstand vom Herbst 2021) während des gesamten Planungszeitraums erhalten bleiben wird. Die Eheleute erwarten, dass der Sparer-Pauschbetrag des § 20 Abs. 9 EStG bereits ohne Berücksichtigung des hier geschilderten Sachverhalts stets ausgeschöpft sein wird.

---

[53] Hinsichtlich von Maßnahmen zur Herstellung einer ertragsteuerlichen Organschaft sei auf Schneeloch/Meyering/Patek, Band 6 (2020), Gliederungspunkt 4.3 verwiesen.

G will wissen, wie hoch der Vorteil der Gesellschafterfremdfinanzierung gegenüber der Eigenfinanzierung jährlich voraussichtlich sein wird.

3.5   Schütt-aus-Hol-zurück-Verfahren und Thesaurierung

3.5.1 Einführung

Handelsgesellschaften stehen häufig vor der Frage, ob sie erwirtschaftete Gewinne, die sie für Investitionszwecke benötigen, thesaurieren oder ob sie sie ausschütten, dann aber von den Gesellschaftern die entsprechenden Mittel zurückholen sollen.

Für die zweite Vorgehensweise hat sich in der Betriebswirtschaftslehre der Ausdruck **Schütt-aus-Hol-zurück-Verfahren** eingebürgert. Die Anwendung des Schütt-aus-Hol-zurück-Verfahrens kann selbstverständlich nur dann sinnvoll sein, wenn es vorteilhafter ist als die schlichte Thesaurierung.

Zu beachten ist, dass das Schütt-aus-Hol-zurück-Verfahren nur dann angewendet werden sollte, wenn das Zurückholen der erforderlichen Mittel sichergestellt ist. Dies ist bei Gesellschaften mit eng begrenztem Gesellschafterkreis (personenbezogene Gesellschaften, Familiengesellschaften) weitaus eher der Fall als bei Gesellschaften mit großem Gesellschafterkreis. So sind im Falle personenbezogener Gesellschaften vor der Ausschüttung Absprachen zwischen der Gesellschaft und ihren Gesellschaftern über die Rückholung der Mittel möglich und durchaus auch üblich. In der Praxis werden häufig Ausschüttungs- und Kapitalerhöhungsbeschlüsse unmittelbar hintereinander gefasst.

Die Vorteilhaftigkeit des Schütt-aus-Hol-zurück-Verfahrens im Vergleich zur Thesaurierung wird im Wesentlichen von den Steuerbelastungen der Vergleichsfälle bestimmt. Darüber hinaus sind im Falle des Schütt-aus-Hol-zurück-Verfahrens auch Transaktionskosten, wie z. B. Notar- und Gerichtskosten, zu berücksichtigen.

Das Zurückholen der ausgeschütteten Beträge kann auf zweierlei Art erfolgen, und zwar einmal in der Form von Eigenkapital, zum anderen auch in der Form von Gesellschafterdarlehen. Die Eigenfinanzierung kann mit einer Erhöhung des Nennkapitals verbunden sein, sie kann sich aber auch lediglich in einer Erhöhung der Rücklagen widerspiegeln. In Einzelfällen kann an die Stelle einer Gewinnausschüttung eine (zusätzliche) Gehaltszahlung an den Gesellschafter-Geschäftsführer treten.

Unterschiedliche Steuerbelastungen zwischen Thesaurierung einerseits und Schütt-aus-Hol-zurück-Verfahren andererseits konnten sich bis zum Veranlagungszeitraum 2007 nur bei Kapital-, nicht hingegen bei Personengesellschaften ergeben. Der Grund lag darin, dass bei Kapitalgesellschaften an die Ausschüttung Steuerfolgen geknüpft waren (und dies auch jetzt noch sind), während Entnahmen (Ausschüttungen) von Personengesellschaften die Höhe der Steuerschulden nicht beeinflussten. Letzteres hat sich seit dem Veranlagungszeitraum 2008 durch die Schaffung der Begünstigungsvorschrift für den nicht entnommenen Gewinn (§ 34a EStG) geändert. Doch kann die Anwendung dieser Rechtsnorm nicht dazu führen, dass eine Entnahme mit sofort anschließender Einlage vorteilhafter wird als eine Thesaurierung. Der Grund liegt darin, dass der kumulierte Steuersatz nach den Absätzen 1 und 4 des § 34a EStG i. d. R. höher ist als der Steuersatz nach § 32a EStG[54]. In den nachfolgenden Vergleich werden *nur Kapitalgesellschaften* einbezogen.

3.5.2 Rückholung in der Form von Eigenkapital

Ausgegangen wird bei dem Vergleich von einer Gewinngröße *G*, die alternativ zur Thesaurierung oder für das Schütt-aus-Hol-zurück-Verfahren zur Verfügung steht. Im Falle der Thesaurierung besteht die Belastung (B_t) ausschließlich aus der Steuerbelastung, die auf den thesaurierten Gewinn entfällt. Transaktionskosten fallen nicht an. Die Steuerbelastung im Falle der Thesaurierung kann dadurch ermittelt werden, dass *G* als *E* i. S. der in Band 4 bzw. der in Anhang 3, Gliederungspunkt 4 abgeleiteten Gleichung (IV) behandelt wird. Sie beträgt

$$B_t = (s_k + s_{ge}) \cdot G. \tag{97}$$

Auch im Falle des Schütt-aus-Hol-zurück-Verfahrens (SAHZ) unterliegt der Gewinn *G* bei der Kapitalgesellschaft der Körperschaft- und Gewerbesteuer. Auch hier handelt es sich also um *E* i. S. d. Gleichung (IV).

Bei dem Gesellschafter unterliegt die Ausschüttung *A* grundsätzlich dem gesonderten Steuersatz des § 32d EStG ($s_{e\S32d}$), d. h. dem Abgeltungsteuersatz. Die Steuerwirkung beträgt also $s_{e\S32d} \cdot A$. Dies gilt für den Fall, dass die Ausschüttung als Einnahme aus Kapitalvermögen zu behandeln ist. Anstelle des Abgeltungsteuersatzes kommt auf Antrag des Steuerpflichtigen aber auch der „normale", d. h. der sich aus § 32a EStG ($s_{e\S32a}$) ergebende Steuersatz zur Anwendung. Der ebenfalls mögliche Fall, dass die Ausschüttung eine Betriebseinnahme innerhalb eines Gewerbebetriebs darstellt, soll hier nicht behandelt werden.

Infolge der Rückholung des ausgeschütteten Betrags entstehen im Rahmen des SAHZ Transaktionskosten (K_o). Dies gilt zumindest dann, wenn mit der Rückholung eine Erhöhung des Nennkapitals der Kapitalgesellschaft verbunden ist. Als Transaktionskosten kommen insbesondere mit der Kapitalerhöhung verbundene Notar- und Gerichtskosten in Betracht. Die Transaktionskosten erhöhen die Belastung im Falle des SAHZ. Zugleich stellen sie aber abzugsfähige Betriebsausgaben der Kapitalgesellschaft dar. Sie sind damit als – *E* i. S. d. Gleichung (IV) zu behandeln.

Damit sind alle Belastungs- und Entlastungswirkungen im Falle des SAHZ erfasst. Die Belastung B_s beträgt demnach:

---

54 Zur Begründung sei auf Schneeloch (2009), S. 322-333 verwiesen.

$$B_s = (s_k + s_{ge}) \cdot G + s_e \cdot A + K_o - (s_k + s_{ge}) \cdot K_o. \tag{98}$$

Der Steuersatz *se* kann hierbei – je nach Wahl des Steuerpflichtigen – der sich aus § 32d EStG ergebende Abgeltungsteuersatz oder der „normale" Steuersatz des § 32a EStG sein.

Nicht berücksichtigt sind in Gleichung (98) hierbei mögliche Auswirkungen auf den Sparer-Pauschbetrag. Ebenfalls nicht berücksichtigt ist eine etwaige Ausübung des Wahlrechts nach § 32d Abs. 2 Nr. 3 EStG.

Gleichung (98) kann umgeformt werden zu

$$B_s = (s_k + s_{ge}) \cdot G + s_e \cdot A + (1 - s_k - s_{ge}) \cdot K_o. \tag{99}$$

Die Belastungsdifferenz zwischen der Belastung im Falle des SAHZ und dem der Thesaurierung ergibt sich durch Abzug von *Bt* aus Gleichung (97) von *Bs* aus Gleichung (99). Sie beträgt:

$$B_s - B_t = (s_k + s_{ge}) \cdot G + s_e \cdot A + (1 - s_k - s_{ge}) \cdot K_o - (s_k + s_{ge}) \cdot G. \tag{100}$$

Gleichung (100) kann vereinfacht werden zu

$$B_s - B_t = s_e \cdot A + (1 - s_k - s_{ge}) \cdot K_o. \tag{101}$$

Sowohl für die Steuersätze *se*, *sk* und *sge* als auch für die Transaktionskosten *Ko* gilt, dass sie stets größer oder gleich Null sind, d. h. es gilt:

$$s_e \geq 0,$$

$$s_k \geq 0,$$

$$s_{ge} \geq 0 \text{ und}$$

$$K_o \geq 0.$$

Hieraus ergibt sich, dass stets gilt:

$$B_s - B_t \geq 0. \tag{102}$$

Damit ist klargestellt, dass unter Zugrundelegung des derzeit geltenden Rechts das Schütt-aus-Hol-zurück-Verfahren in der Form der Rückholung von Eigenkapital nicht vorteilhafter sein kann als eine Thesaurierung. Bestenfalls ist es nicht nachteiliger.

3.5.3 Hol-zurück durch Darlehensgewährung

Bisher ist stets davon ausgegangen worden, dass der Hol-zurück-Vorgang in der Form der Zufuhr von Eigenkapital erfolgt. Dies ist zwar möglich, keinesfalls aber zwingend. Vielmehr können die ausgeschütteten Beträge auch mit Hilfe der Aufnahme von Gesellschafterdarlehen zurückgeholt werden.

Soll geprüft werden, ob das Schütt-aus-Hol-zurück-Verfahren mit *Rückholung in der Form der Aufnahme eines Gesellschafterdarlehens* vorteilhafter ist als eine Thesaurierung, so muss zunächst ermittelt werden, ob ohne Berücksichtigung der Folgewirkungen die Thesaurierung oder aber die Ausschüttung mit anschließender Rückholung die vorteilhaftere Maßnahme ist. Die Vorgehensweise zur Prüfung dieser Frage ist identisch mit der im letzten Gliederungspunkt dargestellten. Auch das Ergebnis ist das Gleiche: Ohne Berücksichtigung der Folgewirkungen der Maßnahmen ist das Schütt-aus-Hol-zurück-Verfahren bestenfalls nicht nachteiliger als die Thesaurierung; i. d. R. ist die Thesaurierung aber die vorteilhaftere der beiden Maßnahmen.

Dieser Befund muss aber noch nicht das Endergebnis der Analyse sein. In derartigen Fällen ist es nämlich durchaus möglich, dass bei Einbeziehung aller Steuerfolgen der Vergleichsverfahren sich das Schütt-aus-Hol-zurück-Verfahren in der Variante einer Rückholung der Mittel als Gesellschafterdarlehen als die insgesamt vorteilhaftere Maßnahme erweist. Der Grund hierfür liegt in der Abzugsfähigkeit der Zinsen als Betriebsausgaben. Im Rahmen der laufenden Besteuerung treten dann an die Stelle der *Steuerfolgen* einer Eigenfinanzierung diejenigen *einer Gesellschafterfremdfinanzierung*. Für den Vergleich der Eigenfinanzierung mit der Gesellschafterfremdfinanzierung aber ist unter Gliederungspunkt 3.4.3 ermittelt worden, dass letztere im Rahmen der laufenden Besteuerung in aller Regel die vorteilhaftere Finanzierungsart darstellt. In derartigen Fällen reicht somit eine reine Schnittpunktberechnung der bisher behandelten Art grundsätzlich nicht aus, vielmehr ist ein *Steuerbarwertvergleich unter Einbeziehung der Transaktionskosten* im Falle des Hol-zurück durch Darlehen erforderlich. Allerdings dürfte die Gesellschafterfremdfinanzierung i. d. R. nur dann vorteilhafter werden, wenn der im Rahmen des Schütt-aus-Hol-zurück-Verfahrens anzuwendende Einkommensteuersatz s_e 0 % beträgt oder nur geringfügig darüber liegt. Dies ist nur dann möglich, wenn das zu versteuernde Einkommen des Gesellschafters im Jahr der Thesaurierung bzw. Ausschüttung auch unter Einbeziehung der Ausschüttung unterhalb des Grundfreibetrags des § 32a Abs. 1 EStG liegt. Voraussetzung ist (selbstverständlich), dass der Gesellschafter nach § 32d Abs. 6 Satz 1 EStG die Einbeziehung der Ausschüttung in das Veranlagungsverfahren beantragt.

3.5.4 Aufgabe 5

Alleingesellschafter-Geschäftsführer G der X-GmbH will dieser den im Jahre 1 erzielten Gewinn von 100 T€ für Investitionszwecke belassen. Er erwägt, diesen entweder zu thesaurieren oder ihn zwar zunächst auszuschütten, ihn dann aber anschließend entweder als Eigenkapital oder aber als Gesellschafterdarlehen der Gesellschaft wieder zur Verfügung zu stellen. Im Falle des Schütt-aus-Hol-zurück-Verfahrens soll die Ausschüttung noch Ende Dezember des Jahres 1 durchgeführt werden. Transaktionskosten werden bei Anwendung des SAHZ-Verfahrens ebenso wenig erwartet wie bei einer schlichten Thesaurierung. Bei einer Rückholung der Mittel in der Form von Eigenkapital soll dies dadurch erreicht werden, dass der zurückgeholte Betrag per Gesellschafterbeschluss nicht in das „Gezeichnete Kapital", sondern in die „Kapitalrücklage" eingestellt wird. Aus außerbetrieblichen Gründen rechnet G damit, dass er das Geld der GmbH nur für insgesamt 8 Jahre zur Verfügung stellen kann. Anschließend muss er es evtl. durch ein Bankdarlehen ersetzen. G plant für die nächsten Jahre auf den thesaurierten bzw. zurückerhaltenen Betrag jährliche Ausschüttungen bzw. Zinszahlungen. Der Bruttobetrag dieser Ausschüttungen bzw. Zinszahlungen soll 6.000 € p. a. betragen. Der Gewerbesteuerhebesatz beträgt 400 %. Zahlungsdifferenzen zwischen den Alternativen werden sich voraussichtlich nur auf den Stand des Kontokorrentkontos bei der A-Bank auswirken. Das Konto wird voraussichtlich stets einen Sollsaldo ausweisen. Den Zinssatz für die nächsten Jahre schätzt G auf durchschnittlich 10 % p. a. G ist verheiratet. Die Eheleute beabsichtigen während des gesamten Planungszeitraums die Zusammenveranlagung zu wählen. Ohne Ausschüttung wird die Summe der Einkünfte der Eheleute G im Veranlagungszeitraum 1 voraussichtlich – 70 T€ betragen. G nimmt an, dass er und seine Ehefrau während der Jahre ab dem Jahr 2 stets dem Steuersatz im oberen Bereich des unteren Plafonds der Einkommensteuer unterliegen werden. Er geht davon aus, dass dieser stets 42 % betragen wird, und zwar unabhängig davon, welche der hier zu erörternden Maßnahmen ergriffen werden. Der Kirchensteuer unterliegen die Eheleute G nicht; Solidaritätszuschlag wird voraussichtlich während des gesamten Planungszeitraums i. H. v. 5,5 % erhoben werden. G nimmt an, dass ab dem Jahre 2 sämtliche in Betracht kommenden Freibeträge bereits ohne den hier geschilderten Sachverhalt ausgeschöpft sein werden. Dies gilt nicht für den sich aus § 8 Nr. 1 GewStG ergebenden Freibetrag. Dieser wird voraussichtlich bei keiner der in Betracht kommenden Maßnahmen ausgeschöpft werden. Es ist die vorteilhafteste Maßnahme zu bestimmen.

3.5.5 Hinausschieben der Ausschüttung

Rechnet ein Gesellschafter einer GmbH damit, dass er in einem oder in mehreren künftigen Jahren ein niedrigeres zu versteuerndes Einkommen haben wird als derzeit, so sollte er diesem Umstand bei seiner Entscheidung zwischen Schütt-aus-Hol-zurück-Verfahren und Thesaurierung Rechnung tragen. Es kann dann nämlich vorteilhaft sein, eine bei einer reinen Schnittpunktbetrachtung vorteilhafte Ausschüttung hinauszuschieben und den entstandenen Gewinn zunächst zu thesaurieren. Der Zusammenhang soll anhand eines Beispiels verdeutlicht werden.

Beispiel

Alleingesellschafter E der Y-GmbH prüft im Dezember des Jahres 2 die Frage, ob er der GmbH den im Jahre 1 erzielten Bilanzgewinn in einem Umfang von 50 T€ im Wege der Thesaurierung belassen soll. Alternativ erwägt er eine Erhöhung der von ihm bereits früher beschlossenen Ausschüttung von 100 T€ um 50 T€ und Rückholung dieses zusätzlichen Ausschüttungsbetrages durch die Aufnahme eines langfristigen Gesellschafterdarlehens. Schüttet die GmbH die 50 T€ im Jahre 2 aus, so rechnet E mit einer Einkommensteuerbelastung dieser Ausschüttung nach § 32a Abs. 1 i. V. m. § 32d Abs. 2 EStG i. H. v. 2 T€. Aufgrund eines allgemeinen erwarteten Konjunktureinbruchs und eines unaufhörlich fallenden Dollarkurses erwartet er für das von ihm zusätzlich betriebene Handelsgeschäft in der Rechtsform eines Einzelkaufmanns für das Jahr 3 einen hohen steuerlichen Verlust. Er nimmt an, dass sein persönlicher Einkommensteuersatz in diesem Jahr 0 % betragen wird. Ab dem Jahr 4 rechnet E damit, dass sich sein zu versteuerndes Einkommen im positiven Bereich, und zwar entweder im Progressionsbereich oder im unteren Plafond bewegen wird. Er geht davon aus, dass der Hebesatz während der nächsten 10 Jahre stets mehr als 400 % betragen wird.

Bei alleiniger Betrachtung des Jahres 2 als möglichem Ausschüttungsjahr ist es vorteilhafter, die fraglichen 50 T€ auszuschütten und anschließend in der Form eines Darlehens zurückzuholen als den Betrag zu thesaurieren. Der Grund liegt darin, dass ab dem Jahr 4 ein Gesellschafterdarlehen voraussichtlich steuerlich vorteilhafter sein wird als Eigenkapital. Der Vorteil wird – wie sich aus der in Gliederungspunkt 3.4.3.4.4 befindlichen Abbildung I/5, Zeile 5, Spalten 7 und 10 ergibt – jährlich mindestens zwischen 1,38 % und 3,17 % der Zinsen bzw. Dividenden betragen. Wird das Jahr 3 als mögliches Ausschüttungsjahr mit in die Betrachtung einbezogen, so erweist es sich als noch vorteilhafter, die Ausschüttung und Rückholung in das Jahr 3 zu verschieben.

3.5.6 Schütt-aus in Form einer zusätzlichen Gehaltszahlung

3.5.6.1 Problemstellung

Bisher ist stets davon ausgegangen worden, dass der Schütt-aus-Vorgang in der Form einer Ausschüttung im gesellschaftsrechtlichen Sinne vorgenommen wird. Dies ist sicherlich die naheliegendste und vermutlich auch die am weitesten verbreitete Form des Schütt-aus. Denkbar ist aber auch die Form, dass der Schütt-aus-Vorgang zivilrechtlich in die Form eines zusätzlichen Gehalts an den Gesellschafter-Geschäftsführer gekleidet wird. Als *zusätzliches Gehalt* wird hier der Teil des Gehalts verstanden, den der Gesellschafter nicht für private Zwecke benötigt und den er nach Erhalt in der Form von Eigenkapital oder auch in derjenigen eines Gesellschafterdarlehens an die Gesellschaft zurückgibt. Mit dieser Vorgehensweise strebt der Gesellschafter-Geschäftsführer an, nicht die Steuerfolgen einer Ausschüttung, sondern diejenigen einer bei der Kapitalgesellschaft abzugsfähigen Betriebsausgabe eintreten zu lassen. Dies ist aber nur dann gewährleistet, wenn sich das Gehalt insgesamt noch im angemessenen Rahmen hält. Andernfalls ergeben sich die Rechtsfolgen einer verdeckten Gewinnausschüttung. Diese aber entsprechen grundsätzlich derjenigen einer offenen Gewinnausschüttung. Damit ergeben sich die gleichen Wirkungen wie sie unter Gliederungspunkt 3.5.2 bereits dargestellt worden sind.

3.5.6.2 Vorteilsvergleich

Ausgegangen wird bei dem Vergleich von einer gleich großen Ausgangsgröße, die entweder zu Gewinn führt und als solcher thesauriert oder aber zu einer zusätzlichen Gehaltszahlung Gh verwendet wird. Im ersten Fall entsteht i. H. v. Gh ein Gewinnbestandteil, der bei der Kapitalgesellschaft die Wirkungen von E i. S. d. in Band 4 bzw. im Anhang 3 abgeleiteten Gleichung (IV) zeigt. Die Belastung im Fall der Behandlung von Gh als thesaurierter Gewinn (B_t) beträgt:

$$B_t = (s_k + s_{ge}) \cdot Gh. \tag{103}$$

Im zweiten Fall entstehen bei der Kapitalgesellschaft keine Steuerfolgen, da das Gehalt eine abzugsfähige Betriebsausgabe darstellt. In diesem Fall entstehen Steuerfolgen lediglich bei dem Gesellschafter. Dieser hat zusätzliche Einnahmen aus nichtselbständiger Arbeit zu erfassen. Diese haben die Wirkung von Ee i. S. d. in Band 4 und im Anhang 3 abgeleiteten Gleichung (I) bzw. (II). Die Belastung im Falle einer Behandlung des Ausgangsbetrags Gh als Gehalt (Bgh) beträgt demnach

$$B_{gh} = G_h \cdot s_e. \tag{104}$$

In Ausnahmefällen können sich zusätzliche Freibetragseffekte ergeben. Auf deren Erfassung soll hier verzichtet werden, da sie sehr selten auftreten dürften. Dies liegt daran, weil Gh bei dem Gesellschafter in aller Regel zusätzliches Gehalt zu seinem „normalen" Gehalt darstellt, mithin die durch Gehaltszahlungen induzierten Freibeträge bereits ausgeschöpft sein dürften.

Weitere für den Vorteilvergleich relevante Steuerfolgen als die hier angesprochenen ergeben sich nicht. Für die Belastungsdifferenz der Vergleichsfälle ergibt sich demnach:

$$B_t - B_{gh} = (s_k + s_{ge}) \cdot G_h - s_e \cdot G_h. \tag{105}$$

Eine Gehaltszahlung ist dann vorteilhafter als eine Thesaurierung, wenn gilt:

$$B_{gh} < B_t. \tag{106}$$

Wird Gleichung (105) entsprechend umgestellt, gilt also

$$s_e < s_k + s_{ge}. \tag{107}$$

Wird von dem derzeit geltenden Körperschaftsteuersatz unter Berücksichtigung des Solidaritätszuschlags ausgegangen, d. h. beträgt sk (15 % · 1,055 =) 15,825 %, so ergibt sich bei Ansatz des hier üblicherweise verwendeten Gewerbesteuersatzes von 14 % (sge) Folgendes:

$$s_e < 0{,}29825. \tag{107a}$$

Bei den genannten Steuersätzen ist eine Gehaltszahlung mit anschließender Rückholung des gezahlten Betrages also dann vorteilhafter als eine Thesaurierung, wenn der Einkommensteuersatz des Gesellschafters bzw. der kombinierte Einkommen- und Kirchensteuersatz geringer ist als rd. 30 %. Zu beachten ist, dass es sich bei diesem Steuersatz um einen Differenzsteuersatz und nicht um den Durchschnittssteuersatz handelt. Ein kombinierter Einkommen-, Kirchensteuer- und Solidaritäts-zuschlagsatz von weniger als 30 % ergibt sich – wie ein Blick auf die im Anhang 2 befindlichen Tabellen T-1 bis T-6 zeigt – nur bei (aus Sicht der meisten Gesell-schafter-Geschäftsführer) geringen zu versteuernden Einkommen. Diese dürften in der Realität regelmäßig nur dann vorkommen, wenn der Gesellschafter-Geschäfts-führer aus anderen Einkünften als denen aus seiner Geschäftsführertätigkeit hohe Verluste erzielt.

3.5.6.3 Besondere Probleme bei Verlusten

Die im letzten Gliederungspunkt abgeleiteten Belastungsgleichungen und -unglei-chungen lassen sich problemlos nur dann anwenden, wenn das zu versteuernde Ein-kommen sowohl der Gesellschaft als auch das ihres Gesellschafters in beiden mit-einander zu vergleichenden Fällen positive Werte aufweist. Ist dies nicht der Fall, so ergeben sich Probleme, die anhand des nachfolgenden Beispiels veranschaulicht werden sollen.

Beispiel

Der ledige Gesellschafter-Geschäftsführer (G) der X-GmbH erwägt, ab dem Jahr 2021 sein Gehalt von bisher lediglich 10 T€ um 100 T€ auf 110 T€ p. a. zu erhöhen. Sein Steuerberater ist der An-sicht, dass auch ein derartig erhöhtes Gehalt noch im Rahmen des Angemessenen liegt. Wird das Gehalt erhöht, so will G der GmbH nach Ablauf des Jahres in Höhe des Betrages, der ihm von den 100 T€ – nach Abzug seiner darauf entfallenden persönlichen Steuern – verbleibt, Eigenkapital zu-führen. Wird das Gehalt nicht erhöht, so sollen die 100 T€, soweit sie nicht für Steuerzahlungen der Gesellschaft benötigt werden, in der GmbH thesauriert werden. Ohne die zusätzliche Gehaltszah-lung wird die GmbH im Jahr 2021 voraussichtlich ein zu versteuerndes Einkommen von 1 Mio € erwirtschaften. Der Gewerbesteuerhebesatz der Gemeinde beträgt 400 %. Ohne das zusätzliche Ge-halt rechnet G für das Jahr 2021 mit einem persönlichen zu versteuernden Einkommen von

a)   + 110 T€,
b)   – 60 T€.
G gehört keiner Kirchengemeinde an.

Im Fall a) lässt sich die Belastungsdifferenz der alternativen Gestaltungsmaßnahmen problemlos aus Gleichung (105) ermitteln. In diese sind dann folgende Werte einzusetzen: $sk = 0{,}15825$, $sge = 0{,}14$, se $(0{,}42 \cdot 1{,}055 =)$ $0{,}4431$ und $Gh = 100.000$ €. Die Differenz beträgt:

$(0{,}15825 + 0{,}14) \cdot 100.000 - 0{,}4431 \cdot 100.000 = -14.485.$

Im Fall a) ergibt sich somit eine Minderbelastung bei Thesaurierung im Vergleich zur Gehaltszah-lung mit anschließender Rückholung des Geldes i. H. v. 14.485 €. Die Thesaurierung ist somit deut-lich vorteilhafter als die alternative Gestaltungsmaßnahme.

Im Fall b) ist die Ermittlung der Belastungsdifferenz der Vergleichsfälle auf *Gesellschaftsebene* ebenfalls unproblematisch. Nach dem Sachverhalt bewegen sich das zu versteuernde Einkommen und der Gewerbeertrag der Gesellschaft hoch im positiven Bereich. Damit kann der erste Term auf der rechten Seite der Gleichung (105) ohne Bedenken angewendet werden. Die Belastung im Fall der Thesaurierung der 100 T€ ergibt sich somit durch Einsetzen der konkreten Werte in diesen Term. Sie lauten: $sk = 0{,}15825$, $sge = 0{,}14$ und $Gh = 100.000$ €. Hieraus ergibt sich eine Belastung der Gesellschaft von 29.825 €. Dies ist zugleich die Gesamtbelastung des Ausgangsbetrags von 100.000 € im Falle seiner Thesaurierung.

Auf *Gesellschafterebene* hingegen ergeben sich im Fall b) erhebliche Probleme bei Bestimmung des Steuersatzes *s_e*. Bei Erhöhung des Gehalts um 100 T€ wird ein Teil von (– 60 + 100 =) 40 T€ im Jahr 2021 der Besteuerung bei G unterworfen. Zur Ermittlung der hierdurch verursachten Einkommensteuerbelastung ist es am einfachsten, diese unmittelbar dem Grundtarif für das Jahr 2021 zu entnehmen. Die Einkommensteuer beträgt dann 8.333 €; ein Solidaritätszuschlag wird nicht erhoben. Dies ist zugleich die Gesamtbelastung, mit der der Ausgangsbetrag von 100 T€ im Veranlagungszeitraum 2021 belastet wird. Bei isolierter Betrachtung dieses Veranlagungszeitraums ergibt sich somit eine Minderbelastung im Falle der Gehaltszahlung im Vergleich zur Thesaurierung i. H. v. (29.825 – 8.333 =) 21.492 €.

Bei einer derartigen Einschränkung auf die Steuerwirkungen im Veranlagungszeitraum 2021 wird aber ein Teil der insgesamt anfallenden Steuerbelastungen nicht erfasst. Durch die Gehaltszahlung mindert sich nämlich bei G in Höhe des im Jahre 2021 nicht ausgleichsfähigen Verlustes, d. h. in einer Höhe von (100 – 40 =) 60 T€, der abzugsfähige Verlust i. S. d. § 10d EStG. Dadurch kommt es in einem anderen Jahr oder auch in mehreren anderen Jahren zu einer Einkommenserhöhung i. H. v. insgesamt 60 T€. Diese können mit unterschiedlichen Steuersätzen *s_e* belegt sein.

Das Beispiel zeigt, dass in den Fällen, in denen der Gesellschafter ohne zusätzliche Gehaltszahlung im Jahr *t* ein negatives zu versteuerndes Einkommen erzielt, eine alleinige Berücksichtigung der Steuerwirkungen dieses Jahres nicht ausreichend ist. Hier müssen vielmehr zusätzlich die Steuerwirkungen berücksichtigt werden, die sich über eine Veränderung des nach § 10d EStG abzugsfähigen Verlustes in einem anderen Jahr oder in mehreren anderen Jahren ergeben. Hierbei können in den einzelnen Jahren unterschiedliche Differenzsteuersätze zur Anwendung kommen. Außerdem werden sich regelmäßig Zinseffekte ergeben, die das Ergebnis des Vorteilsvergleichs ebenfalls beeinflussen können[55].

Die Ausführungen zeigen, dass die Steuerwirkungen in erheblichem Maße von den Verhältnissen des Einzelfalls abhängen. Auf eine eingehendere Analyse, in der z. B. versucht werden könnte, für bestimmte Fallgruppen zu allgemeingültigen Aussagen zu gelangen, muss hier aus Platzgründen verzichtet werden.

3.5.6.4 Beschränkungen durch andere Gesellschafter

Erweist sich im Einzelfall eine zusätzliche Gehaltszahlung mit anschließender Rückholung des Geldes als vorteilhafter als eine Thesaurierung, so ist damit keinesfalls sicher, dass diese Gestaltungsmaßnahme auch durchgeführt werden kann. Vielfach dürften nämlich die Interessen anderer Gesellschafter durch eine derartige Maßnahme tangiert sein. Überhaupt nicht auftreten kann dieses Problem lediglich in Fällen einer Einpersonengesellschaft. Nur bei derartigen Gesellschaften braucht der Gesellschafter-Geschäftsführer überhaupt keine Rücksicht auf die Interessen anderer Gesellschafter zu nehmen. In anderen Fällen dürfte eine Gestaltungsmaßnahme der hier erörterten Art nur selten möglich sein, dann nämlich, wenn alle Gesellschafter im Unternehmen mitarbeiten und alle an einer derartigen Gestaltungsmaßnahme interessiert sind. Sind diese beiden Voraussetzungen nicht erfüllt, kommt es zu Interessenkonflikten zwischen einzelnen Gesellschaftern. So werden die anderen Gesellschafter nicht die Begünstigung eines einzelnen Gesellschafters

---

[55]   Zur Steuerplanung in Verlustsituationen vertiefend s. Wollseiffen (1998).

durch eine Erhöhung dessen Gehalts zu Lasten ihrer eigenen Gewinnanteile akzeptieren wollen, ohne für diese relative Schlechterstellung kompensiert zu werden. Eine derartige Kompensation dürfte aber nur in Ausnahmefällen möglich sein.

3.5.6.5 Zusammenfassende Würdigung

Zusammenfassend kann festgestellt werden, dass eine zusätzliche Gehaltszahlung mit anschließender Rückholung des Geldes nur in seltenen Fällen möglich und zugleich vorteilhafter sein wird als eine schlichte Thesaurierung. Gründe für diese Einschätzung sind:

1. Vielfach scheitert eine zusätzliche Gehaltszahlung bereits daran, dass diese in eine verdeckte Gewinnausschüttung umzudeuten wäre.
2. Ein Vorteil kann durch die Gestaltungsmaßnahme nur dann erzielt werden, wenn die zusätzliche Gehaltszahlung bei dem Gesellschafter einem weit unter dem Spitzensteuersatz liegenden Einkommensteuersatz unterliegt.
3. Vielfach wird eine Gestaltungsmaßnahme der hier aufgezeigten Art zu Interessenkonflikten mit anderen Gesellschaftern führen und deshalb nicht durchsetzbar sein.

Die Ausführungen zur Vorteilhaftigkeit einer zusätzlichen Gehaltszahlung mit anschließender Rückholung des Geldes sind hier nur für den Fall einer Rückholung in Form einer Eigenkapitalzufuhr gemacht worden. Wird eine Rückholung in der Form eines Gesellschafterdarlehens in die Betrachtung einbezogen, so steigt i. d. R. – c. p. – die Vorteilhaftigkeit der Gestaltungsmaßnahme. Der Grund liegt in der späteren laufenden Besteuerung. Diese ist im Falle eines Gesellschafterdarlehens vorteilhafter als in dem einer Eigenfinanzierung. In derartigen Fällen lohnt die Durchführung eines Steuerbarwertvergleichs. Dies gilt aber nur dann, wenn die Maßnahme nicht bereits aus den unter 1. und 3. genannten Gründen scheitert.

3.6 Leasing oder Investition mit Fremdfinanzierung

3.6.1 Einführung

Häufig stehen Unternehmen vor der Frage, ob sie eine Investition mit Fremdfinanzierung durchführen oder ob sie stattdessen ein Leasingangebot annehmen sollen. Letzteres umfasst dann sowohl die Investitions- als auch die Finanzierungsseite.

Der aus dem angelsächsischen Bereich stammende Begriff des **Leasings** ist schillernd. Verstanden werden hierunter z. T. stark voneinander abweichende Vertragstypen und Sachverhalte. Leasingverhältnisse lassen sich allgemein dadurch charakterisieren, dass der *Leasinggeber* dem *Leasingnehmer* ein *Wirtschaftsgut,* den Leasinggegenstand, gegen Entgelt zur Nutzung *überlässt.* Leasingverträge weisen somit typische Charakteristika von Miet- und Pachtverträgen auf. Sie werden deshalb nach deutschem Recht auch überwiegend als spezifische Ausprägungen von

Miet- und Pachtverträgen angesehen[56]. Etwas anderes gilt in den Fällen, in denen von vornherein vereinbart wird, dass das Leasingobjekt nach Ablauf der Leasingzeit in das Eigentum des Leasingnehmers übergehen soll. Derartige Verträge werden als *Mietkaufverträge* behandelt, für die vorrangig Kaufvertragsrecht gilt.

Die verschiedenartigen Leasingverhältnisse lassen sich nach *unterschiedlichen Kriterien* einteilen[57]. Üblich sind insbesondere Einteilungen

- nach der *Art des Leasinggebers* zwischen Produzentenleasing (Herstellerleasing) und Leasing durch eine Leasinggesellschaft, i. d. R. als direktes und indirektes Leasing bezeichnet,
- nach dem *Grad der Amortisation während der Grundmietzeit* zwischen Voll- und Teilamortisationsverträgen,
- nach dem *Verpflichtungscharakter* zwischen Operate-Leasing und Financial-Leasing,
- nach *rechtlichen Kriterien* zwischen Verträgen mit und ohne Kauf- oder Verlängerungsoption des Leasingnehmers,
- nach dem *Grad der speziellen Herrichtung* des Wirtschaftsgutes auf die Bedürfnisse des Leasingnehmers zwischen Spezialleasing und Nichtspezialleasing,
- nach der *Art des Leasinggegenstandes* zwischen Mobilien- und Immobilienleasing.

Investitionsgüter werden im Inland i. d. R. nicht direkt vom *Produzenten,* sondern von einer Leasinggesellschaft geleast. Diese erwirbt auf Wunsch des Leasingnehmers den Leasinggegenstand und verleast ihn anschließend an den Leasingnehmer. Bei den *Leasinggesellschaften* handelt es sich regelmäßig entweder um Tochtergesellschaften von Banken oder um Tochtergesellschaften großer Produzenten. Nachfolgend wird grundsätzlich davon ausgegangen, dass es sich bei dem Leasinggeber um eine Leasinggesellschaft handelt. Hingewiesen sei aber darauf, dass die Art des Leasinggebers allein keinen Einfluss auf den Vorteilsvergleich des Investors zwischen Investition und Fremdfinanzierung einerseits und Leasing andererseits haben kann. Auswirkungen treten nur dann auf, wenn Produzenten und Leasinggesellschaften unterschiedliche Konditionen bieten.

Die Unterscheidung zwischen Leasingverträgen mit *Vollamortisation* einerseits und *Teilamortisation* andererseits kann u. a. für die steuerlichen Folgen von Bedeutung sein, sie wird deshalb nachfolgend benötigt. Bei Vollamortisation deckt die Summe der Leasingraten die Anschaffungs- oder Herstellungskosten sowie die Nebenkosten einschließlich der Finanzierungskosten des Leasinggebers während der Grundmietzeit in vollem Umfang. Bei Teilamortisationsverträgen ist dies nur z. T. der Fall.

---

56   Vgl. Westphalen (2015), S. 1 ff. Vgl. auch Bordewin/Tonner (2008), S. 4 ff.
57   Vgl. u. a. Bieg (1997), S. 425 ff.; Engel (1997), S. 53 ff.; Büschgen (1998), S. 3 ff.; Hastedt/Mellwig (1998), S. 13 ff.; Tacke (1999), S. 2 ff.; Bordewin/Tonner (2008), S. 11 ff.; Wöhe/Bilstein/Ernst/Häcker (2013), S. 340 ff.

Das *Operate-Leasing* wird üblicherweise u. a. dadurch gekennzeichnet, dass der Leasinggegenstand im Verhältnis zu seiner Nutzungsdauer nur für kurze Zeit überlassen wird, während der er sich nicht durch die Leasingraten amortisiert. Die Risikoübernahme für den Leasinggegenstand bleibt beim Leasinggeber.

Die Einteilung zwischen Leasingverträgen *mit und ohne Kauf- bzw. Verlängerungsoption* des Leasingnehmers ist u. a. hinsichtlich der daran geknüpften steuerlichen Folgen von Bedeutung. Gleiches gilt hinsichtlich der Unterscheidung zwischen *Spezial-* und *Nichtspezialleasing*. Beide Unterscheidungen werden deshalb nachfolgend benötigt.

Die Unterscheidung zwischen *Mobilien- und Immobilienleasing* ist z. T. von steuerlicher Bedeutung. Mobilien- und Immobilienleasing werden deshalb auch in unterschiedlichen Leasingerlassen der Finanzverwaltung behandelt.

Glaubt man einigen Äußerungen aus der Leasingbranche, so weist das *Leasing im Vergleich* zur *Investition mit Fremdfinanzierung* eine Reihe von Vorteilen auf. Als Vorteile werden insbesondere genannt:

- eine bessere Anpassung an den technischen Fortschritt durch häufigen Modellwechsel,
- ein besserer Service,
- eine Erhöhung des Kreditspielraums des Betriebes,
- eine Erhöhung der Liquidität,
- steuerliche Vorteile.

Es ist hier nicht die Stelle, diese angeblichen Vorteile auf ihre Stichhaltigkeit hin zu überprüfen. Vor einem unkritischen Glauben hieran sei aber gewarnt. Nachfolgend soll lediglich auf steuerliche Aspekte eingegangen werden.

3.6.2 Bilanzielle Behandlung des Leasings

3.6.2.1 Zuordnung des Leasinggegenstandes bei Vollamortisationsverträgen

Entscheidend für die *bilanzielle Behandlung* des Leasinggegenstandes ist, wem dieser wirtschaftlich zuzurechnen ist. Die Zurechnung richtet sich danach, *wer wirtschaftlicher Eigentümer* des Leasinggegenstandes ist. Für die Beantwortung dieser Frage sind die im Schrifttum üblichen und soeben dargestellten Unterscheidungskriterien nur z. T. hilfreich. Von entscheidender Bedeutung ist hingegen, ob es sich um ein Finanzierungsleasing i. S. der BdF-Schreiben vom 19.4.1971[58] bzw. vom 21.3.1972[59] handelt oder nicht. Diese BdF-Schreiben *(Leasingerlasse)* beruhen auf

---

[58] BdF-Schreiben vom 19.4.1971, IV B 2 - S 2170 - 31/71, BStBl I 1971, S. 264.
[59] BdF-Schreiben vom 21.3.1972, F/IV B 2 - S 2170 - 11/72, BStBl I 1972, S. 188.

einem BFH-Urteil vom 26.1.1970[60]. Sie finden in Handels- und Steuerbilanz gleichermaßen Anwendung, nicht hingegen in Abschlüssen nach den IFRS[61].

Finanzierungsleasing i. S. d. beiden Leasingerlasse „... ist nur dann anzunehmen, wenn

a) der Vertrag über eine bestimmte Zeit abgeschlossen wird, während der der Vertrag bei vertragsgemäßer Erfüllung von beiden Vertragsparteien nicht gekündigt werden kann (Grundmietzeit) und

b) der Leasingnehmer mit den in der Grundmietzeit zu entrichtenden Raten mindestens die Anschaffungs- oder Herstellungskosten sowie alle Nebenkosten einschließlich der Finanzierungskosten des Leasinggebers deckt"[62].

Finanzierungsleasing i. S. d. genannten Leasingerlasse ist also gekennzeichnet durch die Vereinbarung einer *festen Grundmietzeit* einerseits und eine *Vollamortisation* während der Grundmietzeit andererseits.

Handelt es sich um Finanzierungsleasing i. S. d. beiden BdF-Erlasse, so sind *vier Unterfälle* zu unterscheiden, und zwar

1. Leasingverträge ohne Kauf- oder Verlängerungsoption,
2. Leasingverträge mit Kaufoption,
3. Leasingverträge mit Mietverlängerungsoption und
4. Verträge über Spezialleasing.

Bei Leasingverträgen *ohne Kauf- oder Mietoption* hat der Leasingnehmer nach Ablauf der Grundmietzeit keinen Rechtsanspruch auf Erwerb des Leasinggegenstandes oder auf Verlängerung der Leasingdauer. Beträgt in derartigen Fällen die *Grundmietzeit mindestens 40 %* und *höchstens 90 %* der betriebsgewöhnlichen Nutzungsdauer, so ist der Leasinggegenstand wirtschaftliches *Eigentum des Leasinggebers.* Der Leasinggeber hat ihn dann also zu bilanzieren. Beträgt die Grundmietzeit hingegen weniger als 40 % oder mehr als 90 % der betriebsgewöhnlichen Nutzungsdauer, so ist der Leasinggegenstand dem Leasingnehmer zuzurechnen, d. h. dieser hat ihn zu bilanzieren.

Bei *Leasingverträgen mit Kaufoption* gelten die gleichen Grundsätze wie bei Verträgen ohne eine derartige Option. Weitere *Voraussetzung* für die *Hinzurechnung* beim *Leasinggeber* ist aber, dass der „... für den Fall der Ausübung des Optionsrechts vorgesehene Kaufpreis nicht niedriger ist als der unter Anwendung der linearen AfA nach der amtlichen AfA-Tabelle ermittelte Buchwert oder der niedrigere gemeine Wert im Zeitpunkt der Veräußerung"[63]. Ist die zweite Voraussetzung nicht

---

60   BFH-Urteil vom 26.1.1970, IV R 144/66, BStBl 1970 II, S. 264.
61   Hinsichtlich einer umfassenden Darstellung des Leasings nach den IFRS und einer kritischen Auseinandersetzung hiermit sei auf Lazarz (2021) verwiesen.
62   BdF-Schreiben vom 19.4.1971, IV B 2 - S 2170 - 31/71, BStBl I 1971, S. 264.
63   BdF-Schreiben vom 19.4.1971, IV B 2 - S 2170 - 31/71, BStBl I 1971, S. 264.

erfüllt, so ist unabhängig von dem Verhältnis der Grundmietzeit zur betriebsge-wöhnlichen Nutzungsdauer der Leasinggegenstand dem Leasingnehmer zuzurech-nen.

Auch bei Leasingverträgen *mit Mietverlängerungsoption* gelten die gleichen Grundsätze wie bei Verträgen ohne Option. Weitere *Voraussetzung* für die *Hinzu-rechnung* beim *Leasinggeber* ist aber hier, dass „... die Anschlussmiete so bemessen ist, dass sie den Wertverzehr für den Leasinggegenstand deckt, der sich auf der Ba-sis des unter Berücksichtigung der linearen Absetzung für Abnutzung nach der amt-lichen AfA-Tabelle ermittelten Buchwerts oder des niedrigeren gemeinen Werts und der Restnutzungsdauer lt. AfA-Tabelle ergibt ...“[64]. Ist diese zweite Vorausset-zung nicht erfüllt, so ist auch hier unabhängig von dem Verhältnis der Grundmiet-zeit zur betriebsgewöhnlichen Nutzungsdauer der Leasinggegenstand dem Leasing-nehmer zuzurechnen.

3.6.2.2 Zuordnung des Leasinggegenstandes bei Teilamortisationsverträgen

Sieht der Leasingvertrag keine Voll-, sondern lediglich eine *Teilamortisation* der Anschaffungs- oder Herstellungskosten während der Grundmietzeit vor, so sind die bisher dargestellten Grundsätze nicht anwendbar. Vielmehr ist dann in Fällen des Mobilienleasings das BdF-Schreiben vom 22.12.1975[65] von Bedeutung, und zwar sowohl für die handels- als auch für die steuerbilanzielle Zuordnung. Im Falle des Immobilienleasings gilt dann hingegen das BdF-Schreiben vom 23.12.1991[66].

Nach dem Schreiben vom 22.12.1975 sind drei Vertragstypen zu unterscheiden. Sie lassen sich wie folgt kennzeichnen:

1. Der Leasinggeber besitzt ein *Andienungsrecht,* der Leasingnehmer hingegen hat kein Recht, den Gegenstand zu erwerben;
2. der *Verkaufserlös* nach Ablauf der Grundmietzeit wird zwischen Leasinggeber und Leasingnehmer aufgeteilt;
3. es besteht ein kündbarer Mietvertrag mit Anrechnung des Veräußerungserlöses auf die vom Leasingnehmer zu leistende Schlusszahlung.

Im *ersten Fall* hat der Leasingnehmer *keine Kauf- oder Verlängerungsoption,* hin-gegen steht dem Leasinggeber ein *Andienungsrecht* zu. Letzteres bedeutet, dass der Leasinggeber berechtigt, nicht aber verpflichtet ist, den Leasinggegenstand zu ei-nem von vornherein festgesetzten Kaufpreis zum Kauf anzubieten. Macht der Lea-singgeber von diesem Recht Gebrauch, so ist der Leasingnehmer zum Erwerb ver-pflichtet. Hier ist der *Leasinggeber wirtschaftlicher Eigentümer;* ihm ist der Lea-singgegenstand also zuzurechnen.

---

64 BdF-Schreiben vom 19.4.1971, IV B 2 - S 2170 - 31/71, BStBl I 1971, S. 264.
65 BdF-Schreiben vom 22.12.1975, IV B 2 - S 2170 - 161/75, StEK EStG § 6 Abs. 1 Ziff. 1 Nr. 45.
66 BdF-Schreiben vom 23.12.1991, IV B 2 - S 2170 - 115/91, BStBl I 1992, S. 13.

Im *zweiten Fall* hängt die Zurechnung des Leasinggegenstandes von der Art der *Aufteilung des Verkaufserlöses* ab. Der Leasinggegenstand ist dem *Leasinggeber* zuzurechnen, wenn er mindestens 25 % des die Restamortisation übersteigenden Teils des Verkaufserlöses erhält. Das gilt auch in den Fällen, in denen der Leasingnehmer zu einer Abschlusszahlung an den Leasinggeber verpflichtet ist, weil die Summe der Leasingraten zuzüglich des Verkaufserlöses an einen Dritten nicht zu einer Deckung der Anschaffungs- oder Herstellungskosten des Leasinggebers ausreicht. In allen anderen Fällen ist der Leasinggegenstand dem Leasingnehmer zuzurechnen.

Im *dritten Fall* kann der Leasingnehmer den Leasingvertrag nach den Vertragsbedingungen frühestens nach Ablauf der Grundmietzeit kündigen. Diese beträgt üblicherweise 40 % der betriebsgewöhnlichen Nutzungsdauer des Leasinggegenstandes. Bei Kündigung hat der Leasingnehmer eine Abschlusszahlung in Höhe der durch die Leasingraten nicht gedeckten Gesamtkosten des Leasinggebers zu entrichten. Auf die Abschlusszahlung werden üblicherweise 90 % des vom Leasinggeber erzielten Veräußerungserlöses angerechnet. Ist jedoch der Veräußerungserlös höher als die Differenz zwischen den Gesamtkosten des Leasinggebers und den bis zur Veräußerung entrichteten Leasingraten, so steht der Differenzbetrag dem Leasinggeber in vollem Umfang zu.

Bei diesem Vertragsmodell kommt also eine während der Mietzeit eingetretene Wertsteigerung in vollem Umfang dem Leasinggeber zugute. Der Leasinggeber ist daher nicht nur zivilrechtlicher, sondern auch wirtschaftlicher Eigentümer des Leasinggegenstandes. Ihm ist dieser also zuzurechnen.

Bei Teilamortisationsleasingverträgen über *Immobilien* ist das *Gebäude* nach dem BdF-Schreiben vom 23.12.1991[67] *grundsätzlich* dem *Leasinggeber* zuzurechnen. Dieser Grundsatz wird aber von einer Reihe wichtiger Ausnahmen durchbrochen. *Ausnahmsweise* ist das Gebäude nämlich in folgenden Fällen dem *Leasingnehmer* zuzurechnen:

- bei *Spezialleasingverträgen,*
- bei Leasingverträgen mit *Kaufoption,* wenn die *Grundmietzeit* mehr als 90 % der betriebsgewöhnlichen Nutzungsdauer beträgt oder der vorgesehene Kaufpreis geringer ist als der Restbuchwert des Leasinggegenstandes nach Ablauf der Grundmietzeit unter Berücksichtigung der AfA nach § 7 Abs. 4 EStG,
- bei Verträgen mit *Mietverlängerungsoptionen,* wenn die Grundmietzeit mehr als 90 % der betriebsgewöhnlichen Nutzungsdauer beträgt oder die Anschlussmiete nicht mindestens 75 % der üblichen Miete vergleichbarer Grundstücke beträgt,
- bei Verträgen mit Kauf- oder Mietverlängerungsoption und *besonderen* Verpflichtungen des Leasingnehmers.

Besondere Verpflichtungen des Leasingnehmers können sein:

---

[67]   BdF-Schreiben vom 23.12.1991, IV B 2 - S 2170 - 115/91, BStBl I 1992, S. 13.

- Der Leasingnehmer trägt die Gefahr des zufälligen Untergangs des Leasinggegenstandes;
- der Leasingnehmer ist auch bei einer von ihm nicht zu vertretenden Zerstörung des Leasinggegenstandes zur Wiederherstellung verpflichtet oder seine Leistungspflicht aus dem Mietvertrag mindert sich trotz Zerstörung nicht;
- die Leistungspflicht des Leasingnehmers mindert sich auch dann nicht, wenn die Nutzung des Gegenstandes aufgrund eines von ihm nicht zu vertretenden Umstands langfristig ausgeschlossen ist;
- bei vorzeitiger Vertragsbeendigung hat der Leasingnehmer dem Leasinggeber die bisher nicht gedeckten Kosten zu erstatten;
- der Leasingnehmer stellt den Leasinggeber von allen Ansprüchen Dritter frei;
- der Leasingnehmer ist Eigentümer des Grund- und Bodens, der Leasinggeber hingegen Erbbauberechtigter, wobei der Leasingnehmer aufgrund des Erbbaurechtsvertrages wirtschaftlich gezwungen ist, den Leasinggegenstand nach Ablauf der Grundmietzeit zu übernehmen.

Der *Grund und Boden* ist nach dem BdF-Schreiben vom 23.12.1991 grundsätzlich demjenigen zuzurechnen, dem nach den vorstehenden Grundsätzen auch das Gebäude zugerechnet wird.

Ist der Leasinggegenstand dem *Leasinggeber zuzurechnen*, so hat dieser ihn zu aktivieren. Die Bewertung hat nach den allgemeinen Grundsätzen zu erfolgen; leasingspezifische Besonderheiten ergeben sich nicht. Die Leasingraten hat der Leasinggeber als Betriebseinnahmen zu verbuchen. Beim Leasingnehmer stellen die Leasingraten sofort abzugsfähige Betriebsausgaben dar.

Wird der Leasinggegenstand dem *Leasingnehmer zugerechnet*, so hat dieser ihn zu aktivieren. Als seine Anschaffungskosten gelten nach dem Leasingerlass vom 19.4.1971 die Anschaffungs- oder Herstellungskosten des Leasinggebers, die der Berechnung der Leasingraten zugrunde gelegt worden sind. In der Folgezeit hat der Leasingnehmer den Leasinggegenstand nach den allgemeinen Grundsätzen abzuschreiben. In Höhe der Anschaffungs- oder Herstellungskosten – mit Ausnahme der Anschaffungsnebenkosten des Leasingnehmers – hat der Leasingnehmer eine Verbindlichkeit zu passivieren. Diese ist wirtschaftlich als Kaufpreisschuld anzusehen.

Bei Zurechnung des Leasinggegenstandes zum Leasingnehmer sind die Leasingraten in einen *Zins-* und *Kostenanteil* einerseits und in einen *Tilgungsanteil* andererseits aufzuteilen. Bei gleichbleibenden Leasingraten verringert sich hierbei der Zinsanteil, während der Tilgungsanteil entsprechend steigt. Der Zins- und Kostenanteil der Leasingraten stellt bei dem Leasingnehmer sofort abzugsfähige Betriebsausgaben dar. Der Tilgungsanteil der Leasingraten ist erfolgsneutral gegen die ausgewiesene Kaufpreisschuld zu verrechnen.

Bei der Ermittlung des Zins- und Kostenanteils der Leasingraten werden die insgesamt anfallenden Zinsen und Kosten auf die Vertragslaufzeit verteilt. Insgesamt ergibt sich der Zins- und Kostenanteil durch die Differenz der gesamten Leasingraten und den Anschaffungs- oder Herstellungskosten des Leasinggebers. Zur zeitlichen Verteilung des Zins- und Kostenanteils einerseits sowie des Tilgungsanteils andererseits kann entweder die Barwertvergleichsmethode oder die vereinfachende Zinsstaffelmethode herangezogen werden[68]. Auf beide Methoden wird im folgenden Beispiel eingegangen.

Bei Zuordnung des Leasinggegenstandes zum Leasingnehmer hat der Leasinggeber bei Übergabe des Leasinggegenstandes an den Leasingnehmer eine Kaufpreisforderung zu aktivieren. Deren Anschaffungskosten entsprechen der Höhe der den Leasingraten zugrunde gelegten Anschaffungskosten des Leasinggegenstandes. Der Betrag stimmt also grundsätzlich mit der von dem Leasingnehmer zu passivierenden Kaufpreisschuld überein. Auch der Leasinggeber hat die Leasingraten in einen Zins- und in einen Tilgungsanteil aufzuteilen. Den Zinsanteil hat er als Ertrag, den Tilgungsanteil erfolgsneutral gegen die Kaufpreisforderung zu verbuchen.

Die aufgezeigten Zusammenhänge sollen anhand eines Beispiels verdeutlicht werden. Umsatzsteuerliche Aspekte werden aus Vereinfachungsgründen vernachlässigt.

Beispiel

N (Leasingnehmer) least von G (Leasinggeber) eine Maschine. Die Anschaffungskosten der Maschine betragen 100.000 €. Die Leasingrate beträgt jährlich 18.000 €. Die Grundmietzeit und die Nutzungsdauer sind identisch und betragen 10 Jahre. Bei der Übernahme der Maschine zu Beginn des Jahres 1 hat N folgende Buchung vorzunehmen:

(1) Maschinen 100.000 €   an Verbindlichkeiten aus
                                   Lieferungen und Leistungen   100.000 €

Der Wert der Maschine und der Verbindlichkeit entsprechen einander. Sie ergeben sich aus den Anschaffungs- oder Herstellungskosten des Leasinggutes.

Zur Ermittlung des Zins- und Kostenanteils einerseits und des Tilgungsanteils andererseits ist zunächst die Annuität zu ermitteln. Dazu kann auf Gleichung (18)[69] zurückgegriffen werden. Dabei sind die jährlichen Leasingraten als Annuität *Ann* und die Anschaffungs- bzw. Herstellungskosten als Kapitalwert *K* zu interpretieren.

Für die Annuität ergibt sich

$$\text{Ann} = K \cdot \frac{i \cdot (1+i)^n}{(1+i)^n - 1} \quad \text{bzw.}$$

$$18.000 = 100.000 \cdot \frac{i \cdot (1+i)^{10}}{(1+i)^{10} - 1}.$$

Aus dieser Gleichung kann mit Hilfe eines iterativen Verfahrens der interne Zinsfuß ermittelt werden. Er beträgt $i = 12,4148\,\%$.

Löst man die Annuitätengleichung (18) nach *K* auf, so ergibt sich im ersten Jahr ein Kapitalwert in Höhe von

$$K = \text{Ann} \cdot \frac{(1+i)^n - 1}{i \cdot (1+i)^n} \quad \text{bzw.}$$

$$K = 18.000 \cdot \frac{1,124148^{10} - 1}{0,124148 \cdot 1,124148^{10}},$$

---

68   Vgl. BMF-Schreiben vom 13.12.1973 - IV B 2 - S 2170 - 94/73, DB 1973, S. 2485.
69   Vgl. Gliederungspunkt 2.2.2.

K = 100.000.

K entspricht sowohl den Anschaffungs- bzw. Herstellungskosten als auch dem Wert der Verbindlichkeiten zu Beginn des ersten Jahres.

Am Ende des ersten Jahres zahlt N die erste Leasingrate. Der Kapitalwert der Verbindlichkeit beträgt dann

$$K = 18.000 \cdot \frac{1,124148^9 - 1}{0,124148 \cdot 1,124148^9} \quad \text{bzw.}$$

K = 94.415.

Der Tilgungsanteil im ersten Jahr beträgt demnach (100.000 – 94.415 =) 5.585 €. Daraus ergibt sich ein Zins- und Kostenanteil in Höhe von (18.000 – 5.585 =) 12.415 €. Der Buchwert der Maschine ergibt sich unabhängig von der Behandlung der Leasingraten bei einer linearen Abschreibung von 10.000 €. Die Vorgänge sind wie folgt zu verbuchen:

(2)	Zinsaufwand	12.415 €		
	Lieferantenverbindlichkeit	5.585 €	an Bank	18.000 €
(3)	Abschreibungen	10.000 €	an Maschinen	10.000 €

Im zweiten Jahr beträgt der Buchwert der Verbindlichkeit

$$K = 18.000 \cdot \frac{1,124148^8 - 1}{0,124148 \cdot 1,124148^8} \quad \text{bzw.}$$

K = 88.136.

Die Tilgung beträgt somit (94.415 – 88.136 =) 6.279 € und der Zinsaufwand (18.000 – 6.279 =) 11.721 €. Der Buchwert der Maschine beträgt nach 2 Jahren 80.000 €.

Verwendet man dagegen als Aufteilungsmaßstab für den Zins- und Kosten- bzw. Tilgungsanteil die Zinsstaffelmethode, ist folgendermaßen vorzugehen:

Bei 10 Raten ist zunächst die Summe der Zahlen 1 bis 10 zu bilden. Sie beträgt

$$1 + 2 + 3 + 4 + 5 + 6 + 7 + 8 + 9 + 10 = 55.$$

Der gesamte Zins- und Kostenanteil über 10 Jahre ergibt sich aus der Differenz der Summe der Leasingraten und den Anschaffungs- bzw. Herstellungskosten. Diese Differenz beträgt (10 · 18.000 – 100.000 =) 80.000. Diese ist über die Laufzeit in der Weise zu verteilen, dass dem ersten Jahr $\frac{10}{55}$ tel, dem zweiten $\frac{9}{55}$ tel usw. des Betrages zugerechnet werden. Der Zins- und Kostenanteil beträgt demnach

im ersten Jahr	$\frac{10}{55} \cdot 80.000 = 14.545$ €,
im zweiten Jahr	$\frac{9}{55} \cdot 80.000 = 13.091$ €,
im dritten Jahr	$\frac{8}{55} \cdot 80.000 = 11.636$ € usw.

3.6.3 Steuerfolgen des Leasings nicht bilanzieller Art

Ist der Leasinggegenstand dem *Leasinggeber zuzurechnen,* so mindern die Leasingraten den Gewinn des Leasingnehmers. Nach § 8 Nr. 1 GewStG ist der dort gesetzlich festgelegte Teil der Leasingraten dem Gewinn aus Gewerbebetrieb zur Ermittlung des Gewerbeertrags hinzuzurechnen. Das gilt aber nur insoweit, als der in der genannten Rechtsnorm kodifizierte Freibetrag von derzeit 200.000 € überschritten ist. Bei Mobilienleasing beträgt die Hinzurechnung nach Buchstabe d) der genannten Rechtsnorm 25 % von 20 %, also 5 % der Leasingaufwendungen; lediglich Leasingraten für die Benutzung von bestimmten Elektrofahrzeugen und -fahrrädern sind nur zu 2,5 % hinzuzurechnen. Bei Immobilienleasing nach Buchstabe e) derselben Rechtsnorm beträgt die Hinzurechnung 25 % von 50 %, also 12,5 % der Leasingraten.

Ist der Leasinggegenstand dem *Leasingnehmer zuzurechnen,* so hat der in den Leasingraten enthaltene Zinsanteil den Charakter von Schuldzinsen. 25 % des Zinsanteils ist deshalb nach § 8 Nr. 1 GewStG dem Gewinn aus Gewerbebetrieb zur Ermittlung des Gewerbeertrages wieder hinzuzurechnen, soweit der Freibetrag von 200.000 € überschritten ist. Insoweit besteht Übereinstimmung mit der Fremdfinanzierung.

Nimmt ein *Leasinggeber* zur Finanzierung der von ihm angeschafften Wirtschaftsgüter Verbindlichkeiten auf, so ist ein Viertel der auf diese entfallenden Zinsen nach § 8 Nr. 1 GewStG dem Gewerbeertrag hinzuzurechnen. Das gilt selbstverständlich auch hier nur dann, wenn der Freibetrag von 200 T€ überschritten ist.

Handelt es sich bei den Leasinggegenständen um *Immobilien,* so kann der Leasinggeber versuchen, die Vergünstigung der *erweiterten Kürzung* nach § 9 Nr. 1 Satz 2 GewStG zu erlangen. Voraussetzung hierzu ist nach R 9.2 Abs. 2 Satz 4 GewStR, dass die Betätigung des Leasinggebers „... für sich betrachtet ihrer Natur nach keinen Gewerbebetrieb darstellt, sondern als Vermögensverwaltung anzusehen ist." Sind die Voraussetzungen des § 9 Nr. 1 Satz 2 GewStG erfüllt, so ist eine Kürzung um den Teil des Gewerbeertrags vorzunehmen, der auf die Verwaltung und Nutzung des eigenen Grundbesitzes des Leasinggebers entfällt. Damit unterliegen die Gewinne aus der Leasingtätigkeit in derartigen Fällen bei dem Leasinggeber nicht der Gewerbesteuer.

Umsatzsteuerlich ist danach zu unterscheiden, ob das Leasingverhältnis
a) zu einer Lieferung des Leasinggegenstandes oder
b) zu einer Vielzahl sonstiger Leistungen
des Leasinggebers an den Leasingnehmer führt.
Im Fall a) erfolgt die Lieferung zum Zeitpunkt der Übergabe des Gegenstandes von dem Leasinggeber an den Leasingnehmer. Im Fall b) erfolgen die sonstigen Leistungen in den Zeiträumen der Nutzung des Gegenstandes. Die Leasingraten werden dann wie übliche Miet- oder Pachtzahlungen behandelt.

Wird der Leasinggegenstand umsatzsteuerlich geliefert, so sind alle umsatzsteuerlichen Folgen einer Lieferung zu ziehen. Es ist also insbesondere zu prüfen, ob die

Lieferung umsatzsteuerbar und ob sie umsatzsteuerfrei oder umsatzsteuerpflichtig ist. Ferner ist die Lieferung im Hinblick auf die Berechtigung zum Vorsteuerabzug zu beurteilen.

Wird der Leasinggegenstand umsatzsteuerlich vermietet oder verpachtet, so sind alle Folgen einer Vermietung und Verpachtung zu ziehen. Dies gilt im Falle eines Leasingvertrages über eine Immobilie auch hinsichtlich der Befreiungsvorschrift des § 4 Nr. 12 UStG sowie der Möglichkeit des Verzichts auf eine Befreiung nach § 9 UStG[70].

In Abschnitt 3.5 Abs. 5 Satz 1 UStAE hat die Finanzverwaltung Kriterien veröffentlicht, anhand derer – aus ihrer Sicht – entschieden werden soll, ob ein Leasingvertrag zu einer Lieferung oder zu einer Reihe sonstiger Leistungen führt. Danach führt die Übergabe eines Leasinggegenstandes nur dann zu einer Lieferung, wenn

- der Vertrag ausdrücklich eine Klausel zum Eigentumsübergang enthält und
- aus den Vertragsbedingungen deutlich hervorgeht, dass das Eigentum an dem Gegenstand automatisch auf den Leasingnehmer übergehen soll, wenn der Vertrag bis zum Vertragsablauf planmäßig ausgeführt wird.

Die folgenden Sätze des genannten Absatzes 5 des UStAE enthalten Auslegungshilfen zu Satz 1. Es ist anzunehmen, dass die meisten Leasingverträge die Kriterien des Abschnitts 3.5 Abs. 5 UStAE nicht erfüllen, mithin diese Verträge zu einer Einordnung als Verträge über sonstige Leistungen einzuordnen sind.

3.6.4 Vorteilsvergleich aus Sicht des Leasingnehmers

3.6.4.1 Einführung

Für Vorteilsvergleiche zwischen Investition mit Fremdfinanzierung einerseits und Leasing andererseits ist zu unterscheiden zwischen dem Fall, dass der Leasinggegenstand dem Leasinggeber und dem, dass er dem Leasingnehmer zuzurechnen ist. Wie die vorangegangenen Ausführungen gezeigt haben, weichen die bilanziellen und damit auch die steuerlichen Folgen erheblich voneinander ab. Nachfolgend soll zunächst der Fall betrachtet werden, dass der Leasinggegenstand dem Leasinggeber, anschließend derjenige, dass er dem Leasingnehmer zuzurechnen ist. Die Ausführungen beschränken sich auf steuerliche Partialbetrachtungen. Es sei aber nochmals ausdrücklich darauf hingewiesen, dass die Steuerfolgen nur ein, wenn auch zweifellos wichtiger, Aspekt einer Entscheidung zwischen Kauf und Fremdfinanzierung einerseits und Leasing andererseits sein sollten.

---

[70] Hinsichtlich der umsatzsteuerlichen Behandlung von Lieferungen und sonstigen Leistungen und der Besonderheiten von Miet- und Pachtleistungen sei auf Schneeloch/Meyering/Patek, Band 3 (2017b), Gliederungspunkt 2.3 verwiesen.

3.6.4.2   Zurechnung des Leasinggegenstandes beim Leasinggeber

Wird der Leasinggegenstand dem *Leasinggeber zugerechnet*, so stellen die *Leasingraten voll abzugsfähige Betriebsausgaben* dar. Im Schrifttum, vor allem aber in der Praxis, wird hieraus vielfach der Schluss gezogen, dies führe zu einem Vorteil des Leasings gegenüber einem Kauf mit Fremdfinanzierung. Hierbei wird davon ausgegangen, dass das Leasing verglichen mit dem Kauf eine Aufwandsvorverrechnung ermögliche. Es wird also behauptet, dass das Leasing – gleicher Gesamtaufwand vorausgesetzt – eine frühere Aufwandsverrechnung ermögliche als der Kauf mit Fremdfinanzierung. Außerdem werde bei Leasing insgesamt ein höherer Aufwand verrechnet als im Vergleichsfall.

Die These einer früheren und höheren Aufwandsverrechnung im Falle des Leasings gegenüber einem Kauf mit Fremdfinanzierung dürfte nur in seltenen Fällen einer empirischen Überprüfung standhalten. Miteinander zu vergleichen sind

- die jährlichen Leasingraten im Falle des Leasings einerseits mit
- den steuerlichen Abschreibungen und den Zinsen für Fremdkapital im Falle des Kaufs andererseits.

Während die Leasingraten i. d. R. gleichmäßig auf die Grundmietzeit verteilt werden, kommt beim Kauf die AfA nach § 7 EStG zur Anwendung. Hierbei kann – zumindest bei Investitionen während der Jahre 2020 und 2021 – die degressive AfA-Methode nach § 7 Abs. 2 EStG gewählt werden. Bei vielen kleinen und mittelgroßen Betrieben kann im Falle des Kaufs zusätzlich ein Investitionsabzugsbetrag nach § 7g EStG in Anspruch genommen werden. Dieser kann bereits vor der Investition zu einer Gewinnminderung führen. Dies ist im Falle des Leasings nicht möglich.

Beispiel

Im Januar des Jahres 1 beschließt der Geschäftsführer G der X-GmbH, im Januar des Jahres 2 eine neue Maschine zu investieren. Die GmbH kann diese entweder für 200 T€ erwerben oder aber über eine Leasinggesellschaft leasen. Die betriebsgewöhnliche Nutzungsdauer beträgt 10 Jahre. Falls die X-GmbH die Maschine anschafft, sind die Voraussetzungen des § 7g EStG erfüllt. Bei Abschluss eines Leasingvertrages beträgt die Grundmietzeit 9 Jahre. Innerhalb dieses Zeitraums muss die X-GmbH der Leasinggesellschaft mit den Leasingraten deren Anschaffungskosten zuzüglich Nebenkosten einschließlich Finanzierungskosten vergüten. Es handelt sich also um einen Vollamortisationsvertrag. Eine Kauf- oder Mietverlängerungsoption besteht nicht. Die Leasingraten sind innerhalb der Grundmietzeit gleichbleibend.

Entschließt sich die X-GmbH von Anfang an zum Kauf der Maschine, so kann sie bereits im Jahr 1 durch die Bildung eines Investitionsabzugsbetrags i. S. d. § 7g Abs. 1 EStG ihren steuerlichen Gewinn um 100 T€ mindern. Diese Gewinnminderung kann bereits im Rahmen der Festsetzung der Gewerbe- und Körperschaftsteuervorauszahlungen für das Jahr 1 berücksichtigt werden. Dies setzt allerdings einen Antrag auf Anpassung der Vorauszahlungen durch G voraus. Erwirbt die X-GmbH im Januar des Jahres 2 tatsächlich wie geplant die Maschine für 200 T€, hat sie in diesem Jahr nach § 7g Abs. 2 Satz 1 EStG den Investitionsabzugsbetrag i. H. v. 50 % der Anschaffungs- oder Herstellungskosten, also in einer Höhe von (50 % · 200 =) 100 T€, dem steuerlichen Gewinn wieder hinzuzurechnen. Gleichzeitig kann sie nach Satz 2 derselben Rechtsnorm die Anschaffungskosten um 50 %, also um (50 % · 200 =) 100 T€, gewinnmindernd kürzen. Per Saldo ergibt sich damit im Jahr 2 nach § 7g Abs. 2 EStG eine Veränderung des steuerlichen Gewinns von (+ 100 – 100 =) 0 €. Nach § 7g Abs. 5 EStG kann die GmbH aber eine Sonderabschreibung i. H. v. maximal 20 % der nach § 7g Abs. 2 EStG gekürzten Anschaffungskosten vornehmen. Diese beträgt also

[(200 – 100) · 20 % =] 20 T€. Sie kommt zusätzlich zur Normal-AfA nach § 7 Abs. 1 EStG i. H. v. [(200 – 100) · 10 % =] 10 T€ zum Abzug. Eine degressive AfA gem. § 7 Abs. 2 EStG kommt nach § 7a Abs. 4 EStG hingegen nicht in Betracht. Per Saldo können im Jahre 2 also (20 + 10 =) 30 T€ steuerliche Abschreibungen geltend gemacht werden. Werden die Möglichkeiten des § 7g EStG maximal ausgenutzt, so ergibt sich also im Jahre 1 eine steuerliche Gewinnminderung von 100 T€ und im Jahre 2 zusätzlich von 30 T€. Während der Jahre 1 und 2 können also insgesamt (100 + 30 =) 130 T€ gewinnmindernd berücksichtigt werden.

Entschließt sich die GmbH, die Maschine nicht zu kaufen, sondern sie ab Januar des Jahres 2 zu leasen, so kann sie im Jahr 1 ihren Gewinn überhaupt noch nicht mindern. Gewinnminderungen ergeben sich erst durch die Verbuchung der Leasingraten als Aufwand. Dies wird erst ab Januar des Jahres 2 der Fall sein. Wird davon ausgegangen, dass die im Rahmen der Leasingraten berechneten kalkulatorischen Abschreibungen einen linearen Verlauf aufweisen, so beträgt die in den Leasing-raten eines Jahres zu vergütende kalkulatorische Abschreibung lediglich (200 T€ : 9 Jahre =) 22,2 T€. Die im Jahr 2 im Rahmen der Leasingraten abzugsfähigen kalkulatorischen Abschreibun-gen betragen somit nur 22,2 T€. Damit wird klar, dass beim Kauf im Vergleich zum Leasing eine Aufwandsvorverlagerung erheblichen Ausmaßes stattfindet.

Angemerkt sei, dass die im Rahmen der Leasingraten berücksichtigten kalkulatorischen Abschrei-bungen bei konstanter Höhe dieser Raten nicht gleichbleibend sind, sondern leicht progressiv ver-laufen. Der Grund liegt darin, dass der in den Leasingraten enthaltene Zinsanteil mit steigendem Amortisationsgrad sinkt. Dadurch steigt der Abschreibungsanteil. Dieser Zusammenhang bewirkt, dass die Differenz zwischen den steuerlichen Abschreibungen bei Kauf und den in den Leasingraten vergüteten kalkulatorischen Abschreibungen noch höher ist als oben dargestellt.

Es kann also festgestellt werden, dass das Argument, im Falle des Leasings käme es im Vergleich zum Kauf zu einer früheren Aufwandsverrechnung, in dieser all-gemeinen Form unhaltbar ist. Häufig dürfte vielmehr der gegenteilige Effekt ein-treten, der Effekt also, dass bei Kauf zunächst eine höhere Aufwandsverrechnung möglich ist als bei Leasing.

Auch das Argument, Leasing führe zu einer in der Summe höheren Aufwandsver-rechnung als ein alternativer Kauf, ist nur unter einer bestimmten Prämisse haltbar. Diese besteht in der Annahme, bis zum Ende der Grundmietzeit sei die Summe der Leasingraten höher als die Summe aus Abschreibungen und Fremdkapitalzinsen im Falle des Kaufs bis zum gleichen Zeitpunkt. Diese Annahme dürfte sicherlich i. d. R. zutreffen, doch beinhaltet sie im Ergebnis keinen Vorteil des Leasingneh-mers. Dies liegt daran, dass unter der genannten Prämisse zwar das Leasing steuer-lich vorteilhafter sein mag als ein Kauf mit Fremdfinanzierung, doch wird dieser Vorteil durch die höheren Kosten des Leasings nicht steuerlicher Art überkompen-siert. Die miteinander zu vergleichenden Kosten sind hier die Summe der Leasing-raten einerseits und die Summe aus Abschreibungen und Zinsen andererseits. Per Saldo könnte sich ein Vorteil des Leasings nur dann ergeben, wenn der kombinierte Ertragsteuersatz mehr als 100 % betrüge. Ein derartiger Steuersatz kann sich aber nach geltendem deutschen Steuerrecht nicht ergeben.

Umsatzsteuerlich dürfte das Leasing weder vorteilhafter noch nachteiliger sein als eine alternative Investition mit Fremdfinanzierung. Dies gilt deshalb, weil in den Fällen, in denen steuerbare und steuerpflichtige Umsätze entstehen, der Leistungs-empfänger regelmäßig zum Vorsteuerabzug berechtigt ist. Per Saldo ist er somit nicht mit Umsatzsteuer belastet. Dies gilt unabhängig davon, ob der Leasingvertrag als ein Vertrag über eine Lieferung oder über mehrere sonstige Leistungen zu beurteilen ist.

3.6.4.3 Zurechnung des Leasinggegenstandes beim Leasingnehmer

Ist der Leasinggegenstand dem Leasingnehmer zuzurechnen, so kann dieser mit Hilfe des Leasings keine Ertragsteuerminderungen erzielen, die bei Kauf mit Fremdfinanzierung nicht ebenfalls eintreten. Dies gilt zumindest dann, wenn die fiktiven Anschaffungskosten im Falle des Leasings nicht höher sind als die Anschaffungskosten bei Kauf und wenn gleichzeitig der fiktive Zinsanteil der Leasingraten nicht höher ist als Zinsen im Falle der Fremdfinanzierung anfallen. Der Grund liegt darin, dass die fiktiven Anschaffungskosten beim Leasing nur in gleicher Weise steuerlich abgeschrieben werden können wie die tatsächlichen Anschaffungskosten bei Kauf, und dass außerdem die in den Leasingraten enthaltenen Zinsanteile in gleicher Weise behandelt werden wie die tatsächlichen Zinsen im Falle der Fremdfinanzierung. Ein ertragsteuerlicher Vorteil des Leasings kann somit nur dann eintreten, wenn die genannten Voraussetzungen nicht vorliegen. Es müssen sich also entweder höhere fiktive als tatsächliche Anschaffungskosten oder höhere fiktive als tatsächliche Zinsen ergeben. Dies aber bedeutet, dass im Falle des Leasings höhere Kosten anfallen als bei Kauf mit Fremdfinanzierung. Dies aber kann per Saldo i. d. R. nicht vorteilhaft sein.

Umsatzsteuerlich dürften sich bei Hinzurechnung des Leasinggegenstandes zum Leasingnehmer grundsätzlich keine Unterschiede zwischen dem Leasing einerseits und der Investition mit Fremdfinanzierung andererseits ergeben. Dies gilt zumindest per Saldo unter Berücksichtigung des Vorsteuerabzugs.

3.6.4.4 Indirekte Steuerfolgen des Leasings

In der Diskussion um die Vor- und Nachteile des Leasings ist oft das Argument zu hören, das Leasing biete dem Leasingnehmer indirekte Steuervorteile, d. h. Vorteile, deren Empfänger zwar der Leasinggeber sei, die dieser aber an den Leasingnehmer weitergebe. Genannt wird in diesem Zusammenhang insbesondere ein Vorteil durch die Inanspruchnahme der erweiterten Kürzung nach § 9 Nr. 1 Satz 2 GewStG. Nur hierauf soll nachfolgend eingegangen werden.

Im Bereich des Immobilienleasing dürfte es den Leasinggesellschaften tatsächlich regelmäßig durch entsprechende Gestaltungsmaßnahmen möglich sein, in den Genuss der erweiterten Kürzung nach § 9 Nr. 1 Satz 2 GewStG zu gelangen. Dem Vernehmen nach gründen viele Leasinggesellschaften in diesem Zusammenhang häufig sog. „Objektgesellschaften"[71]. Diese haben vielfach die Rechtsform einer GmbH oder GmbH & CoKG[72]. Eine derartige Objektgesellschaft wird dann häufig

---

71 Vgl. Berninghaus (1998), S. 620 ff.; Gabele/Dannenberg/Kroll (2001), S. 66 ff.; Bordewin/Tonner (2008), S. 68 und S. 117.

72 Vgl. Schulz (1998), S. 558.

Eigentümerin nur eines einzigen Immobilienobjekts. Auf diese Art hofft die Leasinggesellschaft, die Voraussetzungen des § 9 Nr. 1 Satz 2 GewStG leichter erfüllen zu können.

Gelingt der Leasinggesellschaft die Inanspruchnahme der erweiterten Kürzung nach § 9 Nr. 1 Satz 2 GewStG, so ist damit keinesfalls zwangsläufig ein Vorteil des Leasingnehmers im Vergleich zu einem von diesem alternativ vorgenommenen Kauf mit Fremdfinanzierung verbunden. Es ist nämlich durchaus denkbar, dass die Weitergabe des Vorteils durch zusätzliche Verwaltungskosten überkompensiert wird. Selbst hinsichtlich der behaupteten Entstehung eines Steuervorteils ist Vorsicht geboten. Ein Steuervorteil entsteht durch die Herstellung der Voraussetzungen des § 9 Nr. 1 Satz 2 GewStG zunächst nur bei der Leasinggesellschaft, und zwar nur im Vergleich zu dem Fall, dass die Voraussetzungen dieser Vorschrift nicht erfüllt werden. Damit ist nicht zwingend ein Vorteil aller beteiligten Personen gegenüber dem Fall einer Investition mit Fremdfinanzierung verbunden. Wird im Einzelfall die Entstehung eines derartigen steuerlichen Gesamtvorteils behauptet, so sollte die Stichhaltigkeit dieser Behauptung sorgfältig untersucht werden.

3.6.4.5 Arten des Vorteilsvergleichs

Die bisherigen Ausführungen lassen erkennen, dass ein Vorteilsvergleich zwischen Leasing einerseits und Kauf mit Fremdfinanzierung andererseits allein mit Hilfe eines steuerlichen Partialvergleichs verfehlt wäre[73]. Die *Ermittlung von Steuerbarwerten* ist für einen derartigen Vergleich also regelmäßig *nicht ausreichend*. Dies gilt umso mehr für die Ermittlung von steuerlichen *Jahresbelastungsdifferenzen*. Deren Ermittlung ist aber dennoch nicht überflüssig. Vielmehr stellt ihre Ermittlung einen wichtigen Zwischenschritt im Rahmen eines *Endvermögens- bzw. Kapitalwertvergleichs* dar.

Von einer Entscheidung zwischen Leasing einerseits und Kauf mit Fremdfinanzierung andererseits dürfte häufig die Einzahlungsseite unberührt bleiben. Ist dies der Fall und ist außerdem bereits geklärt, dass die Investition unabhängig von der Art ihrer Finanzierung getätigt werden soll, so kann bei der Entscheidungsfindung auf die Berücksichtigung der Einzahlungsseite verzichtet werden. Das Ziel der Endvermögensmaximierung bzw. der Kapitalwertmaximierung vereinfacht sich dann zu dem Ziel einer *Minimierung des Auszahlungsbarwerts*[74].

3.6.5 Aufgabe 6

Versicherungsmakler Vater (V) will zum 1.1. des Jahres 1 einen neuen Pkw anschaffen oder leasen. Der Pkw soll für 42 Monate seiner Angestellten A zur Verfügung stehen. A soll mit ihm während dieser Zeit alle Dienstfahrten durchführen. Nach Ablauf von 42 Monaten soll der Pkw im Falle des Kaufs wieder verkauft werden.

---

73   Vertiefend hierzu s. Moldenhauer (2006), S. 63 ff.

74   Siehe vertiefend Schneeloch/Meyering/Patek, Band 4 (2020), Gliederungspunkt 5.4.

Der Pkw hat einen Listenpreis von brutto 19.500 €. Ein Pkw-Händler bietet V den Pkw für brutto 18.100 € an. Im Falle eines Kaufs will V den Kaufpreis aus dem Guthaben eines betrieblichen Festgeldkontos finanzieren. Das Guthaben verzinst sich derzeit mit einem Zinssatz von 4,5 % p. a. V geht – aufgrund bestehender Darlehen – davon aus, dass auch künftige Supplementinvestitionen eine derartige Verzinsung erbringen werden. Alternativ zum Kauf kann V den Pkw von der Leasinggesellschaft L-GmbH, die ihn vorab erwerben würde, für 42 Monate leasen. Die L-GmbH unterbreitet V folgendes Angebot:

	€
Nettopreis zur Ermittlung der Leasingraten	15.210,08
+ 19 % Umsatzsteuer	2.889,92
Bruttopreis zur Ermittlung der Leasingraten	18.100,00
Monatliche Leasingrate bei einem Leasingsatz von 2 % / Monat von 15.210,08 €	304,20
+ 19 % Umsatzsteuer	57,80
Monatliche Leasingrate brutto	362,00
Restwert nach 42 Monaten netto = 48 % des Ausgangsbetrages von 15.210,08 €	7.300,84
+ 19 % Umsatzsteuer	1.387,16
Restwert nach 42 Monaten brutto	8.688,00

Die Leasingraten wären in einer Summe am 1.7. eines jeden Jahres für das jeweils aktuelle Jahr zu zahlen. Im Leasingvertrag ist ein Andienungsrecht des Leasinggebers vorgesehen, das eine Zurechnung des Pkw zum Leasinggeber bewirkt. V geht davon aus, dass der Leasinggeber das Andienungsrecht nicht ausnutzen wird. Er nimmt an, dass im Falle des Kaufs des Pkw bei der späteren Weiterveräußerung durch ihn der Verkaufspreis des Pkw dem o. a. Restwert entsprechen wird. Er geht weiter davon aus, dass er den Pkw an eine Privatperson veräußern wird. Im Falle eines Kaufs des Pkw geht V davon aus, dass das Finanzamt steuerlich eine fünfjährige Nutzungsdauer des Fahrzeugs anerkennen wird.

Der geschiedene V rechnet für alle Jahre des Planungszeitraums mit einem zu versteuernden Einkommen, das zwischen 100 T€ und 200 T€ liegt. V gehört der römisch-katholischen Kirchengemeinde an. Die Gemeinde, in der V ansässig ist, erhebt einen Gewerbesteuerhebesatz von 415 %. V geht davon aus, dass der Einkommensteuersatz im unteren Plafond während des gesamten Planungszeitraums 42 % betragen wird. Solidaritätszuschlag fällt voraussichtlich während des gesamten Vergleichszeitraums i. H. v. 5,5 % an. V geht also davon aus, dass in allen Jahren des Planungszeitraums § 4 Satz 1 und nicht Satz 2 SolZG zur Anwendung kommt. Im Falle des Kaufs kann auf den Pkw entweder eine linear-gleichbleibende AfA nach § 7 Abs. 1 EStG oder eine geometrisch-degressive nach § 7 Abs. 2 EStG in Anspruch genommen werden. Letztere darf maximal das 2,5fache der linear-gleichbleibenden AfA betragen und 25 % der Anschaffungskosten p. a. nicht übersteigen. Eine Anschaffung des Pkw würde nach dem Rechtsstand zum Planungszeitpunkt nicht die Voraussetzungen des § 7g EStG erfüllen. Es ist die steuerlich vorteilhaftere der zwei geschilderten Maßnahmen zu ermitteln.

Teil II
Steuern im Rahmen der Standortwahl

1 Einführung

Steuern können die Vorteilhaftigkeit des Standorts eines Unternehmens beeinflussen. Dies gilt – wie auch immer wieder in der politischen Diskussion zu hören ist – hinsichtlich von Standorten in unterschiedlichen Ländern. Aber auch innerhalb eines Landes können Standorte unter steuerlichen Gesichtspunkten unterschiedlich vorteilhaft sein.

Nachfolgend wird zunächst auf steuerliche Einflussfaktoren im nationalen, anschließend im internationalen Bereich eingegangen.

2 Einflussfaktoren im nationalen Bereich

2.1 Grundsätzliches

Unterschiedliche Steuerbelastungen können sich nicht nur im internationalen Bereich ergeben, vielmehr können sie auch innerhalb eines Landes auftreten. Dies gilt insbesondere in solchen föderalistisch strukturierten Ländern, in denen die einzelnen Bundesstaaten (Kantone) eine starke Stellung im Vergleich zu dem Zentralstaat (Bund) haben. Eine derartige Struktur weisen viele Staaten, z. B. die Schweiz und die USA auf. In beiden Ländern erheben sowohl der Bund (Bundessteuern) als auch die einzelnen Kantone (Kantonalsteuern) bzw. Bundesstaaten (Landessteuern) Ertragsteuern. Die Kantonal- bzw. Landessteuern weichen z. T. erheblich voneinander ab. In der Schweiz ist generell ein erhebliches Steuergefälle zwischen städtisch und ländlich geprägten Kantonen zu verzeichnen. So sind insbesondere in den Kantonen Bern, Genf und Zürich die Ertragsteuern hoch, in den vergleichsweise dünn besiedelten Bergkantonen der Zentralschweiz hingegen niedrig[75]. In den USA kann der Bundesstaat Delaware als (weltweit bekannte) Steueroase angesehen werden, der nicht weit entfernte Bundesstaat New York hingegen erhebt hohe Ertragsteuern[76].

In der Bundesrepublik Deutschland ist zwar das Steuerrecht weitgehend Bundesrecht. Dennoch gibt es – z. T. erhebliche – regionale Unterschiede. Hierauf soll im nachfolgenden Gliederungspunkt näher eingegangen werden.

2.2 Regionale Einflussfaktoren innerhalb der Bundesrepublik Deutschland

2.2.1 Einführung

Wie bereits ausgeführt, sind alle wichtigen deutschen Steuergesetze Bundesgesetze[77]. Damit sind grundsätzlich auch die jeweiligen Bemessungsgrundlagen und

---

[75] Die Gewinnsteuerbelastung von Kapitalgesellschaften ist in den Kantonen Zürich und Bern mit 19,70 % und 21,04 % am höchsten. Die Belastung natürlicher Personen mit Einkommensteuer ist hingegen im Kanton Genf mit 44,75 % am höchsten. Vertiefend s. KPMG (2021), S. 8 und S. 21.

[76] Ein direkter Steuersatzvergleich ist aufgrund der unterschiedlichen Steuersysteme nicht sinnvoll. Ergänzende Informationen finden sich unter www.oecd.org/tax/tax-policy. Anzumerken ist, dass der Staat Delaware in erster Linie aufgrund der dortigen – äußerst unternehmerfreundlichen – Gesetze bekannt ist.

[77] Vertiefend hierzu s. Schneeloch/Meyering/Patek, Band 1 (2016), Gliederungspunkte 1.2.5.6 und 1.2.6.

Steuertarife bundesweit einheitlich geregelt. Von diesem Grundsatz gibt es aber einige Ausnahmen. Sie betreffen:

- Die Gewerbesteuer,
- die Grundsteuer und
- die Grunderwerbsteuer.

Außerdem gibt es in manchen Gemeinden regionale Steuern, die durchaus einige Bedeutung haben können.

Nachfolgend wird lediglich auf die Unterschiede bei den genannten Bundessteuern eingegangen.

2.2.2 Gewerbesteuer

Die *Gewerbesteuer*[78] ist weitgehend im Gewerbesteuergesetz bundeseinheitlich geregelt. Lediglich der Gewerbesteuer-Hebesatz ist nach § 16 Abs. 1 GewStG von der jeweiligen hebeberechtigten Gemeinde zu bestimmen. Nach § 16 Abs. 4 Satz 2 GewStG beträgt er mindestens 200 Prozent.

Im Erhebungszeitraum 2020 betrug der Hebesatz zwischen 200 % in Zossen (Brandenburg) sowie Langenwolschendorf (Thüringen) und 600 % in Wettlingen (Rheinland-Pfalz)[79]. Die meisten Hebesätze liegen im Bereich zwischen 300 % und 500 %. Im Bundesdurchschnitt betrug der Hebesatz aller Gemeinden im Jahr 2020 403 %[80]. Tendenziell ist der Hebesatz in den Großstädten erheblich höher als in kleineren Städten und Gemeinden. So betrug der Hebesatz in der Kleinstadt Monheim im Rheinland im Jahre 2020 250 %, in den benachbarten Großstädten Düsseldorf und Köln hingegen 440 % bzw. 475 %[81]. Viele kleine Städte und Gemeinden versuchen – offenbar i. d. R. mit Erfolg – durch die Festsetzung niedriger Hebesätze Gewerbebetriebe auf ihrem Gebiet anzusiedeln. Dies geht häufig zu Lasten benachbarter Großstädte. Dieser Umstand lässt erkennen, dass die Höhe des Gewerbesteuer-Hebesatzes offenbar einen wichtigen Einflussfaktor auf die Standortwahl innerhalb der Bundesrepublik Deutschland darstellt.

Die Wirkung der Höhe der Hebesätze auf die Vorteilhaftigkeit eines Standortes ist in hohem Maße rechtsformabhängig. Dies liegt an der Rechtsnorm des § 35 EStG. Nach dieser wird bei gewerblichen Einzelunternehmern und den Mitunternehmern einer gewerblichen Mitunternehmerschaft die von dem Unternehmen entrichtete Gewerbesteuer teilweise oder auch in vollem Umfang auf die Einkommensteuer

---

[78]   Siehe auch die Ausführungen zur Gewerbesteuer in Schneeloch/Meyering/Patek, Band 1 (2016), Gliederungspunkt 4.

[79]   Die Gemeinde Wettlingen zählt lediglich 32 Einwohner; den zweithöchsten Hebesatz mit 580 % weisen die Städte Mühlheim an der Ruhr sowie Oberhausen auf. Vgl. zu den Hebesätzen des Jahres 2020 in Deutschland Statistische Ämter des Bundes und der Länder (2021).

[80]   Vgl. Statistisches Bundesamt Deutschland (2021), S. 39.

[81]   Vgl. Statistische Ämter des Bundes und der Länder (2021).

des (Mit-)Unternehmers angerechnet[82]. Bei gewerblichen Einzelunternehmern kommt es nach der geänderten Fassung des § 35 Abs. 1 Satz 1 Nr. 1 EStG seit dem Veranlagungszeitraum 2020 bei Hebesätzen bis zu 400 % zu einer Vollanrechnung der Gewerbesteuer auf die Einkommensteuer[83]. Erst bei höheren Hebesätzen entsteht ein nicht anrechenbarer Überhang von Gewerbesteuer. Muss der Steuerpflichtige nach § 4 Sätze 1 oder 2 SolZG zusätzlich zur Einkommensteuer auch Solidaritätszuschlag entrichten, so ist die Gewerbesteuer auch auf den Solidaritätszuschlag anrechenbar. Bei einer Berechnung des Solidaritätszuschlags nach § 4 Satz 1 SolZG erfolgt bei gewerblichen Einzelunternehmern eine Vollanrechnung der Gewerbesteuer bei Hebesätzen bis zu 422 %[84].

Im Gegensatz zu der Gewerbesteuer eines Personenunternehmens kann diejenige einer Kapitalgesellschaft nicht angerechnet werden, und zwar weder bei der Kapitalgesellschaft selbst, noch bei deren Gesellschaftern. Damit wirken sich durch unterschiedliche Hebesätze hervorgerufene unterschiedliche Gewerbesteuerbelastungen in vollem Umfang auf die Vorteilhaftigkeit eines Standortes aus.

2.2.3 Grundsteuer

Ebenso wie das Gewerbesteuergesetz ist auch das Grundsteuergesetz ein Bundesgesetz. Es gilt damit für das gesamte Gebiet der Bundesrepublik Deutschland. Allerdings haben auch hier die Gemeinden das Recht, einen Teil des Steuersatzes, nämlich den mit der Steuermesszahl zu multiplizierenden Hebesatz, in eigener Verantwortung festzusetzen (§ 25 Abs. 1 GrStG)[85]. Nach § 25 Abs. 4 GrStG muss dieser (selbstverständlich) einheitlich für alle in der jeweiligen Gemeinde liegenden Grundstücke, und damit auch für deren Unterart, die Betriebsgrundstücke, gelten.

Ebenso wie die Gewerbesteuer-Hebesätze weichen auch die Grundsteuer-Hebesätze in den einzelnen Gemeinden erheblich voneinander ab. Sie reichen von 0 % bis zu 1.900 %[86].

Im Gegensatz zur Gewerbesteuer ist die Grundsteuer auf keine Ertragsteuer anrechenbar: Eine dem § 35 EStG vergleichbare Anrechnungsvorschrift fehlt. Insoweit sind die Wirkungen der Grundsteuer rechtsformunabhängig. Leichte Unterschiede

---

[82] Vertiefend hierzu s. Schneeloch/Meyering/Patek, Band 1 (2016), Gliederungspunkt 2.5.2.2.2 und Band 4 (2020), Teil I, Gliederungspunkt 4.2.

[83] Zweites Corona-Steuerhilfegesetz vom 29.6.2020, BGBl I 2020, S. 1513.

[84] Zur Ermittlung s. Schneeloch/Meyering/Patek, Band 4 (2020), Teil I, Gliederungspunkt 4.2.3.

[85] Siehe auch die Ausführungen zur Grundsteuer in Schneeloch/Meyering/Patek, Band 3 (2017b), Gliederungspunkt 1.4.

[86] Bei den Hebesätzen der Grundsteuer wird zwischen dem Hebesatz A und dem Hebesatz B differenziert. Der Hebesatz A findet auf land- und forstwirtschaftliche Grundstücke Anwendung. Alle anderen Grundstücke werden durch den Hebesatz B erfasst. Der Höchstsatz von 1.900 % findet sich als Hebesatz A in den Städten Bad Herrenalb und Bad Wildbad in Baden-Württemberg. Den höchsten Hebesatz B im Jahr 2020 hatte die Gemeinde Lautertal in Hessen mit 1.050 % festgesetzt. Vgl. Statistische Ämter des Bundes und der Länder (2021).

hinsichtlich der Gesamtsteuerwirkungen können sich aber dadurch ergeben, dass die auf die Betriebsgrundstücke entfallende Grundsteuer eine nach § 4 Abs. 4 EStG abzugsfähige Betriebsausgabe darstellt. Die Ertragsteuerwirkungen eines Betriebsausgabenabzugs sind bekanntlich unterschiedlich[87]. Die Gesamtwirkungen der Grundsteuer auf die Vorteilhaftigkeit eines Standortes sind damit – meist in geringem Umfang – rechtsformabhängig.

Seit vielen Jahrzehnten ist die Bemessungsgrundlage der Grundsteuer der Einheitswert des jeweiligen Grundstücks. Die Einheitswerte beruhen auf den Wertverhältnissen zum 1.1.1935 (neue Bundesländer) bzw. 1.1.1964 (alte Bundesländer). Im Jahre 2018 hat das Bundesverfassungsgericht die weitere Anwendung dieser völlig veralteten Einheitswerte für verfassungswidrig erklärt und ihre weitere Anwendung über das Jahr 2024 hinaus untersagt[88]. Bis zum Ende dieses Jahres hat es die weitere Anwendung der Einheitswerte nur unter den beiden folgenden Voraussetzungen erlaubt:

- Der Gesetzgeber regelt die Bemessungsgrundlage der Grundsteuer in einer verfassungskonformen Weise bis Ende 2019 neu und
- die Finanzverwaltung führt bis zum Ende des Jahres 2024 flächendeckend eine Bewertung aller Grundstücke auf der Grundlage des neuen Rechts durch.

Die erste Voraussetzung hat der Gesetzgeber durch ein Bundesgesetz erfüllt[89]. Da einzelne Bundesländer die neue bundesgesetzliche Regelung für nicht akzeptabel halten, hat der Gesetzgeber in Art. 72 Abs. 3 Nr. 7 GG eine sog. Öffnungsklausel hinsichtlich der Bewertung der Grundstücke aufgenommen[90]. Danach kann jedes Bundesland mit Hilfe eines Landesgesetzes eine vom Bundesrecht abweichende Regelung hinsichtlich der Bewertung von Grundstücken treffen.

Derzeit (Herbst 2021) zeichnet sich ab, dass eine Reihe von Bundesländern vom Bundesrecht abweichende Bewertungsregelungen schaffen werden. Die einzelnen „Modelle" der Bewertung weichen z. T. erheblich sowohl vom Bundesrecht als auch voneinander ab. Erste Bundesländer haben bereits eigene Grundsteuergesetze verabschiedet, andere stecken noch im Gesetzgebungsverfahren und wiederum andere haben sich für das Bundesmodell ausgesprochen. Da die Regelungen der einzelnen „Modelle" z. T. kompliziert sind und ihre Anwendung sicherlich einen immensen Arbeitsaufwand erfordern wird, erscheint es den Verfassern inzwischen fraglich, ob die Auflagen des Bundesverfassungsgerichts flächendeckend rechtzeitig bis Ende 2024 erfüllt sein werden. Es ist deshalb vorstellbar, dass in einzelnen Bundesländern die Auflagen des Bundesverfassungsgerichts erfüllt sein werden, in anderen hingegen nicht. Dies hätte zur Folge, dass in einigen Bundesländern auch in 2025 Grundsteuer erhoben werden kann, in anderen hingegen nicht. Bereits jetzt

---

[87]   Vertiefend hierzu s. Schneeloch/Meyering/Patek, Band 4 (2020), Teil I, Gliederungspunkt 4.

[88]   BVerfG-Urteil vom 10.4.2018, 1 BvL 11/14, BVerfGE 148, S. 147.

[89]   Gesetz zur Reform des Grundsteuer- und Bewertungsrechts vom 26.11.2019, BGBl I 2019, S. 1794.

[90]   Gesetz zur Änderung des Grundgesetzes (Artikel 72, 105 und 125b) vom 15.11.2019, BGBl I 2019, S. 1546.

dürfte aber klar sein, dass die der Besteuerung zugrunde zu legenden Werte in einzelnen Bundesländern – c. p. – erheblich voneinander abweichen werden. Unklar ist aber, in welchen Bundesländern durch die Neuregelungen grundsteuerliche Vorteile im Vergleich zu anderen Bundesländern entstehen werden. Die Auswirkungen auf die Vorteilhaftigkeit der Standortwahl sind derzeit völlig offen.

2.2.4 Grunderwerbsteuer

Auch die Höhe der Grunderwerbsteuer[91] kann die Vorteilhaftigkeit einer Standortwahl beeinflussen. Dies gilt (selbstverständlich) nur in den Fällen, in denen an dem zu wählenden Standort der Erwerb eines Grundstücks geplant ist oder zumindest erwogen wird. Dies gilt sowohl hinsichtlich des Erwerbs eines unbebauten als auch eines bebauten Grundstücks.

Die Regelungen zur Grunderwerbsteuer beruhen grundsätzlich auf Bundesrecht, dem Grunderwerbsteuergesetz. Allerdings ist der Steuersatz in den einzelnen Bundesländern unterschiedlich hoch. Grundsätzlich beträgt der Steuersatz nach § 11 Abs. 1 GrEStG 3,5 % der Bemessungsgrundlage. Nach Art. 105 Abs. 2a Satz 2 GG wird aber jedem Bundesland das Recht eingeräumt, einen höheren Steuersatz festzulegen. Von diesem Recht haben inzwischen, mit Ausnahme von Bayern und Sachsen, alle Bundesländer Gebrauch gemacht. Derzeit (Herbst 2021) reicht die Spanne der Grunderwerbsteuersätze von 3,5 % bis zu 6,5 % der Bemessungsgrundlage.

Anzumerken bleibt, dass die Höhe des Kaufpreises eines Grundstücks (selbstverständlich) einen erheblich höheren Einfluss auf die Vorteilhaftigkeit eines Standorts hat als die auf den Kaufpreis erhobene Grunderwerbsteuer. Tendenziell sind die Kaufpreise – c. p. – in Bayern deutlich höher als in den meisten anderen Bundesländern.

---

91 Siehe auch die Ausführungen zur Grunderwerbsteuer in Schneeloch/Meyering/Patek, Band 3 (2017b), Gliederungspunkt 2.2.

3 Wichtige Einflussfaktoren im internationalen Bereich

3.1 Einführung

Nachfolgend soll der Fall behandelt werden, in dem für eine Investition, etwa die Errichtung einer Fabrik, zwei oder mehrere Standorte in unterschiedlichen Ländern in Betracht kommen. Es stellt sich die Frage, welche steuerlichen Faktoren die Rangfolge der Vorteilhaftigkeit der Standorte zueinander beeinflussen. Dieser Frage soll nunmehr nachgegangen werden. Hier soll lediglich auf einige Einflussfaktoren eingegangen werden. Hierbei handelt es sich um solche, deren Bedeutung nach Einschätzung der Verfasser dieses Buches groß ist. Eingegangen werden soll insbesondere auf Einflüsse, die hervorgerufen werden durch:

- Unterschiedliche Systeme der Besteuerung der Unternehmen und deren Unternehmer bzw. Gesellschafter,
- eine unterschiedliche Berücksichtigung von in anderen Ländern gezahlten Ertragsteuern (ausländische Ertragsteuern) und
- den Abschluss zwischenstaatlicher Verträge in der Form von Doppelbesteuerungsabkommen.

3.2 Unterschiedliche Systeme der Unternehmensbesteuerung

3.2.1 Problemstellung

Unterschiedliche Systeme der Unternehmensbesteuerung sind bereits in Band 4 dieses Gesamtwerkes behandelt worden[92]. Wie dort näher begründet worden ist, liegen materiell bedeutsame Unterschiede fast ausschließlich im Bereich der Ertragsteuern, so dass auch von Ertragsteuersystemen der Unternehmensbesteuerung gesprochen werden kann. Nur auf derartige ertragsteuerliche Unterschiede soll hier eingegangen werden.

Als besonders wichtige Einflussfaktoren auf die Steuerbelastung der Unternehmen sind zu nennen:

1. Die Zahl und die Arten der Ertragsteuern, mit denen die Gewinne belastet werden, und deren Wechselwirkungen untereinander,
2. der Umfang der Bemessungsgrundlagen und die Höhe der Steuersätze,
3. der Zeitraum, innerhalb dessen Aufwand steuerlich abgezogen werden kann und Erträge zu erfassen sind und

---

92   Siehe vertiefend Schneeloch/Meyering/Patek, Band 4 (2020), Teil I, Gliederungspunkt 7.

4. der Umfang, in dem eine Doppel- oder Mehrfachbelastung ausgeschütteter Gewinne herbeigeführt oder vermieden wird.

Nachfolgend soll in knapper Form auf den Einfluss dieser Faktoren auf die Vorteilhaftigkeit einer Standortwahl eingegangen werden.

3.2.2 Anzahl der gewinnabhängigen Steuern und ihre Beziehungen zueinander

In einem Unternehmen entstandene Gewinne können mit einer einzigen, sie können aber auch mit mehr als einer Steuerart belastet werden. Eine einzige gewinnabhängige Steuerart kommt insbesondere in einem zentralistischen Staat in Betracht. Die Belastung des Gewinns mit mehr als einer Steuerart hingegen ist in föderalistisch strukturierten Ländern naheliegend. Wie unter Gliederungspunkt 2.1 ausgeführt, findet sich eine mehrfache Erhebung einer gewinnabhängigen Steuer in den jeweiligen föderalen Gliedern (z. B. Kantone, Bundesstaaten, Bundesländer und weiteren föderativen Subjekten) insbesondere in der Schweiz, in den USA und in Deutschland.

Es ist offensichtlich, dass – c. p. – die Steuerbelastung der Unternehmen mit der Zahl der Steuerarten, die von dem Gewinn erhoben werden, steigt. Doch hängt die Höhe der Steuerbelastung nicht nur von der Zahl der gewinnabhängigen Steuerarten (und deren Steuersätzen), sondern auch von dem Verhältnis ab, in dem diese Steuerarten zueinander stehen. Hier lassen sich folgende sechs Konstellationen unterscheiden:

1. Die beiden Steuerarten beeinflussen sich gegenseitig nicht.
2. Eine der beiden Steuern ist von der Bemessungsgrundlage der anderen abzugsfähig.
3. Eine der beiden Steuern ist von der Bemessungsgrundlage beider Steuern abzugsfähig.
4. Beide Steuern sind von der Bemessungsgrundlage einer der beiden Steuern abzugsfähig.
5. Beide Steuern sind von der Bemessungsgrundlage beider Steuern abzugsfähig.
6. Die Steuerschuld einer der beiden Steuerarten ist von der Steuerschuld der anderen Steuerart abzugsfähig.

Werden mehr als zwei gewinnabhängige Steuern erhoben, so vervielfachen sich die möglichen Konstellationen. Auch sind Kombinationen denkbar, in denen eine Steuerschuld von einer Bemessungsgrundlage, eine andere von einer Steuerschuld abzugsfähig ist.

Bei einem Vergleich der o. a. sechs Konstellationen miteinander ist – c. p. – die Gesamtsteuerbelastung bei der ersten am höchsten. Hinsichtlich der Rangfolge der Gesamtsteuerbelastungen der anderen Konstellationen lassen sich keine allgemeingültigen Aussagen treffen. Lediglich lässt sich feststellen, dass der Abzug einer Steuerschuld von einer anderen Steuerschuld zu einer geringeren Gesamtsteuerbelastung führt als ein Abzug lediglich von der Bemessungsgrundlage. Ein Beispiel soll die möglichen erheblichen Belastungsunterschiede zwischen drei möglichen Fällen veranschaulichen.

Beispiel

In den Ländern A, B und C werden jeweils zwei gewinnabhängige Steuern erhoben und zwar die Körperschaftsteuer I (KSt I) und die KSt II. Der Steuersatz der KSt I beträgt jeweils 25 %, der der KSt II je 20 %. Im Land A stehen KSt I und KSt II unverbunden nebeneinander. Keine der beiden Steuern ist also von der Bemessungsgrundlage oder der Steuerschuld der anderen abzugsfähig. In Land B ist KSt II sowohl von der Bemessungsgrundlage der KSt I als auch von ihrer eigenen abzugsfähig. In Land C hingegen ist KSt II auf die Steuerschuld der KSt I anrechenbar. In allen drei Ländern entsteht ein Gewinn vor Steuern i. H. v. 100 Geldeinheiten (GE).

Die Gesamtsteuerbelastung und der verbleibende Betrag in *Land A* können wie folgt ermittelt werden:

	GE	GE
Gewinn vor Steuern		100
KSt I (100 · 25 % =)	25	./. 25
KSt II (100 · 20 % =)	20	./. 20
Gesamtsteuerbelastung	45	
Verbleibender Betrag		55

Die Steuerbelastungen durch die KSt I und die KSt II im *Land B* lassen sich mit Hilfe folgender Gleichungen ermitteln:

KSt I $= (100 - \text{KSt II}) \cdot 0{,}25$ und

KSt II $= (100 - \text{KSt II}) \cdot 0{,}2$.

Durch Auflösen der Gleichung für KSt II ergibt sich:

KSt II $= 16{,}67$.

Durch Einsetzen dieses Wertes in die Gleichung für KSt I und Auflösung dieser Gleichung ergibt sich

KSt I $= 20{,}83$.

Die Gesamtsteuerbelastung beträgt demnach $(16{,}67 + 20{,}83 =)$ 37,5.

Schematisch können die Steuerbelastungen und der verbleibende Betrag nunmehr wie folgt dargestellt werden:

	GE	GE
Gewinn vor Steuern		100,00
./. KSt I	16,67	./. 16,67
./. KSt II	20,83	./. 20,83
Gesamtsteuerbelastung	37,50	
Verbleibender Betrag		62,50

Die Situation in Land B entspricht derjenigen, die in der Bundesrepublik Deutschland zu Anfang des einundzwanzigsten Jahrhunderts, d. h. zu Zeiten des Halbeinkünfteverfahrens, bestanden hat. KSt I entspricht der damaligen 25 %igen Körperschaftsteuer nach § 23 Abs. 1 KStG a. F. KSt II kann als die damals als Betriebsausgabe abzugsfähige deutsche Gewerbesteuer bei einem Hebesatz von 400 % interpretiert werden.

Die Gesamtsteuerbelastung und der verbleibende Betrag in *Land C* können wie folgt ermittelt werden:

	GE	GE	GE
Gewinn vor Steuern			100
KSt II (100 · 20 % =)		20	./. 20
KSt I (100 · 25 % =)	25		
./. Anrechnung von KSt II	./. 20	5	./. 5
Gesamtsteuerbelastung		25	
Verbleibender Betrag			75

Die Ausführungen zeigen, dass die Gesamtsteuerbelastung in den drei Ländern des Beispiels erheblich voneinander abweicht. Sie beträgt also in Land A 45 GE, in Land B 37,50 GE und in Land C 25 GE. Allerdings ist anzumerken, dass eine vollständige Anrechnung der Steuern einer Gebietskörperschaft auf die Steuerschuld einer anderen Gebietskörperschaft desselben Staates – wenn überhaupt – nur äußerst selten vorkommen dürfte. Grenzüberschreitend hingegen sind derartige Anrechnungen häufig anzutreffen. Nach deutschem Recht regelt § 34c EStG eine derartige grenzüberschreitende Anrechnung.

3.2.3 Höhe der Steuersätze und Umfang der Bemessungsgrundlagen

Die Steuerbelastung aus einer Steuerart ergibt sich bekanntlich als das Produkt ihrer Bemessungsgrundlage und dem anzuwendenden Tarif, bei linearem Tarifverlauf also dem Steuersatz. Soll die Steuerbelastung mit einer Steuerart in einem Land mit derjenigen in einem anderen Land verglichen werden, so sind also sowohl die Bemessungsgrundlagen als auch die Steuersätze miteinander zu vergleichen. Das gleiche gilt dann, wenn die Steuerbelastung mit einer Steuerart innerhalb des Landes zu unterschiedlichen Zeiten verglichen werden soll.

Ein Vergleich der Tarife miteinander lässt sich i. d. R. leicht durchführen. Die auf den Tarifen beruhenden Steuerbelastungen lassen sich meistens ohne Probleme den entsprechenden Gesetzen entnehmen. Dies ist zumindest bei einem linearen Tarifverlauf der Fall. Lineare Tarifverläufe finden sich weltweit i. d. R. bei der Körperschaftsteuer und ab einer bestimmten Einkommenshöhe auch bei der Einkommensteuer.

Wesentlich problematischer kann der Vergleich der Bemessungsgrundlagen sein. Sollen z. B. die Bemessungsgrundlagen der Körperschaftsteuer in verschiedenen Ländern miteinander verglichen werden, so müssen folgende Fragen beantwortet werden:

1. Welche betrieblichen Aufwendungen sind in welchem Land steuerlich nicht abzugsfähig, stellen also nach der im deutschen Steuerrecht üblichen Terminologie nicht abzugsfähige Betriebsausgaben dar?
2. Welche betrieblichen Erträge werden in welchem Land ausdrücklich von der Besteuerung ausgenommen, stellen also steuerfreie Betriebseinnahmen dar?

3. Gibt es in den einzelnen Ländern fiktive Betriebsausgaben, also Betriebsausgaben, denen keine tatsächlichen Aufwendungen zugrunde liegen?
4. Sind in einzelnen Ländern fiktive Betriebseinnahmen zu versteuern, also Betriebseinnahmen, denen keine Erträge zugrunde liegen?

Will ein Unternehmen, etwa zur Vorbereitung der Standortwahl für eine Tochtergesellschaft, konkret die zu erwartende Körperschaftsteuerbelastung in den in Betracht kommenden Ländern miteinander vergleichen, so muss es die aufgeworfenen Fragen sorgfältig prüfen. Hierbei muss es die zu erwartenden Bemessungsgrundlagen quantifizieren. Es leuchtet ein, dass diese bei unterschiedlicher Beantwortung der aufgeworfenen Fragen – c. p. – erheblich voneinander abweichen können.

Werden die gestellten Fragen anhand des derzeit geltenden deutschen Steuerrechts für die Verhältnisse in der Bundesrepublik Deutschland untersucht, so ergibt sich Folgendes:

- Betriebliche Aufwendungen, die steuerlich ausdrücklich nicht zum Abzug als Betriebsausgaben zugelassen sind, finden sich sowohl im EStG als auch im KStG. Zu nennen sind in diesem Zusammenhang insbesondere
  - die nicht abzugsfähigen Betriebsausgaben i. S. d. § 4 Abs. 5 EStG,
  - Ausgaben, die mit steuerfreien Einnahmen in unmittelbarem wirtschaftlichen Zusammenhang stehen (§ 3c EStG),
  - die nicht abziehbaren Aufwendungen i. S. d. § 10 KStG.
- Als Beispiel für betriebliche Erträge, die ausdrücklich von der Besteuerung ausgenommen werden, können Forschungszulagen nach dem FZulG genannt werden. Auch Investitionszulagen (nicht Investitionszuschüsse) nach dem InvZulG, die unter engen Voraussetzungen für bis einschließlich 2014 in den neuen Bundesländern getätigte Investitionen gewährt wurden, sind hierunter zu erfassen.
- Fiktive Betriebsausgaben spielen nach derzeitigem deutschen Steuerrecht keine Rolle.
- Fiktive Betriebseinnahmen können sich insbesondere nach dem Recht der verdeckten Gewinnausschüttungen ergeben. Gewährt z. B. eine GmbH ihrem beherrschenden Gesellschafter ein zinsloses Darlehen, so liegt eine verdeckte Gewinnausschüttung vor. Die Gesellschaft hat (fiktive) Zinsen zu versteuern.

3.2.4 Zeitliche Erfassung von Aufwendungen und Erträgen

Im letzten Gliederungspunkt ist u. a. auf unterschiedliche Abweichungen zwischen betrieblichen Aufwendungen und abzugsfähigen Betriebsausgaben in unterschiedlichen Besteuerungssystemen eingegangen worden. In diesem Gliederungspunkt geht es um Aufwendungen, die in den miteinander zu vergleichenden Besteuerungssystemen Betriebsausgaben darstellen, bei denen der Abzug aber zu unterschiedlichen Zeiten erfolgt. Derartige zeitliche Verwerfungen können vielfältige Ursachen haben. Zu nennen sind in diesem Zusammenhang vor allem

- unterschiedliche steuerliche Abschreibungsmodalitäten und

• die Möglichkeiten der Bildung von Rückstellungen sowie deren Bewertung.

Je früher die Anschaffungs- oder Herstellungskosten eines Wirtschaftsgutes als steuerliche Abschreibungen geltend gemacht werden können, umso eher mindern sie den steuerlichen Gewinn. Hierdurch entstehen zwar – c. p. – keine endgültigen Steuerersparnisse, wohl aber Zinsgewinne.

Zinseffekte können sich auch durch unterschiedliche Möglichkeiten der Bildung und Bewertung von Rückstellungen ergeben. Können z. B. in dem Land A Rückstellungen für drohende Verluste aus schwebenden Geschäften mit steuerlicher Wirkung gebildet werden, in dem Land B hingegen nicht, so hat dies zwar regelmäßig keinen Einfluss auf den Totalgewinn in den Vergleichsfällen, doch ergeben sich Gewinnverschiebungen. Im Land A kann der steuerliche Gewinn früher gemindert werden als in dem Land B. Im Land A ergibt sich die Gewinnminderung bereits im Jahr der Bildung der Rückstellung, im Land B hingegen erst in dem Jahr, in dem der Verlust tatsächlich anfällt. Zeigt sich im Nachhinein, dass tatsächlich kein Verlust entstanden ist, so ist im Land A dennoch in einem früheren Jahr eine Minderung des steuerlichen Gewinns erfolgt, der dann in einem späteren Jahr eine gleich hohe Gewinnerhöhung gegenübersteht. Im Land B hingegen ist weder in der Vergangenheit eine Gewinnminderung erfolgt, noch ergibt sich nunmehr eine Gewinnerhöhung. Der Totalgewinn ist somit in den Vergleichsfällen gleich groß. Doch sind im Land A vorübergehende Steuerersparnisse im Vergleich zum Land B entstanden. Diese führen in der Form von Supplementerträgen (Zinserträge bzw. ersparte Zinsaufwendungen) zu Vorteilen im Land A im Vergleich zum Land B.

Auch Erträge können in unterschiedlichen Besteuerungssystemen zu unterschiedlichen Zeitpunkten steuerlich zu erfassen sein. Der vielleicht wichtigste Anwendungsfall ergibt sich aus einer unterschiedlichen Bewertung der am Bilanzstichtag vorhandenen unfertigen und fertigen Erzeugnisse. Können diese im Land A niedriger bewertet werden als im Land B, so erfolgt im Land A – c. p. – „jetzt" ein geringerer Gewinnausweis. Dies ergibt sich daraus, dass der Ertrag aus der Erhöhung des Bestands an fertigen und unfertigen Erzeugnissen im Land A mit einem geringeren Betrag zu verbuchen ist als im Land B.

Andere Abweichungen können sich aus unterschiedlichen Regelungen zur Zuschreibung nach vorangegangenen außerplanmäßigen Abschreibungen ergeben. So brauchten z. B. nach dem bis einschließlich 1998 geltenden deutschen Recht früher vorgenommene Teilwertabschreibungen nicht durch Zuschreibungen wieder ausgeglichen zu werden, wenn der Teilwert zum Bilanzstichtag wieder gestiegen war. Seit 1999 hingegen muss nach § 6 Abs. 1 Nrn. 1 und 2 EStG in derartigen Fällen bekanntlich eine Zuschreibung erfolgen. Nach altem Recht brauchte somit in derartigen Fällen kein Ertrag ausgewiesen zu werden, nach dem seit 1999 geltenden Recht hingegen muss dies geschehen.

3.2.5 Besteuerung ausgeschütteter Gewinne

3.2.5.1 Einführung

Gewinnausschüttungen stellen zunächst einmal Gewinne dar. Üblicherweise unterliegen sie deshalb auch bei der Kapitalgesellschaft der Gewinnbesteuerung in der Form einer Belastung mit Körperschaftsteuer. In verschiedenen Ländern können dann noch weitere Steuern hinzukommen, wie z. B. in Deutschland die Gewerbesteuer. Auf derartige zusätzliche Steuern soll nachfolgend nicht eingegangen, vielmehr lediglich die Belastung mit Körperschaftsteuer betrachtet werden.

Mit der Ausschüttung gelangen Gewinnbestandteile in den Verfügungsbereich der Gesellschafter (Aktionäre). Bei diesen werden sie üblicherweise als steuerpflichtige Einnahmen behandelt, in der Bundesrepublik Deutschland bekanntlich als Einnahmen aus Kapitalvermögen. Sofern der jeweilige Gesetzgeber keine abweichenden Regelungen schafft, kommt es somit zu einer definitiven Doppelbelastung derselben Gewinnbestandteile, und zwar einmal zu einer Belastung mit Körperschaftsteuer bei der Gesellschaft, zum anderen mit Einkommensteuer bei den Gesellschaftern.

In vielen Ländern hält der Gesetzgeber die aufgezeigte definitive Doppelbelastung für nicht erwünscht. Er hat deshalb Regelungen getroffen, um sie zu beseitigen oder zu verringern. Einige Länder halten allerdings an einer ungemilderten Doppelbelastung fest. Weltweit gibt es daher derzeit viele unterschiedliche Systeme der Besteuerung von Gewinnausschüttungen bei den Kapitalgesellschaften und deren Gesellschaftern. Diese Systeme lassen sich in unterschiedlicher Weise zu Gruppen zusammenfassen. Hier soll zwischen folgenden Systemen unterschieden werden:

1. Systeme einer ungemilderten definitiven Doppelbelastung mit Körperschaft- und Einkommensteuer (klassische Systeme),
2. Systeme mit einer Milderung der Steuerbelastung auf der Gesellschaftsebene mit Hilfe eines ermäßigten Körperschaftsteuersatzes für Ausschüttungen (Systeme eines gespaltenen Körperschaftsteuersatzes),
3. Systeme mit einer Entlastung auf Gesellschafterebene mit Hilfe einer vollständigen oder teilweisen Anrechnung der Körperschaftsteuer auf die Einkommensteuer (Voll- und Teilanrechnungssysteme),
4. Systeme mit einer Entlastung auf der Gesellschafterebene mit Hilfe einer vollständigen oder teilweisen Freistellung der Ausschüttungen von der Einkommensteuer (Freistellungssysteme) und

5. Systeme einer Entlastung auf der Gesellschafterebene mit Hilfe eines ermäßigten Einkommensteuersatzes (Systeme eines ermäßigten Einkommensteuersatzes)[93].

Nachfolgend soll auf die genannten Systeme in knapper Form eingegangen werden.

3.2.5.2 Belastungswirkungen unterschiedlicher Systeme

Das üblicherweise als *klassisch* bezeichnete System einer *Doppelbelastung ausgeschütteter Gewinne* zeichnet sich dadurch aus, dass weder bei der Kapitalgesellschaft noch bei ihren Gesellschaftern irgendeine Milderung der doppelten Belastung vorgenommen wird. Es kann bereits bei im internationalen Vergleich niedrigen Körperschaftsteuersätzen zu einer insgesamt recht *hohen Gesamtbelastung* führen.

Beispiel

Die A-Kapitalgesellschaft (A-KapG) in A-Land unterliegt einer 10 %igen Körperschaftsteuer. Ausschüttungen der A-KapG an ihre Gesellschafter unterliegen bei diesen dem Spitzensteuersatz der Einkommensteuer in A-Land i. H. v. 45 %. Die A-KapG hat 100 GE Gewinn vor Steuern zur Verfügung. Diese sollen ausgeschüttet werden, soweit sie nicht für Steuerzahlungen benötigt werden. Die Steuerzahlungen und der den Gesellschaftern zufließende Nettobetrag (Verfügungsbetrag) können wie folgt ermittelt werden:

	GE	GE
Gewinn vor Steuern		100,0
Körperschaftsteuer (100 · 10 % =)	10,0	./. 10,0
Ausschüttung		90,0
Einkommensteuer (90 · 45 % =)	40,5	./. 40,5
Gesamtsteuerbelastung	50,5	
Verfügungsbetrag		49,5

Der letztlich den Gesellschaftern zur Verfügung stehende Betrag beläuft sich also auf lediglich 49,5 GE, der größere Teil des Ausgangsbetrags, nämlich 50,5 GE ist an das Finanzamt zu entrichten. Klargestellt sei, dass ein Körperschaftsteuersatz von 10 % im internationalen Vergleich gering und ein Spitzensteuersatz der Einkommensteuer von 45 % nicht sonderlich hoch ist.

Das Beispiel veranschaulicht, dass bei Anwendung des klassischen Systems die Gesamtbelastung außerordentlich hoch sein kann. Dies wird seit Jahrzehnten weltweit überwiegend als nicht sachgerecht angesehen. Insbesondere wird die Gefahr gesehen, dass die hohe Steuerbelastung potentielle Eigenkapitalgeber abschrecke. Das klassische System wird deshalb auch nur noch in wenigen Staaten angewendet[94].

---

93 Das System eines ermäßigten Einkommensteuersatzes sowie das (Teil)-Freistellungssystem werden in der Literatur auch unter dem Begriff Shareholder-Relief-System zusammengefasst. Dieses System kennzeichnet eine begünstigte Besteuerung des ausgeschütteten Gewinns beim Anteilseigner über die Bemessungsgrundlage oder den Steuersatz. Siehe vertiefend Jacobs/Endres/Spengel (2016), S. 137 f. und Zajicek (2017), S. 40.

94 Nach Tipp findet das klassische System in Irland Anwendung, s. Tipp in: Mennel/Förster, (2021), Länderteil Irland, Rz. 198. Siehe auch Bundesministerium der Finanzen (2021), S. 11.

Eine Möglichkeit, die definitive Belastung mit Körperschaft- und Einkommensteuer zu mildern, besteht darin, ausgeschüttete Gewinne mit einem – bezogen auf thesaurierte Gewinne – *ermäßigten Körperschaftsteuersatz* zu besteuern. Dieses System wurde weltweit mehrere Jahrzehnte in vielen Ländern angewendet. In der Bundesrepublik Deutschland hat es bis einschließlich 1976 bestanden. Das deutsche System war damals durch folgende Steuersätze gekennzeichnet:

- Einen Körperschaftsteuersatz auf thesaurierte Gewinne von 51 % und
- einen Körperschaftsteuersatz auf ausgeschüttete Gewinne von 15 %.

Außerdem wurde damals – ebenso wie heute – Gewerbesteuer erhoben. Da der Spitzensteuersatz der Einkommensteuer damals deutlich höher lag als heute (im Jahr 1976 betrug er 56 %), konnte sich im Einzelfall eine exorbitant hohe Steuerbelastung ergeben. Auf eine Darstellung im Einzelnen soll hier verzichtet werden.

Voll- und Teilanrechnungssysteme sind dadurch gekennzeichnet, dass in ihnen die auf die ausgeschütteten Gewinne entfallende Körperschaftsteuer in vollem Umfang (Vollanrechnungssysteme) oder teilweise (Teilanrechnungssysteme) auf die Einkommensteuer der Gesellschafter angerechnet wird. Bei einer *Vollanrechnung* werden ausgeschüttete Gewinne letztlich nur mit der Einkommensteuer des Gesellschafters belastet. Sie unterliegen also im Ergebnis dem individuellen Einkommensteuersatz (Differenzsteuersatz) des jeweiligen Gesellschafters. Damit erfolgt eine Besteuerung nach der Leistungsfähigkeit des jeweiligen Gesellschafters. Bei konsequenter Anwendung dieses der Vollanrechnung zugrunde liegenden Prinzips muss eine Anrechnung der Körperschaftsteuer auch dann erfolgen, wenn Gewinne bzw. Gewinnteile nicht im Jahr ihrer Entstehung, sondern zu irgendeinem späteren Zeitpunkt ausgeschüttet werden.

Weltweit als erstes Land hatte die Bundesrepublik Deutschland zum 1.1.1977 ein Vollanrechnungssystem eingeführt. Es wurde als *körperschaftsteuerliches Anrechnungsverfahren* bezeichnet. Innerhalb der EU haben in späteren Jahren Frankreich, Italien und Finnland ebenfalls ein Vollanrechnungssystem eingeführt[95]. In der Bundesrepublik Deutschland selbst ist es mit Ablauf des Jahres 2001 wieder abgeschafft worden. Allerdings bestand nach den §§ 37 und 38 KStG eine längere Übergangsfrist, in der sich noch Wirkungen aus dem Anrechnungsverfahren ergeben konnten. Angemerkt sei, dass nach Ansicht der Verfasser die Argumente, die in der Bundesrepublik Deutschland zur Abschaffung des körperschaftsteuerlichen Anrechnungsverfahrens geführt haben, wenig überzeugend waren[96].

Im Gegensatz zu den Vollanrechnungssystemen wird bei den *Teilanrechnungssystemen* die auf die Ausschüttungen entfallende Körperschaftsteuer nicht in vollem Umfang, sondern lediglich teilweise auf die Einkommensteuer der Gesellschafter

---

[95] Vgl. Bareis (2000), S. 139.

[96] Zur Kritik an der Abschaffung des Anrechnungsverfahrens s. Schneeloch/Trockels-Brand (2000) und Siegel/Bareis/Herzig/Schneider/Wagner/Wenger (2000).

angerechnet. Derzeit gibt es ein derartiges Teilanrechnungssystem z. B. in Kanada[97].

Eine doppelte Definitivbelastung ausgeschütteter Gewinne mit Körperschaft- und Einkommensteuer lässt sich dadurch vermeiden, dass die Ausschüttungen bei den Gesellschaftern von der Einkommensteuer freigestellt werden. In einem derartigen *Freistellungssystem* werden die Gewinne also nur mit Körperschaftsteuer, nicht hingegen mit Einkommensteuer belastet. Innerhalb der EU wird eine vollständige Freistellung der Ausschüttungen von der Einkommensteuer derzeit u. a. in Estland praktiziert[98].

Anstelle einer vollständigen ist auch eine teilweise Freistellung der Ausschüttungen von der Einkommensteuer denkbar. Ein derartiges System der teilweisen Freistellung wurde bzw. wird in der Bundesrepublik Deutschland mit dem *Halbeinkünfteverfahren* bzw. dem *Teileinkünfteverfahren* praktiziert.

Eine Möglichkeit, die doppelte Belastung ausgeschütteter Gewinne mit Körperschaft- und Einkommensteuer zu mildern, besteht darin, die Ausschüttungen bei dem Gesellschafter nicht mit dem normalen, sondern mit einem ermäßigten Einkommensteuersatz zu besteuern. Das System eines ermäßigten Einkommensteuersatzes findet in vielen Ländern, u. a. in Belgien, Dänemark, Griechenland, Italien, Kroatien, Litauen, Österreich, Polen, Schweden, Spanien und – seit dem Veranlagungszeitraum 2009 – auch in der Bundesrepublik Deutschland Anwendung[99].

Eine Ermäßigung des Einkommensteuersatzes kann im Hinblick auf zwei unterschiedliche Bezugsgrößen erfolgen. Die erste Möglichkeit besteht darin, dass die Bezugsgröße in dem Spitzensteuersatz des Landes besteht. Der ermäßigte Steuersatz ist dann in Bezug auf den Spitzensteuersatz ermäßigt. Bei dieser Vorgehensweise kann die Einkommensteuer auf die Gewinnausschüttung als Abgeltungsteuer gestaltet werden. Sie wird dann von der ausschüttenden Gesellschaft bzw. von der Depotbank einbehalten und für Rechnung des Steuerschuldners an das Finanzamt abgeführt. Die Ausschüttung wird nicht in die Veranlagung zur Einkommensteuer einbezogen. Zu einer Ermäßigung der Steuerbelastung gegenüber einer Einbeziehung der Ausschüttung in das zu versteuernde Einkommen kann es bei dieser Vorgehensweise nur dann kommen, wenn der Abgeltungsteuersatz niedriger ist als der Differenzeinkommensteuersatz im Falle einer Einbeziehung in das zu versteuernde Einkommen. Ist der Abgeltungsteuersatz hingegen höher, so kommt es nicht zu einer Entlastung, sondern zu einer Verschärfung der Doppelbelastung. Dies kann dadurch vermieden werden, dass dem Steuerpflichtigen das Recht eingeräumt wird, eine Einbeziehung der Ausschüttungen in das zu versteuernde Einkommen zu beantragen. Dies ist z. B. in Deutschland der Fall. Das soeben dargestellte System wird in der Bundesrepublik Deutschland seit dem Veranlagungszeitraum 2009 angewendet.

---

97   Siehe Bundesministerium der Finanzen (2021), S. 11.
98   Siehe Bundesministerium der Finanzen (2021), S. 11.
99   Siehe Bundesministerium der Finanzen (2021), S. 9-11.

Die zweite mögliche Bezugsgröße für die Ermäßigung des Einkommensteuersatzes kann der „normale" individuelle Einkommensteuersatz des einzelnen Gesellschafters sein. So kann der ermäßigte Einkommensteuersatz z. B. ein bestimmter Prozentsatz des Durchschnittssteuersatzes des einzelnen Gesellschafters sein. Die Art der Ermäßigung ist dann vergleichbar mit derjenigen, die sich nach deutschem Recht aus § 34 Abs. 3 EStG ergibt. Klargestellt sei, dass § 34 Abs. 3 EStG (selbstverständlich) keine Begünstigungsvorschrift für Gewinnausschüttungen darstellt. Begünstigt werden nach dieser Vorschrift vielmehr – unter den engen Voraussetzungen dieser Vorschrift – bestimmte außerordentliche Einkünfte.

Die bisherigen Ausführungen zeigen Folgendes:

- Wird als Bezugsgröße für die Festlegung eines ermäßigten Einkommensteuersatzes der Spitzensteuersatz des jeweiligen Landes gewählt, so kann im individuellen Einzelfall die Situation entstehen, dass es überhaupt nicht zu einer Einkommensteuerentlastung kommt oder statt einer Entlastung sogar eine zusätzliche Belastung entsteht.
- Wird als Bezugsgröße eines ermäßigten Steuersatzes hingegen der „normale" Einkommensteuersatz des jeweiligen Gesellschafters gewählt, so kommt es stets zu einer Ermäßigung der Steuerbelastung im Vergleich zu einer „normalen" Besteuerung.

3.2.5.3 Das Problem einer Mehrfachbelastung mit Körperschaftsteuer

In vielen Ländern ist zwar eine definitive Doppelbelastung ausgeschütteter Gewinne mit Körperschaft- und Einkommensteuer gewollt, nicht aber eine doppelte oder gar mehrfache Belastung mit Körperschaftsteuer. Zu einer derartigen Doppelbelastung mit Körperschaftsteuer kommt es aber grundsätzlich dann, wenn eine Kapitalgesellschaft an einer anderen beteiligt ist und von dieser Gewinnausschüttungen erhält. Eine *Mehrfachbelastung* entsteht dann, wenn Beteiligungen übereinander geschachtelt sind, etwa Kapitalgesellschaft A an Kapitalgesellschaft B und diese an Kapitalgesellschaft C beteiligt ist.

Soll eine derartige Doppel- oder Mehrfachbelastung mit Körperschaftsteuer vermieden werden, so kann dies am einfachsten dadurch geschehen, dass die Ausschüttungen bei der Gesellschaft, die die Beteiligung hält (Obergesellschaft), steuerbefreit werden. Dies ist eine Regelung, die in der Bundesrepublik Deutschland mit § 8b Abs. 1 KStG herbeigeführt wird. Allerdings sind auf Grund des § 8b Abs. 5 KStG tatsächlich derzeit (Rechtsstand Herbst 2021) nur 95 % der Ausschüttungen befreit. Zu Zeiten des körperschaftsteuerlichen Anrechnungsverfahrens war eine Regelung wie hier dargestellt nicht erforderlich, da die Körperschaftsteuer der ausschüttenden Kapitalgesellschaft bei der Obergesellschaft angerechnet wurde.

Auch in anderen Ländern als der Bundesrepublik Deutschland bleiben Ausschüttungen bei einer Obergesellschaft körperschaftsteuerfrei. Das gilt innerhalb Europas für die Länder Dänemark, Finnland, Großbritannien, Irland, Italien, Luxemburg, Österreich, Schweden und Spanien. Einige dieser Länder, nämlich Dänemark,

Luxemburg, die Niederlande, Schweden und Spanien setzen allerdings eine Mindestbeteiligung der Obergesellschaft an der ausschüttenden Gesellschaft (Untergesellschaft) voraus[100].

3.2.5.4 Vergleich der Systeme der Besteuerung von Gewinnausschüttungen miteinander

Ein Vergleich der Systeme miteinander zeigt, dass eine definitive Doppelbelastung mit Körperschaft- und Einkommensteuer nur dann vollständig vermieden werden kann, wenn entweder eine *vollständige Anrechnung* der Körperschaftsteuer auf die Einkommensteuer oder aber eine *vollständige Freistellung* der Ausschüttungen bei dem Empfänger erfolgt. In allen anderen Fällen hingegen wird eine Doppelbelastung überhaupt nicht oder nur teilweise vermieden.

Die Systeme der Vollanrechnung und der vollständigen Freistellung sind auch die einzigen, die keine Spezialregelung zur Vermeidung einer doppelten oder mehrfachen Belastung mit Körperschaftsteuer erforderlich machen. Die Steuerwirkungen dieser beiden Systeme können allerdings erheblich voneinander abweichen. Während bei der Vollanrechnung letztlich eine Belastung mit dem individuellen Einkommensteuersatz des Gesellschafters erfolgt, ergibt sich bei der Freistellungsmethode eine Belastung mit dem Körperschaftsteuersatz der Kapitalgesellschaft. Wird eine Besteuerung nach der Leistungsfähigkeit der einzelnen Gesellschafter angestrebt, so kommt nur ein System der vollständigen Anrechnung der Körperschaftsteuer auf die Einkommensteuer in Betracht.

3.2.5.5 Schlussfolgerungen

Die Untersuchung hat ergeben, dass die Ertragsteuerbelastung der Kapitalgesellschaften keinesfalls allein von der Höhe des Körperschaftsteuersatzes abhängt. Vielmehr spielt eine Reihe weiterer Einflussfaktoren eine – z. T. erhebliche – Rolle. Zu nennen sind insbesondere

- die Anzahl der Ertragsteuern, mit denen der Gewinn bei der Kapitalgesellschaft belastet wird und ihre Beziehungen zueinander,
- der Umfang der Bemessungsgrundlagen der Ertragsteuern, insbesondere die Abgrenzung des steuerlichen Gewinns,
- die zeitliche Erfassung von Aufwendungen und Erträgen und damit des Gewinns.

Zu beachten ist in diesem Zusammenhang, dass der zuletzt genannten zeitlichen Erfassung des Gewinns in Zeiten einer Hochzinsphase eine erheblich größere Bedeutung zukommt als in denen einer Niedrigzinsphase.

Von herausragender Bedeutung für die ermittelte Höhe der Gesamtsteuerbelastung ist der Umstand, ob die Einkommensteuerbelastung der Gesellschafter auf ausge-

---

100 Vertiefend hierzu s. die Länderteile in: Mennel/Förster (2021) unter dem Stichwort „Besteuerung verflochtener Gesellschaften".

schüttete Gewinne in die Belastungsrechnung einbezogen wird oder nicht. Im Rahmen der Untersuchung ist begründet worden, dass eine Einbeziehung in den meisten Fällen sinnvoll ist. Ausnahmen ergeben sich lediglich in den Fällen, in denen es sich bei der Kapitalgesellschaft um eine Publikumsgesellschaft handelt.

Wird eine Einkommensteuerbelastung der Gesellschafter – soweit sie auf Ausschüttungen der Gesellschaft beruht – in die Belastungsrechnung einbezogen, so hängt die Gesamtbelastung weiterhin in hohem Maße davon ab, ob und in welcher Weise die doppelte Belastung mit Körperschaft- und Einkommensteuer durch Entlastungsmaßnahmen gemindert oder sogar vollständig aufgehoben wird. Im Rahmen der Untersuchung sind mehrere Arten der Entlastung aufgezeigt und erläutert worden.

3.2.6 Aufgabe 7

Der Alleingesellschafter-Geschäftsführer G der D-GmbH mit Sitz in Düsseldorf erwägt in einem lateinamerikanischen Land eine Tochter-Kapitalgesellschaft zu gründen. Von dieser aus soll der lateinamerikanische Markt beliefert werden. Aus nicht steuerlichen Gründen kommen als Sitz der Tochtergesellschaft nur die Länder A, B und C in Betracht.

G geht davon aus, dass die Tochtergesellschaft – unabhängig davon, in welchem der drei Länder sie gegründet wird – während des gesamten Planungszeitraums von n Jahren einen jährlichen Gewinn vor Steuern von 100 GE erzielen wird. Er geht weiterhin davon aus, dass die Tochtergesellschaft die Gewinne – soweit sie nicht für Steuerzahlungen auf diese Gewinne benötigt werden – während des gesamten Planungszeitraums thesaurieren wird.

Bei seinen Recherchen ermittelt G, dass er in den drei genannten Ländern mit folgender Besteuerung des Gewinns vor Steuern rechnen muss:

Land A erhebt eine Körperschaftsteuer i. H. v. 20 % des Gewinns vor Steuern. Diese Steuer stellt eine nicht abzugsfähige Betriebsausgabe dar. Außerdem muss G damit rechnen, dass in dem den Gewinn mindernden Aufwand jährlich ein Betrag von 20 GE enthalten sein wird, der steuerlich nicht als Betriebsausgabe abzugsfähig ist.

In *Land B* erhebt der Zentralstaat eine 10 %ige Körperschaftsteuer. Außerdem erheben die einzelnen Bundesstaaten jeweils eine Landessteuer. Diese ist regional unterschiedlich hoch. In dem für die Gründung der Tochtergesellschaft bestgeeigneten Bundesstaat beträgt sie 15 %. Die Bundessteuer ist von der Bemessungsgrundlage der Landessteuer als Betriebsausgabe abzugsfähig, von ihrer eigenen Bemessungsgrundlage hingegen nicht. Mit weiteren nicht abzugsfähigen Betriebsausgaben muss G nicht rechnen.

In *Land C* erheben sowohl der Zentralstaat als auch das für die Ansiedlung der Tochtergesellschaft bestgeeignete Bundesland jeweils Körperschaftsteuer. Der Steuersatz der Bundessteuer beträgt 16 %, der der Landessteuer 14 %. Die Bundessteuer ist sowohl von ihrer eigenen Bemessungsgrundlage als auch von der der Landessteuer abzugsfähig. Die Landessteuer ist nicht als Betriebsausgabe von einer der beiden abzugsfähig. Mit nichtabziehbaren Betriebsausgaben rechnet G – mit Ausnahme der sich aus dem voranstehenden Text ergebenden – nicht.

Eine Anrechnung der Bundessteuer auf die Landessteuer oder umgekehrt der Landes- auf die Bundessteuer findet weder im Land B noch im Land C statt.

Ermitteln Sie bitte die Gesamtsteuerbelastungen und die für die Thesaurierung verbleibenden Beträge für alle drei genannten Staaten und vergleichen Sie diese miteinander.

4 Zweiländer-Konstellationen

4.1 Einführung

In den Ausführungen zu Gliederungspunkt 3.2.5 wird implizit davon ausgegangen, dass die Unternehmer (Gesellschafter) in demselben Land ansässig sind wie das jeweilige Unternehmen. Es handelt sich also um eine Einland-Konstellation. Diese Prämisse wird nunmehr ausdrücklich aufgehoben und zu einer Zweiländer-Konstellation übergegangen. Es werden also nunmehr Fälle betrachtet, in denen die Gesellschafter in einem anderen Land wohnen als die Gesellschaft ihren Sitz hat. Damit kann es zu einer Besteuerung in beiden Ländern kommen. Gesellschafter können sowohl natürliche als auch juristische Personen, insbesondere Kapitalgesellschaften sein. Häufig beherrscht eine Gesellschaft in A-Land eine Gesellschaft in B-Land. Üblicherweise wird dann von einer Muttergesellschaft (in A-Land) und einer Tochtergesellschaft (in B-Land) gesprochen. Häufig wird die Muttergesellschaft auch als Spitzeneinheit, die Tochtergesellschaft als Grundeinheit bezeichnet. Allerdings ist der Begriff der Spitzeneinheit weiter gefasst als der der Muttergesellschaft: Auch eine einzelne natürliche Person kann als Einzelunternehmen die Funktion einer Spitzeneinheit ausüben. Auch der Begriff der Grundeinheit ist weiter gefasst als der der Tochtergesellschaft. Er umfasst nämlich auch Betriebsstätten, d. h. wirtschaftliche Einheiten ohne eine eigene Rechtspersönlichkeit.

Eine Spitzeneinheit in dem hier beschriebenen Sinne kann ihren Sitz in jedem beliebigen Land der Welt haben. Gleiches gilt hinsichtlich der Grundeinheit. Da es hier unmöglich ist, auf alle denkbaren Konstellationen einzugehen, findet hier eine Beschränkung der Untersuchung auf solche Fälle statt, in denen sich die Spitzeneinheit in der Bundesrepublik Deutschland befindet (inländische Spitzeneinheit). Die Grundeinheit kann sich in einem beliebigen ausländischen Staat befinden. Die Standortwahl bezieht sich also auf Standorte in ausländischen Staaten. Die Probleme, die nachfolgend für den Fall einer deutschen (inländischen) Spitzeneinheit und einer ausländischen Grundeinheit behandelt werden, treten in ähnlicher Form (selbstverständlich) auch in allen Fällen auf, in denen sich die Spitzeneinheit nicht in Deutschland, sondern in irgendeinem anderen Land der Welt befindet.

4.2 Entscheidungssituation

Ein großer Teil deutscher Unternehmen entwickelt wirtschaftliche Aktivitäten im Ausland. Diese können unterschiedlicher Art und Intensität sein. Sie reichen vom schlichten Export von Gütern und Dienstleistungen bis zum Betreiben einer ausländischen Tochtergesellschaft, die produziert und einen Teil des Weltmarktes (z. B.

Nordamerika) beliefert. Systematisch lassen sich folgende Grundfälle unterscheiden:

1. Export vom Inland in das Ausland ohne Gründung einer ausländischen Betriebsstätte oder Tochtergesellschaft (Direktgeschäft),
2. Gründung einer ausländischen Betriebsstätte und
3. Gründung einer ausländischen Tochtergesellschaft.

Sowohl eine ausländische Betriebsstätte als auch eine ausländische Tochtergesellschaft kann unterschiedliche Funktionen übernehmen. In Betracht kommen insbesondere Produktion und Vertrieb. So kann eine in Argentinien gegründete Tochtergesellschaft z. B. die Produktion und den Vertrieb für den lateinamerikanischen Markt übernehmen. In diesem Falle dürfte es sinnvoll sein, dass die argentinische Tochtergesellschaft auch die Verwaltungsaufgaben übernimmt, die mit der Produktion und dem Vertrieb der in ihrem Werk hergestellten Erzeugnisse zusammenhängen.

Eine ausländische Tochtergesellschaft kann sowohl in der Rechtsform einer ausländischen Kapital- als auch einer ausländischen Personengesellschaft gegründet werden. In der Regel dürfte die Muttergesellschaft aus Haftungsgründen die Rechtsform einer Kapital- der einer Personengesellschaft vorziehen.

4.3   Für die Entscheidungssituation relevantes Steuerrecht

4.3.1 Grundsätzliches

Relevant in den beschriebenen Entscheidungssituationen ist regelmäßig sowohl das inländische als auch das jeweilige ausländische Steuerrecht. Vielfach führt das Zusammenspiel der Rechtsnormen beider Länder zu einer doppelten Besteuerung derselben Steuerbemessungsgrundlage, insbesondere des steuerlichen Gewinns sowie der Gewinnausschüttungen. Um dies zu verhindern, hat die Bundesrepublik Deutschland mit vielen Ländern der Welt ein Doppelbesteuerungsabkommen (DBA) abgeschlossen[101]. Hierbei handelt es sich um Abkommen zur Vermeidung oder Verminderung der Auswirkungen einer doppelten Besteuerung derselben Bemessungsgrundlage im In- und im Ausland. Die Abkommen betreffen häufig nur die Ertragsteuern, in anderen Fällen auch die Substanzsteuern. Nachfolgend soll nur auf Regelungen zu den Ertragsteuern eingegangen werden.

Die meisten der Doppelbesteuerungsabkommen, die die Bundesrepublik Deutschland mit anderen Ländern abgeschlossen hat, richten sich weitgehend nach dem von der OECD entwickelten OECD-Musterabkommen (OECD-MA), häufig auch als DBA-MA bezeichnet. Allerdings weichen die meisten konkreten Abkommen bei

---

[101] Hierunter fallen die meisten wichtigen Handelspartner. Vgl. BMF-Schreiben vom 18.2.2021, IV B 2 -S 1301/07/10017-12, BStBl I 2021, S. 265.

der Regelung einzelner Fragen von dem OECD-MA ab, so dass es zur Klärung einer konkreten abkommensrechtlichen Frage notwendig ist, die Vorschriften des jeweils einschlägigen Abkommens zu beachten. Im Übrigen ist aber die umfangreiche Kommentierung, die es zu dem OECD-MA gibt[102], in vielen praktischen Fällen hilfreich. Nachfolgend wird grundsätzlich von den Regelungen des OECD-MA und nicht von denen eines konkreten Abkommens ausgegangen.

In den Fällen, in denen die Bundesrepublik Deutschland kein DBA mit einem ausländischen Staat abgeschlossen hat, kommt es nicht zwangsläufig zu einer doppelten Besteuerung – zumindest nicht in voller Höhe. Der Grund liegt darin, dass in derartigen Fällen evtl. innerdeutsche (unilaterale) Rechtsnormen zur Verringerung oder Vermeidung einer doppelten Besteuerung zur Anwendung kommen.

4.3.2 Für die Standortwahl relevante Normen des OECD-MA

4.3.2.1 Einführung

Das OECD-MA ist in sieben Abschnitte mit insgesamt 32 Artikeln untergliedert. Die Abschnitte sind überschrieben mit:

Abschnitt I: Geltungsbereich des Abkommens (Art. 1 und 2),
Abschnitt II: Begriffsbestimmungen (Art. 3 bis 5),
Abschnitt III: Besteuerung des Einkommens (Art. 6 bis 21),
Abschnitt IV: Besteuerung des Vermögens (Art. 22),
Abschnitt V: Methoden zur Vermeidung der Doppelbesteuerung (Art. 23A und 23B)
Abschnitt VI: Besondere Bestimmungen (Art. 24 bis 29) und
Abschnitt VII: Schlussbestimmungen (Art. 30 und 31).

Nachfolgend wird in kurzer Form auf diejenigen Normen eingegangen, die für die Standortwahl relevant sind.

4.3.2.2 Geltungsbereich und Begriffsbestimmungen

Nach seinem Art. 1 gilt das OECD-MA für Personen, die in einem oder in beiden Vertragsstaaten eines konkreten DBA ansässig sind. Personen i. S. d. OECD-MA sind nach dessen Art. 3 Abs. 1a insbesondere

- natürliche Personen und
- Gesellschaften.

Eine in einem Vertragsstaat ansässige Person ist nach Art. 4 Abs. 1 OECD-MA eine Person, die nach dem Recht dieses Staates dort aufgrund ihres Wohnsitzes, ihres ständigen Aufenthalts oder des Ortes ihrer Geschäftsleitung steuerpflichtig ist.

---

102 Siehe insbesondere Gosch/Kroppen/Grotherr/Kraft (2021), Vogel/Lehner (2021), Wassermeyer (2021), Strunk/Kaminski/Köhler (2020) und Schönfeld/Ditz (2019).

Keine in einem Vertragsstaat ansässige Person ist hingegen eine Person, die in diesem Staat nur mit Einkünften aus Quellen steuerpflichtig ist. Art. 4 Abs. 2 OECD-MA enthält umfangreiche Regelungen für den Fall, dass eine natürliche Person in beiden Vertragsstaaten ansässig ist.

Von erheblicher Bedeutung im Zusammenhang mit der Standortwahl ist der Begriff des Unternehmens. Dies ergibt sich insbesondere aus Art. 7 des OECD-MA, in dem es um das Recht der Vertragsstaaten zur Besteuerung der Unternehmensgewinne geht. Der Begriff ist in Art. 3 Abs. 1 Buchstabe c) des OECD-MA nur höchst unvollkommen definiert. Danach bezieht sich der Ausdruck „Unternehmen" auf die Ausübung einer Geschäftstätigkeit. Das Unternehmen muss also offensichtlich eine *eigene Geschäftstätigkeit* entwickeln. Nach Art. 3 Abs. 1 Buchstabe h) des OECD-MA schließt der Ausdruck „Geschäftstätigkeit" auch die Ausübung einer freiberuflichen oder sonstigen selbständigen Tätigkeit ein. Hieraus kann geschlossen werden, dass der Hauptanwendungsfall der einer selbständigen gewerblichen Tätigkeit ist. In der Terminologie des deutschen Steuerrechts erfasst der Ausdruck der Geschäftstätigkeit also offenbar sowohl die Einkünfte aus Gewerbebetrieb als auch diejenigen aus selbständiger Arbeit, insbesondere aus freiberuflicher Tätigkeit. Allerdings dürfte keine vollständige Identität der Begriffsinhalte bestehen.

In Art. 5 OECD-MA wird der für das Abkommensrecht sehr wichtige Begriff der Betriebsstätte definiert und näher erläutert. Er ist nicht mit dem des § 12 AO identisch, der für innerdeutsche Sachverhalte gilt.

Nach Abs. 1 des Art. 5 OECD-MA ist eine Betriebsstätte eine feste Geschäftseinrichtung, durch die die Geschäftstätigkeit ganz oder teilweise ausgeübt wird. Nach Abs. 2 dieser Norm umfasst der Begriff insbesondere

- einen Ort der Leitung,
- eine Zweigniederlassung,
- eine Geschäftsstelle,
- eine Fabrikationsstätte,
- eine Werkstätte und
- eine Stätte der Ausbeutung von Bodenschätzen, z. B. ein Bergwerk, ein Öl- oder Gasvorkommen oder einen Steinbruch.

Nach Art. 5 Abs. 3 OECD-MA ist eine Bauausführung (Baustelle) oder eine Montage nur dann eine Betriebsstätte, wenn ihre Dauer zwölf Monate überschreitet.

Abs. 4 des Art. 5 OECD-MA nennt einige Stätten, die ausdrücklich nicht als Betriebsstätten gelten. Hierzu gehören insbesondere Einrichtungen, die ausschließlich zur Lagerung, Ausstellung oder Auslieferung von Gütern oder Waren des Unternehmens benutzt werden.

Die Abgrenzung des Betriebsstättenbegriffs ist international heftig umstritten. Insbesondere Entwicklungsländer versuchen den Begriffsinhalt gegenüber Art. 5 OECD-MA zu erweitern. Sie erhoffen sich hierdurch einen größeren Anteil am weltweiten Steueraufkommen, insbesondere aus der digitalen Wirtschaft, als bisher.

4.3.2.3 Grundsätze zur Aufteilung des Besteuerungsrechts auf die Vertragsstaaten

Der dritte Abschnitt des OECD-MA (Art. 6 bis 21) regelt die Frage, welchem Vertragsstaat das Besteuerungsrecht über die einzelnen Einkommensarten zusteht. Der Begriff des Einkommens entspricht nach deutschem Recht in etwa demjenigen der Einkünfte.

Von zentraler Bedeutung im Rahmen des hier zu behandelnden Themas ist die Besteuerung der Unternehmensgewinne nach Art. 7 OECD-MA. Nach dessen Abs. 1 Satz 1 besteht der Grundsatz:

> „Gewinne eines Unternehmens eines Vertragsstaats können nur in diesem Staat besteuert werden."

Der Grundsatz bedeutet, dass Gewinne nur einmal besteuert werden dürfen, und zwar in dem Staat, in dem sie entstanden sind (Ansässigkeitsstaat). Von diesem Grundsatz enthält der zweite Halbsatz des soeben zitierten Art. 7 Abs. 1 Satz 1 OECD-MA eine wichtige Ausnahme. Diese betrifft den Fall, dass ein Unternehmen seine Geschäftstätigkeit in dem Staat, in dem es nicht ansässig ist, durch eine dort gelegene Betriebsstätte ausübt. In diesem Fall können die in der Betriebsstätte entstandenen Gewinne in dem Staat besteuert werden, in dem die Betriebsstätte liegt. Hinsichtlich der in der Betriebsstätte entstandenen Gewinne steht also dem Staat das Besteuerungsrecht zu, in dem die Betriebsstätte gelegen ist. Diesem Betriebsstättenstaat steht dann das alleinige Besteuerungsrecht an dem Betriebsstättengewinn zu. Der Gesamtgewinn des Unternehmens muss in einem derartigen Fall aufgeteilt werden in den Teil, der

*   in der Spitzeneinheit (Stammhaus) und den der
*   in der Betriebsstätte

entstanden ist. Die Aufteilung hat so zu erfolgen, wie sie sich ergeben würde, wenn die Betriebsstätte ein selbständiges Unternehmen wäre. Wird gegen diesen Grundsatz verstoßen, so kommt es in dem benachteiligten Staat regelmäßig aufgrund innerstaatlicher Regelungen zu einer Gewinnkorrektur. Hierauf wird erst an späterer Stelle eingegangen werden.

Art. 10 OECD-MA enthält Normen hinsichtlich der Besteuerung von Dividenden und vergleichbaren Gewinnausschüttungen. Nach seinem Abs. 1 steht das Besteuerungsrecht dem Staat zu, in dem der Dividendenempfänger ansässig ist. Zusätzlich kann der Staat, in dem die die Dividende zahlende Gesellschaft ansässig ist, eine Steuer erheben. Diese Steuer wird üblicherweise als **Quellensteuer** bezeichnet. Von den in Deutschland erhobenen Steuern handelt es sich bei der Kapitalertragsteuer um eine Quellensteuer.

Der Quellensteuersatz ist nach Art. 10 Abs. 2 OECD-MA in seiner Höhe begrenzt. Der Höchstsatz beträgt in den Fällen, in denen der Dividendenempfänger zu mindestens 25 % unmittelbar an dem Kapital der die Dividende zahlenden Gesellschaft beteiligt ist 5 % des Bruttobetrags der Dividende (Schachtelprivileg). In allen anderen Fällen beträgt der Höchstsatz 15 % des Bruttobetrags der Dividende. Innerhalb der EU wird in den Fällen, in denen die Mutter-Tochter-Richtlinie[103] zur Anwendung kommt, keine Quellensteuer erhoben; der Quellensteuersatz beträgt also 0 %. Angemerkt sei, dass die Mutter-Tochter-Richtlinie in Deutschland durch § 43b EStG in nationales Recht transformiert worden ist.

Von Bedeutung im Verhältnis zwischen Spitzen- und Grundeinheit zueinander sind häufig auch Zins- und Lizenzvereinbarungen. So gewährt z. B. eine inländische Mutter- ihrer ausländischen Tochtergesellschaft ein verzinsliches Darlehen oder räumt ihr – ebenfalls gegen Entgelt – eine Lizenz ein. Welchem der beiden Vertragsstaaten, in denen Mutter- und Tochtergesellschaft ansässig sind, das Besteuerungsrecht über die Zinsen bzw. Lizenzgebühren zusteht, regeln die Art. 11 und 12 OECD-MA.

Nach Art. 11 Abs. 1 OECD-MA steht das Besteuerungsrecht über Zinsen dem Staat zu, in dem der Empfänger ansässig ist (Empfängerstaat). Von diesem Grundsatz enthält Abs. 2 der genannten Rechtsnorm eine Ausnahme. Danach kann auch der Quellenstaat, d. h. der Staat, aus dessen Hoheitsgebiet die Zinsen stammen, eine Steuer erheben. Diese Quellensteuer darf allerdings höchstens 10 % des Bruttobetrags der Zinsen betragen. Liegen Quellen- und Empfängerstaat innerhalb der EU, so greift die Zins- und Lizenzgebührenrichtlinie[104]. In diesem Fall darf – bei Vorliegen einer Mindestbeteiligung von 25 % – keine Quellensteuer erhoben werden. Der Inhalt der Richtlinie ist durch § 50g EStG in deutsches Recht transformiert worden.

Nach Art. 12 Abs. 1 OECD-MA steht das Besteuerungsrecht über Lizenzgebühren grundsätzlich nur dem Empfängerstaat zu. Auch hier gibt es von diesem Grundsatz allerdings eine Ausnahme. Diese ist in Abs. 3 des Art. 12 OECD-MA geregelt. Danach steht das Besteuerungsrecht dann dem Quellenstaat zu, wenn der in dem Empfängerstaat ansässige Nutzungsberechtigte in dem Quellenstaat eine Betriebsstätte unterhält und diese die Lizenzgebühren zu zahlen hat. In diesem Fall ist die Lizenzgebühr nach Satz 2 der genannten Norm i. V. m. Art. 7 OECD-MA als Teil des Betriebsstättengewinns zu behandeln[105].

4.3.2.4 Methoden zur Vermeidung der Doppelbesteuerung

Der fünfte Abschnitt des OECD-MA (Art. 23A und 23B) regelt Methoden zur Vermeidung der Doppelbesteuerung, und zwar in Art. 23A die Befreiungs- und in Art. 23B die Anrechnungsmethode. Die Befreiungsmethode wird im deutschen Recht üblicherweise als Freistellungsmethode bezeichnet. Die beiden Methoden stehen nach dem OECD-MA gleichberechtigt nebeneinander. Welche Methode im konkreten Fall anzuwenden ist, regelt das jeweilige konkrete DBA.

---

103 Richtlinie 2011/96/EU des Rates vom 30.11.2011 über das gemeinsame Steuersystem verschiedener Mitgliedstaaten.

104 Richtlinie 2003/49/EG des Rates vom 3.6.2003.

105 Vgl. Käbisch (2020), Art. 12 OECD-MA, Tz. 100 f.

Nach Art. 23A Abs. 1 OECD-MA hat das Land, in dem der Empfänger der Einkünfte ansässig ist (Empfängerland), dann die Einkünfte aus der Besteuerung auszunehmen, wenn sie in dem Quellenstaat besteuert werden. Von diesem Grundsatz gibt es allerdings nach Abs. 2 Satz 1 dieser Norm für mit Quellensteuer belastete Dividenden und Zinsen eine Ausnahme: Diese Einkünfte werden im Empfängerland nicht freigestellt, vielmehr werden die Quellensteuern auf die Steuerschuld im Empfängerland auf die Steuerschuld angerechnet. Nach Satz 2 der genannten Vorschrift ist die Anrechnung allerdings auf den Betrag begrenzt, der anteilig der Steuerschuld im Empfängerland entspricht. Entgegen der Überschrift zu Art. 23A OECD-MA enthält dieser Artikel also nicht nur Regelungen zur Freistellung, sondern – im Falle von Quellensteuern auf Dividenden und Zinsen – auch zur Anrechnung.

Bezieht eine in einem Vertragsstaat ansässige Person Einkünfte in einem anderen Vertragsstaat und steht diesem nach dem DBA das Besteuerungsrecht zu, so hat der erstgenannte Staat die in dem anderen Staat entstandene Steuer nach Art. 23B Abs. 1 OECD-MA auf die Steuerschuld der Person anzurechnen. Anzurechnen ist der Betrag, der der in dem anderen Staat gezahlten Steuer vom Einkommen entspricht. Nach Satz 2 der genannten Norm darf der anzurechnende Betrag jedoch den anteiligen Steuerbetrag, der auf die zugrunde liegenden Einkünfte entfällt, nicht übersteigen.

4.3.2.5 Sonstige für die Standortwahl relevante Normen des OECD-MA

Das OECD-MA enthält eine Reihe weiterer Normen, die im Rahmen einer Standortwahl relevant sein können. Von größerer allgemeiner Bedeutung dürfte Art. 25 OECD-MA sein. Nur auf diesen soll nachfolgend in knapper Form eingegangen werden.

Art. 25 OECD-MA betrifft den Fall, dass es aus Sicht des betroffenen Steuerpflichtigen trotz eines bestehenden DBA zu einer von den Vertragsstaaten so nicht gewollten zu hohen Gesamtsteuerbelastung kommt. Der Steuerpflichtige ist also der Ansicht, dass einer der beiden oder auch beide Vertragsstaaten gegen das Abkommen verstoßen und er aus diesem Grunde insgesamt zu hoch belastet sei. In diesem Fall kann der Steuerpflichtige das Problem nach Art. 25 Abs. 1 OECD-MA der zuständigen Behörde seines Ansässigkeitsstaates vortragen. Dieses Recht besteht unabhängig davon, ob der Steuerpflichtige in seinem Ansässigkeitsstaat den innerstaatlichen Rechtsweg einschlagen kann. Hält die zuständige Behörde die Einwendungen des Steuerpflichtigen für begründet, ist aber selbst nicht in der Lage, eine befriedigende Lösung herbeizuführen, so soll sie nach Art. 25 Abs. 2 Satz 1 OECD-MA ein *Verständigungsverfahren* mit der zuständigen Behörde des anderen Vertragsstaates herbeiführen. In diesem sollen die beteiligten Behörden dann versuchen, eine dem Abkommen entsprechende Lösung des Problems herbeizuführen.

Von erheblicher praktischer Bedeutung ist dabei, dass der Steuerpflichtige die Einleitung eines Verständigungsverfahrens selbst nicht herbeiführen kann. Vielmehr ist er davon abhängig, dass er die zuständige Behörde seines Ansässigkeitsstaates von seiner Meinung überzeugt und diese daraufhin tätig wird[106]. Insoweit ist ein nur unvollkommener Rechtsschutz des Steuerpflichtigen gegeben. Dies gilt nicht in den Fällen, in denen es sich bei den beteiligten Staaten um EU-Länder handelt. Mit der Streitbeilegungsrichtlinie[107] wurde den Steuerpflichtigen ein weiteres Verfahren zur Beseitigung von Streitigkeiten über Doppelbesteuerungen zur Verfügung gestellt. Der deutsche Gesetzgeber hat diese Richtlinie durch Gesetz vom 12.12.2019 in nationales Recht transformiert[108].

4.3.3 Für die Standortwahl relevantes deutsches Steuerrecht

4.3.3.1 Einführung

Nachfolgend soll in knapper Form das innerdeutsche Steuerrecht angesprochen werden, das für die Standortwahl relevant ist. Zu nennen sind hier grundsätzlich die Vorschriften des EStG, des KStG und des GewStG. Besondere Beachtung verdienen in diesem Zusammenhang die Vorschriften zur Freistellung und zur Anrechnung ausländischer Steuern sowie zur Freistellung von Beteiligungserträgen nach § 8b KStG. Erhebliche Bedeutung haben auch die Vorschriften zur Verrechnungspreisgestaltung.

Nachfolgend soll zunächst kurz auf die Verfahren zur Freistellung und Anrechnung ausländischer Steuern, anschließend soll auf die hier relevanten Regelungen des § 8b KStG eingegangen werden. Die Verrechnungspreisproblematik soll erst an späterer Stelle behandelt werden.

4.3.3.2 Anrechnung und Freistellung ausländischer Steuern

Nach § 34c Abs. 1 EStG ist die auf ausländische Einkünfte i. S. d. § 34d EStG entfallende ausländische Steuer, sofern sie der deutschen Einkommensteuer entspricht, auf die deutsche Einkommensteuer anzurechnen. Dies gilt sowohl für den Fall, dass
a) kein DBA besteht,
b) ein DBA besteht und in diesem für den konkreten Sachverhalt die Anrechnungsmethode vorgesehen ist.

---

[106] Die Möglichkeit eines Verständigungsverfahrens wurde in zahlreichen DBA geregelt. In Deutschland kann der Antrag auf Einleitung eines Verständigungsverfahrens bei dem für die Besteuerung zuständigen Finanzamt oder beim BZSt eingereicht werden. Zu den Einzelheiten des Verfahrens siehe BMF-Schreiben vom 9.10.2018, IV B 2-S 1304/17/10001, BStBl I 2018, S. 1122.

[107] Richtlinie 2017/1852/EU vom 10.10.2017 über Verfahren zur Beilegung von Besteuerungsstreitigkeiten in der Europäischen Union.

[108] Gesetz zur Umsetzung der Richtlinie (EU) 2017/1852 des Rates vom 10. Oktober 2017 über Verfahren zur Beilegung von Besteuerungsstreitigkeiten in der Europäischen Union, BGBl I 2019, S. 2103.

Welche ausländischen Steuern der deutschen Einkommensteuer entsprechen, ergibt sich im Fall a) aus Anhang 12.II.1 zu H 34c EStH und im Fall b) aus dem jeweiligen konkreten DBA.

Die ausländische Einkommensteuer darf höchstens bis zur Höhe derjenigen deutschen Einkommensteuer angerechnet werden, die anteilig auf die ausländischen Einkünfte entfällt. Die anteilige ausländische Einkommensteuer kann nach § 34c Abs. 1 Satz 2 EStG wie folgt ermittelt werden[109]:

$$\text{Anteilige ausländische ESt} = \frac{\text{ausländische Einkünfte}}{\text{zu versteuerndes Einkommen}} \cdot \text{ESt.}$$

In Einzelfällen kann es für den Steuerpflichtigen vorteilhafter sein, statt der Anrechnung nach § 34c Abs. 1 EStG, den Abzug der ausländischen Steuer bei der Ermittlung der Einkünfte nach Abs. 2 der genannten Norm zu beantragen.

Ist Empfänger der ausländischen Einkünfte eine Körperschaft i. S. d. § 1 KStG, so kommt es grundsätzlich nach § 26 Abs. 1 KStG zur Anrechnung der auf diese Einkünfte entfallenden ausländischen Steuern. Hierbei sind grundsätzlich die Normen des § 34c EStG anzuwenden. Welche ausländischen Steuern der deutschen Körperschaftsteuer entsprechen, ergibt sich auch hier aus Anhang 12.II.1 zu H 34c EStH. Die Vorschriften des § 26 KStG und die des § 34c EStG kommen unabhängig davon zur Anwendung, ob mit dem ausländischen Staat
a) kein DBA besteht,
b) ein DBA besteht und in diesem die Anrechnungsmethode vereinbart ist.

Kommt nach einem DBA für eine konkrete Einkunftsart die Freistellungsmethode zur Anwendung, so sind die Einkünfte aus dieser Einkunftsart im Inland von der inländischen Einkommen- bzw. Körperschaftsteuer freizustellen. Sie unterliegen allerdings in aller Regel nach dem einschlägigen DBA i. V. m. § 32b Abs. 1 EStG dem Progressionsvorbehalt[110]. Dieser geht allerdings im Falle einer Freistellung von der Körperschaftsteuer ins Leere. Der Grund liegt darin, dass das Körperschaftsteuergesetz keinen progressiv gestaffelten, sondern nur einen durchgängig linearen Tarif kennt.

4.3.3.3 Freistellung nach § 8b KStG

Schüttet eine Kapitalgesellschaft Gewinne an eine andere Kapitalgesellschaft aus, so bleiben diese nach § 8b Abs. 1 Satz 1 KStG körperschaftsteuerfrei. Dies gilt nach § 8b Abs. 4 Satz 1 KStG allerdings nur dann, wenn die die Ausschüttung empfangende an der ausschüttenden Kapitalgesellschaft zu mindestens 10 % beteiligt ist.

---

109 Vertiefend hierzu s. Schneeloch/Meyering/Patek, Band 1 (2016), Gliederungspunkt 2.7.3.2.
110 Vertiefend zum Progressionsvorbehalt s. Schneeloch/Meyering/Patek, Band 1 (2016), Gliederungspunkt 2.7.3.3.

Dies ist stets der Fall, wenn die beiden Gesellschaften in einem Mutter-Tochterver-
hältnis zueinander stehen.

§ 8b KStG setzt nicht voraus, dass es sich bei der ausschüttenden Gesellschaft um
eine inländische handelt. Damit kommt es zu einer Steuerbefreiung nach § 8b
Abs. 1 KStG auch dann, wenn eine ausländische Tochter-Kapitalgesellschaft Gewinne an ihre inländische Mutter-Kapitalgesellschaft ausschüttet. Allerdings hat
die Mutter-Kapitalgesellschaft nach § 8b Abs. 5 KStG 5 % der empfangenen Bruttoausschüttung als fiktive nicht abziehbare Ausgaben zu versteuern. Dies gilt über
§ 9 Nr. 2a Satz 4 GewStG auch für die Gewerbesteuer. Im Ergebnis unterliegen also
5 % der von der Tochter-Kapitalgesellschaft empfangenen Ausschüttungen bei der
Mutter-Kapitalgesellschaft sowohl der Gewerbe- als auch der Körperschaftsteuer
(einschließlich des Solidaritätszuschlags). Beträgt die Summe aus Gewerbe- und
Körperschaftsteuer z. B. 30 % ($sge + sk = 0{,}3$), so ergibt sich also eine Steuerbelastung der Ausschüttung i. H. v. (5 % · 30 % =) 1,5 % der von der Tochter-Kapitalgesellschaft erhaltenen Bruttoausschüttung.

5 Steuerwirkungen im Falle einer deutschen Spitzeneinheit und einer ausländischen Grundeinheit

5.1 Problemstellung, Fallunterscheidungen und Einschränkung des Untersuchungsgegenstandes

Nunmehr sollen Steuerwirkungen im Falle einer deutschen Spitzeneinheit und einer ausländischen Grundeinheit näher untersucht werden. Hierbei soll auch der Fall in die Untersuchung einbezogen werden, dass es der deutschen Spitzeneinheit möglich ist, ihre Auslandsaktivitäten in der Form von Direktgeschäften, d. h. ohne Gründung einer ausländischen Betriebsstätte oder Tochtergesellschaft, durchzuführen. Die Auslandsaktivitäten können also in folgenden Formen durchgeführt werden:

- mit Hilfe von Direktgeschäften,
- mit Hilfe einer ausländischen Betriebsstätte,
- mit Hilfe einer ausländischen Tochter-Personengesellschaft,
- mit Hilfe einer ausländischen Tochter-Kapitalgesellschaft.

Klargestellt sei, dass es i. d. R. nur bei geringer Geschäftstätigkeit in einem bestimmten Ausland möglich sein dürfte, diese in der Form eines Direktgeschäftes durchzuführen, also die Entstehung einer Betriebsstätte zu vermeiden.

Während Tochter-Personengesellschaften in Deutschland durchaus häufig vorkommen, ist diese Rechtsform bei ausländischen Tochtergesellschaften aus nicht steuerlichen Gründen nur selten anzutreffen. Zur Problemreduktion wird deshalb der Fall einer ausländischen Tochter-Personengesellschaft nachfolgend nicht berücksichtigt. Diese Entscheidung fällt umso leichter, als sich zeigen lässt, dass die Steuerwirkungen, die sich im Falle einer ausländischen Tochter-Personengesellschaft ergeben, weitgehend denjenigen entsprechen, die im Falle einer ausländischen Betriebsstätte entstehen[111]. Das gilt allerdings nur dann, wenn die ausländische Personengesellschaft auch im Ausland den Grundsätzen einer transparenten Besteuerung unterliegt.

Hinsichtlich der Spitzeneinheit sollen nur die Fälle behandelt werden, in denen es sich bei dieser

- um ein in Deutschland ansässiges Personenunternehmen mit in Deutschland unbeschränkt einkommensteuerpflichtigen (Mit-)Unternehmern oder
- um eine in Deutschland ansässige Kapitalgesellschaft mit in Deutschland unbeschränkt einkommensteuerpflichtigen Gesellschaftern

handelt. Andere Rechtsformen, wie z. B. Familienstiftungen, werden also nicht behandelt.

---

[111] Zum Nachweis sei auf Hintzen (2021), S. 43-49 verwiesen.

Aus den bisherigen Ausführungen ergeben sich die aus *Abbildung II/1* ersichtlichen Verknüpfungen von inländischen Spitzeneinheiten mit ausländischen Grundeinheiten bzw. Aktivitäten im Ausland.

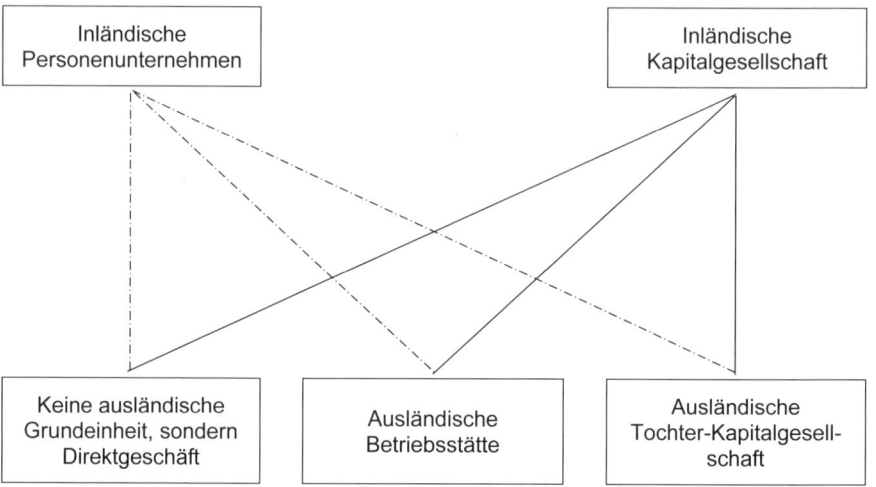

Abbildung II/1:   *Kombinationen aus inländischen Spitzen- und ausländischen Grundeinheiten*

Die nachfolgende Untergliederung folgt der in *Abbildung II/1* aufgezeigten Gliederung der Grundeinheiten bzw. Aktivitäten im Ausland. Hierbei wird lediglich die Besteuerung des in der Grundeinheit entstandenen und an die Spitzeneinheit weitergeleiteten (ausländischen) Gewinns (G_{aus}) in die Analyse einbezogen. Andere Besteuerungsgrundlagen, wie z. B. Vergütungen für Leistungen zwischen der Spitzen- und der Grundeinheit, werden erst an späterer Stelle betrachtet.

Nachfolgend wird G_{aus} lediglich als allgemeine Zahl dargestellt. Gleiches gilt hinsichtlich des ausländischen Steuersatzes s_{aus}. Lediglich im Falle einer inländischen Mutter-Kapitalgesellschaft und einer ausländischen Tochter-Kapitalgesellschaft wird dieser Steuersatz mit Hilfe konkreter Zahlen variiert. Im Falle von Direktgeschäften handelt es sich bei G_{aus} um eine Größe, die aus dem Gewinn der Spitzeneinheit herausgerechnet wird.

5.2   Direktgeschäfte

Im Falle von Direktgeschäften mit ausländischen Vertragspartnern ist der entstehende Gewinn G_{aus} in vollem Umfang dem inländischen Personenunternehmen bzw. der inländischen Kapitalgesellschaft zuzurechnen. Eine Gewinnbesteuerung im Ausland findet also nicht statt. G_{aus} hat somit die Wirkung von *E* i. S. d. in Anhang 3, Gliederungspunkte 3 und 4 abgeleiteten Gleichungen (II) bis (V).

Handelt es sich bei dem (inländischen) Unternehmen um ein Personenunternehmen, so beträgt die Steuerbelastung (*Saus/PersU/dir*) für den Fall, dass Gleichung (III) zur Anwendung kommt:

$$S_{aus/PersU/dir} = G_{aus} \cdot (s_e - m_e \cdot h \cdot s_{olz}). \tag{108}$$

Gleichung (III) ist dadurch gekennzeichnet, dass es zu einer Vollanrechnung der Gewerbesteuer auf die Einkommensteuer des (Mit-)Unternehmers kommt. Wird davon ausgegangen, dass *solz* = 0 ist, so kann die Steuerbelastung – unter Berücksichtigung einer 9 %igen Kirchensteuer – zwischen 0 % und knapp 50 % betragen. Es gilt also:

$$0 \leq S_{aus/PersU/dir} \leq 0,5 \cdot G_{aus}[112]. \tag{109}$$

Zu einer Besteuerung der ausländischen Teilbemessungsgrundlage *Gaus* mit einem Steuersatz von 0 % kann es bei einem positiven *Gaus* nur dann kommen, wenn der in Deutschland zu versteuernde übrige Teil des Gesamtgewinns negativ ist, und zwar in einer Höhe, die zumindest *Gaus* entspricht. Es kommt dann zu einem Verlustausgleich innerhalb einer Einkunftsart.

Handelt es sich bei dem die Direktgeschäfte tätigenden Unternehmen um eine inländische Kapitalgesellschaft, so handelt es sich bei *Gaus* um *E* i. S. v. Gleichung (IV) bzw. (V)[113]. Die Steuerbelastung des anteiligen Gewinns der Kapitalgesellschaft (*Saus/Kap/dir*) beträgt dann:

$$S_{aus/Kap/dir} = G_{aus} \cdot (s_k + m_e \cdot h). \tag{110}$$

Bei Einsetzen des derzeitigen kombinierten Körperschaftsteuer- und Solidaritätszuschlagsatzes von (0,15 · 1,055 =) 15,825 %, der Steuermesszahl von 3,5 % und den gängigen Hebesätzen zwischen 300 % und 500 % in Gleichung (110) ergibt sich ein Gesamtsteuersatz, mit dem *Gaus* belastet ist, der zwischen 26,325 % und 33,325 % beträgt. Bei einem Hebesatz von 400 % beträgt er (bekanntlich) 29,825 %, also rd. 30 %. In Verlustsituationen beträgt er 0 %.

Wird der nach Abzug der auf die Gesellschaft entfallenden Steuern verbleibende Betrag an die inländischen Gesellschafter ausgeschüttet, so wird dieser i. d. R. mit dem Abgeltungsteuersatz *se§32d* von (0,25 · 1,055 =) 26,375 % belastet. Die Gesamtsteuerbelastung der Kapitalgesellschaft und ihrer Gesellschafter (*Saus/Kap/dir+Ges*) beträgt dann:

---

112 Vgl. die Tabellen in Anhang 2.
113 Hinsichtlich der Ableitung der Gleichungen (IV) und (V) s. Anhang 3, Gliederungspunkt 4.

$$S_{aus/Kap/dir+Ges} = G_{aus} \cdot (s_k + m_e \cdot h) + [G_{aus} - G_{aus} \cdot (s_k + m_e \cdot h)] \cdot s_{e\S 32d} \quad (111)$$

bzw.

$$S_{aus/Kap/dir+Ges} = G_{aus} \cdot (s_k + m_e \cdot h) + G_{aus} \cdot (1 - s_k - m_e \cdot h) \cdot s_{e\S 32d}. \quad (112)$$

Bei Berücksichtigung eines Hebesatzes von 400 % ($h = 4$) und den anderen oben genannten Werten ergibt sich hieraus eine konkrete Belastung der Kapitalgesellschaft und ihrer Gesellschafter von rd. 48,33 % des den Direktgeschäften zuzuordnenden Gewinns.

5.3 Ausländische Betriebsstätte

5.3.1 Personenunternehmen als Spitzeneinheit

Unterhält eine deutsche Spitzeneinheit eine Betriebsstätte im Ausland, so ist zu unterscheiden, ob es sich bei der Spitzeneinheit um ein Personenunternehmen oder um eine Kapitalgesellschaft handelt.

Handelt es sich bei der Spitzeneinheit um ein Personenunternehmen, so ist der Unternehmer bzw. sind die (im Inland ansässigen) Mitunternehmer in Deutschland nach § 1 EStG unbeschränkt einkommensteuerpflichtig. In die Besteuerung einzubeziehen sind grundsätzlich auch die von der Betriebsstätte erzielten Einkünfte. Diese unterliegen zusätzlich im Betriebsstättenstaat der beschränkten Einkommensteuerpflicht dieses Staates. Es kommt somit zunächst zu einer doppelten Besteuerung des Betriebsstättengewinns im In- und im Ausland. Ob und in welcher Weise diese doppelte Besteuerung vermieden oder verringert wird, richtet sich danach, ob zwischen Deutschland und dem Betriebsstättenstaat ein DBA vorliegt oder nicht. Gewerbesteuer entsteht auf den Betriebsstättengewinn nicht, da dieser nach § 9 Satz 1 Nr. 3 GewStG von dem Gewinn aus Gewerbebetrieb zur Ermittlung des Gewerbeertrags gekürzt wird.

Liegt kein DBA vor, so wird die in dem Betriebsstättenstaat entrichtete ausländische Einkommensteuer grundsätzlich nach § 34c Abs. 1 EStG auf die deutsche Einkommensteuer angerechnet. Dies setzt allerdings voraus, dass die ausländische Steuer der deutschen Einkommensteuer entspricht. Eine Aufstellung der in Nicht-DBA-Ländern gezahlten Steuern, die der deutschen Einkommensteuer entsprechen, befindet sich in Anhang 12.II.1 zu H 34c EStH. Eine Anrechnung über die auf die Betriebsstätteneinkünfte entfallende deutsche Einkommensteuer hinaus findet nicht statt. Wie die auf die Betriebsstätteneinkünfte entfallende deutsche Einkommensteuer zu ermitteln ist, ergibt sich aus § 34c Abs. 1 Satz 2 EStG.

Die Beschränkung der Anrechnung auf die anteilige Höhe der deutschen Einkommensteuer bewirkt, dass hinsichtlich der Gesamtsteuerwirkung zu unterscheiden ist zwischen den Fällen, dass die ausländische Steuer

a) niedriger und

b) höher

ist als die anteilige deutsche Einkommensteuer. Im Fall a) bewirkt die Anrechnung eine Begrenzung der Gesamtsteuerbelastung auf das sich nach deutschem Recht ergebende Steuerniveau. Im Fall b) hingegen wird die Gesamtsteuerbelastung durch das ausländische Steuerniveau bestimmt.

Entspricht die ausländische Steuer nicht der deutschen Einkommensteuer, so kann sie nicht nach § 34c Abs. 1 EStG auf die deutsche Einkommensteuer angerechnet werden. Es kommt dann nach § 34c Abs. 3 EStG nur ein Abzug der ausländischen Steuer bei der Ermittlung der Einkünfte (i. d. R. Einkünfte aus Gewerbebetrieb) als Betriebsausgabe in Betracht. Der Steuerabzug hat die Wirkung von – *E* i. S. d. im Anhang 3 wiedergegebenen Gleichungen (I) bzw. (II).

Ist in dem konkreten DBA die Freistellungsmethode vereinbart, so bleibt der Betriebsstättengewinn in Deutschland steuerfrei. Allerdings unterliegt das zu versteuernde Einkommen des (Mit-)Unternehmers dem Progressionsvorbehalt des § 32b EStG. Dies bedeutet, dass die steuerfreien ausländischen Einkünfte aus der Betriebsstätte bei der Ermittlung des auf das zu versteuernde Einkommen anzuwendenden Steuersatzes zu berücksichtigen sind. Regelmäßig dürfte die Einbeziehung den Steuersatz erhöhen; bei einem Betriebsstättenverlust kann es aber auch zu einem negativen Progressionseffekt kommen.

Zu beachten ist, dass in einer Reihe von Doppelbesteuerungsabkommen mit Drittstaaten (Nicht-EU-Staaten) die Anwendung der Freistellungsmethode auf aktive Einkünfte beschränkt ist. Für passive Einkünfte gelten dann die Sondervorschriften des § 2a EStG. Auf eine nähere Darstellung wird verzichtet.

5.3.2 Kapitalgesellschaft als Spitzeneinheit

Handelt es sich bei der deutschen Spitzeneinheit um eine Kapitalgesellschaft, so ist diese nach § 1 KStG unbeschränkt steuerpflichtig. In die deutsche Besteuerung einzubeziehen sind auch in diesem Fall grundsätzlich die von der ausländischen Betriebsstätte erzielten Einkünfte. Diese unterliegen zusätzlich im Betriebsstättenstaat der beschränkten Körperschaftsteuerpflicht. Gewerbesteuer auf den Betriebsstättengewinn entsteht auch hier auf Grund der Kürzungsvorschrift des § 9 Satz 1 Nr. 3 GewStG nicht.

Ob und in welcher Weise eine doppelte Belastung mit in- und ausländischer Körperschaftsteuer vermieden wird, hängt auch hier wieder davon ab, ob ein DBA zwischen Deutschland und dem Betriebsstättenstaat besteht und welche konkreten Regelungen dieses enthält.

Liegt kein DBA vor, so wird die in dem ausländischen Betriebsstättenstaat entrichtete ausländische Körperschaftsteuer grundsätzlich nach § 26 Abs. 1 Nr. 1 KStG i. V. m. § 34c Abs. 1 EStG angerechnet. Auch hier ist allerdings Voraussetzung, dass die ausländische Steuer der deutschen (Körperschaft-)Steuer entspricht. Wird die insgesamt per Saldo auf den ausländischen Gewinn *Gaus* entfallende aus- und inländische Körperschaftsteuer mit $S_{aus/Kap/BS}$ bezeichnet, so ergibt sich diese wie folgt:

$$S_{aus/Kap/BS} = G_{aus} \cdot s_{ka} + G_{aus} \cdot s_k - G_{aus} \cdot s_{kaan} \qquad (113)$$

bzw.

$$S_{aus/Kap/BS} = G_{aus} \cdot (s_{ka} + s_k - s_{kaan}). \qquad (114)$$

Hierbei bezeichnet *ska* den ausländischen und *sk* (wie bereits bekannt) den inländischen Körperschaftsteuersatz. *skaan* kennzeichnet den Anrechnungssteuersatz, d. h. den Steuersatz, mit dem die ausländische Körperschaftsteuer auf die inländische angerechnet wird.

Da die anrechenbare ausländische Steuer nicht größer sein kann als die gezahlte, gilt stets:

$$s_{kaan} \leq s_{ka}. \qquad (115)$$

Nach deutschem Recht (§ 26 Abs. 2 Satz 1 KStG) kann die zur Anrechnung kommende ausländische Steuer nicht größer sein, als die dieser entsprechenden deutsche Körperschaftsteuer. Hieraus ergibt sich:

$$s_{kaan} \leq s_k. \qquad (116)$$

Für den Fall, dass die ausländische Körperschaftsteuer in vollem Umfang angerechnet wird (*skaan = ska*), ergibt sich aus Gleichung (114) Folgendes:

$$S_{aus/Kap/BS} = s_k \cdot G_{aus}. \qquad (114a)$$

Der auf die ausländische Betriebsstätte entfallende Gewinn wird dann im Ergebnis also nur mit deutscher Körperschaftsteuer belastet. Ausdrücklich sei in diesem Zusammenhang nochmals hingewiesen, dass der Gewinn der ausländischen Betriebsstätte *nicht* der deutschen Gewerbesteuer unterliegt.

Besteht zwischen Deutschland und dem Betriebsstättenstaat ein DBA, so hängt die Gesamtsteuerbelastung mit Körperschaftsteuer davon ab, ob in diesem die Freistellungsmethode i. S. d. Art. 23A OECD-MA oder die Anrechnungsmethode i. S. d. Art. 23B OECD-MA vereinbart worden ist. Ist die Anrechnungsmethode vereinbart, so richtet sich die konkrete Anrechnung nach deutschem Recht. Es gelten dann dieselben Regelungen wie in dem bereits behandelten Nicht-DBA-Fall. Auf die entsprechenden Ausführungen kann verwiesen werden.

Ist in einem DBA die Freistellungsmethode vereinbart, so kommt es zur Freistellung der ausländischen Einkünfte im Inland. Die Vorschriften zum Progressionsvorbehalt laufen ins Leere, da das deutsche Körperschaftsteuerrecht (§ 23 KStG) keine Progression kennt.

Kommt es zu irgendeinem Zeitpunkt zu einer Ausschüttung des Gewinns der ausländischen Betriebsstätte durch die deutsche Kapitalgesellschaft (Spitzeneinheit), so greifen die allgemeinen deutschen Regelungen. Es entsteht also entweder Abgeltungsteuer oder das Teileinkünfteverfahren kommt zur Anwendung. Auf eine formale Darstellung soll hier verzichtet werden.

5.4 Ausländische Tochter-Kapitalgesellschaft

5.4.1 Zusammensetzung der Steuerbelastung

Nunmehr wird der Fall betrachtet, dass es sich bei der ausländischen Grundeinheit um eine Tochter-Kapitalgesellschaft handelt. Die Grundeinheit besitzt also eine eigene Rechtspersönlichkeit. Dies hat zur Folge, dass bei ihr entstandene Gewinne nur im Ausland und nicht zusätzlich auch im Inland besteuert werden. Im Inland werden lediglich die von der ausländischen Tochtergesellschaft erhaltenen Gewinnausschüttungen (Dividenden) erfasst. Diese werden nach § 8b Absätze 1 und 5 KStG im Inland aber lediglich mit einem Anteil von 5 % der Körperschaftsteuer und der Gewerbesteuer unterworfen.

Zusätzlich zur Besteuerung des Gewinns der Tochtergesellschaft durch den ausländischen Staat besteuert dieser in aller Regel auch – und zwar in der Form einer Quellensteuer – die Gewinnausschüttungen. Ob und in welcher Höhe bei Ausschüttungen an die inländische Muttergesellschaft der ausländische Staat tatsächlich Quellensteuer erhebt, hängt davon ab,

- ob zwischen Deutschland und dem ausländischen Staat ein DBA besteht oder nicht, und
- ob die Mutter-Tochter-Richtlinie anwendbar ist oder nicht.

Formal lässt sich die Gesamtsteuerbelastung des entstandenen und des ausgeschütteten Gewinns einer ausländischen Tochter-Kapitalgesellschaft ($S_{aus/Kap/Kap}$) wie folgt darstellen:

$$S_{aus/Kap/Kap} = G_{aus} \cdot s_{ka} + A_{aus} \cdot s_q + 0{,}05 \cdot A_{aus} \cdot (s_k + s_{ge}). \qquad (117)$$

Hierbei kennzeichnet *A_{aus}* die (Brutto-)Ausschüttung der ausländischen Tochter- an die inländische Muttergesellschaft und *s_q* den ausländischen Quellensteuersatz auf die Ausschüttung. Der Faktor 0,05 kennzeichnet die Wirkung des § 8b Abs. 1 i. V. m. Abs. 5 KStG. *s_k* und *s_ge* kennzeichnen – wie hinlänglich bekannt – den Körperschaft- und den Gewerbesteuersatz.

5.4.2 Konkrete Fallunterscheidungen

In *Abbildung II/2* sind in tabellarischer Form Steuerbelastungsrechnungen für unterschiedliche Fallgruppen durchgeführt. Diese betreffen alle Steuerbelastungen, die sich aus einem bei einer ausländischen Tochter-Kapitalgesellschaft entstandenen Gewinn vor Steuern i. H. v. G_{aus} ergeben. Alle aus den Zeilen 1 bis 10 der Spalten 2 bis 8 ersichtlichen konkreten Zahlen sind Zahlen in Prozenten von G_{aus}.

Im Kopf der Abbildung, d. h. vor der Zeile 1, finden sich Angaben zu den einzelnen Steuersätzen, die letztlich die Gesamtsteuerbelastung bestimmen. Bei den Steuersätzen handelt es sich um

- s_{ka}, mit dem G_{aus} bei der ausländischen Tochtergesellschaft belastet ist,
- s_q, der die Höhe der Quellensteuer bestimmt,
- den kombinierten Körperschaft- und Gewerbesteuersatz $s_k + s_{ge}$, mit dem nach § 8b Abs. 5 KStG 5 % (0,05) der Dividende, die die inländische Muttergesellschaft von ihrer ausländischen Tochter bezieht, belastet ist und
- $s_{e\S32d}$, den Einkommensteuersatz, mit dem die Ausschüttungen bei den Gesellschaftern der Muttergesellschaft belastet werden.

Klarstellend sei angemerkt, dass nach geltendem Recht $s_{e\S32d}$ stets den Solidaritätszuschlag umfasst, der Steuersatz mithin 26,375 % beträgt. Der in Spalte 8 berücksichtige Steuersatz von 25 % kann somit erst nach einer Abschaffung des Solidaritätszuschlags für Kapitalgesellschaften rechtskonform sein.

Der ausländische Körperschaftsteuersatz s_{ka} (Zeile 1) nimmt in der Abbildung die Werte 20 % (Spalten 2 bis 4), 40 % (Spalten 5 bis 7) und 10 % (Spalte 8) an. Wie bereits unter Gliederungspunkt 3.2 dargestellt, bewegen sich die genannten Werte im Rahmen des heute weltweit Üblichen. Ein Steuersatz von rd. 40 % dürfte vor allem dann vorkommen, wenn es in einem Staat auf zwei staatlichen Ebenen jeweils eine gewinnabhängige Unternehmenssteuer gibt. Ein Steuersatz von rd. 20 % dürfte zurzeit häufig zur Anwendung kommen. Ein Steuersatz von rd. 10 % wird zurzeit vor allem von solchen Ländern erhoben, die für Unternehmensansiedlungen in ihrem Land mit dem Hinweis auf eine niedrige Besteuerung werben. Innerhalb Europas ist hier vor allem Ungarn zu nennen[114].

---

[114] Vgl. Bundesministerium der Finanzen (2021), S. 11.

Zeile	Kennzeichnung der einzelnen Stufen der Berechnung	Werte in den einzelnen Stufen der Berechnung in % des Gewinns vor Steuern der ausländischen Tochtergesellschaft *Gaus*						
	Spalte 1	Spalte 2	Spalte 3	Spalte 4	Spalte 5	Spalte 6	Spalte 7	Spalte 8
	s_{ka}	20 %	20 %	20 %	40 %	40 %	40 %	10 %
	s_q	25 %	5 %	0 %	25 %	5 %	0 %	0 %
	$s_k + s_{ge}$	30 %	30 %	30 %	30 %	30 %	30 %	30 %
	$0,05 \cdot (s_k + s_{ge})$	1,5 %	1,5 %	1,5 %	1,5 %	1,5 %	1,5 %	1,5 %
	$S_{e\S32d}$	26,375 %	26,375 %	26,375 %	26,375 %	26,375 %	26,375 %	25 %
1	Gewinn der ausländischen Tochtergesellschaft	100,00	100,00	100,00	100,00	100,00	100,00	100,00
2	./. ausländische KSt	./. 20,00	./. 20,00	./. 20,00	./. 40,00	./. 40,00	./. 40,00	./. 10,00
3	Gewinn nach Steuern der Tochter	80,00	80,00	80,00	60,00	60,00	60,00	90,00
4	./. Quellensteuer	./. 20,00	./. 4,00	./. 0,00	./. 15,00	./. 3,00	./. 0,00	./. 0,00
5	Nettozufluss bei der Muttergesellschaft	60,00	76,00	80,00	45,00	57,00	60,00	90,00
6	deutsche Körperschaft- und Gewerbesteuer	./. 1,20	./. 1,20	./. 1,20	./. 0,90	./. 0,90	./. 0,90	./. 1,35
7	zur Thesaurierung oder Ausschüttung bei der Mutter verbleiben	58,80	74,80	78,80	44,10	56,10	59,10	88,65
8	ESt nach § 32d Abs. 1 EStG	./. 15,51	./. 19,73	./. 20,78	./. 11,63	./. 14,80	./. 15,59	./. 23,38
9	Nettoausschüttung an Gesellschafter	43,29	55,07	58,02	32,47	41,30	43,51	65,27
10	Summe der Steuerzahlungen	56,71	44,93	41,98	67,53	58,70	56,49	34,73

Abbildung II/2: Steuerbelastungen in unterschiedlichen Fällen einer ausländischen Tochter- und einer inländischen Mutter-Kapitalgesellschaft

Zeile 3 enthält in den einzelnen zugehörigen Spalten die Beträge, die der Tochtergesellschaft von dem Gewinn nach Abzug ihrer Unternehmenssteuern verbleibt. Diese können von ihr zur Thesaurierung, zur Ausschüttung oder (jeweils teilweise) zu beidem verwendet werden. Entschließt sich die Gesellschaft zu einer vollständigen Thesaurierung auf Dauer, so enden mit Zeile 3 die Steuerbelastungsvergleiche. Die thesaurierungsfähigen Beträge liegen dann zwischen 60 % (Spalten 5 bis 7) und 90 % (Spalte 8) des Gewinns vor Steuern der ausländischen Tochtergesellschaft.

Die Zeilen 4 bis 10 der Abbildung geben nur dann Sinn, wenn die Tochtergesellschaft den erzielten Nettogewinn (Gewinn nach Steuern) nicht thesauriert, sondern ihn in vollem Umfang ausschüttet.

In Zeile 4 wird die ausländische Quellensteuer, die im Falle einer Vollausschüttung des jeweiligen Gewinns nach Steuern (Zeile 3) anfällt, abgezogen. Hierbei kommt in den Spalten 2 und 5 ein 25 %iger, in den Spalten 3 und 6 ein 5 %iger und in den Spalten 4, 7 und 8 ein 0 %iger Quellensteuersatz zur Anwendung. Ein 25 %iger Quellensteuerabzug kann in Nicht-DBA-Fällen vorkommen. Ein 5 %iger Quellensteuersatz kommt nach Art. 10 OECD-MA zur Anwendung und ein 0 %iger Steuersatz ergibt sich nach der Mutter-Tochter-Richtlinie bzw. nach § 43b EStG.

In Zeile 5 sind die Nettozuflüsse bei der Mutter-Kapitalgesellschaft verzeichnet. Hierbei wird davon ausgegangen, dass die Tochtergesellschaft jeweils ihren gesamten Gewinn nach Steuern (Zeile 3) ausschüttet. Die einzelnen Werte des Nettozuflusses weichen erheblich voneinander ab. Sie reichen von 45 % (Spalte 5) bis zu 90 % (Spalte 8) des von der Tochtergesellschaft erzielten Gewinns vor Steuern G_{aus}.

In Zeile 6 wird in allen Spalten jeweils eine insgesamt 30 %ige Unternehmenssteuer abgezogen. Sie ergibt sich aus der Summe aus inländischer Körperschaftsteuer einschließlich des Solidaritätszuschlags und der Gewerbesteuer. Ein derartiger kombinierter 30 %iger Steuersatz entspricht in etwa der durchschnittlichen Belastungssituation in Deutschland im Jahre 2021[115]. Berücksichtigt ist hierbei, dass nach § 8b KStG nur 5 % der Ausschüttung der ausländischen Tochtergesellschaft der deutschen Körperschaft- und Gewerbesteuer unterliegt[116].

Aus Zeile 7 ergeben sich die Beträge, die der inländischen Muttergesellschaft letztlich zur Thesaurierung oder Ausschüttung verbleiben. Auch diese Beträge weichen in den einzelnen Spalten stark voneinander ab. Sie reichen von 44,1 % (Spalte 5) bis zu 88,65 % (Spalte 8) der Ausgangsgröße G_{aus}.

Die Zeilen 8 bis 10 kommen nur dann zur Anwendung, wenn die Muttergesellschaft sich entschließt, die sich aus Zeile 7 ergebenden Beträge in vollem Umfang an ihre

---

115 Wird ein in etwa durchschnittlicher Hebesatz von 405 % angenommen, beträgt die Gesamtbelastung genau 30 % (= 3,5 % · 405 % + 15 % · (1 + 5,5 %)). Vgl. zum durchschnittlichen Hebesatz die Ausführungen unter Gliederungspunkt 2.2.2.

116 § 9 Nr. 7 GewStG läuft ins Leere, da bei körperschaftsteuerpflichtigen Gesellschaftern Gewinne aus Kapitalgesellschaftsbeteiligungen nach § 8b Abs. 1 Satz 1 KStG nicht im Gewerbeertrag enthalten sind.

Gesellschafter auszuschütten. Die Ausschüttung kann entweder im Jahr des Zuflusses des Gewinns bei der Muttergesellschaft, sie kann aber auch zu einem späteren Zeitpunkt erfolgen. In letzterem Falle müssten die weiteren Zahlen (Zeilen 8 bis 10) abgezinst werden, um sie mit den Werten der Zeilen 1 bis 7 vergleichbar zu machen. Dies ist in der vorliegenden Darstellung nicht geschehen.

In Zeile 8 wird in allen zugehörigen Spalten die Abgeltungsteuer nach § 32d Abs. 1 EStG einschließlich des auf diese entfallenden Solidaritätszuschlags zum Abzug gebracht. In Zeile 9 ergibt sich dann die Nettoausschüttung an die Gesellschafter der Muttergesellschaft. Auch hier ergibt sich eine große Spannweite der ermittelten Werte. Diese reichen von lediglich 32,47 % (Spalte 5) bis zu 65,27 % (Spalte 8) des ausländischen Gewinns vor Steuern *Gaus*.

Abschließend wird in Zeile 10 die Summe aller Steuerbelastungen in den einzelnen Spalten dargestellt. Diese Belastungen reichen von 34,73 % (Spalte 8) bis zu 67,53 % (Spalte 5) des Gewinns vor Steuern der ausländischen Tochtergesellschaft *Gaus*. Zwischen den Werten der Spalten 5 und 8 ergibt sich also eine Belastungsdifferenz von (67,53 % – 34,73 % =) rd. 33 % von *Gaus*.

Die bei einem Vergleich der Werte der Zeile 10 der Abbildung II/2 ersichtlichen z. T. sehr großen Steuerbelastungsunterschiede ergeben sich ausschließlich aus
- der unterschiedlichen Steuerbelastung der ausländischen Tochtergesellschaft mit gewinnabhängigen Steuern und
- der Höhe der Quellensteuer, mit der die von der Tochtergesellschaft ausgeschütteten Gewinne im Ausland belastet werden.

Die inländischen Steuern nivellieren die Belastungsunterschiede (Zeilen 6 und 8) geringfügig.

Die bisherigen Ausführungen lassen erkennen, dass die von einer ausländischen Tochter-Kapitalgesellschaft erzielten Gewinne in hohem Maße unterschiedlich steuerlich belastet werden, je nachdem, in welchem Land sie erzielt werden. Damit hat die Standortwahl der Tochtergesellschaft einen hohen Einfluss auf die Belastung mit gewinnabhängigen Steuern.

5.4.3 Drei Stufen der Belastung

Die bisherigen Ausführungen legen es nahe, zwischen insgesamt drei Stufen der Steuerbelastung zu unterscheiden, und zwar:

1. Stufe Steuerbelastung der ausländischen Tochtergesellschaft vor Gewinnausschüttung an die Muttergesellschaft.

2. Stufe Steuerbelastung der 1. Stufe plus ausländische Quellensteuer bei Ausschüttung des verbleibenden Betrages an die Muttergesellschaft plus Steuerbelastung der Muttergesellschaft durch Gewerbe- und Körperschaftsteuer einschließlich des Solidaritätszuschlags.

3. Stufe Steuerbelastung der 1. und 2. Stufe plus Steuerbelastung der Gesellschafter bei Ausschüttung des verbleibenden Betrages an diese durch Einkommensteuer, ggf. einschließlich des Solidaritätszuschlags.

In *Abbildung II/3* sind die Steuerbelastungen im Einzelnen und die Entwicklung der
Gesamtsteuerbelastungen auf den drei Stufen beispielhaft dargestellt. Der Darstellung liegen folgende Steuersätze zu Grunde:
- Eine Quellensteuer im Ansässigkeitsstaat der Tochtergesellschaft von 25 % des
  Gewinns vor Steuern und
- ein inländischer Einkommensteuersatz einschließlich des Solidaritätszuschlags
  von 26,375 %, d. h. in Höhe des sich aus § 32d EStG ergebenden Abgeltungsteuersatzes.

Der Unternehmenssteuersatz im ausländischen Ansässigkeitsstaat der Tochter-Kapitalgesellschaft variiert in Abbildung II/3. Er beträgt in Spalte 1 0 %, in Spalte 2
20 % und in Spalte 3 40 %.

Zeile	Bezeichnung	Steuerbelastung bei		
		Spalte 1	Spalte 2	Spalte 3
		$s_{ka} = 0$ %	$s_{ka} = 20$ %	$s_{ka} = 40$ %
1	**1. Stufe:** Steuerbelastung der aus-ländischen Tochter	0,00	20,00	40,00
2	+ ausländische Quellensteuer bei Ausschüttung	+ 25,00	+ 20,00	+ 15,00
3	+ deutsche KSt und GewSt-Belas-tung (0,05 · 30 % =) 1,5 % von (100 - Wert Zeile 1)	+ 1,50	+ 1,20	+0,90
4	**2. Stufe:** Gesamtsteuerbelastung bei Thesaurierung durch Mutter	26,50	41,20	55,90
5	+ ESt nach § 32d EStG (100 - Wert Zeile 4) · 26,375 %	+ 19,39	+ 15,51	+ 11,63
6	**3. Stufe:** Gesamtsteuerbelastung bei Ausschüttung durch Mutter	45,89	56,71	67,53

Abbildung II/3: *Steuerbelastungen und kumulierte Steuerbelastungen einer ausländischen Tochter-Kapitalgesellschaft, deren inländischer Mutter-Kapitalgesellschaft und deren Gesellschafter in Abhängig-
keit von s_{ka} bei $s_q = 25$ %, $s_k + s_{ge} = 30$ %, $s_{e\S32d} = 26,375$ %
in % von G_{aus}*

Die Steuerbelastung der ersten Stufe (Zeile 1) bleibt solange als Gesamtbelastung
bestehen, bis die Tochtergesellschaft ihren Gewinn nach Steuern an die Muttergesellschaft ausschüttet. Dies kann im Einzelfall niemals oder erst nach einer langen
Zeit geschehen.

Schüttet die Tochtergesellschaft zu irgendeinem Zeitpunkt den Gewinn nach Steuern der Stufe 1 aus, so steigt die Gesamtsteuerbelastung auf das Niveau der Stufe 2

(Zeile 4). Die Erhöhung der Steuerbelastung setzt sich aus der ausländischen Quellensteuer (Zeile 2) und der deutschen Gewerbe- und Körperschaftsteuer, einschließlich des Solidaritätszuschlags (Zeile 3) zusammen.

Auch auf der Stufe der Muttergesellschaft ist eine quasi-dauerhafte Thesaurierung der durch Ausschüttung erhaltenen Beträge möglich. Solange die Muttergesellschaft nicht ihrerseits ausschüttet, erhöht sich die aus Zeile 4 ersichtliche Belastung nicht. Zu einer weiteren Erhöhung der Gesamtsteuerbelastung kommt es erst dann, wenn die Muttergesellschaft die von der Tochtergesellschaft erhaltenen Beträge an ihre Gesellschafter ausschüttet. Die dann entstehenden Steuerfolgen sind in Zeile 5 der Abbildung II/3 für den Fall dargestellt, dass es sich bei deren Gesellschafter um inländische Gesellschafter handelt und die bei ihnen entstehenden Einkünfte mit dem Abgeltungsteuersatz des § 32d EStG versteuert werden. Durch Addition der Steuerbelastungen lt. Zeile 5 zu denen der Zeile 4 ergeben sich in Zeile 6 der Abbildung II/3 die Gesamtsteuerbelastungen aller drei Stufen, d. h. die jeweilige Steuerbelastung der Tochtergesellschaft plus derjenigen der Muttergesellschaft plus derjenigen der Gesellschafter der Muttergesellschaft. Die Darstellung beruht auf der Prämisse, dass der Gewinn vor Steuern der ausländischen Tochtergesellschaft G_{aus} letztlich vollständig an die Gesellschafter der Muttergesellschaft ausgeschüttet wird, soweit er nicht für Steuerzahlungen benötigt wird.

In *Abbildung II/4* sind die soeben erläuterten Zusammenhänge beispielhaft für einen speziellen Fall graphisch dargestellt. Der Fall beruht auf folgenden Annahmen:

- Die Tochter-Kapitalgesellschaft befindet sich in einem Nicht-DBA-Land, das bei Ausschüttungen eine 25 %ige Quellensteuer erhebt, d. h. es gilt $s_q = 25$ %.
- In dem zu versteuernden Einkommen der Mutter-Kapitalgesellschaft werden die Ausschüttungen der Tochtergesellschaft nach § 8b Absätze 1 und 5 KStG mit 5 % erfasst.
- Das Einkommen der inländischen Mutter-Kapitalgesellschaft unterliegt einem kombinierten Gewerbe-, Körperschaftsteuer- und Solidaritätszuschlagsatz von 30 %.
- Ausschüttungen der Muttergesellschaft an ihre Gesellschafter unterliegen bei diesen der deutschen Einkommensteuer, und zwar mit dem Abgeltungsteuersatz des § 32d EStG von – einschließlich des Solidaritätszuschlags – 26,375 % der Ausschüttung.

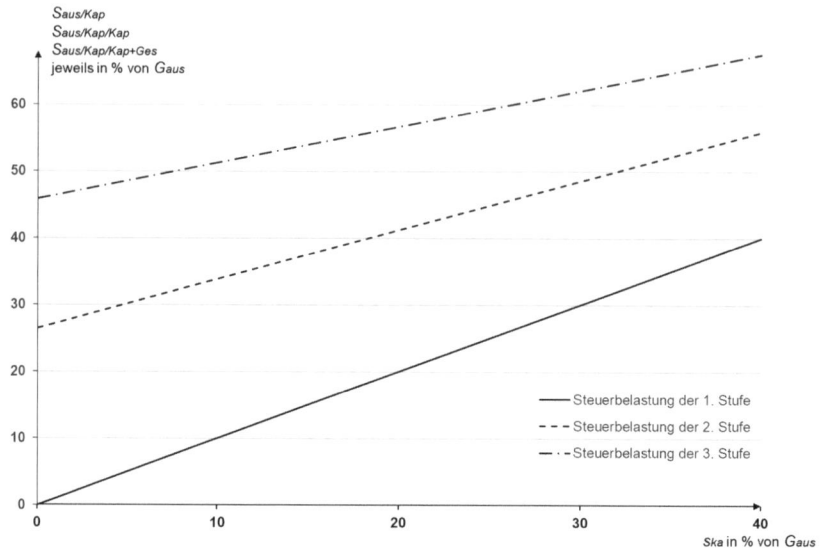

Abbildung II/4:   *Steuerbelastung auf der ersten, zweiten und dritten Stufe bei*
                     $sq = 25\,\%$, $sk + sge = 30\,\%$ *und* $se\S32d = 26{,}375\,\%$ *jeweils in %*
                     des ausländischen Gewinns G_{aus}

Die Abbildung zeigt die Steuerbelastungen auf den weiter oben definierten drei
Stufen in Abhängigkeit von der Höhe des Unternehmenssteuersatzes *ska* der ausländischen Tochter-Kapitalgesellschaft. Die Abbildung lässt erkennen, dass die Bedeutung der zusätzlichen Steuern auf der zweiten und dritten Stufe nicht nur relativ,
sondern auch absolut abnimmt.

6 Gewinnverlagerungen zwischen einer deutschen Spitzen- und einer ausländischen Grundeinheit

6.1 Einführung

Besteht zwischen der inländischen Spitzen- und einer ausländischen Grundeinheit aufgrund unterschiedlicher Ertragsteuersätze ein Steuergefälle, so ist es unter Vorteilhaftigkeitsgesichtspunkten naheliegend, Gewinne – und damit auch Einkünfte – von der höher auf die niedriger besteuerte Einheit zu verlagern. Mit hierbei entstehenden Problemen beschäftigen sich die nachstehenden Ausführungen. Hierbei soll eine Beschränkung auf Fälle erfolgen, in denen es sich bei der *Spitzeneinheit* um eine in Deutschland ansässige *Kapitalgesellschaft* handelt. Ferner sollen nur Fälle behandelt werden, in denen die Besteuerung in Deutschland höher ist als in dem jeweils einschlägigen Ausland; Fälle, in denen das ausländische Steuerniveau höher ist als das deutsche werden also nicht behandelt.

Eine Gewinnverlagerung der hier beschriebenen Art kann nur dann eintreten, wenn eine ausländische Grundeinheit vorhanden ist oder gegründet wird. Damit scheidet die Fallgruppe der Direktgeschäfte aus der nachfolgenden Untersuchung aus. Nicht behandelt werden sollen darüber hinaus alle Fälle, in denen es sich bei der ausländischen Grundeinheit um eine Personengesellschaft handelt. Wie bereits an früherer Stelle ausgeführt, sind die Steuerwirkungen vergleichbar mit denen, die entstehen, wenn es sich bei der Grundeinheit um eine Betriebsstätte handelt.

Behandelt werden somit nachfolgend lediglich Fälle, in denen es sich bei der Grundeinheit um
* eine *ausländische Tochter-Kapitalgesellschaft* oder
* eine *ausländische Betriebsstätte* handelt.

Nachfolgend werden zunächst gängige Aktionsparameter einer Gewinnverlagerungspolitik dargestellt. Anschließend werden Steuerwirkungen herausgearbeitet. Zum Abschluss dieses Hauptgliederungspunktes werden Restriktionen herausgearbeitet, die im Rahmen einer Gewinnverlagerungspolitik von Bedeutung sind.

6.2　Aktionsparameter einer Gewinnverlagerungspolitik

6.2.1 Überblick

Gewinnverlagerungen zwischen verbundenen Unternehmen, insbesondere zwischen Konzernunternehmen[117], können in vielfältiger Weise herbeigeführt werden. Sie lassen sich in unterschiedlicher Weise zusammenfassen. Naheliegend ist eine Unterscheidung zwischen einer Gewinnverlagerung

- durch eine *zielgerichtete Preispolitik* für Lieferungen und sonstige Leistungen zwischen den miteinander verbundenen Unternehmen (*Verrechnungspreise*) und
- durch *Verlagerung von betrieblichen Funktionen (Funktionsverlagerung)* von einem Unternehmen eines Unternehmensverbundes auf ein anderes desselben Unternehmensverbundes.

Diese Zweiteilung wird nachfolgend angewendet.

In dem für das hier zu behandelnde Thema relevanten Steuerrecht, dem Außensteuergesetz (AStG), werden nicht die eingangs genannten gesellschaftsrechtlichen Begriffe der verbundenen Unternehmen und des Konzerns verwendet, vielmehr stellt das Steuerrecht auf den Begriff einer *nahestehenden Person* ab. Dieser Begriff ist umfassender als die genannten gesellschaftsrechtlichen Begriffe. Nachfolgend wird nur noch der steuerrechtliche Begriff der (einander) nahestehenden Person verwendet.

Der *Begriff* der dem Steuerpflichtigen **nahestehenden Person** ist in § 1 Abs. 2 AStG definiert. Er enthält mehrere Tatbestände. Der wichtigste ist in Nummer 1 der genannten Rechtsnorm geregelt. Danach ist dem Steuerpflichtigen eine Person dann nahestehend, wenn die Person an dem Steuerpflichtigen

- mindestens zu einem Viertel beteiligt ist (wesentliche Beteiligung) oder
- auf den Steuerpflichtigen einen beherrschenden Einfluss ausüben kann (Beherrschung).

Wenn letztere Voraussetzung erfüllt ist, dürfte dies in aller Regel auch für die erstgenannte der Fall sein. Das nachfolgend behandelte Verhältnis einer Mutter-Kapitalgesellschaft zu einer Tochter-Kapitalgesellschaft erfüllt annahmegemäß stets die Tatbestandsmerkmale einander nahestehender Personen i. S. d. § 1 Abs. 2 AStG.

Von Bedeutung ist, dass eine wesentliche Beteiligung i. S. d. § 1 Abs. 2 AStG nicht nur durch eine unmittelbare, sondern auch durch eine oder mehrere mittelbare Beteiligungen erfolgen kann.

117　Verbundene Unternehmen sind in den §§ 15-18 AktG definiert. Eine Unterart der verbundenen Unternehmen sind die Konzernunternehmen. Sie sind in § 18 AktG definiert. Für die nachfolgende Analyse sind aber nicht die Begriffe des Rechts der verbundenen Unternehmen, sondern diejenigen des AStG relevant.

6.2.2 Gewinnverlagerung mit Hilfe von Verrechnungspreisen

Preise, die zwischen einander nahestehenden Personen für Lieferungen und Leistungen zwischen ihnen vereinbart werden, werden in § 1 Abs. 1 Satz 1 AStG als **Verrechnungspreise** bezeichnet. Klargestellt sei, dass dieser Begriff nicht nur im Steuerrecht verwendet wird, sondern darüber hinaus sowohl im betriebswirtschaftlichen als auch im juristischen Sprachgebrauch üblich ist.

Verrechnungspreise müssen in allen Fällen von Lieferungen und Leistungen zwischen der deutschen Mutter- und der ausländischen Tochter-Kapitalgesellschaft durch die Geschäftsleitungen der beiden Unternehmen festgelegt werden. Aufgrund der beherrschenden Stellung der Muttergesellschaft wird letztlich deren Geschäftsleitung (Vorstand, Geschäftsführer) für die Festlegung entscheidend sein.

Als *Liefergegenstände* zwischen Mutter- und Tochtergesellschaft kommen in erster Linie Erzeugnisse (Lieferung durch ein Produktionsunternehmen) oder Waren (Lieferung durch ein Handelsunternehmen) in Betracht. In Einzelfällen kommen aber auch Wirtschaftsgüter des Anlagevermögens sowie des nicht in Waren bestehenden Umlaufvermögens als Liefergegenstände in Betracht.

Sonstige Leistungen zwischen Mutter- und Tochtergesellschaft können vielfältiger Art sein. In Betracht kommen insbesondere
- die Vermietung oder Verpachtung von Wirtschaftsgütern des beweglichen und des unbeweglichen Anlagevermögens,
- die Nutzung von Patenten oder Lizenzen des Patent- oder Lizenzgebers durch den Patent- oder Lizenznehmer oder
- die Nutzung von darlehnsweise dem Darlehensnehmer durch den Darlehensgeber zur Verfügung gestellte Geldmittel.

Allen genannten Arten von Lieferungen und sonstigen Leistungen zwischen Mutter- und Tochter-Kapitalgesellschaft liegen *schuldrechtliche Verträge* zwischen beiden Gesellschaften zugrunde. Derartige schuldrechtliche Verträge sind zwischen einer *Mutter-Kapitalgesellschaft* und einer ihrer *Betriebsstätten rechtlich nicht möglich.* Gewinnverlagerungen können hier nur durch *interne Vereinbarungen* zwischen der Spitzeneinheit und ihrer Betriebsstätte erfolgen. Es handelt sich also um *Gewinnverlagerungen mit Hilfe fiktiver Lieferungen und Leistungen* zwischen einzelnen Teilen desselben Unternehmens. Derartige unternehmensinterne Gewinnverlagerungen werden durch das AStG ebenfalls erfasst, und zwar durch § 1 Abs. 5 AStG. Hierauf wird an späterer Stelle näher einzugehen sein.

6.2.3 Gewinnverlagerungen mit Hilfe von Funktionsverlagerungen

In der Vergangenheit war häufig zu beobachten, dass Konzernleitungen ganze *betriebliche Funktionen* aus einem Betrieb in einem hochentwickelten Industrieland in einen konzerneigenen Betrieb oder in eine Betriebsstätte in einem weniger entwickelten Land verlagerten. *Motive* für derartige Funktionsverlagerungen waren fast immer

- Einsparungen von Lohnkosten und
- Senkung der Ertragsteuerbelastung.

Für eine Verlagerung kommen grundsätzlich *alle betrieblichen Funktionen* in Betracht. Zu nennen sind vor allem die Verlagerung (von Teilen) der Produktion, aber auch der Beschaffung von Rohstoffen und Vorprodukten. Auch der Vertrieb kann (teilweise) verlagert werden. Vielfach werden auch IT-Funktionen in Niedriglohnländer, z. B. nach Indien, verlagert. Beliebt ist auch die Verlagerung eines Teils der Konzernfinanzierung in ausgegliederte Finanzierungsgesellschaften, die in sog. Steueroasen angesiedelt werden. Als Steueroasen werden Länder bezeichnet, die ausländische Unternehmen mit extrem niedrigen Ertragsteuersätzen anlocken.

6.3 Steuerwirkungen einer Gewinnverlagerung und Vorteilhaftigkeitsüberlegungen

6.3.1 Problemstellung

Nachfolgend soll untersucht werden, welche Steuerwirkungen eintreten, wenn ein deutsches Unternehmen die unter Gliederungspunkt 6.2 herausgearbeiteten Aktionsparameter einer Gewinnverlagerungspolitik einsetzt. Wie bereits unter Gliederungspunkt 6.1 dargelegt, soll die Untersuchung auf Fälle begrenzt werden, in denen das deutsche Unternehmen als Spitzeneinheit auftritt und die Rechtsform einer Kapitalgesellschaft besitzt. Ferner sollen als Grundeinheit nur

- eine ausländische Kapitalgesellschaft und
- eine ausländische Betriebsstätte

in die Untersuchung einbezogen werden.

Nachfolgend soll zunächst die Fallgruppe einer Gewinnverlagerung mit Hilfe von Verrechnungspreisen eingegangen werden. Anschließend werden Fälle einer Gewinnverlagerung durch Funktionsverlagerung behandelt.

6.3.2 Zur Vorteilhaftigkeit einer Gewinnverlagerung mit Hilfe von Verrechnungspreisen

6.3.2.1 Grundsätzliches

Ziel der hier betrachteten Maßnahmen ist es, mit steuerlicher Wirkung Gewinne von der deutschen Mutter-Kapitalgesellschaft auf die ausländische Grundeinheit zu verlagern. Dies geschieht in der Hoffnung, hierdurch die für die jeweilige Entscheidungssituation relevante Steuerbelastung zu senken. Fallen die Zeitpunkte der einzelnen Steuerzahlungen (deutlich) auseinander, so kann es notwendig sein, Steuerbarwertvergleiche durchzuführen.

Um Gewinne von der deutschen Muttergesellschaft auf die ausländische Grundeinheit zu verlagern, müssen die *Preise für Lieferungen und sonstige Leistungen*
- der Muttergesellschaft an die Grundeinheit *niedriger* und
- der Grundeinheit an die Muttergesellschaft *höher*

angesetzt werden als dies ohne die genannte Zielsetzung geschehen würde. Als Vergleichsmaßstab ist der Fall anzusehen, dass keine Gewinnverlagerung beabsichtigt ist (*Unterlassensalternative*).

6.3.2.2 Gewinnverlagerung von der Mutter- auf eine ausländische Tochter-Kapitalgesellschaft

Zur Beurteilung der steuerlichen Vorteilhaftigkeit einer Gewinnverlagerung von der deutschen Mutter- auf eine ausländische Tochter-Kapitalgesellschaft kann auf das unter Gliederungspunkt 5.4.3 herausgearbeitete *Dreistufenmodell* zurückgegriffen werden.

Sollen die auf die *Tochtergesellschaft* verlagerten *Gewinne auf Dauer* bei dieser verbleiben, also auf unabsehbare Zeit nicht ausgeschüttet werden, so ergibt sich als Gesamtsteuerbelastung des Gewinns die für die *erste Stufe* ermittelte Belastung. Diese besteht ausschließlich aus der Gewinnsteuer, mit der die Tochtergesellschaft im Ausland belastet wird. Die Alternativbelastung besteht hier in einer Besteuerung des Gewinns bei der Muttergesellschaft und Weiterleitung der Mittel von der Mutter- an die Tochtergesellschaft, und zwar entweder in der Form einer Eigenkapitalzufuhr oder in der der Gewährung eines Gesellschafterdarlehens. Welche Gestaltungsmaßnahme vorteilhafter ist, hängt davon ab, ob die Besteuerung in dem ausländischen Staat niedriger oder höher ist als in Deutschland. Ist sie niedriger, so ist eine Gewinnverlagerung von der Mutter- auf die Tochtergesellschaft vorteilhaft, andernfalls nicht.

Sollen die verlagerten *Gewinne* zu irgendeinem Zeitpunkt *an* die *Muttergesellschaft ausgeschüttet* werden, so entsteht die Gesamtsteuerbelastung der *zweiten Stufe*. Wie unter Gliederungspunkt 5.4.3 dargestellt, ist diese entscheidend von der Höhe des Unternehmenssteuersatzes sowie des Quellensteuersatzes des Quellenstaates abhängig. Von den drei in Abbildung II/3 ermittelten Werten (26,50 %, 41,20 % und 55,90 %) ist nur der erste niedriger als die übliche Belastung des Gewinns einer deutschen Kapitalgesellschaft mit deutscher Gewerbe- und Körperschaftsteuer von rd. 30 %. Es muss also davon ausgegangen werden, dass eine *Gewinnverlagerung* in eine *ausländische Tochtergesellschaft* verbunden mit einer *Ausschüttung* der Gewinne an die *deutsche Muttergesellschaft i. d. R. nicht vorteilhaft* ist.

An diesem Befund ändert sich auch dann nichts, wenn die deutsche *Mutter-Kapitalgesellschaft* die Gewinne zu irgendeinem Zeitpunkt *an ihre Gesellschafter ausschüttet*. Die Steuerbelastung erhöht sich dann auf die der *dritten Stufe*, in Abbildung II/3 also auf 45,89 %, 56,71 % bzw. 67,53 % des Ausgangsgewinns der ausländischen Tochter-Kapitalgesellschaft. Bei den in Abbildung II/3 angesetzten Werten von 14 % für s_{ge}, von (15 % · 1,055 =) 15,825 % für s_k und von (25 % · 1,055 =) 26,375 % für $s_{e§32d}$ ergibt sich im Fall einer alternativen Erzielung des

Ausgangsgewinns bei der inländischen Muttergesellschaft eine Belastung i. H. v. [0,14 + 0,15825 + (1 – 0,14 – 0,15825) · 0,26375 =] rd. 48,33 % des Ausgangsgewinns. Diese alternative Belastung ist also nur geringfügig (48,33 % – 45,89 % = 2,44 %) höher als in dem Fall der niedrigsten Belastung lt. Abbildung II/3 i. H. v. 45,89 % des Gewinns. In den beiden anderen Fällen der Abbildung II/3 hingegen ist die Belastung im Falle einer Gewinnverlagerung deutlich höher als in dem Alternativfall einer Erzielung des Gewinns vor Steuern durch die inländische Mutter-Kapitalgesellschaft.

Aus den voranstehenden Ausführungen lassen sich folgende *Ergebnisse* ableiten:

1. *Gewinnverlagerungen* von einer inländischen Mutter- auf eine ausländische Tochter-Kapitalgesellschaft können in aller Regel *nur dann vorteilhaft* sein, *wenn* die ausländische Tochter die hierdurch bei ihr zusätzlich entstehenden *Gewinne* dauerhaft bzw. *quasi-dauerhaft thesauriert*. Das gilt aber auch *nur dann, wenn* diese thesaurierten Gewinne im Ausland *mit* einem *niedrigeren Steuersatz besteuert* werden als mit dem inländischen kombinierten Gewerbe-, Körperschaft- und Solidaritätszuschlagsatz von rd. 30 %.

2. In Fällen, in denen die ausländische Tochtergesellschaft die von ihr erzielten *Gewinne* an ihre inländische Muttergesellschaft *ausschüttet*, ist eine *Gewinnverlagerung* zu Gunsten der Tochter *in aller Regel nachteilig* gegenüber dem Fall einer Unterlassung dieser Maßnahme. *Ausnahmen* können sich nur dann ergeben, wenn die Summe aus ausländischer Unternehmens- und Quellensteuer deutlich niedriger ist als die alternative Kombination aus deutscher Gewerbe- und Körperschaftsteuer einschließlich des Solidaritätszuschlags.

6.3.2.3 Gewinnverlagerung von der deutschen Mutter-Kapitalgesellschaft auf eine ausländische Betriebsstätte

Hinsichtlich der Steuerwirkungen einer *Gewinnverlagerung* mit Hilfe von *internen Verrechnungspreisgestaltungen* zwischen einer deutschen Kapitalgesellschaft auf ihre *ausländische Betriebsstätte* ist es sinnvoll, auf die Ausführungen zu Gliederungspunkt 5.3.2 zurückzugreifen. Dort ist eine Unterscheidung getroffen worden zwischen den Fällen, dass

1. der ausländische *Betriebsstättengewinn nicht nur im Ausland*, sondern auch im Inland *besteuert* wird und die *ausländischen Steuern* auf die inländischen *angerechnet* werden und

2. dass der ausländische *Betriebsstättengewinn nur im Ausland besteuert*, im Inland hingegen freigestellt wird.

Im *erstgenannten Fall* wird der ausländische Betriebsstättengewinn mit einem Körperschaftsteuersatz belastet, der mindestens dem deutschen Körperschaftsteuersatz entspricht. Gewerbesteuer fällt allerdings auf den ausländischen Betriebsstättengewinn nicht an. Hierdurch kann mit Hilfe einer Gewinnverlagerung aus der deutschen Spitzeneinheit in die ausländische Betriebsstätte *Gewerbesteuer eingespart* werden. Bei einem Hebesatz von 400 % sind dies bekanntlich (0,035 · 400 % =)

14 %. Ist der ausländische Körperschaftsteuersatz nicht höher als der deutsche, so kommt es mit Hilfe einer Gewinnverlagerung *per Saldo* also zu einer *Steuererspar-nis* in Höhe der deutschen Gewerbesteuer.

Im *zweiten Fall*, d. h. dem Freistellungsfall, kommt es bei einer Gewinnverlagerung aus der deutschen Spitzeneinheit in die ausländische Betriebsstätte nur zu einer Be-steuerung mit der ausländischen Unternehmenssteuer. Wie bereits dargestellt, läuft der gesetzlich vorgesehene Progressionsvorbehalt mangels eines progressiven deut-schen Körperschaftsteuertarifs ins Leere. Damit ist eine *Gewinnverlagerung* in die-ser Fallgruppe stets dann *vorteilhaft, wenn die ausländische Unternehmenssteuer niedriger* ist *als* die Kombination aus deutscher *Gewerbe- und Körperschaftsteuer* einschließlich des Solidaritätszuschlags.

Zusammenfassend kann festgestellt werden, dass durch eine Gewinnverlagerung aus dem inländischen Stammhaus in eine ausländische Betriebsstätte mit Hilfe einer zielgerichteten Gestaltung von Verrechnungspreisen steuerliche *Vorteile* erzielt werden können. Dies gilt aufgrund des Transparenzprinzips unabhängig davon, ob die in der Betriebsstätte erzielten Gewinne (quasi) dauerhaft in der Betriebsstätte thesauriert oder ob die entsprechenden Geldmittel in das Stammhaus transferiert werden.

6.3.3 Zur Vorteilhaftigkeit einer Gewinnverlagerung mit Hilfe von Funktionsverlagerungen

6.3.3.1 Einführung

Während die Verrechnungspreispolitik das reale betriebliche Geschehen weitge-hend unberührt lässt, ist dies bei einer Gewinnverlagerung mit Hilfe einer Funkti-onsverlagerung nicht der Fall. Hier kommt es vielmehr häufig zu einer massiven *Veränderung des betrieblichen Geschehens*, bis hin zur Schließung eines Betriebes an einem Standort und Errichtung eines vergleichbaren Betriebes an einem anderen. Damit ist klar, dass ein *reiner Steuerbelastungsvergleich* – wie bei der Verrech-nungspreispolitik durchgeführt – *nicht ausreichend* ist.

Von Bedeutung in dem hier angesprochenen Zusammenhang ist der Umstand, dass es weltweit eine Reihe von *Staaten* gibt, die gezielt *mit* sehr *niedrigen Steuersätzen* auf Entgelte für die Nutzung von immateriellen Wirtschaftsgütern deren *Verlage-rung* in ihr Hoheitsgebiet *fördern*. Dies geht soweit, dass sie häufig Einnahmen aus *Patenten* und *Lizenzen* aus der allgemeinen Besteuerung in ihrem Land herausneh-men und sie einem besonderen, und zwar besonders niedrigen, Steuersatz unterwer-fen[118]. Derartige Praktiken führen bereits seit Jahrzehnten, während der letzten Jahre aber mit deutlich verstärkter Tendenz, zu weltweiten *Auseinandersetzungen zwischen hoch und niedrig besteuernden Staaten*.

---

[118] Vertiefend hierzu s. insbesondere Hintzen (2021), S. 131-132; s. auch die tabellarische Dar-stellung für Lizenzvergünstigungen bei Rupp (2016), Kapitel 4.1.

Auf die Frage, welche Konsequenzen aus den geschilderten Sachverhalten für eine Vorteilhaftigkeitsanalyse einer geplanten Maßnahme gezogen werden sollten, wird nachfolgend näher eingegangen. Vorab aber sollen die steuerlichen Konsequenzen einer Funktionsverlagerung analysiert werden, da diese (selbstverständlich) in einer Vorteilhaftigkeitsanalyse berücksichtigt werden sollten.

Aus Platzgründen beschränken sich die nachfolgenden Ausführungen auf die Fälle, in denen eine Gewinnverlagerung von einer deutschen Mutter-Kapitalgesellschaft auf eine ausländische Betriebsstätte oder auf eine ausländische Tochter-Kapitalgesellschaft vorgenommen werden soll.

6.3.3.2 Steuerfolgen einer Funktionsverlagerung

6.3.3.2.1 Einführung

Steuerfolgen einer Funktionsverlagerung ergeben sich zunächst durch eine *Aufdeckung und Versteuerung stiller Reserven* zum Zeitpunkt der Verlagerung. Folgewirkung ist eine Erhöhung des Aufwandspotentials, insbesondere des Abschreibungspotentials, in der ausländischen Grundeinheit. Das gilt aber nur dann, wenn und insoweit wie der ausländische Staat die sich infolge der Aufdeckung der stillen Reserven ergebenden Werte akzeptiert. In der *Folgezeit* entstehen außerdem *Gewinnverlagerungen* von der deutschen Spitzen- auf die ausländische Grundeinheit, da nunmehr die Grundeinheit Tätigkeiten übernimmt, die bisher die Spitzeneinheit ausgeführt hat.

Hinsichtlich der Aufdeckung stiller Reserven infolge der Übertragung von Wirtschaftsgütern von der deutschen (Mutter-)Kapitalgesellschaft auf die ausländische Betriebsstätte bzw. Tochter-Kapitalgesellschaft lassen sich folgende *zwei Fallgruppen* unterscheiden:

- Die Verlagerung erfolgt allein aufgrund der gesellschaftsrechtlichen Machtbefugnis der deutschen Kapitalgesellschaft, d. h. ohne Abschluss eines schuldrechtlichen (Kauf-)Vertrages.
- Die inländische Kapitalgesellschaft veräußert für die Funktionsverlagerung benötigte Wirtschaftsgüter an die ausländische Grundeinheit.

Im ersten Falle greift der *Entstrickungstatbestand* des deutschen Ertragsteuerrechts, im zweiten kann es zu *Gewinnkorrekturen*, insbesondere nach den Vorschriften des § 1 AStG, kommen.

Nachfolgend soll zunächst auf die Steuerfolgen einer Entstrickung, anschließend auf die der Aufdeckung stiller Reserven aufgrund eines Kaufvertrages eingegangen werden.

6.3.3.2.2 Steuerfolgen einer Entstrickung

§ 4 Abs. 1 Satz 3 EStG enthält einen allgemeinen *Entstrickungstatbestand*. Dieser wird für Körperschaften ergänzt durch § 12 Abs. 1 KStG.

Nach *§ 4 Abs. 1 Satz 3 EStG* steht der Ausschluss des Besteuerungsrechts der Bundesrepublik Deutschland hinsichtlich des Gewinns aus der Veräußerung oder der Nutzung eines Wirtschaftsguts einer Entnahme für betriebsfremde Zwecke gleich. Das bedeutet, dass eine Verlagerung eines Wirtschaftsguts vom Inland in das Ausland wie eine Privatentnahme zu behandeln ist. Dies hat zur Folge, dass nunmehr die *stillen Reserven im Rahmen* einer *fiktiven* Entnahme *aufzudecken* und zu versteuern sind. Zu bewerten sind die fiktiv entnommenen Wirtschaftsgüter nach § 4 Abs. 1 Satz 3 i. V. m. § 6 Abs. 1 Nr. 4 Satz 1 EStG mit ihrem gemeinen Wert.

§ 4 Abs. 1 Satz 3 EStG gilt unmittelbar nur in Fällen der Entstrickung bei Personenunternehmen. Für Körperschaften, insbesondere also Kapitalgesellschaften, hat der Gesetzgeber mit *§ 12 KStG* den Enstrickungstatbestand eigenständig formuliert. Ein solcher liegt nach Abs. 1 dieser Rechtsnorm dann vor, wenn eine Körperschaft eine Maßnahme ergreift, durch die dem deutschen Fiskus das Besteuerungsrecht bei einer späteren Veräußerung oder Nutzung des Wirtschaftsguts entzogen wird. Das ist bei einer *unentgeltlichen Übertragung* eines Wirtschaftsguts aus einer deutschen Spitzeneinheit in eine ausländische Grundeinheit der Fall. Dieser Vorgang wird nach § 12 Abs. 1 KStG einer *Veräußerung* des Wirtschaftsguts *gleichgestellt*. Zu bewerten ist das Wirtschaftsgut im Rahmen dieser fiktiven Veräußerung mit seinem gemeinen Wert.

Durch die Aufdeckung der stillen Reserven bei der Mutter-Kapitalgesellschaft entsteht bei dieser E i. S. d. in Anhang 3 abgeleiteten Gleichungen (IV) bzw. (V). Es entsteht also sowohl Gewerbe- als auch Körperschaftsteuer und – solange dieser erhoben wird – Solidaritätszuschlag.

Handelt es sich bei der ausländischen Grundeinheit um eine Betriebsstätte und befindet sich diese in einem Mitgliedsstaat der EU, so kann die deutsche Muttergesellschaft unter den Voraussetzungen des § 4 Abs. 1 Satz 3 EStG nach § 4g Abs. 1 Satz 1 EStG einen steuerlichen Ausgleichsposten bilden. Dieser tritt als Passivposten an die Stelle des ansonsten auszuweisenden Ertrags. Hierdurch wird die Versteuerung des Ertrags zeitlich hinausgeschoben. Nach § 4g Abs. 2 Satz 1 EStG ist der Ausgleichsposten im Wirtschaftsjahr seiner Bildung und in den vier folgenden Wirtschaftsjahren zu je einem Fünftel gewinnerhöhend aufzulösen[119].

6.3.3.2.3 Steuerfolgen der Veräußerung von Wirtschaftsgütern an die ausländische Grundeinheit

Eine Verlagerung von Wirtschaftsgütern aus der deutschen Kapitalgesellschaft in eine ausländische Grundeinheit zur Begründung einer Funktionsverlagerung kann

---

[119] Hinsichtlich einer buchhalterischen Darstellung der Bildung und der Auflösung des Ausgleichspostens s. Schneeloch/Meyering/Patek, Band 1 (2016), Gliederungspunkt 4.4.3.

auch mit Hilfe eines *Kaufvertrages* oder mehrerer Kaufverträge erfolgen. Nach deutschem Zivilrecht setzt ein Kaufvertrag das Vorhandensein von zwei Personen voraus: die des Verkäufers und die des Käufers. Dies ist aber in den hier zu behandelnden Fällen nur dann gegeben, wenn es sich bei der ausländischen Grundeinheit um eine Kapitalgesellschaft und nicht um eine Betriebsstätte handelt. Doch erkennt sowohl das deutsche als auch das internationale Steuerrecht innerhalb eines Konzerns interne Vereinbarungen zwischen der Konzern-Muttergesellschaft und einer ihrer Betriebsstätten über die entgeltliche Verlagerung von Wirtschaftsgütern unter Zugrundelegung von Verrechnungspreisen grundsätzlich an. Doch müssen die Preise einem *Fremdvergleich* standhalten. Andernfalls werden sie von der Finanzverwaltung nicht anerkannt. Dies gilt sowohl hinsichtlich der Höhe tatsächlicher als auch fiktiver Kaufpreise. Halten die tatsächlichen Kaufpreise oder die Verrechnungspreise einem Fremdvergleich nicht stand, so muss die Konzernführung damit rechnen, dass diese spätestens im Rahmen einer Betriebsprüfung von der Finanzverwaltung nicht anerkannt werden. Langanhaltende Rechtsstreitigkeiten sind in derartigen Fällen zu erwarten.

Werden im Rahmen einer Funktionsverlagerung angemessene Kauf- oder Verrechnungspreise vereinbart, d. h. Preise, die einem Fremdvergleich standhalten, so kommt es bei der deutschen Mutter-Kapitalgesellschaft zur Auflösung der in den übertragenen Wirtschaftsgütern steckenden stillen Reserven. In deren Höhe entsteht im Inland E i. S. d. in Anhang 3 abgeleiteten Gleichungen (IV) bzw. (V). Damit entstehen im Jahr der Aufdeckung der stillen Reserven bei der inländischen Mutter-Kapitalgesellschaft zusätzliche Gewerbe- und Körperschaftsteuerbelastungen.

6.3.3.2.4 Steuerfolgen der infolge der Funktionsverlagerung entstehenden Gewinnverlagerungen

In den Fällen einer Funktionsverlagerung werden in der Zeit nach dieser Verlagerung steuerliche *Gewinne* von der deutschen Mutter-Kapitalgesellschaft auf deren ausländische Betriebsstätte oder Tochter-Kapitalgesellschaft *verlagert*. Dies geschieht unabhängig davon, ob die Funktionsverlagerung auf der Grundlage eines Kaufvertrages oder auf innerkonzernlichen Verrechnungen erfolgt. Im Rahmen der Gewinnverlagerung dürfte die *Gewinnminderung im Inland* regelmäßig deutlich *höher* ausfallen *als* die *Gewinnerhöhung im Ausland*. Der Grund für diese Annahme besteht darin, dass die Anschaffungskosten bzw. die fiktiven Anschaffungskosten der in die ausländische Grundeinheit verlagerten Wirtschaftsgüter in aller Regel (deutlich) höher sein dürften als die Buchwerte dieser Wirtschaftsgüter im Inland bei einem alternativen Verzicht auf die Verlagerung. Hierdurch entsteht im Ausland höheres Aufwandspotential als bei der Unterlassensalternative im Inland zur Verfügung stünde.

Die *laufenden Steuerfolgen* der Funktionsverlagerung lassen sich wie folgt zusammenfassen:

- Minderung des Gewinns und damit des zu versteuernden Einkommens im Inland i. H. v. G_{in}.
- Entstehung von Gewinn in der ausländischen Betriebsstätte oder Tochter-Kapitalgesellschaft i. H. v. G_{aus}.

Hierbei kann regelmäßig davon ausgegangen werden, dass gilt:

$G_{aus} < G_{in}$.

Die Minderung des inländischen Gewinns G_{in} hat steuerlich die Wirkungen von $-E$ i. S. d. Gleichungen (IV) bzw. (V). Gemindert wird also die Gewerbe- und die Körperschaftsteuer, letztere – solange er erhoben wird – einschließlich des Solidaritätszuschlags. Bei einem Gewerbesteuerhebesatz von 400 % beträgt die Steuerwirkung derzeit (Veranlagungszeitraum 2021) bekanntlich (14 % + 15 % · 1,055 = 29,825 %) rd. 30 %. Bei einem höheren Hebesatz ist die Steuerwirkung größer, bei einem geringeren Hebesatz ist sie kleiner.

Hinsichtlich der Steuerwirkungen der Gewinnverlagerung bei der ausländischen Grundeinheit ist auch hier wieder zu unterscheiden, ob es sich bei dieser um
- eine *Betriebsstätte* oder
- eine *Tochter-Kapitalgesellschaft* handelt.

Hinsichtlich der *Wirkungen* im *Falle einer Betriebsstätte* kann auf die Ausführungen zu Gliederungspunkt 5.3.2 verwiesen werden. Weitere Ausführungen an dieser Stelle erübrigen sich.

Hinsichtlich der *Steuerwirkungen im Falle einer Tochter-Kapitalgesellschaft* kann ebenfalls auf Ausführungen an früherer Stelle verwiesen werden, und zwar auf diejenigen unter Gliederungspunkt 5.4. Ausdrücklich sei darauf hingewiesen, dass die *Gesamtsteuerbelastung davon abhängt, welche der* unter Gliederungspunkt 5.4.3 herausgearbeiteten *drei Belastungsstufen* in der konkreten Entscheidungssituation *relevant* ist. Zur Erinnerung sei nochmals darauf hingewiesen, dass diese Belastungsstufen wie folgt gekennzeichnet sind:

1. Stufe: Gesamtsteuerbelastung im Falle einer quasi-dauerhaften Thesaurierung von G_{aus} bei der ausländischen Tochter-Kapitalgesellschaft.

2. Stufe: Gesamtsteuerbelastung im Falle einer Ausschüttung der ausländischen Tochter- an die inländische Mutter-Kapitalgesellschaft und anschließende quasi-dauerhafte Gewinnthesaurierung bei der inländischen Muttergesellschaft.

3. Stufe: Gesamtsteuerbelastung im Falle einer Gewinnausschüttung der ausländischen Tochter- an die inländische Mutter-Kapitalgesellschaft und Weiterausschüttung des nach Steuern verbleibenden Gewinns an die Gesellschafter der Muttergesellschaft.

6.3.3.2.5 Art des Vorteilhaftigkeitsvergleichs

Aus den Ausführungen zu Gliederungspunkt 6.3.2 hat sich ergeben, dass die Vorteilhaftigkeit in Fällen einer *Gewinnverlagerung ausschließlich mit Hilfe* der Festlegung *zielgerichteter Verrechnungspreise* nur durch deren Steuerwirkungen bestimmt wird. Für einen Vorteilhaftigkeitsvergleich ist also ein *Vergleich der Steuerwirkungen* der miteinander zu vergleichenden Gestaltungsmöglichkeiten *ausreichend*. In der Regel reicht die Ermittlung einer *Jahresbelastungsdifferenz* aus. Ist (ausnahmsweise) zu erwarten, dass das Vorzeichen der Jahresbelastungsdifferenzen im Zeitablauf wechselt, so ist grundsätzlich ein Steuerbarwertvergleich erforderlich. Auch hier ist der Vergleich aber auf Steuerwirkungen beschränkt, nunmehr allerdings in abgezinster Form.

Völlig *anders* ist die Situation *im Falle* der Ermittlung der Vorteilhaftigkeit *einer Funktionsverlagerung*. Hier sind *sämtliche Veränderungen der Ein- und Auszahlungen*, die durch die Funktionsverlagerung hervorgerufen werden, zu berücksichtigen. Diese umfassen sowohl die Zahlungsveränderungen bei der inländischen Mutter-Kapitalgesellschaft als auch diejenigen bei der ausländischen Betriebsstätte bzw. Tochter-Kapitalgesellschaft, und zwar sowohl alle *nicht steuerlichen* als auch alle *steuerlichen* Veränderungen. Damit ist klargestellt, dass ein Vorteilhaftigkeitsvergleich, in dem ausschließlich Steuerzahlungen erfasst werden, nicht ausreicht. Vielmehr müssen alle Zahlungsdifferenzen, die sich zwischen den alternativen Gestaltungsmaßnahmen ergeben, in dem Kalkül erfasst und auf den Planungszeitpunkt abgezinst werden. Dies gilt selbstverständlich auch für die Steuerdifferenzen.

Aus methodischer Sicht kann die Frage nach der Vorteilhaftigkeit einer Funktionsverlagerung auch als ein investitionstheoretisches Problem angesehen werden: An dem bisherigen Standort findet eine Desinvestition, an dem neuen eine Investition statt. Die Vorteilhaftigkeit der Funktionsverlagerung kann dann mit Hilfe eines Kapitalwertvergleichs durchgeführt werden. Hierbei ist (selbstverständlich) die *Ermittlung eines Differenzkapitalwerts* ausreichend.

Die bisherigen Ausführungen lassen erkennen, dass es keine allgemeingültige Aussage zur Vorteilhaftigkeit einer Funktionsverlagerung gibt. Diese muss vielmehr im Einzelfall konkret ermittelt werden.

6.3.4 Grenzen einer Gewinnverlagerungspolitik und Folgen einer Überschreitung der Grenzen

6.3.4.1 Einführung

Grenzen einer Gewinnverlagerungspolitik können sich sowohl in tatsächlicher als auch in rechtlicher Hinsicht ergeben. Hier soll lediglich auf rechtliche Grenzen eingegangen werden. Diese ergeben sich in aller Regel aus Gesetzesnormen. Diese können sowohl in in- als auch in ausländischen Normen bestehen. Da es hier um mögliche Gewinnverlagerungen aus Deutschland in ein ausländisches Staatsgebiet geht, dürften ausländische Beschränkungen keine Rolle spielen: Kein ausländischer Staat dürfte ein Interesse daran haben, eine Versteuerung von Gewinnen in seinem Hoheitsgebiet zu verhindern.

Damit bleiben für die nachfolgende Untersuchung diejenigen Rechtsnormen übrig, die nach deutschem Recht eine Gewinnverlagerung aus dem Inland in das Ausland beschränken sollen. Auf in diesem Zusammenhang zentrale Rechtsnormen soll nachfolgend eingegangen werden.

6.3.4.2 Steuerliche Gewinnverlagerungen beschränkende Regelungen

6.3.4.2.1 Ermittlung angemessener Verrechnungspreise

Von zentraler Bedeutung im Rahmen der Rechtsnormen, die Gewinnverlagerungen aus der Bundesrepublik Deutschland in ein anderes Land mit steuerlicher Wirkung verhindern bzw. einschränken sollen, ist § 1 AStG. Nach dessen Absatz 1 sind Verrechnungspreise zwischen einem im Inland ansässigen Steuerpflichtigen und einer diesem nahestehenden Person mit Ansässigkeit im Ausland so zu gestalten, dass diese einem **Fremdvergleich** standhalten. Dies ist dann der Fall, wenn die Verrechnungspreise so vereinbart werden, wie sie *unter voneinander unabhängigen Personen* vereinbart würden. Es ist offensichtlich, dass sich aus einem Fremdvergleich nicht ein einziger „richtiger" Preis ergibt, sondern eine Spannbreite möglicher Preise.

Wie bereits an früherer Stelle ausgeführt[120], ist der Begriff der (einander) *nahestehenden Personen* in § 1 Abs. 2 AStG definiert. Hierunter fallen auch eine deutsche Muttergesellschaft und ihre ausländischen Tochtergesellschaften. Aus § 1 Abs. 4 AStG ergibt sich, dass eine ausländische Betriebsstätte – obwohl ihr eine eigene Rechtspersönlichkeit fehlt – einer ausländischen Tochtergesellschaft gleichgestellt ist.

Die *Absätze 3 und 3a des § 1 AStG* enthalten umfangreiche Regelungen zur Ermittlung angemessener Verrechnungspreise, d. h. solcher Verrechnungspreise, die einem *Fremdvergleich* standhalten. Konkrete Ermittlungsmethoden enthält das Gesetz aber seit einer Gesetzesänderung im Juni 2021 nicht[121]. Die Fassung des § 1 Abs. 3 AStG vor der genannten Gesetzesänderung hingegen zählte folgende drei Ermittlungsmethoden auf:
* Die Preisvergleichsmethode,
* die Wiederverkaufspreismethode und
* die Kostenaufschlagsmethode.

---

120 Vgl. Gliederungspunkt 6.2.1.

121 Die Gesetzesänderung ergibt sich aus Artikel 5 des Abzugsteuerentlastungsmodernisierungsgesetzes, BGBl I 2021, S. 1259.

Diese drei Ermittlungsmethoden werden unverändert in einem BMF-Schreiben aufgeführt[122]. Es ist davon auszugehen, dass die Finanzverwaltung weiterhin die drei genannten Methoden als geeignet für die Durchführung eines Fremdvergleichs ansieht. Diese sind auch international üblich. Aus Sicht der OECD werden sie in den OECD-Verrechnungspreisleitlinien erläutert[123].

Bei der *Preisvergleichsmethode* werden die am Markt erzielbaren Preise zum Gegenstand des Fremdvergleichs gemacht. Die *Wiederverkaufspreismethode* stellt auf den (fiktiven) Wiederverkaufspreis eines Wirtschaftsgutes, i. d. R. einer Ware, ab. Von diesem ist ein Abschlag in Höhe der geschätzten noch ausstehenden Vertriebskosten vorzunehmen. Bei Anwendung der *Kostenaufschlagsmethode* werden die Herstellungskosten eines Wirtschaftsgutes, i. d. R. eines Erzeugnisses, ermittelt. Hierauf wird ein angemessener Gewinnaufschlag vorgenommen.

Die genannten drei Methoden sind rechtlich gleichrangig, eine Hierarchie zwischen ihnen besteht also nicht. Doch sollte möglichst die Methode angewendet werden, die im konkreten Einzelfall am besten zur fremdvergleichskonformen Ermittlung des Verrechnungspreises geeignet ist[124]. Die Absätze 3 und 3a des § 1 AStG enthalten hierzu umfangreiche Anweisungen.

6.3.4.2.2 Besonderheiten im Falle einer Funktionsverlagerung

Werden nicht einzelne Wirtschaftsgüter, sondern wird eine Funktion verlagert, so ist nach § 1 Abs. 3b AStG der Wert der ganzen Funktion zur Bestimmung der Höhe des verlagerten Gewinns maßgeblich. Dieser erfasst neben den Werten der einzelnen Wirtschaftsgüter auch die der Funktion zuzurechnenden Chancen und Risiken sowie den in der Funktion enthaltenen anteiligen Geschäfts- oder Firmenwert. Die gesamte Verlagerung wird in § 1 Abs. 3b AStG als *Transferpaket* bezeichnet. Nähere Ausführungen zur Bestimmung des Werts des Transferpaketes enthält § 3 FVerlV.

Können (ausnahmsweise) für den Wert des Transferpakets Fremdvergleichswerte ermittelt werden, so sind diese nach § 2 Abs. 1 Satz 1 FVerlV vorrangig anzuwenden.

Diese kurzen Ausführungen lassen erahnen, dass bei der Ermittlung der Verrechnungspreise im Rahmen einer Funktionsverlagerung Ermessensspielräume erheblichen Ausmaßes bestehen. Diese können von der Geschäftsleitung des über die Höhe der Verrechnungspreise entscheidenden Unternehmens als Aktionsparameter zielgerichtet eingesetzt werden.

---

122 Vgl. BMF-Schreiben vom 14.7.2021, IV B 5 - S 1341/19/10017 :001.

123 Die OECD-Verrechnungspreisleitlinien wurden als Anhang 1 zum genannten BMF-Schreiben vom 14.7.2021 veröffentlicht.

124 Vgl. Hintzen (2021) S. 83.

6.3.4.3 Mögliche Folgen des Ansatzes nicht angemessener Verrechnungspreise

6.3.4.3.1 Einführung und Überblick

Abschließend soll auf mögliche Folgen eines Ansatzes nicht angemessener Verrechnungspreise eingegangen werden. Hierbei soll wiederum eine Beschränkung der Ausführungen auf Fälle erfolgen, in denen eine deutsche Kapitalgesellschaft mit Hilfe von Verrechnungspreisgestaltungen Gewinne auf eine ausländische Betriebsstätte oder Tochter-Kapitalgesellschaft verlagert.

Folgen des Ansatzes nicht angemessener Verrechnungspreise können dann entstehen, wenn das Finanzamt die Verrechnungspreise nicht akzeptiert. Dies kann bereits im Rahmen der Veranlagung der Mutter-Kapitalgesellschaft geschehen. Wesentlich häufiger dürfte der Fall sein, dass die Verrechnungspreise im Rahmen einer Betriebsprüfung durch den deutschen Fiskus nicht anerkannt werden. Der ausländische Fiskus hingegen dürfte bei einer Prüfung der ausländischen Betriebsstätte oder Tochter-Kapitalgesellschaft regelmäßig kein Interesse an einer Beanstandung der Verrechnungspreise haben, da er durch diese in den hier behandelten Fällen begünstigt wird.

Folgen des Ansatzes nicht angemessener Verrechnungspreise können insbesondere in

- *Gewinn- und Einkünfteerhöhungen* durch den deutschen Fiskus,
- langwierigen und kostenträchtigen *Auseinandersetzungen* mit den beteiligten Fiski und
- *Zinsbelastungen* aufgrund der Vollverzinsungsvorschrift des § 233a AO

bestehen.

Auf diese möglichen Folgen soll nachfolgend näher eingegangen werden. Abschließend sollen Folgerungen aus den Ergebnissen der Untersuchung gezogen werden.

6.3.4.3.2 Gewinn- und Einkünfteerhöhung durch den deutschen Fiskus

Kommt der deutsche Fiskus – i. d. R. aufgrund einer Betriebsprüfung – zu dem Ergebnis, dass die Verrechnungspreise zwischen deutscher Mutter- und ausländischer Grundeinheit nicht fremdüblich seien, so hat er im Rahmen der von ihm durchzuführenden Veranlagungen fremdübliche Preise anzusetzen. Hierdurch kommt es in aller Regel zu einer Erhöhung des steuerlichen Gewinns der Muttergesellschaft, d. h. es entsteht zusätzliches *E* i. S. d. im Anhang 3 abgeleiteten Gleichungen (IV) bzw. (V). Als Folgewirkung erhöhen sich sowohl die Körperschaftsteuer einschließlich des Solidaritätszuschlags als auch die Gewerbesteuer.

Klargestellt sei, dass die steuerlichen Gewinnkorrekturen (selbstverständlich) nicht in der Buchhaltung und dem Jahresabschluss der Muttergesellschaft vorzunehmen sind. Vielmehr haben sie in einer Nebenrechnung, d. h. außerbilanziell, zu erfolgen.

Korrespondierend zu der Erhöhung der steuerlichen Bemessungsgrundlagen durch den deutschen Fiskus müssten im Ausland Minderungen der Bemessungsgrundlagen erfolgen. Diese aber kann der deutsche Fiskus (selbstverständlich) nicht durchführen. Sie müssten vielmehr durch den ausländischen Fiskus vorgenommen werden. Dieser hat aber i. d. R. kein Interesse daran, einmal festgesetzte Bemessungsgrundlagen deshalb herabzusetzen, weil der deutsche Fiskus Bemessungsgrundlagen erhöht hat. Auf die sich hieraus ergebenden Probleme wird im nächsten Gliederungspunkt eingegangen.

Neben der *Gewinnkorrekturvorschrift des § 1 Abs. 1 AStG* kennt das deutsche Steuerrecht *weitere Korrekturvorschriften*. Sind die Voraussetzungen von mehr als einer Korrekturvorschrift erfüllt, so sind nach § 1 Abs. 1 Satz 4 AStG die weitergehenden Berichtigungsfolgen anzuwenden.

Als weitere steuerliche Gewinnkorrekturvorschriften sind insbesondere diejenigen hinsichtlich

- der *verdeckten Gewinnausschüttungen* sowie
- der *verdeckten Einlagen*

zu nennen. Beide Rechtsinstitute sind in § 8 Abs. 3 KStG geregelt[125].

Verdeckte Gewinnausschüttungen können sich bei der hier ausschließlich behandelten Konstellation der Vorteilsgewährung einer deutschen Spitzeneinheit an eine ausländische Grundeinheit *nicht* ergeben. Der Grund besteht darin, dass eine verdeckte Gewinnausschüttung eine Vorteilsgewährung durch eine Kapitalgesellschaft an ihren Gesellschafter voraussetzt. Hier aber liegt der umgekehrte Vorgang vor, in dem der Gesellschafter (Muttergesellschaft) der Gesellschaft einen Vorteil zuführt. Damit können die Rechtsfolgen einer verdeckten Gewinnausschüttung nicht auftreten. Etwas anderes könnte sich nur dann ergeben, wenn Fälle einer Vorteilsgewährung einer Schwester-Kapitalgesellschaft an eine andere Schwestergesellschaft in die Betrachtung einbezogen würden[126]. Dies geschieht hier aber aus Platzgründen nicht.

In vielen Fällen erfüllen die hier behandelten Gewinnverlagerungen neben den Voraussetzungen des § 1 Abs. 1 AStG auch diejenigen einer *verdeckten Einlage* i. S. d. § 8 Abs. 3 KStG. Durch die Einlage mit der Folge einer Gewinnverschiebung hat sich das Einkommen der Muttergesellschaft verringert. Wird dies von dem Finanzamt aufgedeckt, so kommt es zur Anwendung des Satzes 4 des bereits zitierten § 8 Abs. 3 KStG[127]. Damit ist das zu versteuernde Einkommen der Mutter-Kapitalgesellschaft um den Wert der verdeckten Einlage zu erhöhen. Damit ergibt sich für die deutsche Mutter-Kapitalgesellschaft aufgrund des § 8 Abs. 3 Satz 4 KStG die gleiche Rechtsfolge wie aufgrund des § 1 Abs. 1 AStG. Ob es in den skizzierten

---

125 Vertiefend hierzu sei auf Schneeloch/Meyering/Patek, Band 1 (2016), Gliederungspunkt 3.3.3.2 verwiesen.

126 Grundlegend zur Vorteilsgewährung zwischen Schwestergesellschaften s. Schneeloch (1987), S. 481.

127 Hinsichtlich einer vertiefenden Darstellung der sich aus § 8 Abs. 3 Satz 4 KStG ergebenden Steuerfolgen s. Schneeloch/Meyering/Patek, Band 1 (2016), Gliederungspunkt 3.3.3.2.6.

Fällen bei der ausländischen Tochtergesellschaft zu einer Gewinnminderung kommt, kann nicht durch den inländischen, vielmehr nur durch den ausländischen Fiskus entschieden werden. Auf die hierdurch entstehende Problematik wird noch zurückzukommen sein.

Klargestellt sei, dass nicht in allen Fällen einer Gewinnverlagerung i. S. d. § 1 Abs. 1 AStG auch die Voraussetzungen des § 8 Abs. 3 Satz 4 KStG erfüllt sind. *Nicht erfüllt* sind diese Voraussetzungen insbesondere in den beiden folgenden Fällen:

1. Die Gewinnverlagerung erfolgt nicht in eine ausländische Tochtergesellschaft, sondern in eine ausländische *Betriebsstätte*.
2. Die Gewinnverlagerung erfolgt mit Hilfe von *Nutzungsentgelten*.

Im ersten der beiden genannten Fälle ist § 8 Abs. 3 Satz 4 KStG deshalb nicht anwendbar, weil eine *Einlage* zwei Rechtsträger voraussetzt, und zwar einen, der einlegt und einen zweiten, in den der erste einlegt. Im Falle einer Kapitalgesellschaft mit einer Betriebsstätte liegt aber nur ein Rechtsträger vor, nämlich die Kapitalgesellschaft, zu der ihre Betriebsstätte gehört.

Im zweiten Fall sind die Voraussetzungen des § 8 Abs. 3 Satz 4 KStG deshalb nicht erfüllt, weil eine Einlage i. S. dieser Vorschrift ein *einlagefähiges Wirtschaftsgut* voraussetzt. Dieses ist aber nach ständiger Rechtsprechung des BFH im Falle einer Nutzungsverlagerung nicht gegeben[128].

6.3.4.3.3 Auseinandersetzungen mit den beteiligten Fiski

Die Vereinbarung von Verrechnungspreisen zwischen einer in einem Land ansässigen Spitzeneinheit und einer in einem anderen Land ansässigen Grundeinheit birgt stets die Gefahr in sich, dass der *Fiskus* eines der beiden Länder die *Vereinbarung steuerlich nicht anerkennt*. Denkbar ist auch der Fall, dass die Fiski beider Länder – mit entgegengesetzter Zielrichtung – die Vereinbarung nicht anerkennen. In derartigen Fällen droht eine doppelte Besteuerung des infolge der unterschiedlichen Ansichten umstrittenen Teils des Gesamtgewinns. Dies kann zu einer sehr hohen steuerlichen Belastung des umstrittenen Gewinnanteils führen.

Damit stellt sich die Frage, welche *Strategie* die Geschäftsführung der Spitzeneinheit im Rahmen der Überlegungen *zur* erstmaligen *Vereinbarung von Verrechnungspreisen* mit einer Grundeinheit verfolgen sollte. Grundsätzlich kommen zwei stark voneinander abweichende Strategien in Betracht. Sie bestehen darin,

- die beiden *Fiski* von vornherein in den Entscheidungsprozess zu *integrieren* oder
- auf eine *Integration* bewusst zu *verzichten*.

---

128 Vgl. BFH-Beschluss vom 26.10.1987, GrS 2/86, BStBl II 1988, S. 348 und Schneeloch (1988), S. 1929.

Die erste Möglichkeit setzt voraus, dass die beiden Fiski bereit sind, von vornherein mit dem Unternehmen zu kooperieren. Dies ist keinesfalls selbstverständlich. Vielmehr ist davon auszugehen, dass eine derartige Bereitschaft nur dann besteht, wenn die zuständigen Behörden hierzu verpflichtet sind. Dies setzt i. d. R. voraus, dass zwischen den beiden Staaten ein DBA besteht und in diesem ein entsprechendes *Vorabverständigungsverfahren* vorgesehen ist.

In den Fällen, in denen die Möglichkeit eines Vorabverständigungsverfahrens besteht, stellt sich die Frage, ob die Beantragung eines derartigen Verfahrens sinnvoll ist. Auch dies ist keinesfalls selbstverständlich. Der Grund liegt darin, dass das Unternehmen Entscheidungen meist kurzfristig treffen muss, ein Vorabverständigungsverfahren aber i. d. R. einen längeren Zeitraum, häufig mehrere Jahre, beansprucht. Damit wird klar, dass die Ingangsetzung eines derartigen Verfahrens für Routineentscheidungen, wie die Festlegung von Verrechnungspreisen für Lieferungen und Leistungen zwischen inländischer Spitzen- und ausländischer Grundeinheit, i. d. R. nicht sinnvoll ist. Damit bleiben nur Grundsatzentscheidungen, bei denen eine längere Vorausplanung erforderlich ist, übrig. In dem hier zu behandelnden Zusammenhang können dies Entscheidungen über Funktionsverlagerungen sein.

Ist die Möglichkeit der Ingangsetzung eines Vorabverständigungsverfahrens nicht gegeben oder von dem Unternehmen nicht gewollt, so bleibt für dieses nur die Möglichkeit, die erforderliche Festsetzung der Verrechnungspreise ohne Vorabklärung der Rechtsansichten der beteiligten Fiski zu treffen. Diese Situation dürfte die mit Abstand häufigste sein. Eine Klärung der Rechtsansichten der beteiligten Fiski erfolgt in derartigen Fällen i. d. R. erst dann, wenn diese eine Betriebsprüfung durchgeführt haben. Nach Klärung der Rechtsansichten beider Fiski können sich folgende *Situationen* ergeben:
1. Beide Fiski akzeptieren die Verrechnungspreise der Unternehmensleitung.
2. Einer der beiden Fiski akzeptiert die Verrechnungspreise, der andere lehnt sie ab.
3. Beide Fiski akzeptieren die Verrechnungspreise nicht.
Der dritte Fall dürfte selten vorkommen. Er wird deshalb nachfolgend nicht behandelt.

Im *ersten* der genannten Fälle braucht das Unternehmen nichts zu unternehmen. Kosten einer Rechtsberatung und Rechtsdurchsetzung entstehen nicht.

Im *zweiten* Fall bleibt dem Unternehmen nichts anderes übrig, als – i. d. R nach Erteilung eines Steuerbescheids – gegen den Fiskus, der die Höhe der Verrechnungspreise nicht akzeptiert, rechtlich vorzugehen. Handelt es sich hierbei um ein deutsches Finanzamt, so ist der Rechtsweg durch die AO und FGO vorgegeben. Das Unternehmen muss also nach § 347 AO gegen den Steuerbescheid *Einspruch* einlegen. Gibt das Finanzamt dem Einspruch nicht statt – was in den hier dargestellten Fällen die Regel sein dürfte – kann das Unternehmen nach § 40 FGO bei dem zuständigen Finanzgericht *Klage* erheben. Ist auch diese erfolglos, so kann das

Unternehmen nur noch versuchen, *Revision* gegen das Urteil des Finanzgerichts einzulegen[129].

Handelt es sich bei der die Höhe der Verrechnungspreise ablehnenden Behörde um ein ausländisches Finanzamt, so kann das Unternehmen in dem *ausländischen Staat* den *Rechtsweg* beschreiten. Hierbei muss vorab geklärt werden, ob die deutsche Spitzen- oder die ausländische Grundeinheit berechtigt ist, rechtlich gegen den ausländischen Steuerbescheid vorzugehen. Handelt es sich bei der Grundeinheit um eine Betriebsstätte, so dürfte in aller Regel die deutsche Spitzeneinheit berechtigt sein. Handelt es sich hingegen um eine Tochter-Kapitalgesellschaft, so dürfte i. d. R. diese zur Beschreitung des Rechtswegs berechtigt sein.

Besteht zwischen dem Staat der Spitzen- und dem der Grundeinheit ein DBA, in dem ein *Verständigungsverfahren* vereinbart ist, so kann das Unternehmen nach Erteilung eines belastenden Steuerbescheids versuchen, ein derartiges Verfahren in Gang zu setzen. Dies gilt nach Art. 25 Abs. 1 OECD-MA unabhängig davon, ob das Unternehmen innerstaatlich den Rechtsweg beschreitet. In diesem Fall muss das Unternehmen der zuständigen Behörde in seinem Ansässigkeitsstaat das Problem unterbreiten. Im Falle einer deutschen Spitzeneinheit ist dies eine deutsche Finanzbehörde. Diese ist dann – bei einer Art. 25 Abs. 2 OECD-MA entsprechenden Regelung im konkreten DBA – verpflichtet, eine dem Abkommen entsprechende Lösung mit dem ausländischen Staat zu suchen. Wichtig ist, dass das Unternehmen selbst nicht berechtigt ist, das Verständigungsverfahren einzuleiten. Dies kann nur durch die Behörde seines Ansässigkeitsstaates geschehen.

Regelmäßig dürfte die Durchführung eines Verständigungsverfahrens längere Zeit in Anspruch nehmen und dem Unternehmen erhebliche Kosten verursachen. Diese bestehen im Wesentlichen aus internen und externen Beratungskosten sowie um Verfahrenskosten. Vielfach dürfte es opportun sein, einen auf Fragen des internationalen Steuerrechts spezialisierten externen Berater in das Verfahren einzubeziehen oder ihn sogar mit der Vertretung in dem Verfahren zu beauftragen. In einem derartigen Fall ist eine enge Zusammenarbeit zwischen externem Berater und der in dem Unternehmen für das Verfahren zuständigen Stelle – bei größeren Unternehmen regelmäßig die Steuerabteilung – dringend geboten.

Nach dem *OECD-MA* besteht für die an einem Verständigungsverfahren beteiligten Fiski *kein Zwang*, sich in dem Verfahren *zu einigen*. Das gilt auch für die meisten konkreten DBA. Eine *Ausnahme* ergibt sich lediglich dann, wenn die an dem Verfahren beteiligten *Fiski zu den Staaten der EU* oder des EWR gehören. In diesem Fall besteht nach der EU-Streitbeilegungsrichtlinie für die beteiligten Fiski ein Zwang, das Verständigungsverfahren mit einer Einigung abzuschließen.

Gehört einer der an einem Verständigungsverfahren beteiligten Fiski *weder* zur *EU noch* zu dem *EWR*, so kann also die Situation eintreten, dass weder der normale

---

129 Hinsichtlich einer vertiefenden Darstellung der Rechtsbehelfs- und Rechtsmittelverfahren nach deutschem Recht sei auf Schneeloch/Meyering/Patek, Band 3 (2017b), Gliederungspunkt 3.8 verwiesen.

Rechtsweg, noch ein Verständigungsverfahren zu einem aus Sicht der Unternehmensleitung befriedigenden Ergebnis führen. Es *drohen* dann

- eine *doppelte ertragsteuerliche Belastung* eines Teils des Gesamtgewinns des Unternehmensverbunds und
- *hohe Kosten*, verursacht durch den Versuch, eine für das Gesamtunternehmen zufriedenstellende Lösung der Streitfrage herbeizuführen.

6.3.4.3.4 Verzinsung von Steuernachforderungen

Entsteht aufgrund einer steuerlichen Betriebsprüfung eine Nachforderung deutscher Gewerbe- oder Körperschaftsteuer, so ist § 233a AO zu beachten. Nach dieser Rechtsnorm sind derartige Nachforderungen zu verzinsen[130]. Die Zinsen gehören nach § 12 Nr. 2 KStG zu den nicht abzugsfähigen Ausgaben. Sie mindern also weder das körperschaftsteuerliche Einkommen, noch den Gewerbeertrag.

Die Verzinsung von Steuernachforderungen setzt nach § 233a Abs. 2 Satz 1 AO fünfzehn Monate nach Ablauf des Kalenderjahres ein, in dem die Steuer entstanden ist. Sie endet nach Satz 3 dieser Vorschrift mit der Wirksamkeit der Steuerfestsetzung. Wirksamkeit im Sinne dieser Vorschrift tritt bei Steuerbescheiden mit dem Tag der Bekanntgabe ein. Nach Wirksamkeit der Steuerfestsetzung erfolgt deshalb keine Verzinsung mehr, weil bei verspäteter Zahlung festgesetzter fälliger Steuerschulden nach § 240 AO Säumniszuschläge anfallen. Eine doppelte Belastung des Steuerpflichtigen sowohl mit Zinsen nach § 233a AO als auch mit Säumniszuschlägen nach § 240 AO ist vom Gesetzgeber nicht gewollt.

Diese kurzen Ausführungen lassen erkennen, dass Sollzinsen nach § 233a AO als Folge von Gewinnverlagerungen in erheblichem Maße auftreten können. Diese mögliche Belastung sollte im Rahmen steuerplanerischer Überlegungen beachtet werden.

Zu beachten ist, dass das Bundesverfassungsgericht mit einem Beschluss vom Juli 2021[131] die Höhe des in § 233a AO festgelegten Zinssatzes von 0,5 % pro Monat für verfassungswidrig hoch erklärt hat. Nach diesem Beschluss darf dieser Zinssatz für alle Verzinsungszeiträume, die am 1.1.2019 oder später beginnen bzw. begonnen haben, nicht mehr angewendet werden. Das Bundesverfassungsgericht hat den Gesetzgeber ausdrücklich verpflichtet, bis zum 31. Juli 2022 eine verfassungsgemäße Neuregelung zu treffen.

Ebenso wie der deutsche Fiskus Zinsen auf Steuernachforderungen erhebt, ist es möglich, dass der Staat der ausländischen Grundeinheit ebenfalls derartige Zinsen erhebt. Ob diese Gefahr besteht, sollte die Geschäftsleitung der deutschen Muttergesellschaft während der Planungsphase möglicher Gewinnverlagerungen eruieren und die sich hieraus evtl. ergebenden Zahlungsfolgen berücksichtigen.

---

130 Vertiefend s. Schneeloch/Meyering/Patek, Band 3 (2017b), Gliederungspunkt 3.6.5.
131 Beschluss des BVerfG vom 8.7.2021, 1 BvR 2237/14, 1 BvR 2422/17, bekannt gegeben in der Pressemitteilung des BVerfG Nr. 77/2021 v. 18.8.2021.

Teil III
Lösungen zu den Aufgaben

1 Lösungen der Aufgaben zu Teil I

Zu Aufgabe 1

I. Grundsätzliches

Die gesuchten Endwerte und Kapitalwerte können unter Zugrundelegung der in Teil I abgeleiteten Gleichungen

$$E_V = \sum_{t=0}^{n} (Z_{et} - Z_{at}) \cdot q_t^{n-t} + R \tag{5}$$

bzw.

$$K = \sum_{t=0}^{n} (Z_{et} - Z_{at}) \cdot q_t^{-t} + R \cdot q_t^{-n} \tag{6}$$

ermittelt werden. Dies gilt sowohl für die End- bzw. Kapitalwerte ohne, als auch für diejenigen mit Berücksichtigung der Steuern. Sie unterscheiden sich lediglich dadurch, dass

- bei den Endwerten bzw. Kapitalwerten ohne Steuern die Besteuerung völlig vernachlässigt wird,
- bei den entsprechenden Werten mit Steuern hingegen die durch die Realinvestition verursachten Steuern in den Auszahlungen (Z_a), die durch die alternative Finanzinvestition und die Supplementinvestitionen verursachten bzw. vermiedenen Steuern hingegen im Kalkulationszinsfuß berücksichtigt werden.

Die alternative Finanzinvestition besteht hier in einem Abbau von Verbindlichkeiten. Nach dem Sachverhalt ist anzunehmen, dass die auf diese entfallenden Zinsen nach § 8 Nr. 1 GewStG zu 25 % dem Gewinn aus Gewerbebetrieb bei Ermittlung des Gewerbeertrags hinzuzurechnen sind. Hiervon wird nachfolgend ausgegangen.

II. Endvermögens- und Kapitalwerte ohne Steuern

1. Vermögensendwerte ohne Steuern

a) Standort A

Am Standort A bestehen die Zahlungen zum Zeitpunkt $t = 0$ lediglich aus den Anschaffungsauszahlungen für die Einrichtung i. H. v. 3.000 T€. Ein Restwert ist nicht zu erwarten: $R = 0$. Die jährlichen Zahlungsüberschüsse für die einzelnen Jahre $t1$ bis $t8$ lassen sich direkt dem Aufgabentext entnehmen. Hierbei ist zu beachten, dass von den in der Aufgabenstellung genannten Zahlungsüberschüssen noch die Mietzahlungen i. H. v. jährlich 400 T€ abzuziehen sind. Der Kalkulationszinssatz ist der Bruttozinssatz der Verbindlichkeiten: $i = 10\ \%$. Durch Einsetzen der genannten Werte in Gleichung (5) ergibt sich für den Vermögensendwert bei Wahl des Standorts A ohne Berücksichtigung von Steuern ($E_{Va/ost}$) Folgendes (Angaben in T€):

$$E_{Va/ost} = -3.000 \cdot 1{,}1^8 + 1.820 \cdot 1{,}1^7 + 1.920 \cdot 1{,}1^6 + 1.920 \cdot 1{,}1^5 + 1.920 \cdot 1{,}1^4$$
$$+ 1.420 \cdot 1{,}1^3 + 1.920 \cdot 1{,}1^2 + 1.920 \cdot 1{,}1 + 1.920,$$

$$\underline{E_{Va/ost} = 14.666.}$$

Der Endvermögenswert bei Wahl des Standorts A beträgt ohne Berücksichtigung von Steuern also 14.666 T€.

b) Standort B

Am Standort B bestehen die Zahlungen zum Zeitpunkt $t = 0$ nicht nur aus den Anschaffungsauszahlungen für die Einrichtung, sondern zusätzlich aus denjenigen für das Grundstück, insgesamt also aus (3.000 + 6.000 =) 9.000 T€. Im Gegensatz zum Standort A ist ein Restwert zu erwarten. Er beträgt 8.000 T€. Die jährlichen Zahlungsüberschüsse der Jahre *t1* bis *t8* können auch hier direkt dem Aufgabentext entnommen werden. Der Kalkulationszinssatz beträgt wie im Fall a) 10 %. Der Vermögensendwert bei Wahl des Standorts B ohne Berücksichtigung von Steuern $E_{Vb/ost}$ beträgt (Angaben in T€):

$$E_{Vb/ost} = -9.000 \cdot 1{,}1^8 + 2.200 \cdot 1{,}1^7 + 2.300 \cdot 1{,}1^6 + 2.300 \cdot 1{,}1^5 + 2.300 \cdot 1{,}1^4$$
$$+ 1.800 \cdot 1{,}1^3 + 2.300 \cdot 1{,}1^2 + 2.300 \cdot 1{,}1 + 2.300 + 8.000,$$

$$\underline{E_{Vb/ost} = 14.150.}$$

Der Endvermögenswert am Standort B beträgt also ohne Berücksichtigung von Steuern 14.150 T€. Er ist damit niedriger als derjenige am Standort A.

2. Kapitalwerte ohne Steuern

Die Kapitalwerte ohne Steuern beruhen auf denselben Größen wie die entsprechenden Vermögensendwerte ohne Steuern. Der Unterschied besteht lediglich darin, dass die Zahlungen nicht auf das Ende des 8. Jahres auf-, sondern auf den Zeitpunkt $t = 0$ abgezinst werden. Der Kapitalwert ohne Steuern am Standort A ($K_{a/ost}$) beträgt demnach (Angaben in T€):

$$K_{a/ost} = -3.000 + 1.820 \cdot 1{,}1^{-1} + 1.920 \cdot 1{,}1^{-2} + 1.920 \cdot 1{,}1^{-3} + 1.920 \cdot 1{,}1^{-4}$$
$$+ 1.420 \cdot 1{,}1^{-5} + 1.920 \cdot 1{,}1^{-6} + 1.920 \cdot 1{,}1^{-7} + 1.920 \cdot 1{,}1^{-8},$$

$$\underline{K_{a/ost} = 6.842.}$$

Der Kapitalwert für den Standort B ohne Steuern ($K_{b/ost}$) beträgt entsprechend (Angaben in T€):

$$K_{b/ost} = -9.000 + 2.200 \cdot 1{,}1^{-1} + 2.300 \cdot 1{,}1^{-2} + 2.300 \cdot 1{,}1^{-3} + 2.300 \cdot 1{,}1^{-4}$$
$$+ 1.800 \cdot 1{,}1^{-5} + 2.300 \cdot 1{,}1^{-6} + 2.300 \cdot 1{,}1^{-7} + 2.300 \cdot 1{,}1^{-8} + 8.000 \cdot 1{,}1^{-8},$$

$$\underline{K_{b/ost} = 6.601.}$$

3. Vorteilsvergleich ohne Steuern

Der Kapitalwert ohne Berücksichtigung von Steuern beträgt demnach bei Wahl des Standorts A 6.842 T€ und bei Wahl des Standorts B 6.601 T€. Beide Kapitalwerte sind demnach positiv, d. h., dass die beiden ihnen zugrundeliegenden Investitionen vorteilhafter sind als die Vornahme einer alternativen Finanzinvestition. Bei der Wahl zwischen den beiden Realinvestitionen ist ohne Berücksichtigung von Steuern die Investition am Standort A derjenigen am Standort B vorzuziehen. Dies ergibt sich daraus, dass $K_{a/ost} > K_{b/ost}$ ist. Das gleiche Ergebnis ergibt sich auch bei einem Vergleich der Vermögensendwerte ohne Steuern. Für die ermittelten Werte gilt: $E_{Va/ost} > E_{Vb/ost}$.

III. Endvermögens- und Kapitalwerte unter Einbeziehung der Steuern

1. Von der Investitionsentscheidung unabhängige Größen

a) Allgemeines

Werden die Steuern in die Untersuchung einbezogen, so ist es sinnvoll, vorab die Größen zu ermitteln, die unabhängig davon sind, ob die Investitionsentscheidung zu Gunsten des Standorts A oder des Standorts B ausfällt. Hierbei handelt es sich um den Nettokalkulationszinsfuß ($i_{n/kap}$) und die AfA auf die Einrichtung.

b) Nettozinssatz

Aus dem Sachverhalt ergibt sich, dass $i_{n/kap}$ durch einen Bruttozinssatz von 10 % und die folgenden Steuersätze bzw. Faktoren bestimmt wird:

s_k = (15 % · 1,055 =) 15,825 %, m_e = 3,5 %, h = 400 %, β = 0,25.

Werden die genannten Werte in die in Band 4 und im Anhang 3 abgeleitete Gleichung

$$i_{n/kap} = [1 - s_k - m_e \cdot h \cdot (1 - β)] \cdot i_b \qquad \text{(IV)}$$

eingesetzt, so ergibt sich

$$i_{n/kap} = 7{,}368 \text{ %.}$$

Dieser Wert kann auch aus Spalte 3, Zeile 5 der im Anhang wiedergegebenen Tabelle T-9 ermittelt werden.

c) Einrichtung: Wertansätze und AfA

Hinsichtlich der Einrichtung kann zwischen der linearen und der degressiven AfA gewählt werden. Da die GmbH ausschließlich linearen und im Zeitablauf gleichbleibenden Steuersätzen unterliegt, ist es nach den Untersuchungen in Band 4 dieses Gesamtwerkes vorteilhaft, wenn sie eine Politik der maximalen Einkommensnachverlagerung betreibt. Dies bedeutet, dass es vorteilhaft ist, wenn die GmbH zunächst die geometrisch-degressive AfA mit ihrem Höchstsatz von 25 % wählt (§ 7 Abs. 2 EStG in der für 2021 geltenden Fassung) und erst dann zur linear-gleichbleibenden AfA übergeht, wenn diese höher wird als die geometrisch-degressive. Hiervon wird in der nachfolgenden Kontenentwicklung in Staffelform ausgegangen.

	Kontoentwicklung in T€	Steuerbilanzwerte in T€
Anschaffungskosten in t_0	3.000	3.000
AfA in t_1	– 750	
31.12. t_1	2.250	2.250
AfA in t_2	– 563	
31.12. t_2	1.687	1.687
AfA in t_3	– 422	
31.12. t_3	1.265	1.265
AfA in t_4	– 316	
31.12. t_4	949	949
AfA in t_5	– 237	
31.12 t_5	712	712

AfA in t_6	-237	
31.12. t_6	475	475
AfA in t_7	-238	
31.12. t_7	237	237
AfA in t_8	-237	
31.12. t_8	0	0

2. Standort A

a) Steuerfolgen

Die in den Auszahlungen (Z_a) enthaltenen Ertragsteuerzahlungen können wie folgt ermittelt werden (Angaben in T€):

	t_1	t_2	t_3	t_4	t_5	t_6	t_7	t_8
Vorläufiger Gewinn	2.220	2.320	2.320	2.320	1.820	2.320	2.320	2.320
AfA Einrichtung	-750	-563	-422	-316	-237	-237	-238	-237
Miete	-400	-400	-400	-400	-400	-400	-400	-400
E i. S. v. Gleichung (IV)	1.070	1.357	1.498	1.604	1.183	1.683	1.682	1.683
Ertragsteuern bei kombiniertem Steuersatz von 29,825 %	319	405	447	478	353	502	502	502

Der kombinierte Steuersatz von 29,825 % kann aus Gleichung (IV) durch Einsetzen der Werte s_k = (0,15 · 1,055 =) 0,15825 und s_{ge} = (0,035 · 4 =) 0,14 ermittelt werden, er kann aber auch der im Anhang befindlichen Tabelle T-8 entnommen werden. Er ist dort in der Spalte 4, Zeile 1 verzeichnet.

b) Ermittlung von Z_e – Z_a (Angaben in T€):

	t_1	t_2	t_3	t_4	t_5	t_6	t_7	t_8
Vorläufiger Überschuss	2.220	2.320	2.320	2.320	1.820	2.320	2.320	2.320
Miete	-400	-400	-400	-400	-400	-400	-400	-400
Ertragsteuern	-319	-405	-447	-478	-353	-502	-502	-502
Z_e – Z_a	1.501	1.515	1.473	1.442	1.067	1.418	1.418	1.418

c)   Vermögensend- und Kapitalwert unter Berücksichtigung der Steuern

Nunmehr kann durch Einsetzen der ermittelten Werte für Z_e – Z_a und $i_{n/kap}$ in Gleichung (5) in Teil I dieses Buches der Vermögensendwert bei Wahl des Standorts A unter Berücksichtigung der Steuern ($E_{Va/mst}$) wie folgt ermittelt werden (Angaben in T€):

$$E_{Va/mst} = -3.000 \cdot 1,07368^8 + 1.501 \cdot 1,07368^7 + 1.515 \cdot 1,07368^6 + 1.473 \cdot 1,07368^5$$
$$+ 1.442 \cdot 1,07368^4 + 1.067 \cdot 1,07368^3 + 1.418 \cdot 1,07368^2$$
$$+ 1.418 \cdot 1,07368 + 1.418,$$

$\underline{E_{Va/mst} = 9.406.}$

Der Kapitalwert bei Wahl des Standorts A unter Berücksichtigung der Steuern ($K_{a/mst}$) ergibt sich entsprechend wie folgt:

$$K_{a/mst} = -3.000 + 1.501 \cdot 1,07368^{-1} + 1.515 \cdot 1,07368^{-2} + 1.473 \cdot 1,07368^{-3}$$
$$+ 1.442 \cdot 1,07368^{-4} + 1.067 \cdot 1,07368^{-5} + 1.418 \cdot 1,07368^{-6}$$
$$+ 1.418 \cdot 1,07368^{-7} + 1.418 \cdot 1,07368^{-8},$$

$\underline{K_{a/mst} = 5.326}$.

3. Standort B

a) Steuerfolgen

Die in den Auszahlungen (Z_a) enthaltenen Ertragsteuerzahlungen können wie folgt ermittelt werden (Angaben in T€):

	t_1	t_2	t_3	t_4	t_5	t_6	t_7	t_8
Vorläufiger Gewinn	2.200	2.300	2.300	2.300	1.800	2.300	2.300	2.300
AfA Einrichtung	− 750	− 563	− 422	− 316	− 237	− 237	− 238	− 237
AfA Gebäude	− 120	− 120	− 120	− 120	− 120	− 120	− 120	− 120
E i. S. v. Gleichung (IV)	1.330	1.617	1.758	1.864	1.443	1.943	1.942	1.943
Ertragsteuern bei Steuersatz von 29,825 %	397	482	524	556	430	579	579	579

Die AfA auf das Gebäude ergibt sich durch Anwendung eines 3 %igen AfA-Satzes auf die Anschaffungskosten des Gebäudes von 4.000 T€. Mietzahlungen fallen im Gegensatz zum Standort A nicht an. Die stattdessen zu entrichtenden Zinsen auf die durch die Investition erhöhten Verbindlichkeiten werden nicht in den Auszahlungen, sondern in den Zinsfolgen der Investition erfasst. Für die Investition der Einrichtung gilt dies bereits beim Standort A. Bei dem hier zu behandelnden Standort B erhöhen sich die Investitionsauszahlungen um 6.000 T€ Anschaffungskosten des Grundstücks. Entsprechend erhöhen sich die Verbindlichkeiten.

Zusätzlich zu den soeben ermittelten Ertragsteuern sind die Grundsteuer und deren ertragsteuerliche Folgewirkungen zu berücksichtigen. Bemessungsgrundlage dieser Steuerwirkungen ist der Einheitswert des Betriebsgrundstücks, d. h. B_{mbgr} i. S. d. in Band 4 und in Anhang 3 abgeleiteten Gleichung (IV) bzw. (V). Lt. Sachverhalt beträgt der Einheitswert 500 T€. Der mit B_{mbgr} nach Gleichung (IV) verknüpfte kombinierte Steuersatz enthält die Steuersätze s_k, s_{ge} und s_{gr} sowie die Kürzung nach § 9 Nr. 1 GewStG γ. Bereits weiter oben ermittelt worden sind $s_k = 0,15825$ und $s_{ge} = 0,14$. Der Grundsteuersatz s_{gr} ergibt sich aus dem Produkt aus der Steuermesszahl und dem Hebesatz. Die Steuermesszahl beträgt nach § 15 Abs. 1 GrStG 0,0035, der Hebesatz lt. Sachverhalt 400 %. Damit ergibt sich ein Grundsteuersatz von $s_{gr} = (0,0035 \cdot 4 =) 0,014$. Der Kürzungsfaktor beträgt nach § 9 Nr. 1 GewStG i. V. m. § 121a BewG $\gamma = (0,012 \cdot 1,4 =) 0,0168$. Durch Einsetzen der genannten Werte in Gleichung (IV) ergibt sich eine Steuerbelastung von

$$500 \text{ T€} \cdot [(1 - 0,15825) \cdot 0,014 - (0,0168 + 0,014) \cdot 0,035 \cdot 4] = 3,736 \text{ T€}.$$

Es ergibt sich also eine kombinierte Steuerbelastung von 3,736 T€. Diese wird nachfolgend auf 4 T€ aufgerundet. Angemerkt sei, dass der mit B_{mbgr} verknüpfte kombinierte Steuersatz auch der im Anhang wiedergegebenen Tabelle T-8 entnommen werden kann. Der hier relevante kombinierte Steuersatz befindet sich in Spalte 4, Zeile 4 dieser Tabelle. Er ist dort als aufgerundeter Wert mit 0,747 % angegeben.

b) Ermittlung von $Z_e - Z_a$ (Angaben in T€):

	t_1	t_2	t_3	t_4	t_5	t_6	t_7	t_8
Vorläufiger Überschuss	2.200	2.300	2.300	2.300	1.800	2.300	2.300	2.300
Ertragsteuern	− 397	− 482	− 524	− 556	− 430	− 579	− 579	− 579
Substanzsteuern	− 4	− 4	− 4	− 4	− 4	− 4	− 4	− 4
$Z_e - Z_a$	1.799	1.814	1.772	1.740	1.366	1.717	1.717	1.717

c) Vermögensend- und Kapitalwert unter Berücksichtigung der Steuern

Nunmehr kann durch Einsetzen der ermittelten Werte in Gleichung (5) des Teils I dieses Buches der Vermögensendwert bei Wahl des Standorts B unter Berücksichtigung von Steuern ($E_{Vb/mst}$) wie folgt ermittelt werden (Angaben in T€):

$$E_{Vb/mst} = -9.000 \cdot 1,07368^8 + 1.799 \cdot 1,07368^7 + 1.814 \cdot 1,07368^6 + 1.772 \cdot 1,07368^5$$
$$+ 1.740 \cdot 1,07368^4 + 1.366 \cdot 1,07368^3 + 1.717 \cdot 1,07368^2 + 1.717 \cdot 1,07368$$
$$+ 1.717 + 8.000,$$

$\underline{E_{Vb/mst} = 9.915}$.

Der entsprechende Kapitalwert ($K_{b/mst}$) ergibt sich wie folgt (Angaben in T€):

$$K_{b/mst} = -9.000 + 1.799 \cdot 1,07368^{-1} + 1.814 \cdot 1,07368^{-2} + 1.772 \cdot 1,07368^{-3}$$
$$+ 1.740 \cdot 1,07368^{-4} + 1.366 \cdot 1,07368^{-5} + 1.717 \cdot 1,07368^{-6}$$
$$+ 1.717 \cdot 1,07368^{-7} + 1.717 \cdot 1,07368^{-8} + 8.000 \cdot 1,07368^{-8},$$

$\underline{K_{b/mst} = 5.614}$.

IV. Vorteilhaftigkeit und Rangfolge der Investitionen

Beide Realinvestitionen sind sowohl ohne als auch mit Steuern vorteilhafter als die alternative Finanzinvestition. Dies ergibt sich daraus, dass sämtliche ermittelten Kapitalwerte positiv sind. Ohne Berücksichtigung von Steuern gilt (Angaben in T€):

$E_{Va/ost} = 14.666$ $K_{a/ost} = 6.842$

$E_{Vb/ost} = 14.150$ $K_{b/ost} = 6.601$,

d. h. sowohl der Vermögensendwert als auch der Kapitalwert ist bei Wahl des Standorts A größer als bei Wahl des Standorts B. Unter Berücksichtigung von Steuern gilt (Angaben in T€):

$E_{Va/mst} = 9.406$ $K_{a/mst} = 5.326$

$E_{Vb/mst} = 9.915$ $K_{b/mst} = 5.614$,

d. h. sowohl der Vermögensendwert als auch der Kapitalwert ist bei Wahl des Standorts B vorteilhafter als bei Wahl des Standorts A. Vergleicht man die Ergebnisse vor und nach Steuern, so stellt man fest, dass sich die Rangfolge der Vorteilhaftigkeit ändert: Ohne Steuern ist Standort A vorteilhafter als B, unter Berücksichtigung der Steuern ist Standort B vorteilhafter als Standort A.

Zu Aufgabe 2

1. Grundsätzliche Zusammenhänge

Soll mit staatlichen steuerpolitischen Maßnahmen der Wirtschaftsstandort eines Landes gestärkt werden, so kann das aus modelltheoretischer Sicht nur dann gelingen, wenn die Maßnahmen auf breiter Front zu einer Erhöhung der Kapitalwerte von Realinvestitionen führen. Insbesondere müssen Investitionen mit negativem Kapitalwert in Investitionen mit positivem Kapitalwert verwandelt werden. Nachfolgend soll hinsichtlich der einzelnen von der Regierung dem Gesetzgeber vorgeschlagenen Maßnahmen geprüft werden, ob diese dazu geeignet waren, die Erwartungen der Regierung zu erfüllen.

2. Senkung des Körperschaftsteuersatzes

Eine Senkung des Körperschaftsteuersatzes bewirkt – c. p. – eine Verringerung der Steuerzahlungen und damit eine Verringerung der Auszahlungen in der Auszahlungsreihe des Kapitalwerts. Diese hat eine Erhöhung des Kapitalwerts zur Folge.

Eine Senkung des Körperschaftsteuersatzes hat weiterhin Auswirkungen auf den Netto-Kalkulationszinssatz des Kapitalwertmodells: Dieser erhöht sich mit sinkendem Körperschaftsteuersatz. Dies hat zur Folge, dass alle auf die Anschaffungsauszahlung *I* folgenden Einzahlungsüberschüsse stärker abgezinst werden als dies ohne Erhöhung des Körperschaftsteuersatzes der Fall wäre. Sind alle Einzahlungsüberschüsse positiv, d. h. liegt eine Normalinvestition vor, so hat die Erhöhung des Netto-Kalkulationszinssatzes eine Verringerung des Kapitalwertes zur Folge.

Eine Erhöhung des Körperschaftsteuersatzes bewirkt also in aller Regel folgende Veränderungen des Kapitalwerts der Investition:

- Eine Erhöhung des Kapitalwerts infolge einer Verringerung der Auszahlungen in der Auszahlungsreihe und
- eine Verringerung des Kapitalwerts infolge einer Erhöhung des Netto-Kalkulationszinssatzes.

Die genannten Veränderungen sind also nicht gleichgerichtet, vielmehr wirken sie in entgegengesetzte Richtungen. Welcher der beiden Effekte den anderen überwiegt, hängt von der den Kapitalwert bestimmenden Parameterkonstellation ab.

3. Verschlechterung der Abschreibungsmöglichkeiten

Die Abschaffung der degressiven Abschreibungen sowie mehrerer Arten der Sonderabschreibungen und der erhöhten Absetzungen können unter dem Begriff der Verschlechterung der steuerlichen Abschreibungsmöglichkeiten zusammengefasst werden. Diese bewirken eine frühere Entstehung und Versteuerung von Gewinnen. Dies bedeutet, dass sich die Ertragsteuerzahlungen in den ersten Jahren nach der Investition erhöhen und in den späteren Jahren des Investitionszeitraums verringern. Bei linearen und im Zeitablauf gleichbleibenden Steuersätzen entspricht die Summe der Steuermehrzahlungen der Summe der späteren Steuerminderzahlungen. Die durch die zeitliche Verschiebung der

Steuerzahlungen hervorgerufenen Zinseffekte verringern – c. p. – die Kapitalwerte der Investitionen. Damit ist diese geplante gesetzgeberische Maßnahme eindeutig kontraproduktiv im Hinblick auf das gesetzgeberische Ziel, den wirtschaftlichen Standort des Landes zu stärken.

4. Erhöhung des Umsatzsteuersatzes

In allen Fällen, in denen die von dem Unternehmer U_1 dem Unternehmer U_2 in Rechnung gestellte Umsatzsteuer bei Letzterem zum Vorsteuerabzug führt, hat eine Erhöhung des Steuersatzes keine Auswirkung auf den Kapitalwert einer Investition. Etwas anderes gilt in den Fällen, in denen der Leistungsempfänger nicht zum Vorsteuerabzug berechtigt ist. Dies ist insbesondere dann der Fall, wenn der Leistungsempfänger Endverbraucher ist. In diesem Fall erhöht die Umsatzsteuererhöhung die Auszahlungen in der Auszahlungsreihe des Kapitalwertes des liefernden Unternehmers, ohne dass es zu einer Anrechnung dieser Steuern bei einem anderen Unternehmer kommt. Die Belastung des letzten Unternehmers in der Lieferkette hat also definitiven Charakter.

Überwälzt der Unternehmer die zusätzliche Umsatzsteuer nicht auf den Endverbraucher, so erhöhen sich lediglich die Auszahlungen in der Auszahlungsreihe des Unternehmers. Damit sinkt der Kapitalwert der Investition des Unternehmers.

Überwälzt der Unternehmer hingegen die zusätzliche Umsatzsteuer auf den Endverbraucher, so muss er damit rechnen, dass infolge der Preiselastizität der Nachfrage seine Umsatzerlöse und damit seine Umsatzeinzahlungen sinken. Dies hat ebenfalls eine Verringerung der Kapitalwerte der von ihm getätigten Investitionen zur Folge.

Die geplante Erhöhung des Umsatzsteuersatzes verhält sich somit kontraproduktiv zu der gesetzgeberischen Zielsetzung einer Sicherung des Standorts Deutschland.

5. Modelltheoretische Gesamtwürdigung

Aus modelltheoretischer Sicht bewirken die von der Regierung geplanten steuerpolitischen Maßnahmen also Folgendes:

* Eine Erhöhung der Kapitalwerte von Investitionen auf breiter Front infolge der Verringerung der Steuerzahlungen und damit der Auszahlungen in den Auszahlungsreihen der Kapitalwerte.
* In der Regel eine Verringerung der Kapitalwerte der Investitionen infolge einer durch die Steuersatzsenkung induzierten Erhöhung des Nettokalkulationssatzes.
* Eine Verringerung der Kapitalwerte infolge einer früheren Versteuerung von Anteilen an dem Gesamtgewinn infolge einer Verschlechterung der Abschreibungsmodalitäten.
* Eine Verringerung der Kapitalwerte infolge der Erhöhung des Umsatzsteuersatzes.

Insgesamt ist aus modelltheoretischer Sicht zu erwarten, dass das von der Regierung geplante Bündel steuerpolitischer Maßnahmen zu einer Verschlechterung der Investitionsbedingungen in Deutschland führt. Dies ist das Gegenteil dessen, was die Regierung nach eigenem Befinden beabsichtigt hat. Dennoch ist der von der Bundesregierung in das Gesetzgebungsverfahren eingebrachte Gesetzentwurf – mit allen in der Sachverhaltsschilderung genannten Maßnahmen – vom Gesetzgeber verabschiedet worden. Damit stellt sich die Frage, wieso dies möglich gewesen ist.

Die Erklärung für dieses scheinbare Paradoxon liegt darin, dass in der ganzen das Gesetzgebungsverfahren begleitenden Diskussion immer nur der erste der insgesamt vier herausgearbeiteten Effekte berücksichtigt worden ist. Die übrigen drei Effekte waren den handelnden Personen entweder nicht bekannt oder wurden von ihnen ignoriert.

Damit werden auch die Grenzen der Bedeutung modelltheoretischer Analysen sichtbar: Derartige Analysen sind für die Politik nur dann von Bedeutung, wenn es den Analysten gelingt, den politisch handelnden Personen die Zusammenhänge verständlich zu machen und diese bereit sind, sie ihren Entscheidungen zugrunde zu legen. Diese Voraussetzungen waren im konkreten Gesetzgebungsverfahren offensichtlich nicht gegeben. Vermutlich hat hierzu in erheblichem Maße die Lobbyarbeit – insbesondere angelsächsischer – Investoren beigetragen, die erkennbar nur eine Senkung des Körperschaftsteuersatzes erreichen wollten.

Zu Aufgabe 3

1. Ermittlung der jährlichen Zahlungsdifferenzen bei einer Emission zu pari

Da die P-AG den Standardsteuersätzen der Gewerbe- und Körperschaftsteuer unterliegt, braucht bei Ermittlung der Jahressteuerdifferenz nicht von den in Teil I abgeleiteten Gleichungen (43) bzw. (43a), vielmehr kann von Gleichung (45) ausgegangen werden. Sie lautet:

$$S_e - S_f = 0{,}26325 \cdot Z_i. \tag{45}$$

In dieser Gleichung ist bereits berücksichtigt, dass die Zinsen nach § 8 Nr. 1 GewStG zu 25 % dem Gewinn aus Gewerbebetrieb zur Ermittlung des Gewerbeertrags hinzuzurechnen sind. Hiervon kann bei der offensichtlichen Größe der Gesellschaft (Errichtung eines Zweigwerks mit einem Finanzierungsvolumen von 100 Mio €) ohne nähere Prüfung ausgegangen werden. Die Zinsen sind das Produkt aus dem Nominalkapital von 100 Mio € und dem Zinssatz von 6 %. Sie betragen also (100 Mio € · 6 % =) 6 Mio €. Durch Einsetzen dieses Wertes in Gleichung (45) ergibt sich eine jährliche Steuermehrbelastung der Aktien- im Vergleich zur Obligationenfinanzierung i. H. v.

$$S_e - S_f = 0{,}26325 \cdot 6.000.000\ \text{€},$$

$$S_e - S_f = 1.579.500\ \text{€}.$$

Die steuerliche Mehrbelastung der Eigenfinanzierung im Vergleich zur Fremdfinanzierung beträgt also 1.579.500 € jährlich.

Die gesamten jährlichen Zahlungsdifferenzen setzen sich aus der soeben ermittelten Steuerdifferenz und aus der Differenz der Dividenden und Zinsen zusammen.

Bei einer Aktienemission zu pari muss die P-AG zur Beschaffung von 100 Mio € liquider Mittel 20 Mio 5 €-Aktien ausgeben. Bei einer Dividende von 1 € je Aktie ergibt sich im Falle einer Aktienemission eine zusätzliche Ausschüttung von jährlich 20 Mio € (A = 20 Mio €). Die jährlichen Zinsen im Falle der Ausgabe von Industrieobligationen sind bereits mit 6 Mio € ermittelt worden. Insgesamt ergibt sich bei einem Vergleich der beiden Finanzierungsarten eine jährliche „Kostendifferenz" in folgender Höhe:

$$A - Z_i + (S_e - S_f) = 20.000.000\ \text{€} - 6.000.000\ \text{€} + 1.579.500\ \text{€}.$$

Hieraus ergibt sich eine jährliche Höherbelastung bei Aktienemission im Vergleich zur Ausgabe einer Industrieanleihe in Höhe von 15.579.500 €.

2. Gleich hohe Kostenbelastung

Da der Dividendensatz und die Zinshöhe vorgegeben sind, kann eine gleiche Kostenbelastung der Finanzierungsalternativen nur über die Festlegung des Emissionskurses der Aktien erreicht werden. Da die Standardsteuersätze anwendbar sind und die Zinsen nach § 8 Nr. 1 GewStG zu 25 % dem Gewerbeertrag hinzuzurechnen sind, kann auf die in Teil I abgeleitete Gleichung (73a) zurückgegriffen werden. Sie lautet:

$$u = 1{,}3573 \cdot \frac{a}{i} . \qquad (73a)$$

Der Dividendensatz ist durch Gleichung (67) definiert. Diese lautet:

$$A = K_{n/e} \cdot a . \qquad (67)$$

Nach *a* aufgelöst ergibt sich hieraus

$$a = \frac{A}{K_{n/e}} .$$

Lt. Aufgabenstellung beträgt der Nennwert einer Aktie 5 € ($K_{n/e}$ = 5 €). Die für erforderlich gehaltene Ausschüttung je Aktie beträgt 1 € (A = 1 €). Hieraus ergibt sich ein Ausschüttungssatz von

$$a = \frac{1}{5} = 0{,}2 .$$

Der Zinssatz *i* ist im Aufgabentext mit 6 % (i = 0,06) angegeben.

Durch Einsetzen der genannten Werte von *a* und *i* in Gleichung (73a) ergibt sich der erforderliche Emissionskurs *u* mit

$$u = 1{,}3573 \cdot \frac{0{,}2}{0{,}06} \quad \text{bzw.}$$

$$u = 4{,}524 .$$

Der erforderliche Emissionskurs *u*, d. h. der Emissionskurs, der mindestens erzielt werden muss, damit die Aktienemission nicht zu höheren „Kosten" führt als die Ausgabe einer Industrieanleihe, beträgt also rd. 452,4 %. Bei dem gegebenen Sachverhalt ist es unrealistisch, einen Emissionskurs in dieser Höhe durchsetzen zu wollen, da der Börsenkurs lediglich (15,30 € : 5 € =) 306 % beträgt. Eine Aktienfinanzierung, die ebenso vorteilhaft ist wie eine Obligationenfinanzierung, ist demnach nicht erreichbar.

Zu Aufgabe 4

In Teil I des Buches sind unter Gliederungspunkt 3.4.3.1 drei unterschiedliche Bezugsgrößen herausgearbeitet worden, die für einen Vorteilsvergleich zwischen einer Eigenfinanzierung und einer Gesellschafterfremdfinanzierung einer personenbezogenen Kapitalgesellschaft in Betracht kommen. Dort ist in den weiteren Analysen von einem gleich großen Bruttobetrag *B* ausgegangen worden, der von der Kapitalgesellschaft für Ausschüttungen bzw. Zinszahlungen sowie für auf B entfallende Steuerbelastungen zur Verfügung gestellt wird. Von einem gleich großen Bruttobetrag B geht auch der Gesellschafter G aus. Dieser Betrag beläuft sich hier auf 0,8 Mio €. Dies hat zur Konsequenz, dass zur Lösung dieser

Aufgabe auf die in Teil I, Gliederungspunkt 3.4.3 abgeleiteten Belastungsgleichungen zurückgegriffen werden kann. Hierbei kann Gleichung (95) angewendet werden. Diese beinhaltet unter der hier genannten Prämisse die Belastungsdifferenz zwischen der Eigen- und der Gesellschafterfremdfinanzierung. Sie beinhaltet ferner, dass der sich aus § 20 Abs. 9 EStG ergebende Sparer-Pauschbetrag in den Vergleichsfällen jeweils bereits verbraucht ist. Auch diese Prämisse ist lt. Sachverhalt hier erfüllt. Gleichung (95) lautet:

$$S_{kap+ges/a-zi} = (S_k + S_{ge}) \cdot B + S_{e/a} \cdot (1 - S_k - S_{ge}) \cdot B - \frac{\beta \cdot S_{ge} + S_{e/zi} \cdot (1 - S_k - S_{ge})}{1 - S_k - S_{ge} + \beta \cdot S_{ge}} \cdot B.$$

Bei einem Körperschaftsteuersatz von 15 % ($S_{kö} = 0,15$) und einem Solidaritätszuschlagsatz von 5,5 % ($S_{olz} = 0,055$) ergibt sich für S_k ein Wert von $(0,15 \cdot 1,055 =)$ 15,825 % ($S_k = 0,15825$). Der Gewerbesteuersatz S_{ge} ergibt sich als das Produkt aus der Steuermesszahl von 3,5 % und dem Hebesatz von 480 %. Er beträgt $(0,035 \cdot 4,8 =)$ 16,8 % ($S_{ge} = 0,168$). Der Faktor der Hinzurechnung von Dauerschuldzinsen β beträgt 25 % ($\beta = 0,25$).

Wie bereits ausgeführt, beträgt der in den Vergleichsfällen gemeinsame Bruttobetrag 800.000 € ($B = 800.000$).

Bei $S_{e/a}$ i. S. d. Gleichung (95) handelt es sich um den Abgeltungsteuersatz gem. § 32d Abs. 1 EStG. Er beträgt 25 % ($S_{ei/a} = 0,25$) Einkommensteuer plus 5,5 % Solidaritätszuschlag ($S_{olz} = 0,055$). Er beinhaltet außerdem einen 9 %igen Kirchensteuersatz ($S_{ki} = 0,09$). Der kombinierte Einkommensteuer-, Kirchensteuer- und Solidaritätszuschlagsatz kann aus der in Band 4 abgeleiteten und in Anhang 3 wiedergegebenen Gleichung (20) ermittelt werden. Er beträgt 27,995 % ($S_{e/a} = 0,27995$).

Der auf die Zinsen anzuwendende Einkommensteuersatz ergibt sich aus § 32d Abs. 2 i. V. m. § 32a EStG. Da sich das zu versteuernde Einkommen der Eheleute im oberen Plafond bewegt, beträgt der Einkommensteuersatz 45 % ($S_{ei/zi} = 0,45$). Außerdem kommen auch hier ein 5,5 %iger Solidaritätszuschlagsatz ($S_{olz} = 0,055$) sowie ein 9 %iger Kirchensteuersatz ($S_{ki} = 0,09$) zur Anwendung. Der kombinierte Einkommensteuer-, Kirchensteuer- und Solidaritätszuschlagsatz lässt sich wiederum aus der in Band 4 abgeleiteten und der in Anhang 3 wiedergegebenen Gleichung (20) ermitteln. Er beträgt 49,519 % ($S_{e/zi} = 0,49519$).

Durch Einsetzen der ermittelten Werte in Gleichung (95) ergibt sich folgende Differenzbelastung:

$$S_{kap+ges/a-zi} = (0,15825 + 0,168) \cdot 800.000 + 0,27995 \cdot (1 - 0,15825 - 0,168) \cdot 800.000$$

$$- \frac{0,25 \cdot 0,168 + 0,49519 \cdot (1 - 0,15825 - 0,168)}{1 - 0,15825 - 0,168 + 0,25 \cdot 0,168} \cdot 800.000,$$

$$S_{kap+ges/a-zi} = 261.000 + 150.893 - 419.850 \quad \text{bzw.}$$

$$S_{kap+ges/a-zi} = -7.957.$$

Die Gesellschafterfremdfinanzierung ist somit um jährlich rd. 8 T€ nachteiliger als die Eigenfinanzierung. Der – auf den ersten Blick – verblüffende Nachteil der Gesellschafterfremdfinanzierung im Vergleich zur Eigenfinanzierung hat zwei Ursachen und zwar:

- die Annahme, dass bei der Gesellschafterfremdfinanzierung der höchstmögliche Einkommensteuersatz von 45 % ($S_{ei/zi} = 0,45$) zur Anwendung kommt,

- den Umstand, dass die Eheleute der Kirchensteuer unterliegen und diese bei der Gesellschafterfremdfinanzierung – infolge des höheren Einkommensteuersatzes – erheblich höher ist als bei der Eigenfinanzierung.

Zu Aufgabe 5

Nach dem Sachverhalt soll über das Kapital von 100.000 €, das der Gesellschaft Ende des Jahres 1 belassen bzw. durch das Schütt-aus-Hol-zurück-Verfahren (SAHZ) zur Verfügung gestellt werden soll, bis Ende des Jahres 9 verfügt werden. Es ist deshalb sinnvoll, den 31.12.9 als das Ende des Planungszeitraums festzulegen. Der Planungszeitraum umfasst demnach die Jahre 1 bis 9.

Unabhängig davon, ob die X-GmbH den zu betrachtenden Gewinn thesauriert oder das SAHZ-Verfahren in einer seiner beiden Varianten anwendet, wird der Gewinn im Jahre 1 mit Gewerbe- und Körperschaftsteuer belastet, und zwar in den Vergleichsfällen in gleicher Höhe. In allen Vergleichsfällen handelt es sich bei dem Gewinn von 100.000 € um E i. S. d. in Band 4 abgeleiteten und im Anhang wiedergegebenen Gleichung (IV) bzw. (V). Hierbei sind folgende Steuersätze zu berücksichtigen: s_k = (0,15 · 1,055 =) 15,825 %, s_{ge} = (0,035 · 4 =) 14 %. Damit wird der Gewinn von 100.000 € in allen Vergleichsfällen mit (100.000 · 0,29825 =) 29.825 € Steuern belastet.

Bei Anwendung des SAHZ-Verfahrens entsteht grundsätzlich Abgeltungsteuer i. S. d. § 32d Abs. 1 EStG. Eine definitive Steuerbelastung kann aber dadurch vermieden werden, dass die Eheleute G nach § 32d Abs. 6 EStG eine Einbeziehung der Ausschüttung in die Veranlagung für das Jahr 1 beantragen. Im Ergebnis entsteht dann keine Einkommensteuer. Da die Eheleute bei Anwendung des SAHZ-Verfahrens Transaktionskosten vermeiden können, ist die Gesamtbelastung im Jahr 1 bei Anwendung dieses Verfahrens mit 29.825 € genauso hoch wie bei einer Thesaurierung. Dies gilt unabhängig davon, ob bei Anwendung des SAHZ-Verfahrens die Rückholung der Mittel in der Form von Eigen- oder von Fremdkapital erfolgt.

Im Falle einer Rückholung der ausgeschütteten Mittel in der Form von Eigenkapital ergeben sich auch während der Jahre 2 bis 9 keine Unterschiede zwischen dem SAHZ-Verfahren und der Thesaurierung: Der investierte Betrag führt in den Vergleichsfällen im Zeitablauf zu den gleichen steuerlichen Gewinnen; diese werden in gleicher Weise besteuert. Damit kann festgestellt werden, dass sich bei Anwendung des SAHZ-Verfahrens in der Form der Rückholung der ausgeschütteten Mittel keine Unterschiede gegenüber dem Fall der Thesaurierung ergeben. Die Alternativen sind somit gleich vorteilhaft.

Anders verhält es sich hingegen für den Vergleich einer Anwendung des SAHZ-Verfahrens in der Form einer Rückholung der Mittel als Gesellschafterdarlehen. Hier ergeben sich im Falle der Gesellschafterfremdfinanzierung Zinsaufwendungen, die bei einer Thesaurierung nicht entstehen können. Diese betragen lt. Sachverhalt 6.000 € p. a. Im Falle einer Thesaurierung hingegen handelt es sich bei den 6.000 € um steuerlichen Gewinn der X-GmbH, der ausgeschüttet wird und bei G zu Einkünften aus Kapitalvermögen i. S. d. § 20 Abs. 1 Nr. 1 EStG führt. Diese unterliegen dem Abgeltungsteuersatz nach § 32d Abs. 1 EStG, der einschließlich der Kapitalertragsteuer (25 % · 1,055 =) 26,375 % beträgt. Die Zinsen im alternativen Fall der Gesellschafterfremdfinanzierung hingegen unterliegen nach § 32d Abs. 2 EStG dem Tarif des § 32a EStG und damit hier annahmegemäß einem Einkommensteuersatz von 42 % plus Solidaritätszuschlagsatz, insgesamt also einem Steuersatz von (42 % · 1,055 =) 44,31 %.

Die jährliche steuerliche Differenzbelastung kann unmittelbar durch Einsetzen der sich aus dem Sachverhalt ergebenden konkreten Werte in die in Teil I, Gliederungspunkt 3.4.3.4.1, abgeleitete Gleichung (95) ermittelt werden. Diese lauten:

$s_k = (15\ \%\ \cdot\ 1{,}055\ =)\ 0{,}15825,$

$s_{ge} = (3{,}5\ \%\ \cdot\ 400\ \%\ =)\ 0{,}14,$

$s_{e/a} = (25\ \%\ \cdot\ 1{,}055\ =)\ 0{,}26375,$

$s_{e/zi} = (42\ \%\ \cdot\ 1{,}055\ =)\ 0{,}4431,$

$B = 6.000,$

$\beta = 0.$

Durch Einsetzen der genannten Werte in Gleichung (95) ergibt sich:

$$S_{kap+ges/a-zi} = (0{,}15825 + 0{,}14) \cdot 6.000 + 0{,}26375 \cdot (1 - 0{,}15825 - 0{,}14) \cdot 6.000$$

$$- \frac{0{,}4431 \cdot (1 - 0{,}15825 - 0{,}14)}{1 - 0{,}15825 - 0{,}14} \cdot 6.000,$$

$$S_{kap+ges/a-zi} = (0{,}29825 + 0{,}1850865 - 0{,}4431) \cdot 6.000,$$

$$S_{kap+ges/a-zi} = 241.$$

Das SAHZ-Verfahren in der Variante der Rückholung der Mittel in der Form eines Gesellschafterdarlehens ist somit um 241 € p. a. vorteilhafter als die Alternative.

Zu Aufgabe 6

I. Grundsätzliches

Durch die Entscheidung zwischen Kauf und Leasing werden im konkreten Fall lediglich die Auszahlungen, nicht hingegen die Einzahlungen berührt. Die Entscheidung, den Pkw entweder durch Kauf oder durch Leasing zu beschaffen, ist hingegen nach dem Sachverhalt bereits gefallen. Damit ist es ausreichend, die Auszahlungsendwerte bzw. die Auszahlungsbarwerte der Alternativen miteinander zu vergleichen. Hierbei sind die sich aus dem Sachverhalt ergebenden bzw. aus diesem ableitbaren Auszahlungen zu berücksichtigen. Nachfolgend sollen die Auszahlungsbarwerte ermittelt und miteinander verglichen werden.

Eine Auszahlung im Fall des Kaufs stellt die Anschaffungsauszahlung zum 1.1.1 dar. Diese führt über steuerliche Abschreibungen in der Folgezeit zu einer Verringerung der Steuerzahlungen. Die geplante Veräußerung des Pkw zum 30.6. des Jahres 4 hingegen lässt einen Veräußerungsgewinn und damit zusätzliche Steuerzahlungen erwarten. Im Falle des Leasings stellen die Leasingraten Auszahlungen dar. Zugleich führen sie zu abzugsfähigen Betriebsausgaben und damit zu Minderungen der Steuerzahlungen.

Probleme bereitet die Festlegung der Zahlungstermine. Sollen unterjährige Verzinsungen nicht berücksichtigt werden, so erscheinen folgende Annahmen vertretbar:

- Die Leasingraten eines Jahres fallen alle zum 1.7. des Jahres an;
- die Steuerzahlungen eines Jahres fallen infolge von Anpassungen der Vorauszahlungen im Durchschnitt ebenfalls zum 1.7. dieses Jahres an.

Hiervon soll nachfolgend ausgegangen werden.

Aus dem Rahmen fällt die Anschaffungsauszahlung im Falle eines Kaufs des Pkw. Diese erfolgt voraussichtlich im Januar des Jahres 1. Soll auch hinsichtlich dieser Auszahlung eine unterjährige Zinseszinsberechnung vermieden werden, so erscheint es vertretbar, die Zinswirkung dieser Auszahlung von Anfang Januar bis zum 30. Juni des Jahres 1 dadurch näherungsweise zu ermitteln, dass die Auszahlung mit dem halben Nettozinssatz eines Jahres aufgezinst wird. Die Abweichung von dem exakten Ergebnis mit Hilfe einer unterjährigen Verzinsung dürfte vernachlässigbar gering sein. Nachfolgend wird von dieser Vereinfachung Gebrauch gemacht.

II. Steuerfolgen

1. Abgrenzung der Steuerfolgen

Die Erträge des V, die dieser aus seiner Tätigkeit erzielt, sind unabhängig von der Entscheidung zwischen Kauf und Leasing. Zur Ermittlung der unterschiedlichen Ertragsteuerfolgen werden hier deshalb lediglich die Betriebsausgaben berücksichtigt.

Der kombinierte Einkommen-, Kirchensteuer- und Solidaritätszuschlagsatz kann aus der in Band 4 abgeleiteten und in Anhang 3 wiedergegebenen Gleichung (20) errechnet werden. Er beträgt:

$$S_e = \frac{S_{ei} \cdot (1 + S_{olz} + S_{ki})}{1 + S_{ki} \cdot S_{ei}}.$$ (20)

Durch Einsetzen von $S_{ei} = 0{,}42$, $S_{olz} = 0{,}055$ und $S_{ki} = 0{,}09$ ergibt sich ein kombinierter Einkommen- und Kirchensteuersatz S_e von:

$$\frac{0{,}42 \cdot (1 + 0{,}055 + 0{,}09)}{1 + 0{,}09 \cdot 0{,}42} = 0{,}463384.$$

Als Versicherungsmakler übt V einen Gewerbebetrieb i. S. d. Gewerbesteuergesetzes aus. Sein Gewinn ist daher gewerbesteuerpflichtig. Die ertragsteuerlichen Folgen der Betriebseinnahmen und -ausgaben können mit der Teilbemessungsgrundlage E erfasst werden. Der kombinierte Steuersatz für die Teilbemessungsgrundlage E kann anhand des Terms von Gleichung (II) ermittelt werden, der mit E multiplikativ verknüpft ist. Er lautet:

$$S_e + m_e \cdot h - m_e \cdot \alpha \cdot (1 + S_{olz}).$$

Gleichung (II) ist in Band 4 des Gesamtwerkes abgeleitet worden und in Anhang 3 wiedergegeben.

Werden die Werte $S_e = 0{,}463384$, $m_e = 0{,}035$, $h = 4{,}15$ und $\alpha = 3{,}8$ eingesetzt, so ergibt sich ein kombinierter Steuersatz von:

$$0{,}463384 + 0{,}035 \cdot 4{,}15 - 0{,}035 \cdot 3{,}8 \cdot (1 + 0{,}055) = 0{,}468319.$$

Mehrwertsteuer wird nicht berücksichtigt, da V ausschließlich umsatzsteuerfreie Leistungen nach § 4 Nr. 11 UStG erbringt und er gem. § 15 Abs. 2 i. V. m. § 4 Nr. 11 UStG nicht zum Vorsteuerabzug berechtigt ist.

2. Steuerfolgen bei Kauf

Die Anschaffungskosten des Pkw betragen 18.100 €. Da V gem. § 15 Abs. 2 i. V. m. § 9 Abs. 1 i. V. m. § 4 Nr. 11 UStG nicht vorsteuerabzugsberechtigt ist, enthält dieser Betrag nach § 9b Abs. 1 EStG die Mehrwertsteuer i. H. v. 2.889,92 €. Mit diesem Betrag ist der Pkw zum 1.1.1 zu aktivieren. Da V in allen Jahren des Planungszeitraums mit Einkommen im unteren Plafond rechnet, ist eine Steuerpolitik maximaler Aufwandsvorverlagerung vorteilhaft. V muss deshalb versuchen, die steuerlichen Abschreibungen auf den Pkw nach Möglichkeit vorzuziehen. Eine Sonderabschreibung gem. § 7g EStG kommt nach der Aufgabenstellung nicht in Betracht. V kann daher lediglich zwischen der linearen AfA nach § 7 Abs. 1 EStG und der degressiven AfA nach § 7 Abs. 2 EStG wählen. Da eine AfA nach § 7 Abs. 2 EStG im ersten Jahr zu einer höheren Aufwandsverrechnung führt und somit vorteilhafter ist als eine AfA nach § 7 Abs. 1 EStG, wird von der gesetzlich höchstzulässigen degressiven AfA nach § 7 Abs. 2 EStG i. H. v. 25 % p. a. ausgegangen. Da es sich bei einem Pkw um ein bewegliches Wirtschaftsgut handelt und V den Wagen zum 1.1.1 anschaffen will, kommt im Jahr 1 eine AfA für 12 Monate zum Abzug. Bereits im Jahr 2 entspricht die lineare AfA nach § 7 Abs. 1 EStG mit 3.394 € der degressiven nach § 7 Abs. 2 EStG. Ab dem Jahre 3 ist die lineare AfA vorteilhafter als die degressive.

In der nachfolgenden Aufstellung ist die Kontenentwicklung des Pkw dargestellt. Hierbei ist die soeben beschriebene vorteilhafteste Verteilung der steuerlichen Abschreibungen auf die einzelnen Jahre berücksichtigt. Entsprechend der Aufgabenstellung wird von einer steuerlichen Nutzungsdauer von 5 Jahren ausgegangen.

Kontenentwicklung in Staffelform	€
Anschaffungskosten zum 1.1.1	18.100
./. AfA nach § 7 Abs. 2 EStG im Jahr 1	− 4.525
= Buchwert zum 31.12.1	13.575
./. AfA nach § 7 Abs. 2 EStG im Jahr 2	− 3.394
= Buchwert zum 31.12.2	10.181
./. AfA nach § 7 Abs. 1 EStG im Jahr 3	− 3.394
= Buchwert zum 31.12.3	6.787
./. AfA nach § 7 Abs. 1 EStG im Jahr 4	− 1.697
= Buchwert zum 30.6.4	5.090

Bei einer Weiterveräußerung des Pkw Anfang Juli des Jahres 4 entsteht ein Gewinn in Höhe der Differenz zwischen dem voraussichtlichen Veräußerungspreis von 8.688 € und dem Buchwert von 5.090 €. Er beträgt also (8.688 − 5.090 =) 3.598 €.

Insgesamt ergeben sich für die Jahre 1 bis 4 die nachfolgend aufgeführten Steuerfolgen (in €):

Jahr	1	2	3	4
Veränderung von E	− 4.525	− 3.394	− 3.394	− 1.697
				+ 3.598
				+ 1.901
Steuerdifferenzen bei einem kombinierten Steuersatz von 46,832 %	+ 2.119	+ 1.589	+ 1.589	− 890

3. Steuerfolgen bei Leasing

Steuerfolgen werden im Fall des Leasings lediglich durch den Abzug der Leasingraten als Betriebsausgaben hervorgerufen. Nach Beendigung der Leasingdauer entsteht kein Veräußerungsgewinn.

Die Steuerfolgen (in €) im Falle des Leasings ergeben sich wie folgt:

Jahr	1	2	3	4
Veränderung von E durch Abzug der Leasingraten	− 4.344	− 4.344	− 4.344	− 2.172
Steuerdifferenzen bei einem kombinierten Steuersatz von 46,832 %	+ 2.034	+ 2.034	+ 2.034	+ 1.017

III. Nettozinssatz und Diskontierungsfaktor

Mit dem Diskontierungsfaktor werden sämtliche Folgen der Supplementinvestitionen abgefangen. Hierzu gehören auch die Folgen der Finanzierung des Kaufpreises im Falle eines Kaufs des Pkw zum 1.1.1. Zur Ermittlung des Diskontierungsfaktors ist die Kenntnis des Nettozinssatzes der Supplementinvestitionen erforderlich. Dieser ergibt sich aus dem Bruttozinssatz von 4,5 % p. a. nach Abzug der auf die Zinsen anfallenden Steuern. Der Nettozinssatz kann aus der in Band 4 abgeleiteten und in Anhang 3 wiedergegebenen

Gleichung (X) ermittelt werden, indem dort folgende Werte berücksichtigt werden: $s_e = 0{,}463384$, $m_e = 0{,}035$, $h = 4{,}15$, $\alpha = 3{,}8$ und $\beta = 0$. Es ergibt sich Folgendes:

$$i_{n/persu} = \{1 - s_{e\S 32a} - m_e \cdot [h \cdot (1 - \beta) - \alpha \cdot (1 + s_{olz}) \cdot (1 - \beta)]\} \cdot i_b. \qquad (X)$$

Durch Einsetzen aller genannten Werte in Gleichung (X) ergibt sich:

$$i_{n/persu} = [1 - 0{,}463384 - 0{,}035 \cdot (4{,}15 - 3{,}8 \cdot 1{,}055)] \cdot 4{,}5\,\%,$$

$$i_{n/persu} = 2{,}393\,\%.$$

Der Faktor q beträgt somit in jeder Periode 1,02393. Er wird nachfolgend auf 1,024 aufgerundet.

IV. Vergleich der Auszahlungsbarwerte miteinander

Wie bereits unter I ausgeführt, wird der 30.6. des Jahres 1 als der Zeitpunkt t = 0 definiert. Die 30.6. der folgenden Jahre sind dann entsprechend die Zeitpunkte t = 1 usw.

Der Auszahlungsbarwert bei Kauf ($B_{ar/kauf}$) ergibt sich aus der Anfangsauszahlung von 18.100 €, aufgezinst auf den Zeitpunkt t = 0 mit dem halben Jahresnettozinssatz von (2,4 % : 2 =) 1,2 %, den abgezinsten Minderungen der Ertragsteuerzahlungen der Folgejahre und dem abgezinsten Verkaufspreis von 8.688 €:

$$B_{ar/kauf} = - 18.100 \cdot 1{,}012 + 2.119 + 1.589 \cdot 1{,}024^{-1} + 1.589 \cdot 1{,}024^{-2}$$
$$- 890 \cdot 1{,}024^{-3} + 8.688 \cdot 1{,}024^{-3},$$

$$B_{ar/kauf} = \underline{- 5.869}.$$

Der Auszahlungsbarwert im Fall des Leasings ($B_{ar/leas}$) setzt sich zusammen aus den abgezinsten Leasingraten und den abgezinsten, durch den Abzug der Leasingraten verminderten, Steuerzahlungen:

$$B_{ar/leas} = - 4.344 - 4.344 \cdot 1{,}024^{-1} - 4.344 \cdot 1{,}024^{-2} - 2.172 \cdot 1{,}024^{-3} + 2.034$$
$$+ 2.034 \cdot 1{,}024^{-1} + 2.034 \cdot 1{,}024^{-2} + 1.017 \cdot 1{,}024^{-3},$$

$$B_{ar/leas} = \underline{- 7.845}.$$

Der Auszahlungsbarwert ist also im Falle des Kaufs mit − 5.869 € um 1.976 € niedriger als in dem des Leasings mit − 7.845 €. Damit ist das Leasing nachteiliger als der Kauf.

2 Lösung der Aufgabe zu Teil II

Zu Aufgabe 7

Miteinander zu vergleichen sind die Ertragsteuerbelastungen, die ein Gewinn vor Steuern der Tochter-Kapitalgesellschaft (T-KapG) i. H. v. 100 GE an den drei alternativ in Betracht kommenden Standorten A, B oder C jährlich verursacht. Zu ermitteln sind ferner die für eine Thesaurierung der Gewinne in der T-KapG verbleibenden Beträge.

Standort A (Land A) erhebt von dem Gewinn vor Steuern eine 20 %ige Körperschaftsteuer (KSt). Diese ist nicht als Betriebsausgabe von ihrer eigenen Bemessungsgrundlage abzugsfähig. Der Geschäftsführer G geht davon aus, dass jährlich eine weitere nicht abzugsfähige Betriebsausgabe i. H. v. 20 GE entsteht. Bei diesem Sachverhalt lässt sich die jährliche Steuerbelastung am Standort A wie folgt ermitteln:

	GE	GE
Gewinn vor Steuern	100	100
+ nicht abzugsfähige Betriebsausgabe	+ 20	
Bemessungsgrundlage der KSt	120	
./. KSt (120 GE · 20 % =)		./. 24
Zur Thesaurierung verbleiben		76

Am *Standort A* wird also voraussichtlich eine jährliche Steuerbelastung von 24 GE entstehen. Zur Thesaurierung verbleiben dann 76 GE.

Am *Standort B* wird der Gewinn vor Steuern von 100 GE mit einer 10 %igen Körperschaftsteuer (KSt I) belastet. Außerdem entsteht eine regionale Körperschaftsteuer (KSt II) mit einem Steuersatz von 15 %. Bemessungsgrundlage dieser Steuer ist der Gewinn vor Steuer nach Abzug der KSt I als Betriebsausgabe. Die Gesamtsteuerbelastung und der verbleibende Betrag können wie folgt ermittelt werden:

	GE	GE
Gewinn vor Steuern	100	100,0
./. KSt I (100 GE · 10 % =)	./. 10	./. 10,0
Bemessungsgrundlage der KSt II	90	
./. KSt II (90 GE · 15 % =)		./. 13,5
Nach Abzug der Steuern verbleibender Betrag		76,5
Steuern insgesamt (10 + 13,5 =)		23,5

Von dem Ausgangsbetrag von 100 GE fließen also insgesamt 23,5 GE Steuern ab. Für die Thesaurierung verbleiben demnach 76,5 GE.

Im Fall des *Standorts C* ist zunächst die Bundessteuer (KSt I) zu ermitteln. Da sie als Betriebsausgabe von ihrer eigenen Bemessungsgrundlage abzugsfähig ist und ihr Steuersatz 16 % beträgt, ergibt sich zu ihrer Berechnung folgender Gleichungsansatz:

$$KSt\ I = (100\ GE - KSt\ I) \cdot 0,16$$

bzw.

$$1,16\ KSt\ I = 16\ GE.$$

Nach KSt I aufgelöst ergibt sich hieraus:

$$KSt\ I = 13,79\ GE.$$

Nach dem Sachverhalt ist KSt I nicht nur – wie bereits berücksichtigt – von ihrer eigenen Bemessungsgrundlage, sondern auch von der der Landessteuer (KSt II) abzugsfähig. Zu deren Ermittlung lässt sich also – bei einem Steuersatz von 14 % – folgender Gleichungsansatz formulieren:

$$KSt\ II = (100\ GE - KSt\ I) \cdot 0,14$$

bzw.

$$KSt\ II = 14\ GE - 0,14 \cdot KSt\ I.$$

Durch Einsetzen des Werts von KSt I (13,79 GE) in diese Gleichung ergibt sich:

$$KSt\ II = 14\ GE - 0,14 \cdot 13,79\ GE$$

bzw.

$$KSt\ II = 12,07\ GE.$$

Die Gesamtsteuerbelastung im Land C beträgt also:

$$KSt\ I + KSt\ II = 25,86\ GE.$$

Bei einem Vergleich der Steuerbelastungen an den Standorten A, B und C ergibt sich Folgendes:

Land	A	B	C
	GE	GE	GE
KSt I	24,00	10,00	13,79
KSt II	-	13,50	12,07
Gesamtbelastung	24,00	23,50	25,86
Zur Thesaurierung verbleiben	76,00	76,50	74,14

Teil IV
Anhang

Vorbemerkung

Der Anhang besteht aus drei Teilen, und zwar aus

- Anhang 1: Tariffunktionen und Grenzsteuersatzfunktionen
- Anhang 2: Tabellen
- Anhang 3: Wichtige Formeln.

Der Anhang beruht auf dem für die Bundesrepublik Deutschland im Herbst 2021 geltenden Recht. Soweit der Einkommensteuertarif nach § 32a EStG zur Anwendung kommt, handelt es sich um den Tarif, der nach dem Rechtsstand im Herbst 2021 in diesem Veranlagungszeitraum gilt. Die für das Buch wichtigen Absätze 1 und 5 dieser Rechtsnorm lauten:

„§ 32a Einkommensteuertarif

(1) Die tarifliche Einkommensteuer bemisst sich nach dem zu versteuernden Einkommen. Sie beträgt ab dem Veranlagungszeitraum 2021 vorbehaltlich der §§ 32b, 32d, 34, 34a, 34b und 34c jeweils in Euro für zu versteuernde Einkommen

1. bis 9.744 Euro (Grundfreibetrag):
   0;
2. von 9.745 Euro bis 14.753 Euro:
   $(995{,}21 \cdot y + 1.400) \cdot y$;
3. von 14.754 Euro bis 57.918 Euro:
   $(208{,}85 \cdot z + 2.397) \cdot z + 950{,}96$;
4. von 57.919 Euro bis 274.612 Euro:
   $0{,}42 \cdot x - 9.136{,}63$;
5. von 274.613 Euro an:
   $0{,}45 \cdot x - 17.374{,}99$.

Die Größe „y" ist ein Zehntausendstel des den Grundfreibetrag übersteigenden Teils des auf einen vollen Euro-Betrag abgerundeten zu versteuernden Einkommens. Die Größe „z" ist ein Zehntausendstel des 14.753 Euro übersteigenden Teils des auf einen vollen Euro-Betrag abgerundeten zu versteuernden Einkommens. Die Größe „x" ist das auf einen vollen Euro-Betrag abgerundete zu versteuernde Einkommen. Der sich ergebende Steuerbetrag ist auf den nächsten vollen Euro-Betrag abzurunden.

.

.

.

(5) Bei Ehegatten, die nach den §§ 26, 26b zusammen zur Einkommensteuer veranlagt werden, beträgt die tarifliche Einkommensteuer vorbehaltlich der §§ 32b, 32d, 34, 34a, 34b und 34c das Zweifache des Steuerbetrags, der sich für die Hälfte ihres gemeinsam zu versteuernden Einkommens nach Absatz 1 ergibt (Splitting-Verfahren)."

In den nachfolgenden Tabellen T-1 bis T-6 ist ab Tabelle T-3 Solidaritätszuschlag, und zwar in der für das Jahr 2021 geltenden Höhe enthalten. Hierbei ist auch die Milderungsregelung des § 4 Satz 2 SolZG berücksichtigt. Insgesamt ergibt sich die Höhe des Solidaritätszuschlags aus dem Zusammenwirken des § 3 SolZG mit § 4 Sätze 1 und 2 SolZG.

Nach § 3 Abs. 1 SolZG ist Bemessungsgrundlage des Solidaritätszuschlags entweder die Einkommensteuer (bei natürlichen Personen) oder die Körperschaftsteuer (bei Körperschaften i. S. d. KStG). Bei Einkommensteuerpflichtigen wird Solidaritätszuschlag allerdings nur dann erhoben, wenn die sich aus § 3 Abs. 3 SolZG ergebende *Freigrenze* überschritten ist. Die Freigrenze ist nicht anwendbar, wenn es sich bei der Bemessungsgrundlage um Einkünfte handelt, die der Abgeltungsteuer nach § 32d EStG unterliegen.

Nach § 4 *Satz 1* SolZG in der für das Jahr 2021 geltenden Fassung beträgt der Solidaritätszuschlag grundsätzlich 5,5 % der Bemessungsgrundlage, also der Einkommen- oder der Körperschaftsteuer. Für Einkommensteuerpflichtige – nicht hingegen für Körperschaftsteuerpflichtige – kann sich aus § 4 *Satz 2* SolZG ein geringerer Solidaritätszuschlag ergeben (*Milderungsregelung*). Nach dieser Norm beträgt der Solidaritätszuschlag nicht mehr als 11,9 % der Differenz zwischen der Bemessungsgrundlage, also der Einkommensteuer, und der sich aus § 3 Abs. 3 SolZG ergebenden Freigrenze. Die Freigrenze endet im Veranlagungszeitraum 2021 bei einem zu versteuernden Einkommen von 62.127 € (Grundtarif) bzw. von 124.254 € (Splittingtarif).[132]

Ausdrücklich sei darauf hingewiesen, dass in den beiden nachfolgend genannten Fällen weder die Freigrenzen- noch die Milderungsregelung anwendbar sind:
- Bei Einkommensteuerpflichtigen, soweit diese Einkünfte beziehen, die dem Abgeltungsteuersatz (von 25 %) nach § 32d EStG unterliegen,
- bei Körperschaften, die der Körperschaftsteuer unterliegen.

In diesen Fällen beträgt der Solidaritätszuschlag also uneingeschränkt nach § 4 Satz 1 SolZG 5,5 % der Abgeltungs- bzw. der Körperschaftsteuer.

---

132 Zur Berechnung s. Schneeloch/Frieling (2021), S. 3. Vgl. Schneeloch/Meyering/Patek, Band 4 (2020), Teil I, Gliederungspunkt 3.2.3.2. Die dort ermittelte Freigrenze ist geringfügig niedriger, da in diesem Werk von dem Tarif für das Jahr 2020 ausgegangen worden ist.

Anhang 1: Tariffunktionen und Grenzsteuersatzfunktionen für den Veranlagungszeitraum 2021

Tariffunktionen und Grenzsteuersatzfunktionen für die Veranlagungszeiträume ab 2021 im Falle des Grundtarifs

Tarifbereiche in €	Tariffunktionen	Grenzsteuersatzfunktionen
$0 \leq E^* \leq 9.744$	$E_{st} = 0$	$S_{e'} = 0$
$9.745 \leq E^* \leq 14.753$	$E_{st} = 9{,}9521 \cdot E^{*2} \cdot 10^{-6}$ $- 0{,}05394652 \cdot E^*$ $- 419{,}252531$	$S_{e'} = 19{,}9042 \cdot E^* \cdot 10^{-6} - 0{,}05394652$
$14.754 \leq E^* \leq 57.918$	$E_{st} = 208{,}85 \cdot E^{*2} \cdot 10^{-8}$ $+ 0{,}17807672 \cdot E^*$ $- 2.130{,}76997$	$S_{e'} = 4{,}177 \cdot E^* \cdot 10^{-6} + 0{,}17807672$
$57.919 \leq E^* \leq 274.612$	$E_{st} = 0{,}42 \cdot E^{*2} - 9.136{,}63$	$S_{e'} = 0{,}42$
$E^* \geq 274.613$	$E_{st} = 0{,}45 \cdot E^* - 17.374{,}99$	$S_{e'} = 0{,}45$

Die aufgeführten Tariffunktionen und Grenzsteuersatzfunktionen der einzelnen Tarifbereiche wurden entsprechend der in Schneeloch/Meyering/Patek, Band 4 (2020), Teil I, Gliederungspunkt 3.2.2 aufgeführten Vorgehensweise ermittelt.

Durch Einsetzen des zu versteuernden Einkommens E^* in die Tariffunktion oder in die Grenzsteuersatzfunktion, kann die Einkommensteuer E_{st} oder der Grenzsteuersatz $S_{e'}$ des entsprechenden Veranlagungszeitraums und Tarifbereichs ermittelt werden.

Anhang 2: Tabellen

zu versteuerndes Einkommen in T€	Durchschnittssteuersatz = durchschnittliche Einkommensteuerbelastung des Einkommenswerts in Spalte 1	Grenzsteuersatz = Grenzsteuerbelastung des Einkommenswerts in Spalte 1 = Differenzsteuersatz bezogen auf zu versteuernde Einkommen lt. Spalte 1 als mittlere Werte	der Differenzsteuerbetrachtung zugrunde gelegte Einkommensklassen in T€	Differenzsteuersatz = Belastung der in Spalte 4 aufgeführten Einkommensdifferenz
Spalte 1	Spalte 2	Spalte 3	Spalte 4	Spalte 5
0	0,00 %	0,00 %	0 - 9,744	0,00 %
9,745	0,00 %	14,00 %	9,745 - 10	14,26 %
10	0,36 %	14,51 %	10 - 15	19,29 %
15	6,74 %	24,07 %	15 - 20	25,12 %
20	11,33 %	26,16 %	20 - 25	27,21 %
25	14,51 %	28,25 %	25 - 30	29,29 %
30	16,97 %	30,34 %	30 - 35	31,38 %
35	19,03 %	32,43 %	35 - 40	33,47 %
40	20,83 %	34,52 %	40 - 45	35,56 %
45	22,47 %	36,60 %	45 - 50	37,65 %
50	23,99 %	38,69 %	50 - 55	39,74 %
55	25,42 %	40,78 %	55 - 60	41,39 %
60	26,77 %	42,00 %	60 - 65	42,00 %
65	27,94 %	42,00 %	65 - 70	42,00 %
70	28,95 %	42,00 %	70 - 75	42,00 %
75	29,82 %	42,00 %	75 - 80	42,00 %
80	30,58 %	42,00 %	80 - 85	42,00 %
85	31,25 %	42,00 %	85 - 90	42,00 %
90	31,85 %	42,00 %	90 - 95	42,00 %
95	32,38 %	42,00 %	95 - 100	42,00 %
100	32,86 %	42,00 %	100 - 110	42,00 %
110	33,69 %	42,00 %	110 - 120	42,00 %
120	34,39 %	42,00 %	120 - 130	42,00 %
130	34,97 %	42,00 %	130 - 140	42,00 %
140	35,47 %	42,00 %	140 - 150	42,00 %
150	35,91 %	42,00 %	150 - 160	42,00 %
160	36,29 %	42,00 %	160 - 170	42,00 %
170	36,63 %	42,00 %	170 - 180	42,00 %
180	36,92 %	42,00 %	180 - 190	42,00 %
190	37,19 %	42,00 %	190 - 200	42,00 %
200	37,43 %	42,00 %	200 - 300	43,50 %
300	39,21 %	45,00 %	300 - 400	45,00 %
400	40,66 %	45,00 %	400 - 500	45,00 %
500	41,53 %	45,00 %	500 - 1.000	45,00 %
1.000	43,26 %	45,00 %	1.000 - 2.000	45,00 %
2.000	44,13 %	45,00 %	> 2.000	45,00 %

Tabelle T-1:   *Einkommensteuersätze nach dem Grundtarif 2021, ohne Kirchensteuer und ohne Solidaritätszuschlag*

zu versteuerndes Einkommen in T€	Durchschnittssteuersatz = durchschnittliche Einkommensteuerbelastung des Einkommenswerts in Spalte 1	Grenzsteuersatz = Grenzsteuerbelastung des Einkommenswerts in Spalte 1 = Differenzsteuersatz bezogen auf zu versteuernde Einkommen lt. Spalte 1 als mittlere Werte	der Differenzsteuerbetrachtung zugrunde gelegte Einkommensklassen in T€	Differenzsteuersatz = Belastung der in Spalte 4 aufgeführten Einkommensdifferenz
Spalte 1	Spalte 2	Spalte 3	Spalte 4	Spalte 5
0	0,00 %	0,00 %	0 - 19,488	0,00 %
19,49	0,00 %	14,00 %	19,49 - 20	14,26 %
20	0,36 %	14,51 %	20 - 30	19,29 %
30	6,74 %	24,07 %	30 - 40	25,12 %
40	11,33 %	26,16 %	40 - 50	27,21 %
50	14,51 %	28,25 %	50 - 60	29,29 %
60	16,97 %	30,34 %	60 - 70	31,38 %
70	19,03 %	32,43 %	70 - 80	33,47 %
80	20,83 %	34,52 %	80 - 90	35,56 %
90	22,47 %	36,60 %	90 - 100	37,65 %
100	23,99 %	38,69 %	100 - 110	39,74 %
110	25,42 %	40,78 %	110 - 120	41,39 %
120	26,77 %	42,00 %	120 - 130	42,00 %
130	27,94 %	42,00 %	130 - 140	42,00 %
140	28,95 %	42,00 %	140 - 150	42,00 %
150	29,82 %	42,00 %	150 - 160	42,00 %
160	30,58 %	42,00 %	160 - 170	42,00 %
170	31,25 %	42,00 %	170 - 180	42,00 %
180	31,85 %	42,00 %	180 - 190	42,00 %
190	32,38 %	42,00 %	190 - 200	42,00 %
200	32,86 %	42,00 %	200 - 220	42,00 %
220	33,69 %	42,00 %	220 - 240	42,00 %
240	34,39 %	42,00 %	240 - 260	42,00 %
260	34,97 %	42,00 %	260 - 280	42,00 %
280	35,47 %	42,00 %	280 - 300	42,00 %
300	35,91 %	42,00 %	300 - 320	42,00 %
320	36,29 %	42,00 %	320 - 340	42,00 %
340	36,63 %	42,00 %	340 - 360	42,00 %
360	36,92 %	42,00 %	360 - 380	42,00 %
380	37,19 %	42,00 %	380 - 400	42,00 %
400	37,43 %	42,00 %	400 - 600	43,50 %
600	39,21 %	45,00 %	600 - 800	45,00 %
800	40,66 %	45,00 %	800 - 1.000	45,00 %
1.000	41,53 %	45,00 %	1.000 - 2.000	45,00 %
2.000	43,26 %	45,00 %	2.000 - 4.000	45,00 %
4.000	44,13 %	45,00 %	> 4.000	45,00 %

Tabelle T-2:   *Einkommensteuersätze nach dem Splittingtarif 2021, ohne Kirchensteuer und ohne Solidaritätszuschlag*

zu versteu-erndes Ein-kommen in T€	Durchschnitts-steuersatz = durchschnittli-che Einkom-mensteuerbe-lastung des Einkommens-werts in Spalte 1	Grenzsteuersatz = Grenzsteuerbelas-tung des Einkom-menswerts in Spalte 1 = Diffe-renzsteuersatz be-zogen auf zu ver-steuernde Einkom-men lt. Spalte 1 als mittlere Werte	der Differenz-steuerbe-trachtung zu-grunde ge-legte Ein-kommens-klassen in T€	Differenz-steuersatz = Belastung der in Spalte 4 auf-geführten Einkom-mensdiffe-renz
Spalte 1	Spalte 2	Spalte 3	Spalte 4	Spalte 5
0	0,00 %	0,00 %	0 - 9,744	0,00 %
9,745	0,00 %	14,00 %	9,745 - 10	14,26 %
10	0,36 %	14,51 %	10 - 15	19,29 %
15	6,74 %	24,07 %	15 - 20	25,12 %
20	11,33 %	26,16 %	20 - 25	27,21 %
25	14,51 %	28,25 %	25 - 30	29,29 %
30	16,97 %	30,34 %	30 - 35	31,38 %
35	19,03 %	32,43 %	35 - 40	33,47 %
40	20,83 %	34,52 %	40 - 45	35,56 %
45	22,47 %	36,60 %	45 - 50	37,65 %
50	23,99 %	38,69 %	50 - 55	39,74 %
55	25,42 %	40,78 %	55 - 60	41,39 %
60	26,77 %	42,00 %	60 - 65	44,50 %
65	29,48 %	47,00 %	65 - 70	47,00 %
70	30,54 %	47,00 %	70 - 75	47,00 %
75	31,46 %	47,00 %	75 - 80	47,00 %
80	32,26 %	47,00 %	80 - 85	47,00 %
85	32,97 %	47,00 %	85 - 90	47,00 %
90	33,60 %	47,00 %	90 - 95	47,00 %
95	34,16 %	47,00 %	95 - 100	45,65 %
100	34,67 %	44,31 %	100 - 110	44,31 %
110	35,55 %	44,31 %	110 - 120	44,31 %
120	36,28 %	44,31 %	120 - 130	44,31 %
130	36,90 %	44,31 %	130 - 140	44,31 %
140	37,42 %	44,31 %	140 - 150	44,31 %
150	37,88 %	44,31 %	150 - 160	44,31 %
160	38,29 %	44,31 %	160 - 170	44,31 %
170	38,64 %	44,31 %	170 - 180	44,31 %
180	38,95 %	44,31 %	180 - 190	44,31 %
190	39,24 %	44,31 %	190 - 200	44,31 %
200	39,49 %	44,31 %	200 - 300	45,89 %
300	41,36 %	47,48 %	300 - 400	47,48 %
400	42,89 %	47,48 %	400 - 500	47,48 %
500	43,81 %	47,48 %	500 - 1.000	47,48 %
1.000	45,64 %	47,48 %	1.000 - 2.000	47,48 %
2.000	46,56 %	47,48 %	> 2.000	47,48 %

Tabelle T-3:   Einkommensteuersätze nach dem Grundtarif 2021, ohne Kirchen-steuer, mit Solidaritätszuschlag unter Berücksichtigung der Mil-derungsregelung nach § 4 Satz 2 SolZG

Spalte 1	Spalte 2	Spalte 3	Spalte 4	Spalte 5
Einkommen in T€	durchschnittliche Einkommensteuerbelastung des Einkommenswerts in Spalte 1	Grenzsteuerbelastung des Einkommenswerts in Spalte 1 = Differenzsteuerersatz bezogen auf zu versteuernde Einkommen lt. Spalte 1 als mittlere Werte	zugrunde gelegte Einkommensklassen in T€	Belastung der in Spalte 4 aufgeführten Einkommensdifferenz
0	0,00 %	0,00 %	0 - 19,488	0,00 %
19,49	0,00 %	14,00 %	19,49 - 20	14,26 %
20	0,36 %	14,51 %	20 - 30	19,29 %
30	6,74 %	24,07 %	30 - 40	25,12 %
40	11,33 %	26,16 %	40 - 50	27,21 %
50	14,51 %	28,25 %	50 - 60	29,29 %
60	16,97 %	30,34 %	60 - 70	31,38 %
70	19,03 %	32,43 %	70 - 80	33,47 %
80	20,83 %	34,52 %	80 - 90	35,56 %
90	22,47 %	36,60 %	90 - 100	37,65 %
100	23,99 %	38,69 %	100 - 110	39,74 %
110	25,42 %	40,78 %	110 - 120	41,39 %
120	26,77 %	42,00 %	120 - 130	44,50 %
130	29,48 %	47,00 %	130 - 140	47,00 %
140	30,54 %	47,00 %	140 - 150	47,00 %
150	31,46 %	47,00 %	150 - 160	47,00 %
160	32,26 %	47,00 %	160 - 170	47,00 %
170	32,97 %	47,00 %	170 - 180	47,00 %
180	33,60 %	47,00 %	180 - 190	47,00 %
190	34,16 %	47,00 %	190 - 200	45,65 %
200	34,67 %	44,31 %	200 - 220	44,31 %
220	35,55 %	44,31 %	220 - 240	44,31 %
240	36,28 %	44,31 %	240 - 260	44,31 %
260	36,90 %	44,31 %	260 - 280	44,31 %
280	37,42 %	44,31 %	280 - 300	44,31 %
300	37,88 %	44,31 %	300 - 320	44,31 %
320	38,29 %	44,31 %	320 - 340	44,31 %
340	38,64 %	44,31 %	340 - 360	44,31 %
360	38,95 %	44,31 %	360 - 380	44,31 %
380	39,24 %	44,31 %	380 - 400	44,31 %
400	39,49 %	44,31 %	400 - 600	45,89 %
600	41,36 %	47,48 %	600 - 800	47,48 %
800	42,89 %	47,48 %	800 - 1.000	47,48 %
1.000	43,81 %	47,48 %	1.000 - 2.000	47,48 %
2.000	45,64 %	47,48 %	2.000 - 4.000	47,48 %
4.000	46,56 %	47,48 %	> 4.000	47,48 %

Tabelle T-4: *Einkommensteuersätze nach dem Splittingtarif 2021, ohne Kirchensteuer, mit Solidaritätszuschlag unter Berücksichtigung der Milderungsregelung nach § 4 Satz 2 SolZG*

zu versteuerndes Einkommen in T€	Durchschnittssteuersatz = durchschnittliche Einkommensteuerbelastung des Einkommenswerts in Spalte 1	Grenzsteuersatz = Grenzsteuerbelastung des Einkommenswerts in Spalte 1 = Differenzsteuersatz bezogen auf zu versteuernde Einkommen lt. Spalte 1 als mittlere Werte	der Differenzsteuerbetrachtung zugrunde gelegte Einkommensklassen in T€	Differenzsteuersatz = Belastung der in Spalte 4 aufgeführten Einkommensdifferenz
Spalte 1	Spalte 2	Spalte 3	Spalte 4	Spalte 5
0	0,00 %	0,00 %	0 - 9,744	0,00 %
9,745	0,00 %	15,07 %	9,745 - 10	15,34 %
10	0,40 %	15,61 %	10 - 15	20,65 %
15	7,30 %	25,68 %	15 - 20	26,77 %
20	12,23 %	27,86 %	20 - 25	28,94 %
25	15,61 %	30,03 %	25 - 30	31,11 %
30	18,22 %	32,19 %	30 - 35	33,27 %
35	20,39 %	34,34 %	35 - 40	35,42 %
40	22,29 %	36,49 %	40 - 45	37,56 %
45	24,01 %	38,63 %	45 - 50	39,69 %
50	25,60 %	40,76 %	50 - 55	41,82 %
55	27,09 %	42,88 %	55 - 60	43,50 %
60	28,50 %	44,11 %	60 - 65	46,52 %
65	29,93 %	48,93 %	65 - 70	48,93 %
70	31,31 %	48,93 %	70 - 75	48,93 %
75	32,51 %	48,93 %	75 - 80	48,93 %
80	33,56 %	48,93 %	80 - 85	48,93 %
85	34,48 %	48,93 %	85 - 90	48,93 %
90	35,30 %	48,93 %	90 - 95	48,93 %
95	36,03 %	48,93 %	95 - 100	47,63 %
100	36,55 %	46,34 %	100 - 110	46,34 %
110	37,44 %	46,34 %	110 - 120	46,34 %
120	38,19 %	46,34 %	120 - 130	46,34 %
130	38,82 %	46,34 %	130 - 140	46,34 %
140	39,36 %	46,34 %	140 - 150	46,34 %
150	39,83 %	46,34 %	150 - 160	46,34 %
160	40,24 %	46,34 %	160 - 170	46,34 %
170	40,60 %	46,34 %	170 - 180	46,34 %
180	40,92 %	46,34 %	180 - 190	46,34 %
190	41,20 %	46,34 %	190 - 200	46,34 %
200	41,46 %	46,34 %	200 - 300	47,93 %
300	43,36 %	49,52 %	300 - 400	49,52 %
400	44,91 %	49,52 %	400 - 500	49,52 %
500	45,83 %	49,52 %	500 - 1.000	49,52 %
1.000	47,68 %	49,52 %	1.000 - 2.000	49,52 %
2.000	48,60 %	49,52 %	> 2.000	49,52 %

Tabelle T-5:   Einkommensteuersätze nach dem Grundtarif 2021, mit Kirchensteuer, mit Solidaritätszuschlag unter Berücksichtigung der Milderungsregelung nach § 4 Satz 2 SolZG

zu versteuerndes Einkommen in T€	Durchschnittssteuersatz = durchschnittliche Einkommensteuerbelastung des Einkommenswerts in Spalte 1	Grenzsteuersatz = Grenzsteuerbelastung des Einkommenswerts in Spalte 1 = Differenzsteuersatz bezogen auf zu versteuernde Einkommen lt. Spalte 1 als mittlere Werte	der Differenzsteuerbetrachtung zugrunde gelegte Einkommensklassen in T€	Differenzsteuersatz = Belastung der in Spalte 4 aufgeführten Einkommensdifferenz
Spalte 1	Spalte 2	Spalte 3	Spalte 4	Spalte 5
0	0,00 %	0,00 %	0 - 19,488	0,00 %
19,49	0,00 %	15,07 %	19,49 - 20	15,34 %
20	0,40 %	15,61 %	20 - 30	20,65 %
30	7,30 %	25,68 %	30 - 40	26,77 %
40	12,23 %	27,86 %	40 - 50	28,94 %
50	15,61 %	30,03 %	50 - 60	31,11 %
60	18,22 %	32,19 %	60 - 70	33,27 %
70	20,39 %	34,34 %	70 - 80	35,42 %
80	22,29 %	36,49 %	80 - 90	37,56 %
90	24,01 %	38,63 %	90 - 100	39,69 %
100	25,60 %	40,76 %	100 - 110	41,82 %
110	27,09 %	42,88 %	110 - 120	43,50 %
120	28,50 %	44,11 %	120 - 130	46,52 %
130	29,93 %	48,93 %	130 - 140	48,93 %
140	31,31 %	48,93 %	140 - 150	48,93 %
150	32,51 %	48,93 %	150 - 160	48,93 %
160	33,56 %	48,93 %	160 - 170	48,93 %
170	34,48 %	48,93 %	170 - 180	48,93 %
180	35,30 %	48,93 %	180 - 190	48,93 %
190	36,03 %	48,93 %	190 - 200	47,63 %
200	36,55 %	46,34 %	200 - 220	46,34 %
220	37,44 %	46,34 %	220 - 240	46,34 %
240	38,19 %	46,34 %	240 - 260	46,34 %
260	38,82 %	46,34 %	260 - 280	46,34 %
280	39,36 %	46,34 %	280 - 300	46,34 %
300	39,83 %	46,34 %	300 - 320	46,34 %
320	40,24 %	46,34 %	320 - 340	46,34 %
340	40,60 %	46,34 %	340 - 360	46,34 %
360	40,92 %	46,34 %	360 - 380	46,34 %
380	41,20 %	46,34 %	380 - 400	46,34 %
400	41,46 %	46,34 %	400 - 600	47,93 %
600	43,36 %	49,52 %	600 - 800	49,52 %
800	44,91 %	49,52 %	800 - 1.000	49,52 %
1.000	45,83 %	49,52 %	1.000 - 2.000	49,52 %
2.000	47,68 %	49,52 %	2.000 - 4.000	49,52 %
4.000	48,60 %	49,52 %	> 4.000	49,52 %

Tabelle T-6:   *Einkommensteuersätze nach dem Splittingtarif 2021, mit Kirchensteuer, mit Solidaritätszuschlag unter Berücksichtigung der Milderungsregelung nach § 4 Satz 2 SolZG*

Zeile	Teilbemessungsgrundlage	Kombinierte Steuersätze in allgemeiner Form	Konkrete kombinierte Steuersätze in % der jeweiligen Teilbemessungsgrundlage bei natürlichen Personen							
	Spalte 1	Spalte 2*	Spalte 3	Spalte 4	Spalte 5	Spalte 6	Spalte 7	Spalte 8**	Spalte 9	Spalte 10
			m_e = 3,50 % h = 400 % s_{ei} = 42 % s_{olz} = 0 % s_{ki} = 0 %	m_e = 3,50 % h = 400 % s_{ei} = 42 % s_{olz} = 5,50 % s_{ki} = 0 %	m_e = 3,50 % h = 400 % s_{ei} = 42 % s_{olz} = 0 % s_{ki} = 9 %	m_e = 3,50 % h = 400 % s_{ei} = 42 % s_{olz} = 5,50 % s_{ki} = 9 %	m_e = 3,50 % h = 500 % s_{ei} = 42 % s_{olz} = 0 % s_{ki} = 0 %	m_e = 3,50 % h = 400 % s_{ei} = 25 % s_{olz} = 5,50 % s_{ki} = 9 %	m_e = 3,50 % h = 400 % s_{ei} = 45 % s_{olz} = 5,50 % s_{ki} = 9 %	m_e = 0 % h = offen s_{ei} = 42 % s_{olz} = 5,50 % s_{ki} = 9 %
1	E	$s_e + m_e \cdot [h - \alpha \cdot (1 + s_{olz})]$	42,000	43,540	44,113	45,568	45,500	27,225	48,749	46,338
2	E_e	s_e	42,000	44,310	44,113	46,338	42,000	27,995	49,519	46,338
3	H_{ge}	$m_e \cdot [h - \alpha \cdot (1 + s_{olz})]$	0,000	-0,770	0,000	-0,770	3,500	-0,770	-0,770	0,000
4	B_{mbgr}	$\gamma \cdot m_e \cdot \alpha \cdot (1 + s_{olz})$ $+ s_{gr} \cdot m_e \cdot \alpha$ $\cdot (1 + s_{olz}) + s_{gr}$ $\cdot (1 - s_e - m_e \cdot h)$ $- \gamma \cdot m_e \cdot h$	0,812	0,803	0,782	0,775	0,704	1,032	0,730	0,751
5	B_{mpgr}	$s_{gr} \cdot (1 - s_e)$	0,812	0,780	0,782	0,751	0,812	1,008	0,707	0,751

* Der Faktor α, d. h. der Faktor, mit dem der Gewerbesteuermessbetrag nach § 35 EStG zu multiplizieren ist, wird in dieser Tabelle generell mit dem Wert von 4,0 angesetzt. Klargestellt sei, dass in Fällen, in denen keine Gewerbesteuer entsteht (m_e = 0), es nicht zu einer Anrechnung von Gewerbesteuer kommen kann. Der Grundsteuersatz s_{gr} wird mit dem Wert 1,4 % berücksichtigt. Dies entspricht einem Grundsteuerhebesatz von 400 %. Der Faktor γ wird mit 1,68 % angesetzt. Dies entspricht einer Kürzung nach § 9 Nr. 1 GewStG von 1,2 % und einer Multiplikation mit 140 % nach § 121a BewG.

** Der Hauptanwendungsfall eines Einkommensteuersatzes von 25 % ist der des Abgeltungsteuersatzes i. S. d. § 32d Abs. 1 EStG.

Tabelle T-7:   *Teilbemessungsgrundlagen und kombinierte Steuersätze für natürliche Personen**

Zeile	Teilbemessungsgrundlagen	Kombinierte Steuersätze in allgemeiner Form	Konkrete kombinierte Steuersätze in % der jeweiligen Teilbemessungsgrundlage bei Kapitalgesellschaften						
	Spalte 1	Spalte 2	**Spalte 3**	**Spalte 4**	Spalte 5	Spalte 6	Spalte 7	Spalte 8	Spalte 9
			$s_{k\ddot{o}}$ = 15 %	$s_{k\ddot{o}}$ = 15 %	$s_{k\ddot{o}}$ = 15 %	$s_{k\ddot{o}}$ = 15 %	$s_{k\ddot{o}}$ = 25 %**	$s_{k\ddot{o}}$ = 40 %***	$s_{k\ddot{o}}$ = 10 %****
			s_{olz} = 0 %	s_{olz} = 5,5 %	s_{olz} = 0 %	s_{olz} = 0 %	s_{olz} = 0 %	s_{olz} = 0 %	s_{olz} = 0 %
			h = 400 %	h = 400 %	h = 500 %	h = 300 %	h = 400 %	h = 400 %	h = 400 %
1	E	$s_k + m_e \cdot h$	29,000	29,825	32,500	25,500	39,000	54,000	24,000
2	E_k	s_k	15,000	15,825	15,000	15,000	25,000	40,000	10,000
3	H_{ge}	$m_e \cdot h$	14,000	14,000	17,500	10,500	14,000	14,000	14,000
4	B_{mbgr}	$(1 - s_k) \cdot s_{gr} - (g + s_{gr})$ $\cdot m_e \cdot h$	0,759	0,747	0,651	0,867	0,619	0,409	0,829

* In dieser Tabelle werden m_e mit 3,5 % und γ mit 1,68 % angesetzt. Letzteres entspricht einer Kürzung nach § 9 Nr. 1 GewStG von 1,2 % und einer Multiplikation mit 140 % nach § 121a BewG. Außerdem wird der Grundsteuersatz mit 1,4 % (s_{gr} = 1,4 %) konstant gehalten. Dies entspricht einem Grundsteuerhebesatz von 400 %.

** Dieser Körperschaftsteuersatz entspricht demjenigen, der während der Jahre 2001 bis 2007 anwendbar war. Abweichend von der Behandlung hier war die Gewerbesteuer damals eine abzugsfähige Betriebsausgabe.

*** Ein Körperschaftsteuersatz von 40 % entspricht demjenigen, der während der Jahre 1999 und 2000. d. h. in der Schlussphase des körperschaftsteuerlichen Anrechnungsverfahrens, anwendbar war. Abweichend von der Behandlung hier war die Gewerbesteuer damals eine abzugsfähige Betriebsausgabe.

**** Eine Senkung des Körperschaftsteuersatzes von derzeit 15 % auf 10 % erscheint im Rahmen der derzeit weltweiten Senkung der Körperschaftsteuersätze durchaus realistisch.

Tabelle T-8:   *Teilbemessungsgrundlagen und kombinierte Steuersätze bei Kapitalgesellschaften**

Zeile	Gewerbesteuerliche Variable Spalte 1	Nettozinssätze $i_{n/kap}$ im Verhältnis zu den Bruttozinssätzen i_b ($i_{n/kap} : i_b$) bei Kapitalgesellschaften					
		Spalte 2	Spalte 3	Spalte 4	Spalte 5	Spalte 6	Spalte 7
		$s_{kö} = 15\%$ $s_{olz} = 0\%$	$s_{kö} = 15\%$ $s_{olz} = 5,5\%$	$s_{kö} = 30\%$ $s_{olz} = 0\%$	$s_{kö} = 30\%$ $s_{olz} = 5,5\%$	$s_{kö} = 10\%$ $s_{olz} = 0\%$	$s_{kö} = 10\%$ $s_{olz} = 5,5\%$
1	$s_{ge} = 10,5\%$, $\beta = 0$	74,50 %	73,68 %	59,50 %	57,84 %	79,50 %	78,95 %
2	$s_{ge} = 14,0\%$, $\beta = 0$	71,00 %	70,18 %	56,00 %	54,35 %	76,00 %	75,45 %
3	$s_{ge} = 17,5\%$, $\beta = 0$	67,50 %	66,68 %	52,50 %	50,85 %	72,50 %	71,95 %
4	$s_{ge} = 10,5\%$, $\beta = 0,25$	77,13 %	76,30 %	62,13 %	60,48 %	82,13 %	81,58 %
5	$s_{ge} = 14,0\%$, $\beta = 0,25$	74,50 %	73,68 %	59,50 %	57,85 %	79,50 %	78,95 %
6	$s_{ge} = 17,5\%$, $\beta = 0,25$	71,88 %	71,05 %	56,88 %	55,23 %	76,88 %	76,33 %

Tabelle T-9:   *Nettoverzinsung in % der Bruttoverzinsung bei Kapitalgesellschaften in Abhängigkeit von den Werten für skö, solz, sge und β*

Kirchensteuersatz 0 %, Solidaritätszuschlag 0 %, Gewerbesteuerhebesatz 400 %, Gewerbesteuermesszahl 3,5 %*

Nettozinssätze $i_{n/persu}$

Zeile	z. v. E. in T€	entspricht s_{ei} i. H. v.	Spalte 3 $i_b = 0,5$ $\beta = 0$	Spalte 4 $i_b = 2$ $\beta = 0$	Spalte 5 $i_b = 4$ $\beta = 0$	Spalte 6 $i_b = 6$ $\beta = 0$	Spalte 7 $i_b = 8$ $\beta = 0$	Spalte 8 $i_b = 0,5$ $\beta = 25$	Spalte 9 $i_b = 2$ $\beta = 25$	Spalte 10 $i_b = 4$ $\beta = 25$	Spalte 11 $i_b = 6$ $\beta = 25$	Spalte 12 $i_b = 8$ $\beta = 25$
	Spalte 1	Spalte 2										
1**	< 9,7	0,00	0,430	1,720	3,440	5,160	6,880	0,448	1,790	3,580	5,370	7,160
2	9,7	14,00	0,430	1,720	3,440	5,160	6,880	0,430	1,720	3,440	5,160	6,880
3	10	14,51	0,427	1,710	3,420	5,129	6,839	0,427	1,710	3,420	5,129	6,839
4	15	24,07	0,380	1,519	3,037	4,556	6,074	0,380	1,519	3,037	4,556	6,074
5	20	26,16	0,369	1,477	2,954	4,430	5,907	0,369	1,477	2,954	4,430	5,907
6	25	28,25	0,359	1,435	2,870	4,305	5,740	0,359	1,435	2,870	4,305	5,740
7	30	30,34	0,348	1,393	2,786	4,180	5,573	0,348	1,393	2,786	4,180	5,573
8	35	32,43	0,338	1,351	2,703	4,054	5,406	0,338	1,351	2,703	4,054	5,406
9	40	34,52	0,327	1,310	2,619	3,929	5,239	0,327	1,310	2,619	3,929	5,239
10	45	36,60	0,317	1,268	2,536	3,804	5,072	0,317	1,268	2,536	3,804	5,072
11	50	38,69	0,307	1,226	2,452	3,678	4,905	0,307	1,226	2,452	3,678	4,905
12	55	40,78	0,296	1,184	2,369	3,553	4,738	0,296	1,184	2,369	3,553	4,738
13	> 58, < 275	42,00	0,290	1,160	2,320	3,480	4,640	0,290	1,160	2,320	3,480	4,640
14	> 275	45,00	0,275	1,100	2,200	3,300	4,400	0,275	1,100	2,200	3,300	4,400

*　Alle Werte der Spalten 2 bis 12 in %.

**　Bei allen Werten von s_{ei} handelt es sich um Grenzsteuersätze der in Spalte 1 aufgeführten zu versteuernden Einkommen (z.v.E). Diese Steuersätze können auch als Differenzsteuersätze interpretiert werden. Die hier verzeichneten z.v.E. sind dann jeweils als der Durchschnittswert des oberen und des unteren Werts der Einkommensdifferenz definierenden z.v.E. definiert. In dieser Tabelle wird davon ausgegangen, dass der Solidaritätszuschlag – entgegen der Rechtslage im Herbst 2021 – vollständig, also auch für höhere Einkommen, abgeschafft worden ist.

***　Mangels Einkommensteuerbelastung kommt es in Zeile 1 nicht zu einer Anrechnung von Gewerbesteuer ($\alpha = 0$).

*Tabelle T-10:　Nettozinssätze einer von einer natürlichen Person getätigten Supplementinvestition nach dem Grundtarif 2021**

Nettozinssätze $i_{n/persu}$ bzw. $i_{n/nat}$

Zeile	z. v. E. in T€ Spalte 1	entspricht S_{ei} i. H. v. Spalte 2	Spalte 3 $m_e = 3,5$ $h = 300$ $\beta = 0$ $\alpha = 300$	Spalte 4 $m_e = 3,5$ $h = 400$ $\beta = 0$ $\alpha = 400$	Spalte 5 $m_e = 3,5$ $h = 500$ $\beta = 0$ $\alpha = 400$	Spalte 6 $m_e = 3,5$ $h = 300$ $\beta = 25$ $\alpha = 300$	Spalte 7 $m_e = 3,5$ $h = 400$ $\beta = 25$ $\alpha = 400$	Spalte 8 $m_e = 3,5$ $h = 500$ $\beta = 25$ $\alpha = 400$	Spalte 9 $m_e = 3,5$ $h = 400$ $\beta = 25$ $\alpha = 100$	Spalte 10 $m_e = 3,5$ $h = 400$ $\beta = 25$ $\alpha = 200$	Spalte 11 $m_e = 3,5$ $h = 400$ $\beta = 0$ $\alpha = 300$	Spalte 12 $m_e = 0,0$ $h > 0$ $\beta = 0$ $\alpha = 0$
1**	< 9,7	0,00	3,580	3,440	3,300	3,685	3,580	3,475	3,580	3,580	3,440	4,000
2	9,7	14,00	3,440	3,440	3,300	3,440	3,440	3,335	3,125	3,230	3,300	3,440
3	10	14,51	3,420	3,420	3,280	3,420	3,420	3,315	3,105	3,210	3,280	3,420
4	15	24,07	3,037	3,037	2,897	3,037	3,037	2,932	2,722	2,827	2,897	3,037
5	20	26,16	2,954	2,954	2,814	2,954	2,954	2,849	2,639	2,744	2,814	2,954
6	25	28,25	2,870	2,870	2,730	2,870	2,870	2,765	2,555	2,660	2,730	2,870
7	30	30,34	2,786	2,786	2,646	2,786	2,786	2,681	2,471	2,576	2,646	2,786
8	35	32,43	2,703	2,703	2,563	2,703	2,703	2,598	2,388	2,493	2,563	2,703
9	40	34,52	2,619	2,619	2,479	2,619	2,619	2,514	2,304	2,409	2,479	2,619
10	45	36,60	2,536	2,536	2,396	2,536	2,536	2,431	2,221	2,326	2,396	2,536
11	50	38,69	2,452	2,452	2,312	2,452	2,452	2,347	2,137	2,242	2,312	2,452
12	55	40,78	2,369	2,369	2,229	2,369	2,369	2,264	2,054	2,159	2,229	2,369
13	> 58, < 275	42,00	2,320	2,320	2,180	2,320	2,320	2,215	2,005	2,110	2,180	2,320
14	> 275	45,00	2,200	2,200	2,060	2,200	2,200	2,095	1,885	1,990	2,060	2,200

* Alle Werte der Spalten 2 bis 12 in %.

** Mangels Einkommensteuerbelastung kommt es in Zeile 1 nicht zu einer Anrechnung von Gewerbesteuer ($\alpha = 0$). Der Anrechnungsfaktor der Gewerbe- auf die Einkommensteuer α nimmt jeweils den angegebenen Wert an.

Tabelle T-11: Nettozinssätze einer von einer natürlichen Person getätigten Supplementinvestition mit einem Bruttozinssatz i_b von 4 % bei Anwendung des Grundtarifs 2021 ohne Kirchensteuer und ohne Solidaritätszuschlag bei unterschiedlichen gewerbesteuerlichen Einflussfaktoren m_e, h, α und β

Anhang 3: Kurzableitung wichtiger Formeln aus Band 4

1. Vorbemerkung

In Teil I von Band 4 des Gesamtwerkes[133] sind u. a. wichtige Formeln abgeleitet worden, die nicht nur für Band 4, sondern auch für die Bände 5 und 6 von Bedeutung sind. Für alle diejenigen Leser dieses Bandes, die Band 4 nicht griffbereit vorliegen haben, werden Gleichungen aus Band 4, auf die in diesem Band Bezug genommen wird, hier noch einmal kurz dargestellt. Hierbei wird nur ein Teil der Rechenschritte übernommen. Die Gleichungsbezeichnungen entsprechen denen in Band 4 verwendeten. Damit erfolgt die Gleichungsbezeichnung nicht lückenlos, vielmehr ist sie mit Lücken behaftet. Leser und Leserinnen, die die Ableitungen in allen Einzelschritten nachvollziehen wollen, müssen auf Band 4 verwiesen werden. Die jeweils in der Überschrift der Ableitungen wiedergegebenen Seitenzahlen beziehen sich auf Band 4 in der vierten Auflage.

2. Ableitung von Gleichung (20), S. 24: Kombinierte Einkommen-, Kirchensteuer- und Solidaritätszuschlagsätze

Bei Ermittlung der genannten Steuersätze ist zu berücksichtigen, dass die Kirchensteuer (*Kist*) als Sonderausgabe von der Bemessungsgrundlage der Einkommensteuer und damit auch von derjenigen der Kirchensteuer abzugsfähig ist. Wird das Einkommen bzw. der Einkommensteil vor Abzug der Kirchensteuer mit *Eink* bezeichnet, so hat die gemeinsame Bemessungsgrundlage beider Steuerarten den Wert *Eink – Kist*. Die Einkommensteuer ergibt sich durch Multiplikation dieser Bemessungsgrundlage mit dem reinen Einkommensteuersatz (*sei*), die Kirchensteuer durch Multiplikation des sich ergebenden Produkts mit dem Kirchensteuersatz (*ski*). Die Kirchensteuer kann mithin wie folgt geschrieben werden:

$$\text{Kist} = (\text{Eink} - \text{Kist}) \cdot \text{sei} \cdot \text{ski bzw.} \tag{9}$$

$$\text{Kist} = \frac{\text{sei} \cdot \text{ski}}{1 + \text{sei} \cdot \text{ski}} \cdot \text{Eink.} \tag{10}$$

Die Summe aus Einkommen- (*ESt*) und Kirchensteuer (*KiSt*) entspricht dem Produkt aus *Eink* und dem kombinierten Einkommen- und Kirchensteuersatz *se*:

$$\text{Est} + \text{Kist} = \text{Eink} \cdot \text{se.} \tag{11}$$

Diese Summe entspricht auch dem Produkt aus dem zu versteuernden Einkommen und dem reinen Einkommensteuersatz *sei* zuzüglich des Produkts aus der Einkommensteuer und dem Kirchensteuersatz *ski*. Das zu versteuernde Einkommen ergibt sich durch Abzug der Kirchensteuer *Kist* von *Eink*. Die Einkommensteuer ergibt

---

[133] Siehe Schneeloch/Meyering/Patek, Band 4 (2020), Teil I.

sich als das Produkt aus dieser Differenz und dem Einkommensteuersatz *sei*. Es kann demnach geschrieben werden:

$$\text{Est} + \text{Kist} = (\text{Eink} - \text{Kist}) \cdot \text{Sei} + (\text{Eink} - \text{Kist}) \cdot \text{Sei} \cdot \text{Ski}. \tag{12}$$

Aus den Gleichungen (11) und (12) kann gefolgert werden:

$$\text{Eink} \cdot \text{Se} = (\text{Eink} - \text{Kist}) \cdot \text{Sei} + (\text{Eink} - \text{Kist}) \cdot \text{Sei} \cdot \text{Ski}. \tag{13}$$

bzw. nach Umformung

$$\text{Eink} \cdot \text{Se} = \text{Eink} \cdot (\text{Sei} + \text{Sei} \cdot \text{Ski}) - \text{Kist} \cdot (\text{Sei} + \text{Sei} \cdot \text{Ski}). \tag{14}$$

Durch Einsetzen des Werts von *Kist* aus Gleichung (10) in Gleichung (14), einigen Umformungen und Division durch *Eink* ergibt sich:

$$\text{Se} = \frac{\text{Sei} \cdot (1 + \text{Ski})}{1 + \text{Ski} \cdot \text{Sei}}. \tag{17}$$

Insoweit als Solidaritätszuschlag erhoben wird, kann Gleichung (17) erweitert werden zu:

$$\text{Se} = \frac{\text{Sei} \cdot (1 + \text{Solz} + \text{Ski})}{1 + \text{Ski} \cdot \text{Sei}}. \tag{20}$$

Hierbei gibt *solz* den sich aus § 3 Abs. 3 i. V. m. § 4 Sätze 1 und 2 SolZG zu ermittelnden Solidaritätszuschlagsatz an. Dieser beträgt

$$0 \leq \text{Solz} \leq 5{,}5\ \%.$$

Klargestellt sei, dass sich der kombinierte Steuersatz *Se* auf beliebige Differenz- bzw. Grenzeinkommen beziehen kann. Es kann sich also um einen Differenz-, einen Grenz- oder auch den Durchschnittssteuersatz handeln.

3. Ableitung der Gleichungen (I), (II) und (III): Steuerbelastung und kombinierte Steuersätze bei natürlichen Personen[134]

Bei den in den Steuerbelastungsgleichungen natürlicher Personen berücksichtigten Steuern (*Snat*) handelt es sich um die Grund- (*Grst*), die Gewerbe- (*Gewst*) und die Einkommensteuer (*Est*):

---

134 Vertiefend s. Schneeloch/Meyering/Patek, Band 4 (2020), Teil I, Gliederungspunkt 4.2.

$$S_{nat} = G_{rst} + G_{ewst} + E_{st}. \qquad (56)$$

Die Grundsteuer ergibt sich durch Multiplikation der Bemessungsgrundlage der Betriebs- (B_{mbgr}) und der Privatgrundstücke (B_{mpgr}) mit dem Grundsteuersatz (s_{gr}):

$$G_{rst} = B_{mbgr} \cdot s_{gr} + B_{mpgr} + s_{gr}. \qquad (57)$$

Der Gewerbesteuer unterliegen die im Steuerbilanzgewinn enthaltenen Erträge und Aufwendungen. Beide werden durch das Symbol E erfasst, wobei nur das Vorzeichen unterschiedlich ist.

Die Bemessungsgrundlage der Gewerbesteuer wird durch Hinzurechnungen erhöht und durch Kürzungen vermindert. Hierfür wird das Symbol H_{ge} verwendet. Als H_{ge} kann auch der Freibetrag gem. § 11 Abs. 1 GewStG behandelt werden. Nicht in H_{ge} erfasst wird die Kürzung nach § 9 Nr. 1 GewStG. Diese wird hier als das Produkt aus γ und B_{mbgr} definiert. Hierbei gibt γ den in § 9 Nr. 1 GewStG genannten Prozentsatz an. Abzugsfähig von der Bemessungsgrundlage der Gewerbesteuer ist auch die auf die Betriebsgrundstücke entfallende Grundsteuer ($B_{mbgr} \cdot s_{gr}$), und zwar als Betriebsausgabe.

Die Gewerbesteuer ist das Produkt aus der so definierten Bemessungsgrundlage und dem Gewerbesteuersatz s_{ge}:

$$G_{ewst} = (E + H_{ge} - \gamma \cdot B_{mbgr} - B_{mbgr} \cdot s_{gr}) \cdot s_{ge}. \qquad (58)$$

Der Gewerbesteuersatz s_{ge} ist das Produkt aus der Steuermesszahl m_e und dem Hebesatz h.

Die Bemessungsgrundlage der Einkommensteuer wird durch die auch bei der Gewerbesteuer anzusetzenden Erträge nach Abzug der entsprechenden Aufwendungen, d. h. durch E bestimmt. Nicht in E enthalten ist auch hier wieder die betriebliche Grundsteuer. Zusätzlich zur betrieblichen mindert auch die private Grundsteuer das Einkommen, sofern sie mit Einkünften aus Vermietung und Verpachtung im Zusammenhang steht. Neben den durch E gekennzeichneten Betriebseinnahmen und Betriebsausgaben können auch andere Einnahmen und Ausgaben das Einkommen beeinflussen, wie z. B. Sonderausgaben und außergewöhnliche Belastungen. Diese werden mit dem Symbol E_e erfasst. Nicht in E_e erfasst wird aber die als Sonderausgabe abzugsfähige Kirchensteuer.

Die Einkommensteuer einschließlich der Zuschlagsteuern ergibt sich durch Multiplikation der so definierten Bemessungsgrundlage mit dem aus Gleichung (20) ermittelbaren kombinierten Einkommen-, Kirchensteuer- und Solidaritätszuschlagsatz. Von diesem Produkt ist die nach § 35 EStG auf die Einkommensteuer anrechenbare pauschalierte Gewerbesteuer ($A_{n/gewst}$) abzuziehen. In Höhe von $A_{n/gewst}$ mindert sich auch die Bemessungsgrundlage des Solidaritätszuschlags, nach § 51a

Abs. 2 Satz 3 EStG aber nicht diejenige der Kirchensteuer. Insgesamt findet also eine Anrechnung von Gewerbesteuer auf Einkommensteuer und Solidaritätszuschlag i. H. v. *An/gewst* · $(1 + solz)$ statt. Unter Berücksichtigung dieses Anrechnungsbetrages ergibt sich die Einkommensteuerschuld (einschließlich der Zuschlagsteuern) wie folgt:

$$E_{st} = (E + E_e - B_{mbgr} \cdot s_{gr} - B_{mpgr} \cdot S_{gr}) \cdot s_e - A_{n/gewst} \cdot (1 + solz). \quad (59)$$

Durch Einsetzen der Gleichungen (57), (58) und (59) in Gleichung (56) ergibt sich nach einigen Umformungen die Gesamtbelastungsformel natürlicher Personen mit:

$$S_{nat} = E \cdot (s_e + s_{ge}) + E_e \cdot s_e + H_{ge} \cdot s_{ge} - A_{n/gewst} \cdot (1 + solz) \quad (I)$$

$$+ B_{mbgr} \cdot [s_{gr} \cdot (1 - s_e - s_{ge}) - \gamma \cdot s_{ge}] + B_{mpgr} \cdot s_{gr} \cdot (1 - s_e).$$

In Gleichung (I) wird das sich nach § 35 EStG ergebende Anrechnungsguthaben ohne Bezugnahme auf die in dieser Gleichung enthaltenen Teilbemessungsgrundlagen von der Steuerschuld abgezogen. Nunmehr sollen die Abhängigkeiten des Anrechnungsguthabens von diesen Teilbemessungsgrundlagen berücksichtigt werden. Abhängigkeiten bestehen nur zu den Teilbemessungsgrundlagen, die mit Gewerbesteuer belastet sind bzw. eine Gewerbesteuerentlastung bewirken. Diese sind alle in der die Gewerbesteuer definierenden Gleichung (58) enthalten. Wird in dieser *s_ge* durch das Produkt aus Steuermesszahl *me* und dem Hebesatz *h* ersetzt, so ergibt sich:

$$G_{ewst} = (E + H_{ge} - \gamma \cdot B_{mbgr} - B_{mbgr} \cdot s_{gr}) \cdot me \cdot h. \quad (60)$$

Der Klammerausdruck in Gleichung (60) stellt den Gewerbeertrag dar. Das Produkt aus diesem und der Steuermesszahl *me* ergibt den Gewerbesteuer-Messbetrag *Me*:

$$M_e = (E + H_{ge} - \gamma \cdot B_{mbgr} - B_{mbgr} \cdot s_{gr}) \cdot me. \quad (61)$$

Me ist nach § 35 Abs. 1 EStG die Bemessungsgrundlage des Anrechnungsbetrages *An/gewst*. Dieser ergibt sich durch Multiplikation des Wertes von *Me* in Gleichung (61) mit dem Anrechnungsfaktor α:

$$A_{n/gewst} = (E + H_{ge} - \gamma \cdot B_{mbgr} - B_{mbgr} \cdot s_{gr}) \cdot me \cdot \alpha. \quad (62)$$

Nach derzeitiger Fassung des § 35 Abs. 1 EStG gilt:

$$\alpha \leq 4. \quad (63)$$

Durch Einsetzen des Werts aus Gleichung (62) in Gleichung (I) und Ersatz des Ausdrucks „sge" in dieser Gleichung durch „$me \cdot h$" und einigen Umformungen ergibt sich Folgendes:

$$S_{nat} = E \cdot \{s_e + m_e \cdot [h - \alpha \cdot (1 + solz)]\} + E_e \cdot s_e \qquad (II)$$

$$+ H_{ge} \cdot m_e \cdot [h - \alpha \cdot (1 + solz)]$$

$$+ B_{mbgr} \cdot [\gamma \cdot m_e \cdot \alpha \cdot (1 + solz) + s_{gr} \cdot m_e \cdot \alpha \cdot (1 + solz)$$

$$+ s_{gr} \cdot (1 - s_e - m_e \cdot h) - \gamma \cdot m_e \cdot h]$$

$$+ B_{mpgr} \cdot s_{gr} \cdot (1 - s_e).$$

Für den wichtigen Spezialfall, dass $\alpha = h$, kann Gleichung (II) vereinfacht werden zu:

$$S_{nat/\alpha=h} = E \cdot (s_e - m_e \cdot h \cdot solz) + E_e \cdot s_e - H_{ge} \cdot m_e \cdot h \cdot solz \qquad (III)$$

$$+ B_{mbgr} \cdot \{\gamma \cdot m_e \cdot h \cdot (1 + solz) - \gamma \cdot m_e \cdot h$$

$$+ s_{gr} \cdot [m_e \cdot h \cdot (1 + solz) + 1 - m_e \cdot h - s_e]\}$$

$$+ B_{mpgr} \cdot s_{gr} \cdot (1 - s_e).$$

4. Ableitung der Gleichungen (IV) bis (VIII): Steuerbelastung und kombinierte Steuersätze bei Kapitalgesellschaften und Einbeziehung der Gesellschafter[135]

Die jährliche Steuerbelastung einer Kapitalgesellschaft (*Skap*) kann in gleicher Weise ermittelt werden wie die einer natürlichen Person. Allerdings findet keine Anrechnung von Gewerbesteuer auf eine andere Steuer statt. Grundsätzlich fallen die gleichen Steuerarten an wie bei natürlichen Personen. Lediglich die Einkommensteuer wird durch die Körperschaftsteuer (*Kst*) ersetzt. Anstelle von Gleichung (56) kann somit geschrieben werden:

$$S_{kap} = G_{rst} + G_{ewst} + K_{st}. \qquad (76)$$

Grundstücke können nur den Charakter von Betriebsgrundstücken haben, so dass sich die Grundsteuer wie folgt ergibt:

$$G_{rst} = B_{mbgr} \cdot s_{gr}. \qquad (77)$$

Die Gewerbesteuer kann in gleicher Form erfasst werden wie bei natürlichen Personen, so dass auch hier Gleichung (58) angewendet werden kann:

---

[135] Vertiefend hierzu s. Schneeloch/Meyering/Patek, Band 4 (2020), Teil I, Gliederungspunkt 4.3.

$$\text{Gewst} = (E + H_{ge} - \gamma \cdot B_{mbgr} - B_{mbgr} \cdot S_{gr}) \cdot S_{ge}. \tag{58}$$

Körperschaftsteuer fällt entsprechend den Ausführungen zur Einkommensteuer auf den Saldo der voll anzusetzenden Erträge und Aufwendungen (E) und auf den Saldo der nur bei der Körperschaftsteuer anzusetzenden Einnahmen und Ausgaben (Ek) an. Abzuziehen ist die Grundsteuer. Auf die so entstandene Bemessungsgrundlage ist der Körperschaftsteuersatz (sk), der derzeit auch den Solidaritätszuschlagsatz umfasst, anzuwenden. Die Körperschaftsteuer beträgt demnach:

$$K_{st} = (E + E_k - G_{rst}) \cdot sk. \tag{78}$$

Durch Einsetzen der Werte der Gleichungen (77), (58) und (78) in Gleichung (76) und nach einigen Umformungen ergibt sich die Steuerbelastung der Kapitalgesellschaft mit

$$S_{kap} = E \cdot (s_k + s_{ge}) + E_k \cdot s_k + H_{ge} \cdot s_{ge} \tag{IV}$$
$$+ B_{mbgr} \cdot [(1 - s_k) \cdot s_{gr} - (\gamma + s_{gr}) \cdot s_{ge}].$$

Auch bei Kapitalgesellschaften kann es in Einzelfällen sinnvoll sein, den Gewerbesteuersatz s_{ge} als das Produkt aus der Steuermesszahl me und dem Hebesatz h zu schreiben, so dass Gleichung (IV) wie folgt geschrieben werden kann:

$$S_{kap} = E \cdot (s_k + m_e \cdot h) + E_k \cdot s_k + H_{ge} \cdot m_e \cdot h \tag{V}$$
$$+ B_{mbgr} \cdot [(1 - s_k) \cdot s_{gr} - (\gamma + s_{gr}) \cdot m_e \cdot h].$$

Sofern die Kapitalgesellschaft Ausschüttungen vornimmt, führen diese bei den Gesellschaftern zu steuerpflichtigen Einnahmen. Befinden sich die Anteile an der Kapitalgesellschaft im Privatvermögen des Gesellschafters (Aktionärs), so führen die Ausschüttungen bei diesem zu Einnahmen aus Kapitalvermögen und damit zu Ee i. S. v. Gleichung (I) bzw. (II). Infolge der Ausschüttung kann es im Einzelfall zum Abzug eines Teils des Sparer-Pauschbetrags ($Fe\S20$) kommen. Dies gilt nur dann, wenn dieser nicht bereits anderweitig verbraucht ist. Wird die Steuerbelastung des Gesellschafters mit $S_{ges/a/pv}$ bezeichnet, so ergibt sich diese wie folgt:

$$S_{ges/a/pv} = (A - F_{e\S20}) \cdot s_{e\S32d}. \tag{VI}$$

Hierbei gibt $se\S32d$ den für Einkünfte aus Kapitalvermögen geltenden kombinierten Steuersatz i. S. d. § 32d EStG an.

Auch dann, wenn die Anteile zum Betriebsvermögen eines gewerblichen (Mit-)Unternehmers gehören, zeitigen die Ausschüttungen bei dem Empfänger im Ergebnis keine gewerbesteuerlichen Folgen. Der Grund liegt in der Kürzungsvorschrift des

§ 9 Nr. 2a GewStG. Die Ausschüttung unterliegt also auch in diesem Fall lediglich der Einkommensteuer. Zur Anwendung kommt allerdings nicht der gesonderte Steuersatz des § 32d EStG, sondern das sich aus § 3 Nr. 40 EStG ergebende Teileinkünfteverfahren[136]. Danach ist die Ausschüttung mit dem Anteil δ von derzeit 60 % und dem normalen Einkommensteuersatz *se§32a* steuerpflichtig. Der Freibetrag *Fe§20* ist nicht anwendbar, da er Einkünfte aus Kapitalvermögen und nicht – wie hier – solche aus Gewerbebetrieb voraussetzt. Die Steuerbelastung des Gesellschafters in dem Fall, dass er die Ausschüttungen in seinem gewerblichen Betriebsvermögen bezieht (*Sges/a/bv*), ergibt sich demnach wie folgt:

$$\text{Sges/a/bv} = \delta \cdot \text{A} \cdot \text{se§32a}. \tag{VII}$$

Ist Empfänger einer Ausschüttung eine Kapitalgesellschaft, so kommt § 8b Absätze 1 und 5 KStG zur Anwendung. Im Ergebnis werden damit lediglich 5 % der Ausschüttung bei der die Ausschüttung empfangenden Kapitalgesellschaft besteuert, und zwar mit Körperschaftsteuer (derzeit einschließlich Solidaritätszuschlag) und Gewerbesteuer. 5 % von A hat also die Wirkung von *E* i. S. v. Gleichung (IV) bzw. (V). Bei der die Ausschüttung empfangenden Kapitalgesellschaft entsteht also eine Steuerbelastung (*Sges/a/kap*) i. H. v.:

$$\text{Sges/a/kap} = 0{,}05 \cdot \text{A} \cdot (\text{sk} + \text{me} \cdot \text{h}). \tag{VIII}$$

Klargestellt sei, dass eine 95 %ige Freistellung der Ausschüttung von der Körperschaft- und der Gewerbesteuer nur dann zur Anwendung kommt, wenn es sich bei der Beteiligung nicht um Streubesitz i. S. v. § 8b Abs. 4 KStG handelt. Streudividenden hingegen werden nach § 8b Abs. 4 KStG in vollem Umfang erfasst, so dass der Faktor 0,05 in Gleichung (VIII) den Wert 1 annimmt.

Auf die Ableitung der ebenfalls in Band 4 ermittelten Gleichungen (IX) bis (XII) an dieser Stelle wird aus Platzgründen verzichtet. Nachfolgend werden lediglich die Gleichungen selbst wiedergegeben. Sie alle geben das Verhältnis zwischen Brutto- (*ib*) und Nettozinssätzen (*in*) an.

Der Nettozinssatz im Falle einer Verzinsung im Betriebsvermögen einer Kapitalgesellschaft (*in/kap*) lautet:

$$\text{in/kap} = \text{ib} \cdot [1 - \text{sk} - \text{me} \cdot \text{h} \cdot (1 - \beta)]. \tag{IX}$$

---

136 Bei im Privatvermögen gehaltenen Anteilen besteht nach § 32d Abs. 2 Nr. 3 EStG eine Option zur Anwendung des Teileinkünfteverfahrens. Diese Option gilt unter der Voraussetzung, dass die Kapitalgesellschaftsbeteiligung mind. 25 % beträgt oder dass der Gesellschafter eine geschäftsführende Tätigkeit für die Gesellschaft übernimmt und an dieser zu mind. 1 % beteiligt ist.

Der Nettozinssatz im Falle einer Verzinsung im Betriebsvermögen eines Personen-unternehmens (*in/persu*) beträgt:

$$\text{in/persu} = \{1 - \text{se\S32a} - \text{me} \cdot [\text{h} \cdot (1 - \beta) - \alpha \cdot (1 + \text{solz}) \cdot (1 - \beta)]\} \cdot \text{ib.} \quad (X)$$

Heben sich die Wirkungen der Gewerbesteuer und deren Anrechnung in pauschaler Form gegenseitig auf, so vereinfacht sich Gleichung (X) zu:

$$\text{in/persu} = (1 - \text{se\S32a}) \cdot \text{ib.} \quad (XI)$$

Die gleiche Form weist der Nettozinssatz dann auf, wenn es sich um Zinsen einer natürlichen Person außerhalb eines Gewerbebetriebs handelt. Ein derartiger Netto-zinssatz (*in/nat*) kann wie folgt formuliert werden:

$$\text{in/nat} = (1 - \text{se\S32a}) \cdot \text{ib.} \quad (XII)$$

Literaturverzeichnis

1. Monographien, Sammelwerke, Kommentare, Zeitschriftenaufsätze

Bareis, Peter (2000): Das Halbeinkünfteverfahren im Systemvergleich, StuW, S. 133–143.

Beinert, Jörg (1979): Familienkapitalgesellschaften im Zivil- und Steuerrecht, StbJb, S. 269–299.

Berninghaus, Jochen (1998): Refinanzierung von Leasinggesellschaften, in: Praxishandbuch Leasing, hrsg. von. Hans E. Büschgen, München, S. 607–626.

Bieg, Hartmut (1997): Leasing als Sonderform der Außenfinanzierung, StB, S. 425–435.

Bieg, Hartmut/Kußmaul, Heinz/Waschbusch, Gerd (2016a): Finanzierung, 3. Auflage, München.

Bieg, Hartmut/Kußmaul, Heinz/Waschbusch, Gerd (2016b): Investition, 3. Auflage, München.

Bitz, Michael/Ewert, Jürgen/Terstege, Udo (2018): Investition. Multimediale Einführung in finanzmathematische Entscheidungskonzepte, 3. Auflage, Wiesbaden.

Blohm, Hans/Lüder, Klaus/Schaefer, Christina (2012): Investition: Schwachstellenanalyse des Investitionsbereichs und Investitionsrechnung, 10. Auflage, München.

Bordewin, Arno/Tonner, Norbert (2008): Leasing im Steuerrecht, 5. Auflage, Heidelberg.

Brönner, Herbert (2007): Die Besteuerung der Gesellschaften, bearb. von Herbert Brönner/Peter Bareis/Jens Poll, 18. Auflage, Stuttgart.

Bundesministerium der Finanzen (2021): Die wichtigsten Steuern im internationalen Vergleich 2020, Berlin.

Büschgen, Hans E. (1998): Allgemeine Grundlagen, in: Praxishandbuch Leasing, hrsg. von Hans E. Büschgen, München, S. 1–36.

Drukarczyk, Jochen/Lobe, Sebastian (2014): Finanzierung: Eine Einführung unter deutschen Rahmenbedingungen, 11. Auflage, Konstanz/München.

Eilenberger, Guido/Ernst, Dietmar/Toebe, Marc (2013): Betriebliche Finanzwirtschaft, 8. Auflage, München.

Engel, Johanna (1997): Miete, Kauf, Leasing, 2. Auflage, Bonn.

Gabele, Eduard/Dannenberg, Jan/Kroll, Michael (2001): Immobilien-Leasing: Vertragsformen, Vor- und Nachteile, steuerliche Analyse, 4. Auflage, Wiesbaden.

Gosch, Dietmar/Kroppen, Heinz-Klaus/Grotherr, Siegfried/Kraft, Gerhard (2021): DBA-Kommentar, Herne (Loseblatt), Stand: März 2021.

Haase, Klaus/Schneeloch, Dieter (1983): Analyse des Referentenentwurfs eines § 8a KStG: Steuerbelastung, Konzeption und Alternativen, in: Besteuerung der Gesellschafter-Fremdfinanzierung, hrsg. von Klaus Haase/Dieter Schneeloch/Theodor Siegel, Stuttgart.

Hastedt, Uwe-Peter/Mellwig, Winfried (1998): Leasing: Rechtliche und ökonomische Grundlagen, Heidelberg.

Heister, Matthias (1962): Rentabilitätsanalyse von Investitionen, Köln.

Hintzen, Christoph (2021): Deutsche Outbound-Investitionen in der digitalen Wirtschaft − eine steuerplanerische Analyse unter besonderer Berücksichtigung der Standortwahl sowie weiterer sachverhaltsgestaltender Aktionsparameter, Berlin.

Jacobs, Otto H./Endres, Dieter/Spengel, Christoph (2016): Internationale Unternehmensbesteuerung: Deutsche Investitionen im Ausland. Ausländische Investitionen im Inland, 5. Auflage, München.

Jacobs, Otto H./Scheffler, Wolfram/Spengel, Christoph (2015): Unternehmensbesteuerung und Rechtsform: Handbuch zur Besteuerung deutscher Unternehmen, 8. Auflage, München.

Japes, Maria Theresia (2011): Die Wirkung der Besteuerung auf die Vorteilhaftigkeit von Investitionen, Hagen.

Käbisch, Volker (2020): Art. 12 OECD-MA, in: Außensteuergesetz − Doppelbesteuerungsabkommen: Kommentar, hrsg. von Günther Strunk, Bert Kaminski und Stefan Köhler, Bonn (Loseblatt), Stand: August 2020.

KPMG (2021): Clarity on Swiss Tax.

Kruschwitz, Lutz/Lorenz, Daniela (2019): Investitionsrechnung, 15. Auflage, München.

Lazarz, Katrin (2021): Die Abbildung von Leasingverhältnissen nach den IFRS und nach der handelsrechtlichen Rechnungslegung, Wiesbaden.

Mellwig, Winfried (1980): Sensitivitätsanalyse des Steuereinflusses in der Investitionsplanung - Überlegungen zur praktischen Relevanz einer Berücksichtigung der Steuern bei der Investitionsentscheidung, ZfbF, S. 16–39.

Mellwig, Winfried (1981): Die Berücksichtigung von Steuern in der Investitionsplanung - Modellprämissen und Ausmaß des Steuereinflusses, ZfbF, S. 53–55.

Mennel, Annemarie/Förster, Jutta, Steuern (2021): Steuern in Europa, Amerika und Asien, hrsg. von Annemarie Mennel und Jutta Förster, Herne/Berlin (Loseblatt), Stand: 2021.

Moldenhauer, Thomas (2006): Leasing mobiler Anlagegüter - Eine betriebswirtschaftliche Analyse unter besonderer Berücksichtigung steuerlicher Aspekte, Münster.

Perridon, Louis/Steiner, Manfred/Rathgeber, Andreas (2017): Finanzwirtschaft der Unternehmung, 17. Auflage, München.

Rupp, Thomas (2016): Kapitel 4.1: Hintergrund: Patent- und Lizenzboxen anderer Staaten, in: Haufe Steuer Office Kanzlei-Edition Online, Stand: 29. Dezember 2016, HI10127036.

Samuelson, Paul A. (1937): Some Aspects of the Pure Theory of Capital, The Quarterly Journal of Economics, S. 469–496.

Schneeloch, Dieter (1987): Verdeckte Vorteilszuwendungen an Kapitalgesellschaften, BB, S. 481–491.

Schneeloch, Dieter (1988): Gewinnverlagerungen und Gewinnverlagerungspolitik durch Vorteilszuwendungen. Konsequenzen aus dem Beschluss des Großen Senats des Bundesfinanzhofs vom 26.10.1987, BB, S. 1929–1938.

Schneeloch, Dieter (2002): Besteuerung und betriebliche Steuerpolitik, Band 2: Betriebliche Steuerpolitik, 2. Auflage, München.

Schneeloch, Dieter (2009): Besteuerung und betriebliche Steuerpolitik, Band 2: Betriebliche Steuerpolitik, 3. Auflage, München.

Schneeloch, Dieter/Frieling, Melanie (2021): Kombinierte Einkommen-, Kirchensteuer- und Solidaritätszuschlagsätze ab 2021, DB, S. 1–7.

Schneeloch, Dieter/Meyering, Stephan/Patek, Guido (2016): Betriebswirtschaftliche Steuerlehre, Band 1: Grundlagen der Besteuerung, Ertragsteuern, 7. Auflage, München.

Schneeloch, Dieter/Meyering, Stephan/Patek, Guido (2017a): Betriebswirtschaftliche Steuerlehre, Band 2: Steuerliche Gewinnermittlung, 7. Auflage, München.

Schneeloch, Dieter/Meyering, Stephan/Patek, Guido (2017b): Betriebswirtschaftliche Steuerlehre, Band 3: Substanzsteuern, Verkehrsteuern und Grundzüge des Besteuerungsverfahrens, 7. Auflage, München.

Schneeloch, Dieter/Meyering, Stephan/Patek, Guido (2020): Betriebswirtschaftliche Steuerlehre, Band 4: Grundlagen und autonome Steuerplanung, 4. Auflage, München.

Schneeloch, Dieter/Meyering, Stephan/Patek, Guido (2020): Betriebswirtschaftliche Steuerlehre, Band 6: Rechtsformwahl, Rechtsformwechsel, qualifizierte Beteiligungen, 4. Auflage, München.

Schneeloch, Dieter/Trockels-Brand, Tanja (2000): Körperschaftsteuerliches Anrechnungsverfahren versus Reformpläne, DStR, S. 907–915.

Schneider, Dieter (1992): Investition, Finanzierung und Besteuerung, 7. Auflage, Wiesbaden.

Schönfeld, Jens/Ditz, Xaver (2019): Doppelbesteuerungsabkommen: Kommentar, 2. Auflage, Köln.

Schulz, Horst-Günther (1998): Leasing im Einkommen- und Körperschaftsteuerrecht, in: Praxishandbuch Leasing, hrsg. von Hans E. Büschgen, München 1998, S. 528–581.

Schwarz, Horst (1962): Zur Berücksichtigung erfolgssteuerlicher Gesichtspunkte bei Investitionsentscheidungen, BFuP, S. 135–153 und S. 199–211.

Siegel, Theodor/Bareis, Peter/Herzig, Norbert/Schneider, Dieter/Wagner, Franz W./Wenger, Ekkehard (2000): Verteidigt das Anrechnungsverfahren gegen unbedachte Reformen!, BB, S. 1269–1270.

Statistische Ämter des Bundes und der Länder (2021): Hebesätze der Realsteuern, Ausgabe 2020, Düsseldorf.

Statistisches Bundesamt Deutschland (2021): Finanzen und Steuern: Realsteuervergleich- Realsteuern, kommunale Einkommen- und Umsatzsteuerbeteiligungen 2019 (Fachserie 14/Reihe 10.1), Wiesbaden.

Strunk, Günther/Kaminski, Bert/Köhler, Stefan (2020): Außensteuergesetz – Doppelbesteuerungsabkommen: Kommentar, Bonn (Loseblatt), Stand: August 2020.

Swoboda, Peter (1996): Investition und Finanzierung, 5. Auflage, Göttingen.

Tipp, Ursula (2021): Länderteil Irland in: Steuern in Europa, Amerika und Asien, hrsg. von Annemarie Mennel und Jutta Förster, Herne/Berlin (Loseblatt), Stand: 2021.

Tacke, Helmut R. (1999): Leasing, 3. Auflage, Stuttgart.

Vogel, Klaus/Lehner, Moris (2021): Doppelbesteuerungsabkommen der Bundesrepublik Deutschland auf dem Gebiet der Steuern vom Einkommen und Vermögen: Kommentar auf der Grundlage der Musterabkommen, 7. Auflage, München.

Wagner, Franz W. (1981): Der Steuereinfluß in der Investitionsplanung - Eine Quantite negligeable?, ZfbF, S. 47–52.

Wassermeyer, Franz (2021): Doppelbesteuerung: DBA Kommentar, München (Loseblatt), Stand: Juli 2021.

Welling, Berthold (2007): Die Zinsschranke. Übersteigerte politische Zielvorgabe an einer Neuordnung der Regelung zur Gesellschafter-Fremdfinanzierung, FR, S. 735–739.

Westphalen, Friedrich Graf von (2015): Der Leasingvertrag, 7. Auflage, Köln.

Wöhe, Günter/Bilstein, Jürgen/Ernst, Dietmar/Häcker, Joachim (2013): Grundzüge der Unternehmensfinanzierung, 11. Auflage, München.

Wollseiffen, Guido Franz (1998): Steuerplanung bei Verlusten, Verlustausgleich und Verlustabzug im Rahmen der betrieblichen Steuerpolitik, Lohmar/Köln.

Zajicek, Stephanie Alexandra (2017): Körperschaftsteuersysteme in der Europäischen Union: Möglichkeiten und Grenzen einer Harmonisierung, Baden-Baden.

2. Gesetze und Verordnungen der Bundesrepublik Deutschland

AktG: Aktiengesetz in der Fassung der Bekanntmachung vom 6.9.1965, BGBl I 1965, S. 1089, zuletzt geändert durch Gesetz vom 10.8.2021, BGBl I 2021, S. 3436.

AO: Abgabenordnung in der Fassung der Bekanntmachung vom 1.10.2002, BGBl I 2002. S. 3866, zuletzt geändert durch Gesetz vom 25.6.2021, BGBl I 2021, S. 2154.

AStG: Außensteuergesetz vom 8.9.1972, BGBl I 1972, S. 1713, zuletzt geändert durch Gesetz vom 25.6.2021, BGBl I 2021, S. 2050.

BewG: Bewertungsgesetz in der Fassung der Bekanntmachung vom 1.2.1991, BGBl I 1991, S. 230, zuletzt geändert durch Gesetz vom 16.7.2021, BGBl I 2021, S. 2931.

EStG: Einkommensteuergesetz in der Fassung der Bekanntmachung vom 8.10.2009, BGBl I 2009, S. 3366, 3862, zuletzt geändert durch Gesetz vom 20.8.2021, BGBl I 2021, S. 3932.

FZulG: Gesetz zur steuerlichen Förderung von Forschung und Entwicklung vom 14.12.2019, BGBl I, S. 2763, zuletzt geändert durch Gesetz vom 16.7.2021, BGBl I 2021, S. 2931.

GmbHG: Gesetz betreffend die Gesellschaften mit beschränkter Haftung vom 20.4.1892, in bereinigter Fassung (BGBl III, Gliederungsnummer 4123-1), zuletzt geändert durch Gesetz vom 10.8.2021, BGBl I 2021, S. 3436.

Gesetz zur Änderung des Grundgesetzes (Artikel 72, 105 und 125b) vom 15.11.2019, BGBl I 2019, S. 1546.

Gesetz zur Modernisierung der Entlastung von Abzugsteuern und der Bescheinigung der Kapitalertragsteuer (Abzugsteuerentlastungsmodernisierungsgesetz - AbzStEntModG) vom 2.6.2021, BGBl I 2021, S. 1259.

Gesetz zur Reform des Grundsteuer- und Bewertungsrechts vom 26.11.2019, BGBl I 2019, S. 1794.

Gesetz zur Umsetzung der Richtlinie (EU) 2017/1852 des Rates vom 10. Oktober 2017 über Verfahren zur Beilegung von Besteuerungsstreitigkeiten in der Europäischen Union vom 10.12.2019, BGBl I 2019, S. 2103.

GewStG: Gewerbesteuergesetz vom 1.12.1936, in der Fassung der Bekanntmachung vom 15.10.2002, BGBl I 2002, S. 4167, zuletzt geändert durch Gesetz vom 25.6.2021, BGBl I 2021, S. 2050.

GG: Grundgesetz für die Bundesrepublik Deutschland vom 23.5.1949, in bereinigter Fassung (BGBl III, Gliederungsnummer 100-1), zuletzt geändert durch Gesetz vom 29.9.2020, BGBl I 2020, S. 2048.

GrStG: Grundsteuergesetz vom 7.8.1973, BGBl I 1973, S. 965, zuletzt geändert durch Gesetz vom 16.7.2021, BGBl I 2021, S. 2931.

GrEStG: Grunderwerbsteuergesetz in der Fassung der Bekanntmachung vom 26.2.1997, BGBl I 1997, S. 418, berichtigt S. 1804, zuletzt geändert durch Gesetz vom 25.6.2021, BGBl I 2021, S. 2056.

Haushaltsbegleitgesetz 2006 vom 29.6.2006, BGBl I 2006, S. 1402.

InvZulG: Investitionszulagengesetz 2010 vom 7.12.2008, BGBl I 2008, S. 2350, zuletzt geändert durch Gesetz vom 22.12.2009, BGBl I 2009, S. 3950.

KStG: Körperschaftsteuergesetz vom 31.08.1976 in der Fassung der Bekanntmachung vom 15.10.2002, BGBl I 2002, S. 4144, zuletzt geändert durch Gesetz vom 25.6.2021, BGBl I 2021, S. 2056.

SolZG: Solidaritätszuschlagsgesetz 1995 vom 23.6.1993 in der Fassung der Bekanntmachung vom 15.10.2002, BGBl I 2002, S. 4130, zuletzt geändert durch Gesetz vom 1.12.2020, BGBl I 2020, S. 2616.

Unternehmensteuerreformgesetz 2008 vom 14.8.2007, BGBl I 2007, S. 1912.

UStG: Umsatzsteuergesetz vom 26.11.1979 in der Fassung der Bekanntmachung vom 21.2.2005, BGBl I 2005, S. 386, zuletzt geändert durch Gesetz vom 20.8.2021, BGBl I 2021, S. 3932.

Zweites Gesetz zur Umsetzung steuerlicher Hilfsmaßnahmen zur Bewältigung der Corona-Krise (Zweites Corona-Steuerhilfegesetz) vom 29.6.2020, BGBl I 2020, S. 1513.

FVerlV: Verordnung zur Anwendung des Fremdvergleichsgrundsatzes nach § 1 Abs. 1 des Außensteuergesetzes in Fällen grenzüberschreitender Funktionsverlagerungen vom 12.8.2008, BGBl I, S. 1680, zuletzt geändert durch Gesetz vom 26.6.2013, BGBl I 2013, S. 1809.

3. Gerichtsbeschlüsse und -urteile

BFH-Urteil vom 26.1.1970, IV R 144/66, BStBl 1970 II, S. 264.

BFH-Beschluss vom 26.10.1987, GrS 2/86, BStBl II 1988, S. 348.

BVerfG-Urteil vom 10.4.2018, 1 BvL 11/14, BVerfGE 148, S. 147.

BVerfG-Beschluss vom 8.7.2021, 1 BvR 2237/14, 1 BvR 2422/17, Pressemitteilung des BVerfG Nr. 77/2021 vom 18.8.2021.

4. Sonstige Quellen

BdF-Schreiben vom 19.4.1971, IV B 2 - S 2170 - 31/71, BStBl I 1971, S. 264.

BdF-Schreiben vom 21.3.1972, F/IV B 2 - S 2170 - 11/72, BStBl I 1972, S. 188.

BdF-Schreiben vom 22.12.1975, IV B 2 - S 2170 - 161/75, StEK EStG § 6 Abs. 1 Ziff. 1 Nr. 45.

BdF-Schreiben vom 23.12.1991, IV B 2 - S 2170 - 115/91, BStBl I 1992, S. 13.

BMF-Schreiben vom 13.12.1973 - IV B 2 - S 2170 - 94/73, DB 1973, S. 2485.

BMF-Schreiben vom 15.12.2000, IV D 2 - S 1551 - 188/00, BStBl I 2000, S. 1532.

BMF-Schreiben vom 12.4.2005, IV B4 - S1342 - 1/05, BStBl I 2005, S. 570.

BMF-Schreiben vom 4.7.2008, IV C 7 - S 2742 - a/07/10001, BStBl I 2008, S. 718.

BMF-Schreiben vom 9.10.2018, IV B 2-S 1304/17/10001, BStBl I 2018, S. 1122.

BMF-Schreiben vom 18.2.2021, IV B 2 -S 1301/07/10017-12, BStBl I 2021, S. 265.

BMF-Schreiben vom 14.7.2021, IV B 5 - S 1341/19/10017 :001, abrufbar unter: www.bundesfinanzministerium.de/Web/DE/Service/Publikationen/ BMF_Schreiben/bmf_schreiben.de

BT-Drucksache 8/3648 vom 8.2.1980: Entwurf eines Gesetzes zur Änderung des EStG, KStG und anderer Gesetze.

BT-Drucksache 12/220 vom 11.3.1991: Entwurf eines Gesetzes zur Einführung eines befristeten Solidaritätszuschlags und zur Änderung von Verbrauchsteuer- und anderen Gesetzen (Solidaritätsgesetz).

EStH: Einkommensteuer-Hinweise 2020, Bundesministerium der Finanzen, amtliches Einkommensteuer-Handbuch 2020, Stuttgart 2021.

GewStR: Gewerbesteuer-Richtlinien vom 28.4.2010, BStBl I 2010, Sondernummer 1, S. 2.

OECD-Musterabkommen (OECD-MA) zur Beseitigung der Doppelbesteuerung sowie der Steuerverkürzung und -umgehung auf dem Gebiet der Steuern vom Einkommen und vom Vermögen i. d. F. der Änderungen vom 21.11.2017 (Model Tax Convention on Income and on Capital – Condensed Version), Paris 2017.

Richtlinie 2003/49/EG des Rates vom 3.6.2003, Abl. EU L 157 vom 26.6.2003, S. 49, zuletzt geändert durch Richtlinie 2013/13/EU des Rates vom 13.5.2013, Abl. EU L 141, S. 30.

Richtlinie 2011/96/EU des Rates vom 30.11.2011 über das gemeinsame Steuersystem verschiedener Mitgliedsstaaten, Abl. EU L 345 vom 29.12.2011, S. 8, zuletzt geändert durch die Richtlinie 2015/121/EU des Rates vom 27.1.2015, Abl. EU L 21 vom 28.1.2015, S. 30.

Richtlinie 2017/1852/EU des Rates vom 10.10.2017, Abl. EU L 265 vom 14.10.2017, S. 1.

Stichwortverzeichnis

Abgeltungsteuer 62, 132
Abzinsungsfaktor, s.
  Diskontierungsfaktor
Abzug ausländischer Steuern 145, 151
Amortisationsrechnung 20, 21, 22
Annuitäten 12, 14
Annuitätenfaktor 13
Annuitätenmethode 13, 14, 21
Anrechnung
  ausländischer Steuern 144
  von Gewerbesteuer 26, 119, 223, 224
  von Körperschaftsteuer 129, 131,
    133, 134
Anrechnungsmethode
  Begriff 142, 144, 145, 152
  nationale Regelung 144
  OECD-MA 142, 152
  zwischenstaatliche Regelung 142
Anrechnungssteuersatz 152
Anrechnungsverfahren 131, 133
Ansässigkeitsstaat 143, 158, 179
ausländische Steuern 81, 150, 151, 153
Auslandsaktivitäten
  ausländische Betriebsstätte 150
  ausländische Tochtergesellschaft 153
  Direktgeschäft 148
Ausschüttungen 56, 57
Außenfinanzierung 43, 44, 46, 60

Barwert 8
Belastungsstufen
  Arten 157
  ausländische Grundeinheit 153, 157
  deutsche Spitzeneinheit 150, 157
  Gesellschafter 157, 158
Besteuerungsrecht
  Ausschüttungen 141
  Dividenden 141
  Gewinne 141
  Lizenzen 142
  nach dem OECD-MA 141

Zinsen 142
Besteuerungssysteme
  Arten 129
  Ermäßigter Einkommensteuersatz
    130, 132
  Freistellungssysteme 129, 132
  gespaltener Körperschaftsteuersatz
    129, 131
  klassische Systeme 129, 130
  System der Doppelbesteuerung 129,
    130
  Teilfreistellungssysteme 129, 132
  Vergleich der Systeme 134
  Vollanrechnungssysteme 129, 131
Beteiligung 48, 63, 133, 142, 162, 226
Betriebsgrundstücke 119, 120, 222, 224
Betriebsstätte 137, 138, 140, 141, 142,
  147, 148, 150, 151, 152, 153, 161,
  163, 164, 166, 167, 168, 170, 171,
  172, 173, 175, 177, 179
Bewertungswahlrechte 24, 34
Bruttozinssätze 26

Damnum 49
DBA 138, 139, 142, 143, 144, 145, 150,
  151, 152, 153, 156, 159, 178, 179
Differenzinvestition, s.
  Supplementinvestition
Differenzsteuersatz 27, 94
Direktgeschäfte 147, 148, 149, 150, 161
Diskontierungsfaktor 8
Dividenden, s. Ausschüttungen
Doppelbelastung, System der 129, 130
Doppelbesteuerung
  Begriff 138
  Methoden zur Vermeidung 142
Doppelbesteuerungsabkommen, s. DBA
Drittstaaten 151
Durchschnittssteuersatz 95, 133, 208,
  209, 210, 211, 212, 213

Eigenfinanzierung 43, 44, 48, 49, 50,
51, 53, 55, 59, 62, 63, 64, 68, 71, 73, 74,
75, 76, 77, 78, 79, 81, 82, 83, 88, 91, 97
Eigenkapitalquote 84, 85, 87
Einflussfaktoren auf Standortwahl
    international
        Aufwendungen und Erträge 127
        DBA, Vorliegen eines 138
        gewinnabhängige Steuern 124
        Gewinnausschüttungen,
            Besteuerung von 129
        Mehrfachbelastung 133
        Mutter-Tochter-Richtlinie,
            Anwendbarkeit der 142, 146,
            153
        Steuerbemessungsgrundlagen 126
        Steuersätze 126
        Zeitliche Erfassung 127
    national
        Gewerbesteuer 118
        Grunderwerbsteuer 121
        Grundsteuer 119
Einkommensteuer
    Einkünfte aus Kapitalvermögen 71,
        226
    Steuersätze 208, 209, 210, 211, 212,
        213
Einkünfte
    aus Kapitalvermögen 71, 159, 204,
        225, 226
    ausländische 145, 151, 153
    inländische 148, 150, 151
Emissionskurs 57, 58, 59
Endvermögen 7
Endvermögensmaximierung 7, 11, 18,
    22, 46, 111
Entstrickung 168, 169
Ermessensspielräume 34, 174

Finanzierung
    Begriff 43
    Systematisierung 43, 45
    Zahlungsbelastung 54
Finanzierungsentscheidungen
    Arten 45, 62

kombinierte Investitions- und
    Finanzierungsentscheidungen 43,
    62
Finanzierungsleasing 99, 100
Finanzinvestition 5, 6, 7, 9, 10, 17, 19,
    35, 39
Finanzplan 10
Freistellungsmethode
    § 8b KStG 144, 145, 153, 156, 159
    Begriff 142
    nationale Regelung 145, 151, 153
    zwischenstaatliche Regelung 142
Fremdfinanzierung 43, 44, 45, 46, 47,
    48, 49, 50, 51, 52, 53, 54, 55, 58, 59,
    61, 62, 78, 97, 98, 99, 106, 107, 108,
    109, 110, 111
Fremdvergleich 170, 173, 174
Funktionen
    betriebliche 3, 163
Funktionsverlagerung 162, 163, 164,
    167, 168, 169, 170, 172, 174, 178

Gesamtbelastungsformeln
    für Kapitalgesellschaften 65, 224
    für natürliche Personen 223
Gesellschafterdarlehen 46, 62, 63, 69,
    71, 78, 82, 83, 88, 91, 93, 97, 165
Gesellschafterfremdfinanzierung 62
    Kapitalgesellschaften 63, 66, 68, 71,
        72, 75, 76, 78, 79, 81
    Personengesellschaften 62
    Umfang 82
    Zinsschranke 82, 85
Gesellschafterfremdkapital 86, 87
Gewerbesteuer
    Freibetrag 48, 52, 69, 70, 78, 106
    Hebesatz 52, 53, 73, 74, 75, 76, 118,
        166, 171
    Hinzurechnung 26, 45, 46, 55, 56,
        66, 69, 73, 222
    Kürzung 222
    Messbetrag 223
    Steuersatz 51, 94, 153, 154, 222, 225
Gewinnausschüttung, s. Ausschüttungen
Gewinnkorrekturen 168, 175

Gewinnkorrekturvorschriften 176
Gewinnverlagerungen
  Aktionsparameter 162
  Außensteuergesetz 162, 163
  Funktionsverlagerungen, mit Hilfe
    von 163, 167
  Grenzen 172
  Steuerfolgen 164, 168
  Verrechnungspreise 163, 164
  von Muttergesellschaft auf
    ausländische Betriebsstätte 166
  von Muttergesellschaft auf
    ausländische Tochter-
    Kapitalgesellschaft 165
  Vorteilhaftigkeitsvergleich
    Arten 172
    bei Gewinnverlagerung 172
    Funktionsvergleich 172
Grenzsteuersätze 208, 209, 210, 211,
  212, 213
Grundeinheit
  Arten 137, 148
  Begriff 137
  Betriebsstätte 137, 150, 161, 166
  Tochtergesellschaft 137, 153, 161,
    165
Grunderwerbsteuer 118, 121
Grundsteuer 119, 120

Halbeinkünfteverfahren 132

Innenfinanzierung 43, 44, 46
Investition
  Begriff 5
  Differenzinvestition 10, 19
  eigenfinanzierte 49
  Finanzinvestition 5, 6, 7, 9, 10, 39
  fremdfinanzierte 46, 49, 97, 99, 107,
    109, 110, 111
  Rangfolge 23
  Realinvestition 5, 6, 8, 9, 10, 16, 22,
    25
  Steuern 49, 50
  Supplementinvestition 20, 21, 22, 60

Vorteilhaftigkeit 26, 29, 32, 34, 39,
  60
Investitionsabzugsbetrag 108
Investitionsentscheidungen 3, 5, 7
Investitionsneutralität 23, 29
Investitionsrechnung
  Abschreibungen 20, 27, 35, 38
  Amortisationsrechnung 20
  Arten 7
  Gewinnvergleichsverfahren 19
  interne Renditen 14, 39
  interne Zinsfußmethode 14
  Kapitalwertmethode 9, 10, 11, 12,
    13, 14, 21, 22, 23
  Kostenvergleichsverfahren 19
  Methode der äquivalenten Annuitäten
    12
  Praktikerverfahren 22
  Steuern 23

Kalkulationszinsfuß, s.
  Kalkulationszinssatz
Kalkulationszinssatz 8, 11, 38
Kapitalbeschaffungskosten 48
Kapitalertragsteuer 78, 79, 81, 141
Kapitalgesellschaft
  Familiengesellschaft 61, 88
  nicht personenbezogene 47, 48, 50,
    62
  personenbezogene 71, 76
  Publikumsaktiengesellschaft 47
Kapitalwert, s. Kapitalwertmethode
Kapitalwertmaximierung 10, 46, 111
Kapitalwertmethode 7, 9, 10, 11, 12,
  13, 14, 21, 22, 23
Kirchensteuer 26, 65, 69, 72, 73, 95,
  149, 220
Körperschaftsteuer
  Besteuerung der Gesellschafter 129,
    158, 225
  Halbeinkünfteverfahren 132
  Satz 69, 71, 72, 73, 75, 78, 149, 153
  Systeme 123
Kostenaufschlagsmethode 173, 174
Kostenvergleichsverfahren 19, 20

Kürzungen beim Gewerbeertrag 106,
  110, 146, 150, 151, 222, 226

Leasing
  Arten 98
  Barwertvergleichsmethode 104
  Begriff 97
  bilanzielle Behandlung 99
  Finanzierungsleasing 99, 100
  Immobilien 98, 101, 106, 110
  Kostenanteil 103
  Leasingraten 98, 102, 103, 104, 106,
    108, 109, 110
  Teilamortisationsverträge 98, 101
  Tilgungsanteil 103, 104
  Vollamortisationsverträge 99
  Vorteilsvergleich 107
  Zinsstaffelmethode 104
  Zurechnung des Leasinggegenstandes
    beim Leasinggeber 108
  Zurechnung des Leasinggegenstandes
    beim Leasingnehmer 110

Mutter-Kapitalgesellschaft 146, 148,
  156, 159, 162, 163, 164, 165, 166,
  168, 169, 170, 171, 172, 175, 176

Nahestehende Person 85
Nettoausschüttung 157
Nettozinssätze 26, 28, 36, 216, 217,
  218, 226
Nettozufluss 63, 64, 155, 156

OECD-MA 138, 139, 140, 141, 142,
  143, 152, 156, 179

Paralleldividenden 56, 57
Planungszeitraum 7, 8, 10, 14, 27, 35
Preisvergleichsmethode 173, 174
Privatgrundstücke 222
Progressionsvorbehalt 145, 151, 153,
  167

Quellenstaat 142, 143, 165

Quellensteuer 81, 141, 142, 143, 153,
  154, 156, 157, 158, 159, 166

Realinvestition 8, 9, 10, 16, 17, 22, 23,
  26, 29, 34, 37
Rendite, interne 14, 16, 17, 39

Schütt-aus-Hol-zurück-Verfahren
  Begriff 88
  Darlehensgewährung 91
  Hinausschieben der Ausschüttung 92
  Thesaurierung 88
  Transaktionskosten 88
  zusätzliche Gehaltszahlung 88
Selbstfinanzierung 44
Solidaritätszuschlag 71, 72, 74
Spitzeneinheit
  Arten 137, 148
  Begriff 137
  Gesellschafter 158
  Kapitalgesellschaft 151, 165, 166
  Personenunternehmen 150
Standort 121, 167, 172
Standortwahl
  international 123, 124, 127, 137, 139,
    143, 144
  national 117, 118, 121
Steuerbarwert 47, 63, 111
Steuerbarwertminimierung 47
Steuerbelastungsformeln 221, 224
Steuerbelastungsquoten 50, 52, 53, 63
Steuerbelastungsrechnungen 154
Steuernachforderungen 180
Steuerparadoxon 30
Steuerplanung 3, 86
Steuersatz
  Abgeltungsteuersatz 149, 158, 159,
    204
  Differenzsteuersatz 27, 94, 131
  Durchschnittssteuersatz 95, 133
  Einkommensteuersatz 26, 66, 67, 71,
    73, 74, 76, 91, 94, 97, 130, 131,
    132, 133, 134, 154, 158
  ermäßigter 129, 130, 131, 132, 133

Gewerbesteuersatz 51, 94, 153, 154, 222, 225
Grenzsteuersatz 206, 208, 209, 210, 211, 212, 213
Kapitalertragsteuersatz 78, 79
kombinierter
   bei Einkünften aus
      Kapitalvermögen 70, 72, 74, 76, 149, 158, 159, 225
   bei Kapitalgesellschaften 149, 171, 215, 224
   bei natürlichen Personen 221
   bei Personengesellschaften 221
   Einkommen- und
      Kirchensteuersatz 220
Steuersysteme, s. Besteuerungssysteme
Stille Reserven 44
Stufen der Steuerbelastung 157
Supplementinvestition 7, 21, 22, 27, 39, 60

Tariffunktion 206
Teilanrechnungssysteme 129, 131, 132
Teilbemessungsgrundlagen 149, 214, 215, 223
Teileinkünfteverfahren 132, 153, 226
Thesaurierung 88, 159, 166, 171
Tochter-Kapitalgesellschaft 146, 147, 148, 153, 154, 157, 158, 159, 160, 161, 162, 163, 165, 166, 168, 170, 171, 172, 175, 179
Transaktionskosten 88, 89, 90, 91
Transparenzprinzip 167

Umsatzsteuer 25, 106
Unsicherheit 39
Unterlassensalternative 9, 165, 170
Unternehmen, personenbezogene
   Begriff 61

Vorteilsvergleich 61, 76

Vergleichszeitraum 60
Verluste 27, 63, 95, 96, 128
Verlustvortrag 53
Verrechnungspreise 163, 164, 167, 170, 172, 173, 174, 175, 177, 178, 179
Verständigungsverfahren 143, 179
Vollanrechnungssysteme 129, 131
Vollverzinsung 175, 180
Volumeneffekt 35, 36, 37
Vorabverständigungsverfahren 178
Vorteilskriterien
   Endvermögen 7, 46
   Kapitalwert 8, 9
   Steuerbarwert 47
Vorteilsvergleich
   bei Finanzierungsentscheidungen 46, 47, 61, 88, 93
   bei Investitionsentscheidungen 31, 39

Wahlrechte 24, 34
Wiedergewinnungsfaktor 13
Wiederverkaufspreismethode 173, 174

Ziele 46, 47
Zinsaufwendungen 83, 84, 85, 128
Zinseffekt 21, 35, 36, 37, 96, 128
Zinsfuß, interner 14, 15, 16, 17, 21
Zinssätze
   Bruttozinssätze 26, 36, 216, 218
   Nettozinssätze 26, 28, 36, 39, 216, 217, 218, 226
Zinsschranke 82, 83, 84, 85, 86
Zinsstaffelmethode 104
Zinszahlungen 7, 62, 63, 64, 78
Zuschlagsteuern 222, 223
Zweiländer-Konstellationen 137